소리 … 는

공부법

• 한자능력검정 배정한자 2급 수록(2,355字)! •

한자 암기비책

문상진 · 김미경 저

예문사

INTRO | 머리말

우리나라 글자는 표음문자(表音文字)인 한글과 표의문자(表意文字)인 한자(漢字)가 혼용되어 있습니다. 그중 한자어는 우리가 사용하는 어휘 중 70% 이상을 차지하며, 전문학습용어(專門學習用語)나 일상생활용어(日常生活用語)에 많이 사용되고 있습니다. 필자가 한자에 관심을 갖고 공부를 시작하게 된 계기는 학창시절 교과서에 나오는 전문학습용어를 익힐 때 무조건 음만 암기하기보다 한자를 앎으로써 용어의 속뜻을 충분히 이해할 수 있다고 생각했고, 학습 효과면에서 한자 학습의 필요성을 크게 느꼈기 때문입니다.

이렇게 유용한 한자학습을 많은 사람들이 어려워하고 꺼리는 이유는 무엇일까요? 그 이유는 무엇보다 한자의 자형(字形)은 획수가 많고 복잡하여 암기가 어렵기 때문이라고 생각합니다. 한자 학습의 기본 3요소는 자형(字形), 자훈(字訓), 자음(字音)을 익히는 것입니다. 그중 암기가 가장 어려운 자형(字形)은 일반적으로 반복적인 쓰기를 통해 손에 익힙니다. 필자는 이런 현실이 안타까워 '재미있으면서도 쉽고 빠르게 한자를 암기하는 방법'에 대해 연구했습니다.

먼저 자형(字形)은 서로 다른 점을 비교하면서 암기할 수 있게 비슷한 자형끼리 묶어서 규칙적으로 정렬하면 좋겠다는 생각이 들었습니다. 이에 형성자(비슷한 자형) 묶음을 최소단위로 하여 비슷한 자형끼리 묶어 크게 10(一, 二, 三, 四, 五, 六, 七, 八, 九, 十)묶음화하였습니다.

또한 자형을 힘들게 반복적으로 쓰지 않고도 암기할 수 있는 방법이 있으면 좋겠다는 생각이 들었습니다. 그리하여 '소리'로 한자 학습의 기본 3요소를 모두 간단히 암기할 수 있는 방법을 찾았습니다. 예를 들어 '죽일 류(劉)'란 글자는 '묘금도 류'로 외우도록 했습니다. 이렇게 하면 묘금도(卯金刂)란 답으로 쉽게 '劉' 자를 쓸 수 있습니다. 과거 조상들이 한자공부를 할 때 "하늘 천, 땅 지, 검을 현~"하고 외우던 것처럼, "벼를 많이 옮길 이(移), 사람이 많이 사치할 치(侈), 말로 열을 셀 계(計), 나무를 도끼로 쪼갤 석(析)~"하고 소리 내어 외우면 재미도 있고 쓰기도 너무 쉬워집니다. 이처럼 한자의 기본인 부수자만 알면 굳이 한자를 반복하여 쓸 필요 없이, 눈으로 보고, 입으로 소리 내어 읽기만 해도 재미있고 손쉽게 한자를 암기할 수 있습니다.

아무쪼록 한자를 더 이상 어렵게 생각하지 말고 이 책을 통하여 즐겁게 공부하시기 바랍니다.

이 책이 나오기까지 수고해주신 예문사 출판사 관계자 모든 분들께 진심으로 감사의 말씀 전합니다.

2021. 5.

문상진 · 김미경

■ 한자 색상 규칙

본서에 수록된 한자는 다음 분류에 따라 바탕 컬러를 구분하여 제시하였다.

구분	명칭	설명	내용
二	二 묶음 대표	大 묶음 대표를 규칙적으로 묶음	二 工 土 生
土	大 묶음 대표	'土'를 공통규칙으로 한 中 묶음 모음	土 土 去 至
土	中 묶음 대표	'土'를 공통자형으로 한 小 묶음 모음	土 寺 庄 堯
寺	小 묶음 대표	'寺'를 공통자형으로 한 묶음	寺 侍 時 詩
侍	한자	한자능력검정시험 급수 2급 배정한자를 형성자 중심으로 묶어 배열	侍 時 詩 峙
車	中 유사묶음 대표	'東'과 유사한 '車'를 공통자형으로 한 小 유사 묶음 모음	車 斬 連 軍
軍	小 유사묶음 대표	'軍'을 공통자형으로 한 묶음	軍 揮 輝 運

※ 구분 시 사용된 한자는 예시이다.

■ 묘금도(卯金刂) 유형의 소리 규칙 원리

車	차	目	눈	衣	옷
犬	개	白	흰	耳	귀
戈	창	巳	뱀	日	해
弓	활	扌	손	丶	점
疒	병	氵	물	隹	새
刂	칼	广	집	禾	벼
斗	말	余	나	缶	장군
豆	콩	又	또	彳	두인
糸	실	牛	소		

1. 동음이의어인 경우 뜻이 외자인 쪽을 소리로 변환

   예 木(나무 목), 目(눈 목) → 木(목), 目(눈)

2. 음보다 뜻의 소리가 더 연상효과가 좋음

   예 衣(의) → 衣(옷), 缶(부) → 缶(장군)

❶ 10진법 규칙 형성자 묶음을 최소단위로 하여 비슷한 자형(字形)끼리 묶어 규칙적으로 10(一, 二, 三, 四, 五, 六, 七, 八, 九, 十)묶음화하였습니다.

❷ 한자능력검정시험 2급(2355字) 한자입니다.

❸ '한자능력검정시험 급수, 부수, 총 획수에서 부수 획수를 제외한 획수'를 나타내었습니다.

❹ 설명 소리로 암기하기 위해 요약 · 제시한 빨간색 대표어를 자세히 설명하였습니다.

❺ 단어암기형 학습법 빈출단어를 사용하여 반복해서 암기하도록 '대표단어'로 배열하였습니다. 예를 들어 일관(一貫)이란 단어는 一(한 일) 字를 학습할 때와 貫(꿸 관) 字를 학습할 때 두 곳 모두에 배치되어 자동으로 두 번 학습이 될 수 있습니다.

❻ 한자 암기 비책 한자는 획수가 많아 자형(字形)을 외우기 어렵습니다. 자형을 소리로서 쉽게 외울 수 있도록 훈 · 음 앞에 암기글자를 추가하였습니다. 예를 들어 '죽일류(劉)'란 글자는 '묘금도류'로 외우도록 했습니다. 이렇게 하면 묘금도(卯金刂)란 답으로 쉽게 '劉' 자를 쓸 수 있습니다. 과거 조상들이 한자공부를 할 때 "하늘 천, 땅 지, 검을 현~"하고 외우던 것처럼 "벼를 많이 옮길 이(移), 사람이 많이 사치할 치(侈), 말로 열을 셀 계(計), 나무를 도끼로 쪼갤 석(析)~"하고 소리 내어 외우면 재미도 있고 쓰기 시험도 너무 쉬워집니다. 굳이 한자를 반복하여 쓸 필요 없이, 눈으로 보고, 입으로 소리 내어 읽기만 하면 재미있고 손쉽게 한자를 암기할 수 있습니다.

❼ 한자의 구조 한자를 구성하는 원리에는 육서(六書)가 있습니다. **상형자(象形字)** : 물체의 형상을 본떠서 만든 글자로 예를 들어 해를 본뜬 날 일(日), 달을 본뜬 달 월(月) 등이 있습니다. **회의자(會意字)** : 둘 이상의 한자를 합하고 그 뜻도 합성하여 만든 글자로, 예를 들어 밝을 명(明)은 밝은 日과 月을 합성하여 만든 글자입니다. **형성자(形聲字)** : 두 글자를 합하여 새로운 글자를 만든 것으로, 한쪽은 뜻을 나타내고 다른 쪽은 음을 나타냅니다. 예를 들어 물을 문(問), 들을 문(聞)은 문 문(門)으로 음을 나타내고 口와 耳로써 뜻을 나타냅니다. **지사자(指事字)** : 글자의 모양이 직접 어떤 사물의 위치나 수량 등을 가리키는 글자로, '一'은 하나, '二'는 둘, '上'은 위, '下'는 아래를 가리킵니다. **가차자(假借字)** : 본래 뜻과 상관없이 음이 같은 한자를 빌려 쓰는 방법으로, 예를 들어 불란서(佛蘭西), 이태리(伊太利) 등이 있습니다. **전주자(轉注字)** : 한자의 뜻을 변화시켜 다른 뜻으로 쓰는 방법으로 '노래 악(樂)'이 '즐길 락(樂)', '좋아할 요(樂)'로 쓰입니다. 이 중에 형성자는 한자의 80% 이상을 차지하므로 형성자 표기는 생략하였습니다.

❽ 관련한자 각 한자의 빈출단어 및 고사성어를 배열하였습니다.

❾ 관련한자 뜻풀이 * 표시가 있는 단어는 뜻이 어려운 한자로 단어의 뜻풀이를 책 뒤쪽에 가나다순으로 제시했습니다.

❿ 참고 낯선 단어 및 내용에 관련하여 학습에 도움이 될 자료를 담았습니다.

01 10진법 一 묶음

一 → 丄 → 上 → 丠 → 止 → 丅
→ 厂 → 𠂇 → 弋 ❶

❷

한 일 8급/제부수 ❸

❹ 나뭇가지 하나를 옆으로 뉘어 놓은 모양을 본뜸 지사

❺ ▶ 일관 一貫 : 처음의 방법이나 태도, 마음 자세를 바꾸지 아니하고 끝까지 밀고 나감

관련한자 일심(一心), 일념(一念), *일이관지(一以貫之)

❻ **햇빛이 밝을** 황 2급/日 6획

맑은 날 햇빛(日光)이 밝음 회의 ❼

▶ 황연 晃然 : 환하게 밝은 모양

❽ 관련한자 현황(眩晃), *황연대각(晃然大覺) ❾

滉

햇빛이 물에 깊을 황 2급/水 10획

햇빛(日光)이 밝아(晃) 물(氵) 깊이까지 이름

▶ 이황 李滉 : 조선 중기(1501~1570)의 학자로 호는 퇴계(退溪). 주자학(朱子學)을 집대성한 대유학자로서 이이(李珥)와 함께 유학계의 쌍벽. 주자의 이기이원론(理氣二元論)을 발전시킴. 도산서원(陶山書院)을 창설

❿ 참고 오얏나무 : 자두나무

GUIDE | 이 책의 활용방법

한자공부에서 가장 중요한 것은 한자의 3요소인 자형, 자훈, 자음을 익히는 것입니다.

예를 들어 天(하늘 천)이라는 글자를 익힌다고 할 때, 사실 훈(訓)인 '하늘'과 음(音)인 '천'은 아무런 연관성이 없습니다. 때문에 우리 조상들은 훈과 음의 효과적인 암기를 위해 "하늘 천~ 땅 지~ 검을 현~ 누를 황~ "이라고 소리를 내고 리듬을 타면서 외우는 지혜로운 방법을 사용했습니다.

한자암기비책 학습법의 가장 핵심은 자형을 풀이한 내용을 훈음 앞에 붙여 자형, 자훈, 자음을 한 음절로 만들어 소리로 암기하는 것입니다. 이것은 어려운 자형에 초점을 맞춘 방법으로, 자형을 무턱대고 쓰면서 외우는 것이 아니라 다음과 같은 순서를 통해 자연스레 외우게 되는 것입니다.

벼를 많이 옮길 이 4급/禾 6획

가을에 벼를 많이 수확하여 벼(禾)를 많이(多) 곳간으로 옮김

▶ 이식 移植 : ① 식물을 옮겨 심음 ② 신체의 환부를 베어내고 건전한 부분을 떼어다 붙이는 일

관련한자 이동(移動), 이사(移徙), 이앙기(移秧機)

① 자형(移) 옆의 설명란(가을에 벼(禾)를 많이(多) 수확하여 곳간으로 옮김)을 읽고 자형(移)을 나누어 만든 간략한 스토리(예 벼를 많이 옮긴다)를 통해 글자를 자연스레 익힙니다.

② 이어서 훈 · 음(옮길 이)도 함께 '벼를 많이 옮길 이'라고 소리내어 읽습니다.

③ 마지막으로 암기필터(붉은색 셀로판지)를 이용해 자형을 스토리화한 '빨간색 글자'를 가린 상태에서 이야기를 연상하면서 자형을 써봅니다.

④ 이렇게 하면 쓰지 않아도 '소리'로 자형을 외울 수 있습니다.

이 책에서 대표 단어는 일상에서 자주 사용하는 빈출단어를 적용하여 ('一心(일심)'이란 단어는 '一(한 일)'자와 '心(마음 심)'자 2곳 모두에 배치해 2번 반복함으로써) 학습효과를 높였고, 뜻이 어려운 관련 한자는 부록에 수록하여 사전을 찾아봐야 하는 번거로움을 덜고 공부시간을 단축할 수 있도록 하였습니다.

■ 먼저, 학습방법을 소개하는 동영상을 보세요!

QR코드를 이용하면 저자가 직접 소개하는 한자암기비책 공부법에 대한 자세한 설명을 들을 수 있습니다.

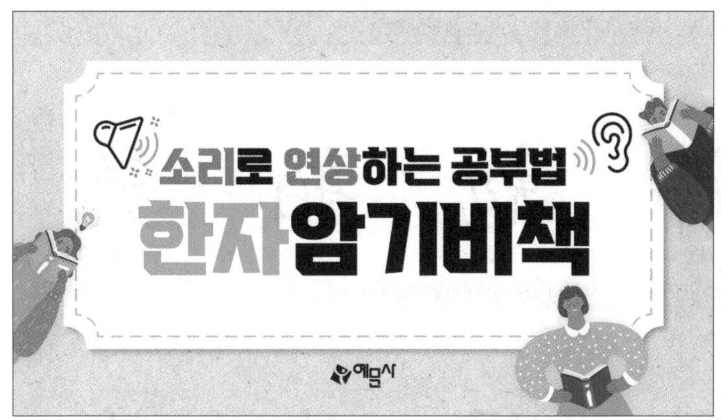

■ 암기 필터(셀로판지)를 이용해 익힌 내용을 확인하며 복습하세요!

빨간색 글씨를 암기필터(셀로판지)로 가리고 익혔던 내용을 기억해보고 다시 한 번 확인합니다.

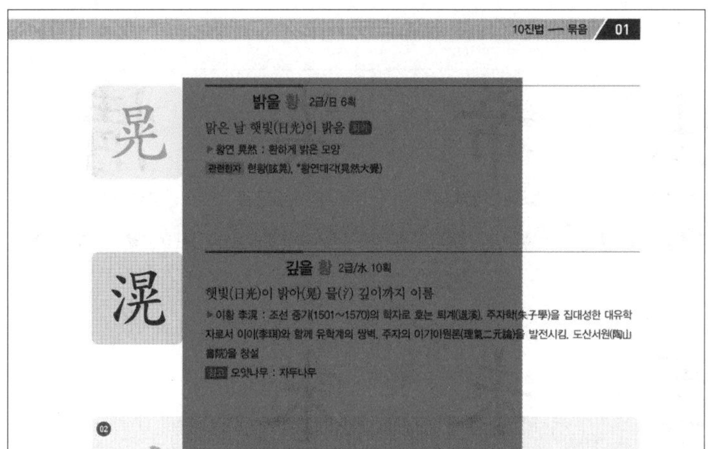

10진법 — 묶음 01

晃

밝을 황 2급/日 6획

맑은 날 햇빛(日光)이 밝음

▶ 황연 晃然 : 환하게 밝은 모양

관련한자 현황(眩晃), *황연대각(晃然大覺)

滉

깊을 황 2급/水 10획

햇빛(日光)이 밝아(晃) 물(氵) 깊이까지 이름

▶ 이황 李滉 : 조선 중기(1501~1570)의 학자로 호는 퇴계(退溪), 주자학(朱子學)을 집대성한 대유학자로서 이이(李珥)와 함께 유학계의 쌍벽, 주자의 이기이원론(理氣二元論)을 발전시킴, 도산서원(陶山書院)을 창설

참고 오얏나무 : 자두나무

02

한자 암기 비책

복잡하고 어려운 자형을 풀이한 내용을 훈음 앞에 붙여 자형, 자훈, 자음을 한 음절로 만들어 소리로 암기하는 방법입니다.

스토리 요약 유형

析	志	計	仁	移
나무를 도끼로 **쪼갤** 석	선비 마음의 **뜻** 지	말로 열을 **셀** 계	두 사람이 **어질** 인	벼를 많이 **옮길** 이

▶ 析 나무를 도끼로 **쪼갤** 석 = 木(나무 목)+斤(도끼 근) : 나무(木)를 도끼(斤)로 쪼갬

간단 스토리 유형

否	鉀	勉	舶	昊
입으로 **아닐** 부	쇠 **갑옷** 갑	면하려고 **힘쓸** 면	흰 **배** 박	해뜬 **하늘** 호

▶ 否 입으로 **아닐** 부 = 不(아닐 부/불)+口(입 구) : 아닌(不) 것을 입(口)으로 아니라고 함

동음 유형

芝	颱	閥	倫	碑
지초 **지초** 지	태풍 **태풍** 태	문벌 **문벌** 벌	인륜 **인륜** 륜	비석 **비석** 비

▶ 芝 지초 **지초** 지 = 之(갈 지)+艹(풀 초) : 식물도감에서 분류해 보니 다년생풀(艹)로 갈(之) 지초

단어 유형

却	吐	希	染	情
거절로 **물리칠** 각	구토 **토할** 토	엑스포를 **바랄** 희	물구나무에 **물들** 염	심청의 **뜻** 정

▶ 却 거절로 **물리칠** 각 = 去(갈 거) + 卩(병부 절) : 공무원이 뇌물을 거절(去卩, 拒絶 : 남의 제의나 요구, 금품 등을 받아들이지 않고 물리침)로 물리침

유사자 유형

西	酉	未	末
닭 유 **서녘** 서	서녘 서 **닭** 유	끝 말 **아닐** 미	아닐 미 **끝** 말

▶ 西 닭 유 **서녘** 서 = 西(서녘 서) 암기 시 자형(字形)이 유사한 酉(닭 유)를 연상하며 암기하는 기법

묘금도(卯金刂) 유형

華	壽	藝	爵	爲
초일초일십 **빛날** 화	사일공일구촌 **목숨** 수	초토팔토환운 **재주** 예	조망간촌 **벼슬** 작	조별삼ㄱ화 **할** 위

▶ 華 초일초일십 **빛날** 화 = 艹(풀 초)+一(한 일)+艹(풀 초)+一(한 일)+十(열 십)

부 수

한글의 자음과 모음처럼 한자공부의 기본이 되는 214 한자입니다.
대부분 상형자, 지사자인 부수는 한자의 한 부분이면서 전체의 의미를 상징합니다.

山 메 산
巛 내 천
工 장인 공
己 몸 기
巾 수건 건
干 방패 간
幺 작을 요
广 집 엄
廴 길게 걸을 · 끌 인
廾 들 · 팔짱 낄 공
弋 주살 익
弓 활 궁
彐 돼지머리 계
彡 터럭 · 삐친석 삼
彳 조금 걸을·자축거릴 척
4
心 마음 심
戈 창 과
戶 지게 호
手 손 수
支 지탱할 지
攴 칠 복
文 글월 문
斗 말 두
斤 도끼 근
方 모 방
日 날 일
曰 가로 왈
月 달 월
木 나무 목
欠 하품 흠
止 그칠 지
歹 부서진 뼈 · 살 발린 뼈 알
殳 창 수
毋 말 무
比 견줄 비
毛 터럭 모
氏 성씨 씨
气 기운 기
水 물 수
火 불 화
爪 손톱 조
父 아비 부
爻 점괘 효
爿 나무조각 장
片 조각 편
牙 어금니 아
牛 소 우

犬 개 견	无 없을 무	5	玄 검을 현	玉 구슬 옥	瓜 오이 과
瓦 기와 와	甘 달 감	生 날 생	用 쓸 용	田 밭 전	疋 끗 필/발 소
疒 병들어누울 녁	癶 걸을 · 어그러질 발	白 흰 백	皮 가죽 피	皿 그릇 명	目 눈 목
矛 창 모	矢 화살 시	石 돌 석	示 보일 시	禸 짐승발자국 · 자귀 유	禾 벼 화
穴 구멍 혈	立 설 립	6	竹 대 죽	米 쌀 미	糸 실 사
缶 장군 부	网 그물 망	羊 양 양	羽 깃 우	老 늙을 로	而 말이을 이
耒 쟁기 뢰	耳 귀 이	聿 붓 율	肉 고기 육	臣 신하 신	自 스스로 자
至 이를 지	臼 절구 구	舌 혀 설	舛 어그러질 천	舟 배 주	艮 머무를 간

色 빛 색	艸 풀 초	虍 범 · 호피무늬 호	虫 벌레 충(훼)	血 피 혈	行 다닐 행
衣 옷 의	襾 덮을 아	7	見 볼 견	角 뿔 각	言 말씀 언
谷 골 곡	豆 콩 두	豕 돼지 시	豸 갖은 돼지 시	貝 조개 패	赤 붉을 적
走 달아날 주	足 발 족	身 몸 신	車 수레 거	辛 매울 신	辰 별 진
辵 쉬엄쉬엄 갈 착	邑 고을 읍	酉 닭 유	釆 분별할 변	里 마을 리	8
金 쇠 금	長 길 장	門 문 문	阜 언덕 부	隶 미칠 이(대)	隹 새 추
雨 비 우	靑 푸를 청	非 아닐 비	9	面 낯 면	革 가죽 혁
韋 다룸가죽 위	韭 부추 구	音 소리 음	頁 머리 혈	風 바람 풍	飛 날 비

食 밥 사(식)
首 머리 수
香 향기 향
10
馬 말 마
骨 뼈 골
高 높을 고
髟 머리털 늘어질 표
鬥 싸울 투
鬯 술 창
鬲 솥 력/오지병 격
鬼 귀신 귀
11
魚 물고기 어
鳥 새 조
鹵 소금밭 로
鹿 사슴 록
麥 보리 맥
麻 삼 마
12
黃 누를 황
黍 기장 서
黑 검을 흑
黹 바느질할 치
13
黽 맹꽁이 맹
鼎 솥 정
鼓 북 고
鼠 쥐 서
14
鼻 코 비
齊 가지런할 제
15
齒 이 치
16
龜 거북 귀
龍 용 룡
17
龠 피리 약

변형 부수	人(亻) 사람인 변	犬(犭) 개견 변	阜(阝) 언덕부 변	手(扌) 손수 변	水(氵) 삼수 변
心(忄) 마음심 변	示(礻) 보일시 변	玉(王) 임금왕 변	牛(牜) 소우 변	糸(糹) 실사 변	足(⻊) 발족 변
食(飠) 밥사 · 밥식 변	食(飠) 밥사 · 밥식 변	刀(刂) 칼도 방	邑(阝) 고을읍 방	无(旡) 이미기 방	艸(++) 풀초 머리
爪(爫) 손톱조 머리	竹(⺮) 대죽 머리	卩(㔾) 병부절 발	火(灬) 연화 발	辵(辶) 책받침	辵(辶) 책받침
心(⺗) 마음심 밑	巛(川) 개미허리	网(罓) 그물 망	网(⺳) 그물 망	网(罒) 그물 망	尢(兀) 절름발이 왕
尢(尣) 절름발이 왕	彐(⺕) 터진가로 왈	彐(彑) 터진가로 왈	襾(西) 덮을 아	襾(覀) 덮을 아	乙(乚) 새 을
老(耂) 늙을 로	肉(月) 육달 월	攴(攵) 등글월 문	目(罒) 눈 목	水(氺) 물 수	衣(衤) 옷 의
疋(⺪) 필 필	歹(歺) 죽을 사	羊(⺶) 양 양	長(镸) 길 장	青(靑) 푸를 청	

부수 뜻풀이

亅	갈고리 궐	끝이 뾰족하고 꼬부라진 물건
匕	비수 비	비수(匕首) : 날이 예리하고 짧은 칼
卜	점 복	점(占) : 팔괘 · 육효 · 오행 따위를 살펴 과거를 알아맞히거나 앞날의 운수 · 길흉 따위를 미리 판단하는 일
几	안석 궤	안석(案席) : 벽에 세워 놓고 앉을 때 몸을 기대는 방석
卩	병부 절	병부(兵符) : 조선시대에 군대를 동원하는 표지로 쓰던 동글납작한 나무패
尸	주검 시	죽은 사람의 몸을 이르는 말
山	메 산	'산'을 예스럽게 이르는 말
巛	내 천	시내보다는 크지만 강보다는 작은 물줄기
工	장인 공	장인(匠人) : 손으로 물건을 만드는 일을 업으로 하는 사람
弋	주살 익	활의 오늬(화살의 머리를 활시위에 끼도록 에어낸 부분)에 줄을 매어 쏘는 화살
彡	터럭 삼	사람이나 길짐승의 몸에 난 길고 굵은 털
戶	지게 호	지게문 : 옛날식 가옥에서, 마루와 방 사이의 문이나 부엌의 바깥문
攴	칠 복	손이나 손에 든 물건이 세게 닿거나 부딪게 하다.
斗	말 두	곡식, 액체, 가루 따위의 분량을 재는 데 쓰는 그릇. 열 되가 들어가게 나무나 쇠붙이를 이용하여 원기둥 모양으로 만든다.
方	모 방	네모
曰	가로 왈	가로되, 말하기를
殳	창 수	창(槍) : 예전에, 긴 나무 자루 끝에 날이 선 뾰족한 쇠촉을 박아서 던지고 찌르는 데에 쓰던 무기
毋	말 무	어떤 일이나 행동을 하지 않거나 그만두다.
爻	점괘 효	점괘(占卦) : 점을 쳐서 나오는 괘. 이 괘를 풀이하여 길흉을 판단한다.
疋	끗 필	접쳐서 파는 피륙의 길이를 나타내는 단위

禸	자귀 유	짐승의 발자국
缶	장군 부	물, 술, 간장 따위의 액체를 담아서 옮길 때에 쓰는 그릇
耒	쟁기 뢰	논밭을 가는 농기구
谷	골 곡	산과 산 사이에 움푹 패어 들어간 곳
隶	미칠 이	영향이나 작용 따위가 대상에 가하여지다.
韋	다룸가죽 위	잘 매만져서 부드럽게 만든 가죽
韭	부추 구	백합과의 여러해살이풀
鬯	술 창	알코올 성분이 들어 있어 마시면 취하는 음료
鬲	오지병 격	오짓물(흙으로 만든 그릇에 발라 구우면 그릇에 윤이 나는 잿물)을 발라 만든 병
鹵	소금밭 로	[같은 말] 염전(鹽田) : 소금을 만들기 위하여 바닷물을 끌어 들여 논처럼 만든 곳
麻	삼 마	뽕나뭇과에 속하는 긴 섬유가 채취되는 식물을 통틀어 이르는 말
黍	기장 서	볏과의 한해살이풀로 높이는 50~120cm이며, 이삭은 가을에 익는데 아래로 늘어진다.
黽	맹꽁이 맹	맹꽁잇과의 양서류
灬	연화 발	연결(連結)의 '連' 자의 '연' 음과 火로 된 발(아래에 붙었다는 뜻으로)
攵	등글월 문	'등글월문'의 '등'은 획이 한쪽으로 등진 형태로 '등지다'란 뜻

한자 암기 비책

10진법 한자

01 10진법 一 묶음

一 → 丄 → 上 → 止 → 㐀 → 丁
→ 厂 → ナ → 弋

一

한 일 8급/제부수

나뭇가지 하나를 옆으로 뉘어 놓은 모양을 본뜸 지사

▶ 일관 一貫 : 처음의 방법이나 태도, 마음 자세를 바꾸지 아니하고 끝까지 밀고 나감

관련한자 일심(一心), 일념(一念), *일이관지(一以貫之)

어진 사람의 불 빛 광 6급/儿 4획

어진 사람(儿 : 어진사람 인)의 몸 뒤에서 불(火)빛이 빛남(후광) 회의

▶ 형광등 螢光燈 : 안쪽 벽에 형광 물질을 바른 방전등

관련한자 광선(光線), 각광(脚光)

참고 반딧불 : ① 반딧불이의 꽁무니에서 나오는 빛 ② 반딧불이(반딧불잇과의 딱정벌레)

햇빛이 **밝을** 황 2급/日 6획

맑은 날 햇빛(日光)이 밝음 회의

▶황연 晃然 : 환하게 밝은 모양

관련한자 현황(眩晃), *황연대각(晃然大覺)

물에 햇빛이 **깊을** 황 2급/水 10획

햇빛(日光)이 밝아(晃) 물(氵)속 깊이까지 이름

▶이황 李滉 : 조선 중기(1501~1570)의 학자로 호는 퇴계(退溪). 주자학(朱子學)을 집대성한 대유학자로서 이이(李珥)와 함께 유학계의 쌍벽. 주자의 이기이원론(理氣二元論)을 발전시킴. 도산서원(陶山書院)을 창설

참고 오얏나무 : 자두나무

02

10진법 — 묶음

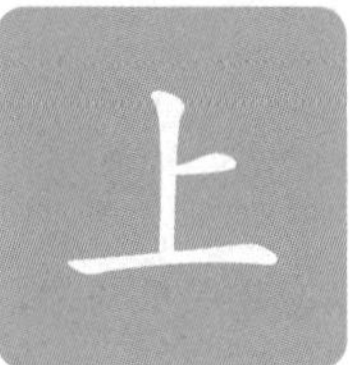

그칠 지 **윗** 상 7급/一 2획

止(그칠 지), 성적 부진이 그치고(止) 점점 점수가 위(上)로 올라감

▶비상 飛上 : 높이 날아오름

관련한자 세상(世上), 향상(向上), *비상천(飛上天)

범 발톱이 **모질** 학 2급/虍 3획

범(虍 : 범호엄, 호피무늬 호) 발톱(爪)이 날카롭고 모짐 회의

▶학살 虐殺 : 참혹하게 마구 죽임

관련한자 학대(虐待), 포학(暴虐), *포학무도(暴虐無道)

언덕의 범이 **빌** 허 4급/虍 6획

虛 빌 허(동자), 언덕(丘 : 언덕 구)에 있던 범(虍)이 자리를 비움

▶허영 虛榮 : 자기 분수에 어울리지 않게 겉만 화려하게 꾸밈

관련한자 허공(虛空), 허점(虛點)

범치궤 **곳** 처 4급/虍 5획

虍(범호 엄) + 夂(뒤져올 치) + 几(안석 궤), 処(곳 처), 범치궤(虍夂几 : 사람이름)가 좋아해 자주 가는 곳(処)은 동물원 회의

▶상처 傷處 : 몸, 또는 심리적으로 아픔을 받은 자취

관련한자 근처(近處), 출처(出處)

범두창 **놀이** 희 3급/戈 13획

虍(범호 엄) + 豆(콩 두) + 戈(창 과), 䖒(옛날 그릇 희), 범두창(虍豆戈 : 사람이름)은 창(戈)을 던져 작은 콩(豆)을 맞추는 놀이를 즐김

▶희롱 戲弄 : 말이나 행동으로 실없이 놀림

관련한자 *국희(局戲), *무검희(舞劍戲)

어진 **범** 호 3급/虍 2획

어진(儿) 범(虍), 호랑이 모양을 본뜸 상형

▶맹호 猛虎 : 사나운 범

관련한자 백호(白虎), 호피(虎皮), *맹호출림(猛虎出林)

범의 **이름** 호 6급/虍 7획

号(이름 호), 범(虎)의 한글 이름(号)은 '호랑이'

▶부호 符號 : 어떠한 뜻을 나타내기 위하여 정한 기호

관련한자 칭호(稱號), 기호(記號)

遞

뿔범이 착 갈릴 체 3급/辵 10획

虒(뿔범 사, 범 호) 뿔범 : 전설상의 동물, 마을의 뿔범(虒) 석상이 착(辶)~ 해태로 갈림

▶ 우체국 郵遞局 : 전신, 우편, 소포, 체신 예금 등을 맡아 봄

관련한자 체증(遞增), 체감(遞減), 체신(遞信)

참고 갈릴 : 교체

손으로 범 돼지 잡은 근거 거 4급 手 13획

칼 흔적이 없음은 맨손(扌)으로 범(虍)과 돼지(豕 : 돼지 시)를 잡은 근거가 됨

▶ 증거 證據 : 어떤 사실을 증명할 수 있는 근거

관련한자 근거(根據), 의거(依據)

범 돼지를 칼로 심할 극 4급/刀 13획

범(虍)과 돼지(豕)를 칼(刂)로 심하게 사냥함

▶ 극심 劇甚(極甚) : 매우 심함

관련한자 극장(劇場), 연극(演劇)

범전달 살갗 부 2급/肉 11획

범전달(虍田月 : 사람이름)의 살갗은 매끈함

▶ 피부 皮膚 : 척추동물의 몸을 싸고 있는 조직

관련한자 *발부(髮膚), *체부(體膚)

범을 생각할 려 4급/心 11획

思(생각 사), 범(虍)을 두렵게 생각(思)함

▶ 고려 考慮 : 깊이 생각하여 헤아림

관련한자 염려(念慮), 우려(憂慮), 배려(配慮)

범전명 성(姓) 로 2급/皿 11획

虍(범호 엄)+田(밭 전)+皿(그릇 명), 범전명[虍田皿 : 가명(假名 : 실제 자기 이름이 아닌 이름)]씨 본래 성은 노씨

▶비로봉 毘盧峯 : 금강산의 최고봉, 1,638미터

관련한자 *노생지몽(盧生之夢)

爐

화로 화로 로 3급/火 16획

火(불 화)+盧(성 로), 노(盧)씨가 화로(火盧, 火爐 : 숯불을 담는 그릇)에 불(火)을 피움

▶용광로 鎔鑛爐 : 쇠붙이나 광석을 녹이는 가마

관련한자 화로(火爐), 난로(煖爐)

노씨풀 갈대 로 2급/艸 16획

노(盧)씨가 화로에 불을 피울 때 쓰는 마른 갈대(++)

▶포로 蒲蘆 : 호리병박. 박과의 한해살이 덩굴풀

관련한자 노원구(蘆原區), *정여포로(政如蒲蘆)

노씨집 농막집 려 2급/广 16획

논밭에 농막집은 노(盧)씨의 집(广 : 집 엄)

▶초려 草廬 : 초가(草家 : 짚이나 갈대로 지붕을 인 집)

관련한자 *삼고초려(三顧草廬)

참고 농막집 : 논밭 근처에 간단하게 지은 집

03

10진법 一 묶음

착 일촌 대할 대 6급/寸 11획

丵(풀 무성할 착)+一(한 일)+寸(마디 촌), 일촌(一寸 : 촌이름)인 아버지께 항상 감사드리며 착(丵)~ 대함 회의

▶대적 對敵 : 적과 맞서 싸움

관련한자 대책(對策), 대응(對應), 반대(反對)

착 나무로 업 업 6급/木 9획

丵(풀 무성할 착), 착(丵)~ 나무(木)로 여러 가지를 만드는 직업은 목수 상형

▶파업 罷業 : 하던 일을 중지함

관련한자 취업(就業), 기업(企業), 수업(授業)

ㅍ에 쌍점해 진나라 진 2급/日 6획

ㅍ+丶(점 주)+日(날 일), 晉(나아갈 진, 진나라 진)의 속자(俗字), ㅍ에 쌍점해(丶丶日) 진나라 진(晋) 한자를 씀 육서 無

▶진진 秦晋 : 중국 춘추시대(春秋時代)의 진(秦)나라와 진(晋)나라

관련한자 *진진지의(秦晋之誼)

진나라 진 넓을 보 4급/日 8획

晋(진나라 진), 진나라(晋)는 넓은(普) 땅

▶보편 普遍 : 두루 널리 미침

관련한자 보급(普及), *보시(普施)

넓은 **물이름** 보 2급/水 12획

물이름이 '보'인 넓은(普) 강(氵)

▶윤보선 尹潽善 : 광복 이후 정치 활동을 시작한 우리나라의 정치가

말을 널리한 **족보** 보 3급/言 12획

가문을 자랑하고 싶어 족보를 널리(普) 말(言)함

▶족보 族譜 : 한 가문의 혈통 관계를 기록한 책

관련한자 악보(樂譜), *승전보(勝戰譜)

04

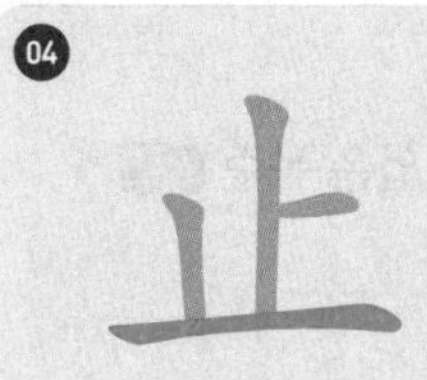

10진법 — 묶음

윗 상 **그칠** 지 5급/제부수

止(그칠 지), 성적 부진이 그치고(止) 점점 점수가 위(上)로 올라감 상형

▶저지 沮止 : 막아서 못하게 함

관련한자 정지(停止), 폐지(廢止), 금지(禁止)

토지 **터** 지 2급/土 4획

土(흙 토)+止(그칠 지), 집터로 쓰일 토지(土止, 土地 : 경지, 주택 등으로 사용하는 지면)

▶주거지 住居址 : 집터(집이 있거나 있었거나, 집을 지을 자리)

관련한자 *요지(窯址), *사지(寺址)

그치고 달을 **즐길** 긍 3급/肉 4획

밤에 산책하다가 걸음을 그치고(止) 보름달(月)을 즐김 회의

▶ 긍정 肯定 : 옳다고 인정함

관련한자 *수긍(首肯)

사람이 그치고 **꾀할** 기 3급/人 4획

사람(人)이 잘못을 그치고(止) 좋은 일을 꾀함 회의

▶ 기획 企劃 : 일을 꾀하여 계획함

관련한자 기업(企業), *안기부(安企部)

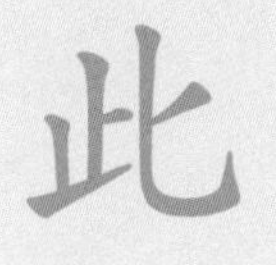

그친 비수는 **이** 차 3급/止 2획

날아가 표적을 맞추고 그친(止) 비수(匕: 비수 비)는 이것

▶ 피차 彼此 : ① 저것과 이것 ② 서로

관련한자 차후(此後), 여차(如此), 어차피(於此彼)

이 새는 **암컷** 자 2급/隹 6획

이(此) 새(隹 : 새 추)는 암컷

▶ 자웅 雌雄 : 암컷과 수컷

관련한자 *고자(孤雌)

이 실은 **자줏빛** 자 3급/糸 6획

이(此) 실(糸)은 자줏빛

▶ 자수정 紫水晶 : 자줏빛이 나는 수정

관련한자 자외선(紫外線), 자주색(紫朱色)

이 나무는 **섶(薪)** 시 2급/木 6획

이(此) 나무(木)는 땔나무(섶)감

▶전시과 田柴科 : 고려시대, 문무 관리에게 지위에 따라 토지와 함께 땔나무를 얻을 임야를 나누어주던 제도

관련한자 *시비(柴扉)

참고 섶 : 잎나무, 풋나무 등의 땔나무

步

그침이 적은 **걸음** 보 4급/止 3획

달리기(빨리 지쳐 그침이 많음)에 비해 그침(止)이 적은(少) 걸음 회의

▶보초 步哨 : 경계 근무 등의 임무

관련한자 진보(進步), 초보(初步), 양보(讓步)

물을 걸어서 **건널** 섭 3급/水 7획

얕은 물(氵)을 맨발로 걸어서(步) 건넘 회의

▶교섭 交涉 : 일을 이루기 위하여 서로 의논함

관련한자 간섭(干涉), 섭외(涉外), 섭렵(涉獵)

언덕을 걸어서 **오를** 척 2급/阜 7획

언덕(阝 : 언덕 부)을 걸어서(步) 오름 회의

▶진척 進陟 : ① 일이 진행되어감 ② 벼슬이 올라감

관련한자 *척강(陟降)

걸으며 머리를 **자주** 빈 3급/頁 7획

산길을 걸으며(步) 머리(頁 : 머리 혈)를 좌우로 자주 돌려가며 경치를 구경함 회의

▶빈번 頻繁 : 일이 매우 잦음

관련한자 빈발(頻發), 빈도(頻度)

면한소패 **손** 빈 3급/貝 7획

宀(집 면)+一(한 일)+少(적을 소)+貝(조개 패), 식사대접으로 배고픔을 면한(宀一, 免한) 소패(少貝 : 사람이름)는 우리집 손님

▶ 귀빈 貴賓 : 귀한 손님

관련한자 내빈(來賓), *국빈(國賓)

하나에 그쳐 **바를** 정 7급/止 1획

한(一)마음에 그쳐(止) 집중하는 모습이 바른 모습 회의

▶ 정정 訂正 : 잘못을 고쳐서 바로잡음

관련한자 정확(正確), 정직(正直), 정면(正面)

두 사람이 바르게 **칠** 정 3급/彳 5획

두 사람(彳 : 두인 변, 조금 걸을 척)이 자세 바르게 골프를 잘 침

▶ 정벌 征伐 : 죄 있는 무리를 무력으로써 침

관련한자 정복(征服), *원정대(遠征隊)

바르게 치는 **정사** 정 4급/攴 5획

부정부패를 법으로 바르게(正) 치는(攵 : 등글월 문, 칠 복) 정사

▶ 정당 政黨 : 정책이 일치하는 사람들이 조직하는 단체

관련한자 정부(政府), 정치(政治)

묶고 치니 바르고 **가지런할** 정 4급/攴 12획

물건을 묶어(束 : 묶을 속) 놓고 칼로 치니(攵) 바르고(正) 가지런하게 잘림

▶ 조정 調整 : 기준이나 실정에 맞게 정돈함

관련한자 정리(整理), 수정(修整), 정돈(整頓)

병정의 **증세** 증 3급/疒 5획

疒(병질 엄, 병들어 기댈 녁), 전장에서 부상을 당한 병정(疒正, 兵丁 : 병역에 복무하는 장정)의 증세를 살핌

▶ 합병증 合併症 : 질병에 곁들여 일어나는 다른 질병

관련한자 증세(症勢), 후유증(後遺症)

바르게 당겨 **늘일** 연 4급/廴 4획

바르게(正) 당겨(廴 : 민책받침, 길게 걸을 인, 당길 인) 늘임

▶ 지연 遲延 : 일이 더디게 늦어짐

관련한자 연장(延長), 연기(延期), 연체(延滯)

말을 늘여 **낳을 · 거짓** 탄 3급/言 7획

말(言)을 계속 늘이(延)다보면 거짓말을 낳기 쉬움

▶ 성탄절 聖誕節 : ① 크리스마스 ② 예수의 성탄을 축하하는 명절

관련한자 탄강(誕降), 탄생(誕生), *탄언(誕言)

沔

가린 물에 **물이름 · 빠질** 면 2급/水 4획

수초에 가려진(丏 : 가릴 면) 물(氵)에 빠짐

▶ 면면 沔沔 : 물이 가득 차 넘실거리는 모양

관련한자 면천(沔川), 면수(沔水)

아래 하 7급/一 2획

기준선(一)보다 낮은 곳(卜)을 나타냄 지사

▶ 영하 零下 : 섭씨 0℃ 이하인 상태

관련한자 하락(下落), 이하(以下), 지하철(地下鐵)

점이 아래인 성(姓) 변 2급/卜 2획

얼굴 아래(下)에 점(丶)이 있는 변씨 아저씨

▶ 항변 抗卞 : 못마땅한 생각이나 반대의 뜻을 주장함

관련한자 *변급(卞急), *숙변(熟卞)

아래 삐침은 아닐 불 7급/一 3획

아랫(下)사람이 삐치는(丿 : 삐침 별) 것은 바른 경우가 아님, 꽃의 씨방(암술 밑의 불룩한 곳)의 모양을 본뜸 상형

▶ 불멸 不滅 : 영원히 멸망하지 않음

관련한자 부족(不足), 불안(不安), 불가피(不可避)

나무 아닌 잔 배 3급/木 4획

나무(木)로 만든 잔이 아니(不)라 사기나 금속, 유리로 만든 잔

▶ 축배 祝杯 : 축하하는 뜻으로 마시는 술

관련한자 건배(乾杯), *고배(苦杯)

일부 클 비 2급/一 4획

폭우로 일부(一不, 一部 : 전체의 한 부분) 피해가 큼

▶ 비자 丕子 : 황태자(황제의 자리를 이을 황제의 아들)

관련한자 *비훈(丕訓), *비업(丕業)

입으로 아닐 부 4급/口 4획

아닌(不) 것을 입(口)으로 아니라고 함

▶ 가부 可否 : ① 옳고 그름 ② 찬성과 반대

관련한자 거부(拒否), 부인(否認)

부정으로 기울 왜(외) 2급/止 5획

不(아닐 부)＋正(바를 정), 관료들의 부정부패(不正腐敗 : 바르지 못하고 부패함)로 나라가 기욺 회의

▶ 왜곡 歪曲 : 사실과 다르게 해석

관련한자 *왜력(歪力)

06

10진법 ― 묶음

기슭에 또 돌이킬 · 돌아올 반 6급/又 2획

기슭(厂 : 민엄 호, 기슭 엄)에 또(又) 돌아옴 회의

▶ 반영 反映 : ① 빛이 반사하여 비침 ② 다른 것에 영향을 받아 어떤 현상이 나타남

관련한자 반발(反撥), 반대(反對), 위반(違反), 찬반(贊反)

돌아온 **밥** 반 3급/食 4획

끼니때가 돌아와(反) 먹는 밥(食)

▶ 다반사 茶飯事 : 차 마시는 일이나 밥 먹는 일과 같이, 일상에서 늘 일어나 대수롭지 않은 일

관련한자 반찬(飯饌), 반주(飯酒), 반점(飯店)

返

착 **돌이킬** 반 3급/辵 4획

가던 길을 착(辶 : 책받침, 쉬엄쉬엄 갈 착)~ 돌이켜(反) 옴

▶ 반환 返還 : 도로 돌려 줌

관련한자 반납(返納), 반송(返送), 반품(返品)

阪

돌아온 **언덕** 판 2급/阜 4획

언덕(阝)으로 돌아옴(反)

▶ 준판 峻阪 : 몹시 가파른 언덕

관련한자 *험판(嶮阪), *대판(大阪), *반판(盤阪)

돌아온 나무 **널** 판 5급/木 4획

위로 올라갔다 아래로 돌아오는(反) 널뛰기 나무(木)

▶ 칠판 漆板 : 분필로 글씨를 쓸 수 있도록 검은 칠을 한 판

관련한자 간판(看板), 현판(懸板), 게시판(揭示板), 안내판(案內板)

참고 옻 : 옻나무에서 나는 진

版

돌이킬 조각 **판목** 판 3급/片 4획

판목으로 인쇄한 후 원래대로 돌이킬(反) 목판조각(片 : 조각 편)

▶ 출판사 出版社 : 출판을 업으로 하는 회사

관련한자 판화(版畵), 절판(絶版), 번호판(番號版)

재물이 돌아오게 **팔(賣)** 판 3급/貝 4획

물건을 잘 팔아 재물(貝)이 돌아옴(反)(이익이 남음)

▶판촉 販促 : 소비 욕구를 자극함으로써 판매가 늘도록 하는 활동

관련한자 판매(販賣), 판로(販路), 가판대(街販臺), 자판기(自販機)

긴 장 **별** 진 / **때** 신 3급/제부수

長(긴 장), 하지는 낮의 길이가 가장 긴(長) 때(辰) 상형

▶병진 丙辰 : 육십갑자(六十甲子)의 쉰세째

관련한자 *생신(生辰), 임진왜란(壬辰倭亂)

때로는 손으로 **떨칠** 진 3급/手 7획

때(辰)로는 손(扌)으로 놀라운 재주를 보여 이름이 세상에 떨쳐짐

▶진폭 振幅 : 진동하는 폭

관련한자 진흥(振興), 진동(振動)

비올 때 **우레** 진 3급/雨 7획

비(雨)가 올 때(辰) 함께 치는 우레

▶진앙지 震央地 : 사건을 야기한 근원을 비유한 말로 지진이 발생한 진원 바로 위의 지표면을 뜻함

관련한자 지진(地震), 뇌진탕(腦震蕩)

해 뜰 때인 **새벽** 신 3급/日 7획

해(日)가 뜰 때(辰)인 새벽

▶신성 晨星 : 샛별. 금성(金星)

관련한자 *효신(曉晨), *혼정신성(昏定晨省)

신촌에서 욕될 욕 3급/辰 3획

신촌(辰寸, 新村 : 서울 서대문구의 신촌동)에서 실수로 욕됨 회의

▶곤욕 困辱 : 참기 힘든 심한 모욕

관련한자 모욕(侮辱), 치욕(恥辱), 욕설(辱說)

때에 몸의 입술 순 3급/肉 7획

사랑할 때(辰) 몸(月)의 입술로 애정을 표현함

▶순치 脣齒 : 입술과 이

관련한자 *구순(口脣), *단순호치(丹脣皓齒), *순망치한(脣亡齒寒)

때 신 긴 장 8급/제부수

辰(때 신), 하지는 낮의 길이가 가장 긴(長) 때(辰) 상형

▶훈장 訓長 : 선생을 예스럽게 이르는 말

관련한자 장수(長壽), 회장(會長)

긴 수건 같은 장막 장 4급/巾 8획

아주 긴(長) 수건(巾)을 넓게 펼쳐 놓은 것 같은 장막

▶장막 帳幕 : 볕 또는 비를 막고 둘러치는 막

관련한자 포장마차(布帳馬車), 저금통장(貯金通帳)

긴 활을 베풀 장 4급/弓 8획

명인이 손수 만든 긴(長) 활(弓)을 양궁선수들에게 베풂

▶과장 誇張 : 사실보다 크게 부풀려서 나타냄

관련한자 주장(主張), 확장(擴張)

물 갈래 파 4급/水 6획

𠂢(갈래 파), 강물이나 냇물이 갈라져서 흐르는 물(氵)갈래(𠂢)

▶파견 派遣 : 어떤 임무를 맡겨서 보냄

관련한자 보수파(保守派), 개혁파(改革派), 특파원(特派員)

脈

몸의 갈라진 **줄기** 맥 4급/肉 6획

몸(月) 안의 여러 갈래(𠂢)의 핏줄기인 혈맥 회의

▶진맥 診脈 : 손목의 맥박을 짚어 병을 진찰하는 일

관련한자 산맥(山脈), 맥락(脈絡), 인맥(人脈)

손톱 조 **오이** 과 2급/제부수

爪(손톱 조), 손톱(爪)에 끼어 있는 오이(瓜) 껍질 상형

▶모과 木瓜 : 모과나무의 열매

관련한자 *감과(甘瓜), *서과(西瓜)

아들과 **외로울** 고 4급/子 5획

남편의 장시간 파견근무로 아들(子)과(瓜) 외롭게 생활함

▶고아 孤兒 : 부모를 여의고 홀로된 아이

관련한자 고독(孤獨), 고립(孤立)

오이 과 **손톱** 조 1급/제부수

瓜(오이 과), 손톱(爪)에 끼어있는 오이(瓜) 껍질 상형

▶홍조 鴻爪 : 기러기가 눈이나 진흙 위에 남긴 발자국

관련한자 조흔(爪痕), *미조사(美爪師), *설니홍조(雪泥鴻爪)

여자 손톱은 **온당할** 타 3급/女 4획

손톱(爪)을 꾸미는 여자(女)는 온당함

▶ 타협 妥協 : 서로 양보하여 협의함

관련한자 타당성(妥當性), 타결(妥結), 보편타당(普遍妥當)

손톱을 보며 **찾을** 멱 2급/見 4획

손톱(爪)을 깎고 청소하기 위해 손톱 사이에 낀 때를 찾아봄(見) 회의

▶ 목멱산 木覓山 : 서울 남산(南山)의 다른 이름

관련한자 멱래(覓來)

참고 메 : '산(山)'을 예스럽게 이르는 말

조망간촌 **벼슬** 작 3급/爪 14획

爪(손톱 조)+罒(그물 망)+艮(괘 이름 간)+寸(마디 촌), 조만간 조망간(爪罒艮 : 사람이름)은 촌(寸, 村 : 도시에서 떨어져, 자연적으로 형성된 마을)에서 사또 벼슬직을 행할 것임 상형

▶ 백작 伯爵 : 오등작[五等爵 : 공작(公爵), 후작(侯爵), 백작(伯爵), 자작(子爵), 남작(男爵)] 중 셋째

관련한자 *작위(爵位), *고관대작(高官大爵)

조 아들이 물에 **뜰** 부 3급/水 7획

맥주병인 조(爪)씨 아들(子)이 수영을 배우더니 물(氵)에 뜸

▶ 부양책 浮揚策 : 가라앉은 것을 떠오르게 하는 대책

관련한자 부각(浮刻), 부상(浮上), 부력(浮力)

조 아들을 **젖** 유 4급/乙 7획

조(爪)씨 아들(子)을(乙) 젖 먹일 시간 회의

▶ 우유 牛乳 : 소의 젖

관련한자 분유(粉乳), 유아(乳兒), 포유류(哺乳類)

분별할 변 **풍채 · 캘** 채 2급/釆 1획

釆(분별할 변), 풍채(采)가 좋은 미남을 분별하여(釆) 모델로 발탁함 회의

▶풍채 風采 : 사람의 의젓한 외모

관련한자 *박수갈채(拍手喝采)

캘 땅은 **사패지** 채 2급/土 8획

채소를 심고 캘(采) 땅은 사패지(土)

▶사패지 賜牌地 : 나라의 임금이 내려 준 땅

관련한자 *사패지지(賜牌之地)

손으로 **캘** 채 4급/手 8획

손(扌)으로 곡식을 캠(采)

▶채택 採擇 : 골라서 가려냄

관련한자 채용(採用), 채취(採取), 채굴(採掘)

풍채를 터럭으로 **채색** 채 3급/彡 8획

풍채(采) 좋은 사람을 그리고 터럭(彡 : 붓)으로 채색함(인물화)

▶유채화 油彩畫 : 서양화에서, 물감을 기름에 개어 그리는 그림

관련한자 채색(彩色), 수채화(水彩畫)

캘 풀은 **나물** 채 3급/艸 8획

밭에서 캘(采) 나물(艹)

▶채소 菜蔬 : 밭에서 기르는 농작물

관련한자 야채(野菜), 채식가(菜食家)

조계궐 **다툴** 쟁 5급/爪 4획

爫(손톱 조)+彐(돼지머리 계)+亅(갈고리 궐), 손톱(爪)이 긴 친구와 다투고 있는 조계궐(爫彐亅 : 사람이름) 회의

▶ 경쟁 競爭 : 서로 이기려고 다툼

관련한자 전쟁(戰爭), 투쟁(鬪爭), 쟁점(爭點)

물로 다투어 **깨끗할** 정 3급/水 8획

더러워진 몸을 앞다투어(爭) 물(氵)로 깨끗하게 씻음

▶ 청정 淸淨 : 맑고 깨끗함

관련한자 자정(自淨), 정결(淨潔), 정수(淨水)

청과 다툼이 **고요할** 정 4급/靑 8획

청(靑)과 일본의 다툼(爭)이 끝나고 고요해짐

▶ 진정 鎭靜 : ① 시끄럽고 요란한 상태를 조용하게 가라앉히는 것 ② 흥분된 마음을 차분하게 가라앉히는 것

관련한자 정숙(靜肅), 동정(動靜), 안정제(安靜劑)

일구계궐 **일** 사 7급/亅 7획

一(한 일)+口(입 구)+彐(돼지머리 계)+亅(갈고리 궐), 일구(一口 : 사람이름)와 계궐(彐亅 : 사람이름)은 열심히 일함 상형

▶ 다반사 茶飯事 : 차 마시는 일이나 밥 먹는 일과 같이 대수롭지 않은 일

관련한자 사실(事實), 사건(事件), 사례(事例)

손톱 덮고 또 **받을** 수 4급/又 6획

손톱(爫)이 덮인(冖) 상태인 손바닥으로 또(又) 받음 회의

▶ 수모 受侮 : 남에게 모욕을 당함

관련한자 수상(受賞), 수용(受容), 인수(引受)

손으로 받고 **줄** 수 4급/手 8획

먼저 선물을 손(扌)으로 받고(受) 답례품을 줌

▶교수 敎授 : ① 학문을 가르침 ② 대학의 교원

관련한자 전수(傳授), 수유(授乳), 수여(授與)

조멱심치 **사랑** 애 6급/心 9획

爫(손톱 조)+冖(덮을 멱)+心(마음 심)+夊(뒤져올 치), 조멱(爫冖 : 사람이름)과 심치(心夊 : 사람이름)는 서로 사랑함

▶애증 愛憎 : 사랑과 미움

관련한자 우애(友愛), 할애(割愛), 애국가(愛國歌)

머리로 사랑을 **근심** 우 3급/心 11획

㥑(근심 우), 사랑(愛)에 대해 머리(頁)로 근심(㥑)함 회의

▶우수 憂愁 : 근심

관련한자 우려(憂慮), 우울(憂鬱), 우환(憂患)

사람의 근심은 **넉넉할** 우 4급/人 15획

옆 사람(亻)의 근심(憂)은 살집의 넉넉함

▶우열 優劣 : 우수함과 열등함

관련한자 우수(優秀), 우선(優先), 우승(優勝)

손톱이 작고 크고 **어찌** 해 3급/大 7획

손톱(爪)이 작고(幺 : 작을 요) 크고(大) 어찌해? 손에 땋은 머리털이 붙잡힌 채 끌려가는 사람을 본뜸 상형

▶해필 奚必 : 하필(何必 : 다른 방도를 취(取)하지 아니하고 어찌 꼭)

관련한자 *해특(奚特), *해약(奚若)

물 중에 어찌 **시내** 계 3급/水 10획

우리 엄마는 물(氵)중에 어찌(奚) 시내를 그토록 좋아할까?

▶ 계곡 溪谷 : 물이 흐르는 골짜기

관련한자 청계천(淸溪川), *벽계수(碧溪水)

어찌 새가 **닭** 계 4급/鳥 10획

어찌(奚) 새(鳥)가 닭과 같으리요?(닭은 가축)

▶ 삼계탕 蔘鷄湯 : 어린 햇닭에 인삼, 대추, 찹쌀 등을 넣어서 고아 만드는 보양 음식

관련한자 양계장(養鷄場), 오골계(烏骨鷄)

조별삼ㄱ화 **할** 위 4급/爪 8획

爫(손톱 조)+丿(삐침 별)+ㄱ+灬(불 화), 회장님께 조별삼(爫丿삼 : 사람이름)은 허리를 90° 굽혀 'ㄱ'화(灬)하여 깍듯이 인사함 상형

▶ 당위성 當爲性 : 마땅히 해야 할 성질

관련한자 행위(行爲), 무작위(無作爲)

사람이 하는 **거짓** 위 3급/人 12획

사람(亻)이 양심을 속이고 하는(爲) 거짓 행위

▶ 위선 僞善 : 겉으로만 착한 체함

관련한자 진위(眞僞), 허위(虛僞), 위조(僞造)

언덕에 조공계 마음은 **숨을** 은 4급/阜 14획

阝(언덕 부)+爫(손톱 조)+工(장인 공)+彐(돼지머리 계)+心(마음 심), 㥯(삼갈 은, 급할 급), 실수로 조공계(爫工彐 : 사람이름) 마음(心)은 언덕(阝)에 숨고 싶음

▶ 은퇴 隱退 : 직책에서 손을 떼고 한가로이 지냄

관련한자 은폐(隱蔽), 은닉(隱匿), 은밀(隱密)

벼로 조공계 마음은 **편안할** 온 2급/禾 14획

禾(벼 화)+⺤(손톱 조)+工(장인 공)+彐(돼지머리 계)+心(마음 심), 풍년이 들어 벼(禾)를 수확하는 조공계(⺤工彐 : 사람이름) 마음(心)은 편안함

▶온전 穩全 : 본바탕대로 고스란히 있음

관련한자 평온(平穩), 온건(穩健)

조마경사또새 **어지러울** 란 4급/乙 12획

⺤(손톱 조)+マ(마 : 가타가나)+冂(멀 경)+厶(사사 사)+又(또 우)+乙(새 을), 조마경(⺤マ冂 : 사람이름) 사또(厶又)의 반려 새(乙)가 갑자기 집 안을 어지럽게 날아다님

▶호란 胡亂 : 오랑캐들로 인하여 일어나는 난리

관련한자 혼란(混亂), 난리(亂離), 소란(騷亂), 음란(淫亂)

조마경사또의 매운 **말씀** 사 4급/辛 12획

⺤(손톱 조)+マ(마 : 가타가나)+冂(멀 경)+厶(사사 사)+又(또 우)+辛(매울 신), 조마경(⺤マ冂 : 사람이름) 사또(厶又)가 아랫사람의 잘못을 꾸짖는 매운(辛) 말씀 회의

▶사전 辭典 : 어휘를 모아 일정한 순서로 배열하여 싣고 설명한 책

관련한자 사퇴(辭退), 찬사(讚辭), 신년사(新年辭)

도끼 근 **임금 · 왕후** 후 2급/口 3획

斤(도끼 근), 임금의 곤룡포에 그린 도끼(斤)는 바로 임금(后)의 결단력을 상징함 회의

▶왕후 王后 : 임금의 아내

관련한자 *모후(母后), *후비(后妃), *황태후(皇太后)

물리칠 척 **도끼** 근 3급/제부수

斥(물리칠 척), 녹슨 도끼(斤)를 물리침(斥) 상형

▶천근 千斤 : ① 백 근의 열 갑절 ② 몸이 무거움을 비유

관련한자 근수(斤數), 근량(斤量), *천근만근(千斤萬斤)

近

도끼가 착 **가까울** 근 6급/辵 4획

도끼(斤)가 착(辶) 가까운 곳에 있음

▶ 인근 隣近 : 이웃한 가까운 곳

관련한자 최근(最近), 접근(接近), 측근(側近)

沂

도끼 빠진 **물이름** 기 2급/水 4획

나무꾼이 도끼(斤)를 빠뜨린 물(氵) 이름은? '기'

▶ 욕기 浴沂 : 기수(沂水)에서 목욕한다는 뜻으로 명리를 잊고 유유자적함을 비유

관련한자 *욕기지락(浴沂之樂)

신께 도끼를 **빌** 기 3급/示 4획

나무꾼이 도끼(斤)를 연못에 빠뜨려 산신(神)령께 빔

▶ 기원 祈願 : 원하는 일이 이루어지기를 빎

관련한자 기도(祈禱), 기복(祈福), 기우제(祈雨祭)

집에 도끼로 할 **바** 소 7급/戶 4획

내일 집(戶 : 집 호, 지게 호)에 도끼(斤)로 할 바를 생각함 회의

▶ 소위 所謂 : ① 이른바 ② 세상에서 흔히 말하는 바

관련한자 소득(所得), 소문(所聞), 소중(所重), 장소(場所)

쌍도끼가 재물 **바탕** 질 5급/貝 8획

목수 돈(貝)벌이의 바탕이 되는 쌍도끼(斦)

▶ 저질 低質 : 낮은 품질

관련한자 성질(性質), 질문(質問), 물질(物質)

손도끼로 **꺾을** 절 4급/手 4획

손도끼(扌斤, 손도끼 : 한 손으로 쓸 수 있게 만든 작은 도끼)로 나무를 베어 꺾음 회의

▶요절 腰折 : 몹시 우스워서 허리가 부러질 듯함

관련한자 절반(折半), 좌절(挫折), 골절(骨折), *요절복통(腰折腹痛)

誓

꺾음을 말로 **맹세할** 서 3급/言 7획

올림픽경기에서 상대 선수의 기를 꺾어(折) 우승할 것을 감독에게 말(言)로 맹세함

▶맹세 盟誓 : 일정한 약속이나 목표를 꼭 실천하겠다고 다짐함

관련한자 선서(宣誓), 서약서(誓約書)

참고 본딧말 : 맹서(盟誓)

꺾여 착 **갈** 서 3급/辵 7획

늙고 병들어 심신이 꺾여(折) 착(辶) 저세상으로 감

▶서거 逝去 : '죽음'의 높임말

관련한자 *서자(逝者), *훙서(薨逝), *조서(早逝)

입으로 꺾음은 **밝을** 철 3급/口 7획

말싸움에서 입(口)으로 꺾을(折) 정도로 지식이 밝음

▶철학 哲學 : 인간과 세계에 대한 근본 원리와 삶의 본질을 연구하는 학문

관련한자 *선철(先哲), *철인(哲人)

나무를 도끼로 **쪼갤** 석 3급/木 4획

나무(木)를 도끼(斤)로 쪼갬 회의

▶분석 分析 : 복잡한 것을 논리적으로 해명함

관련한자 석출(析出), *해석(解析)

晳

쪼갠 날은 밝을 석 2급/日 8획

바쁜 스케줄로 시간을 쪼개(析) 날(日)을 잡아 여행을 가니 표정이 밝음

▶ 명석 明晳 : 생각이 분명하고 똑똑함

관련한자 *백석(白晳)

도끼 근 물리칠 척 3급/斤 1획

斤(도끼 근), 녹슨 도끼(斤)를 물리침(斥) 상형

▶ 배척 排斥 : 반대하여 밀어내침

관련한자 *척출(斥黜), *척사(斥邪), *위정척사(衛正斥邪)

말을 물리치며 호소할 소 3급/言 5획

상대방의 거짓말(言)을 물리치며(斥) 억울함을 호소함

▶ 소송 訴訟 : 재판을 걺. 고소

관련한자 호소(呼訴), 고소(告訴), 항소(抗訴)

도끼 근 언덕 구 3급/一 4획

斤(도끼 근), 도끼(斤)들고 언덕(丘)에 나무하러 감 상형

▶ 구릉지 丘陵地 : 높이가 비교적 낮고 경사가 가파르지 않은 산으로 된 땅

관련한자 *사구(砂丘), *구총(丘冢), 비구니(比丘尼)

고을의 언덕 구 2급/邑 5획

고을(阝 : 우부방, 고을 읍)의 언덕(丘)

▶ 대구 大邱 : 대구 광역시

관련한자 *일구일학(一邱一壑)

언덕에 팔 **병사** 병 5급/八 5획

언덕(丘)에 여덟(八) 명의 병사가 있음 회의

▶ 기마병 騎馬兵 : 말을 타고 싸우는 병사

관련한자 병역(兵役), 졸병(卒兵), 헌병(憲兵)

산언덕에 **큰 산** 악 3급/山 5획

저 산언덕(山丘, 山언덕 : 언덕과 같이 낮아진 산의 부분) 뒤에 보이는 큰 산 회의

▶ 치악산 雉岳山 : 강원도 원주시 횡성군 및 영월군에 걸쳐 있는 산으로 주봉은 비로봉

관련한자 산악(山岳), 북악산(北岳山), 관악구(冠岳區)

주검 시 **집** 호 4급/제부수

尸(주검 시), 주검(尸)이 놓여 있는 집(戶) 상형

▶ 호적 戶籍 : 한 식구의 본적지, 성명, 생년월일 등을 기록한 공문서

관련한자 호주(戶主), 호수(戶數), 창호지(窓戶紙)

집은 고을에 **따를** 호 2급/戶 7획

각각의 집(戶)은 고을(邑)의 행정에 따름

▶ 호위 扈衛 : 궁궐을 지킴

관련한자 *발호(跋扈), *발호장군(跋扈將軍)

작을 편 **어깨** 견 3급/肉 4획

扁(작을 편), 어깨(肩)가 작음(扁) 회의

▶ 견장 肩章 : 제복의 어깨에 붙이는 직위나 계급을 밝히는 표장

관련한자 견골(肩骨), 견갑골(肩胛骨)

참고 지게문 : 옛날식 가옥에서, 마루와 방 사이의 문이나 부엌의 바깥문

집문을 입으로 **열** 계 3급/口 8획

옛날에는 문밖에서 입(口)으로 "이리 오너라~"하면 집(戶 : 집 호)의 문(攵 : 등글월 문)을 엶

▶ 계몽 啓蒙 : 어린 아이나 몽매한 사람을 깨우침

관련한자 계발(啓發), *계시(啓示)

집개가 **어그러질** 려 1급/戶 4획

때때로 주인 눈치 보며 집(戶) 안에 개(犬)가 어그러져 있음 **회의**

▶ 반려 返戾 : 서류 등을 결재하지 않고 되돌려 보냄

관련한자 *괴려(乖戾), *할려금(割戾金)

집개의 **눈물** 루 3급/水 8획

난치병으로 안락사 당하는 집(戶)개(犬)가 눈물(氵)을 흘림

▶ 최루탄 催淚彈 : 눈물을 흘리게 하는 가루나 가스를 넣은 탄알

관련한자 *낙루(落淚), *만행루(萬行淚)

새집으로 **품팔** 고 2급/隹 4획

집(戶)에서 새장(隹戶) 만드는 일로 품팔이 함

▶ 고용 雇傭 : 삯을 받고 남의 일을 해 줌

관련한자 해고(解雇), *고용(雇用)

품팔고 머리로 **돌아볼** 고 3급/頁 12획

열심히 품팔고(雇) 머리(頁)로 하루 일과를 잠시 돌아봄

▶ 회고 回顧 : 지나간 일을 돌이켜 생각함

관련한자 고객(顧客), *고문관(顧問官)

주검 시 자 척 3급/尸 1획

尸(주검 시), 관을 짜기 위해 주검(尸)을 자로 잼 상형

▶ 척도 尺度 : ① 자로 재는 길이의 표준 ② 측정하거나 평가하는 기준

관련한자 축척(縮尺), *오비삼척(吾鼻三尺)

局

시글귀로 판 국 5급/尸 4획

시(尸 : 詩)글귀(句 : 글귀 구)를 바둑판 칸칸에 씀 회의

▶ 국한 局限 : 범위를 일정한 부분에 한정함

관련한자 결국(結局), 약국(藥局), 방송국(放送局)

수시로 오줌 뇨 2급/尸 4획

水(물 수)+尸(주검 시), 8체질 중 방광이 약하여 수시(水尸, 隨時 : 때에 따라서 함)로 오줌을 누는 토양 체질 회의

▶ 당뇨 糖尿 : 포도당이 많이 섞여 나오는 오줌

관련한자 요도(尿道), 요실금(尿失禁), 비뇨기과(泌尿器科)

주검 털 꼬리 미 3급/尸 4획

여우 주검 털(尸毛) 꼬리로 여우목도리를 만듦 회의

▶ 연미복 燕尾服 : 남자용 서양 예복. 뒤는 마치 제비의 꼬리처럼 보임

관련한자 미행(尾行), 말미(末尾), 구미호(九尾狐)

시초에 길게 펼 전 5급/尸 7획

토론 시초(尸++, 始初 : 맨 처음)에 나의 주장을 길게(長) 폄

▶ 전시 展示 : ① 여러 가지 물건을 벌여서 보임 ② 책, 편지 등을 펼쳐서 봄

관련한자 발전(發展), 전개(展開), 전람회(展覽會)

殿

시공수 **전각** 전 3급/殳 9획

尸(주검 시)+共(한가지 공)+殳(몽둥이 수), 시공수(尸共殳 : 사람이름)가 시공한 전각

▶ 궁전 宮殿 : 임금이 거처하는 집

관련한자 *전각(殿閣), 대웅전(大雄殿)

漏

수시로 비가 **샐** 루 3급/水 11획

집이 낡아 수시(氵尸, 隨時 : 때에 따라서 함)로 빗(雨)물이 샘

▶ 누설 漏泄 : ① 기체나 액체가 밖으로 새어 나감 ② 비밀이 새어 나감

관련한자 누락(漏落), 누출(漏出), 누수(漏水), 누전(漏電)

주검이 이른 **집** 옥 5급/尸 6획

주검(尸)의 영혼이 이른(至 : 이를 지) 집인 사당 회의

▶ 가옥 家屋 : 사람이 사는 집

관련한자 옥상(屋上), 한옥(韓屋), 옥외(屋外)

손에 집을 **쥘** 악 2급/手 9획

손(扌)에 집(屋)문서를 쥠

▶ 파악 把握 : ① 꽉 잡아 쥠 ② 내용이나 본질을 확실하게 이해하여 앎

관련한자 장악(掌握), 악수(握手)

요 소는 **무소** 서 1급/牛 8획

尿(오줌 뇨)+牛(소 우), 요(尿) 오줌 누고 있는 소(牛)는 무소 육서 無

▶ 서우 犀牛 : 무소(코뿔소)

관련한자 *서각(犀角), *서우기(犀牛旗)

무소는 쉬엄쉬엄 **더딜 · 늦을** 지 3급/辵 12획

무소(犀)는 쉬엄쉬엄(辶) 더디게 걸음

▶지연 遲延 : 일이 더디게 늦어짐

관련한자 지각(遲刻), 지체(遲滯)

주검을 끌어 **여러** 루 3급/尸 11획

婁(끌 루, 별이름 루), 끌어다(婁) 놓은 주검(尸)이 여러 구 있음

▶누차 屢次 : 여러 차례

관련한자 *누회(屢回), *누누이(屢屢-)

樓

나무를 끌어 **다락** 루 3급/木 11획

나무(木)를 끌어다(婁) 지은 다락

▶마천루 摩天樓 : 하늘을 찌를 듯이 높은 고층 건물

관련한자 누각(樓閣), 경회루(慶會樓)

참고 다락 : 높은 기둥 위에 벽이 없는 마루를 놓아 지은 집

끌어 치며 **셈** 수 7급/攴 11획

끌어다(婁) 치며(攵) 하나, 둘, 셋… 셈함

▶구설수 口舌數 : 헐뜯는 말을 들을 운수

관련한자 수학(數學), 액수(額數), 산수(算數)

시일에 **눈썹** 미 3급/目 4획

면접 가까운 시일(尸|, 時日 : 때와 날을 아울러 이르는 말)에 눈(目)썹을 다듬음 상형

▶미간 眉間 : 두 눈썹의 사이

관련한자 *백미(白眉), *설미(雪眉), 양미간(兩眉間)

07

10진법 一 묶음

左

법 식 **왼** 좌 7급/工 2획

式(법 식), 왼(左)손잡이의 글쓰는 법(式) 회의

▶ 좌변 左邊 : 등호 또는 부등호의 왼쪽에 적은 수나 식

관련한자 좌천(左遷), *좌우간(左右間)

佐

왼쪽 사람을 **도울** 좌 3급/人 5획

왼쪽(左)에 있는 사람(亻)을 도움

▶ 보좌관 補佐官 : 상관을 돕는 관리

관련한자 왕좌(王佐), *일언지좌(一言之佐)

隋

언덕 왼쪽에 달을 **수나라** 수 2급/阜 9획

수나라를 여행하며 언덕(阝) 왼쪽(左)에 뜬 보름달(月)을 구경함

▶ 수주 隋珠 : 중국 수나라의 국보였던 구슬

관련한자 수양제(隋煬帝), *수후지주(隋侯之珠)

隨

언덕에 **따를** 수 3급/阜 13획

迶(따를 수), 언덕(阝)에 친구 따라(迶) 오름

▶ 부수 附隨 : 주된 것이나 기본적인 것에 붙어서 따름

관련한자 *수시(隨時), *수반(隨伴), *수필(隨筆)

수나라 흙이 **떨어질** 타 3급/土 12획

황사(黃沙)로 수나라 흙(隋土)이 우리나라에 떨어짐

▶ 타락 墮落 : 올바른 길에서 벗어나 잘못된 길로 빠짐

관련한자 *타루(墮淚), *타죄(墮罪), *실타(失墮)

右

돌 석 **오를 · 오른(쪽)** 우 7급/口 2획

石(돌 석), 분수대 오른(右)쪽에 돌(石)로 만든 석상을 세움 상형

▶ 우익 右翼 : ① 오른쪽 날개 ② 보수적 당파(프랑스 국민 의회에서 보수파가 오른쪽에 자리 잡았던 데서 나온 말)

관련한자 우측(右側), 좌우(左右)

佑

오른쪽 사람을 **도울** 우 2급/人 5획

오른쪽(右)에 있는 사람(亻)을 도움

▶ 천우 天佑 : 하늘의 도움

관련한자 *신우(神佑), *보우(保佑), *인우(隣佑), *천우신조(天佑神助)

오른쪽 신이 **복(福)** 우 2급/示 5획

오른쪽(右) 신(神)께서 복을 주심

▶ 행우 幸祐 : 행복(幸福)

관련한자 *명우(冥祐), *묵우(默祐)

若

오른쪽 풀이 **같을** 약 3급/艸 5획

위의 풀과 오른(右)쪽 풀(艹)이 같음 회의

▶ 만약 萬若 : 만일, 혹시

관련한자 *반야(般若), *약간(若干)

같은 마음으로 **이끌** 야 2급/心 9획

서로 마음(心)이 같아(若)지도록 이끎

▶ 야기 惹起 : 무슨 사건을 끌어 일으킴

관련한자 *야단(惹端), *야출(惹出)

諾

같은 말로 **허락할** 낙 3급/言 9획

상대방이 한 말과 같은(若) 말(言)로 허락함(억양만 다름)

예 먹어도 돼?(↑) 먹어도 돼~(↓)

▶ 허락 許諾 : 청하는 바를 들어 줌

관련한자 승낙(承諾), 수락(受諾)

오른 우 **돌** 석 6급/제부수

右(오른 우), 분수대 오른(右)쪽에 돌(石)로 만든 석상을 세움 상형

▶ 석회암 石灰巖 : 탄산칼슘을 주성분으로 하는 퇴적암

관련한자 암석(巖石), 석유(石油), 석탄(石炭)

돌머리가 **클** 석 2급/石 9획

돌하르방(하르방 : '할아버지'의 방언)의 돌머리(石頁, 돌머리 : 돌의 윗부분)가 큼

▶ 석사모 碩士帽 : 석사 학위를 받을 때 쓰는 모자

관련한자 석학(碩學), *석량(碩量)

손으로 돌을 **넓힐** 척 / **박을** 탁 3급/手 5획

손(扌)으로 돌(石)을 치워 길을 넓히고 비석을 박아 세움

▶ 간척 干拓 : 바다나 호수 주위에 둑을 쌓고 그 안의 물을 빼내어 육지나 경지로 만듦

관련한자 개척(開拓), *탁본(拓本)

큰 새는 **수컷** 웅 5급/隹 4획

암컷보다 힘 세고 큰(厷 : 클 굉) 새(隹 : 새 추)인 수컷

▶자웅 雌雄 : 암컷과 수컷

관련한자 웅변(雄辯), 영웅(英雄), 웅장(雄壯)

손수건 **베 · 펼** 포 / **보시** 보 4급/巾 2획

손(又자의 변화된 형태)수건(巾)을 폄

▶선포 宣布 : 세상에 널리 알림

관련한자 *보시(布施), 분포(分布), 폭포(瀑布), 살포(撒布)

참고 베 : 삼실, 무명실, 명주실로 짠 피륙

마음이 베를 **두려워할** 포 2급/心 5획

하얀 베(布)만 보면 소복 입은 처녀귀신이 생각나 마음(忄)이 두려움

▶공포 恐怖 : 두렵고 무서움

관련한자 *포복(怖伏), *경포(驚怖)

엑스포를 **바랄** 희 4급/巾 4획

布(펼 포), 우리나라에서 엑스포(乂布, expo : 국제 박람회) 개최를 바람 회의

▶희망 希望 : 앞일에 어떤 기대를 가지고 바람

관련한자 *희기(希冀), *희행(希幸), *희원(希願)

바란 벼가 **드물** 희 3급/禾 7획

벼(禾)농사가 풍년이기를 바랐(希)지만 풍년이 드묾

▶희석 稀釋 : 물 또는 다른 용해제를 가하여 묽게 함

관련한자 희귀(稀貴), 희한(稀罕), 희박(稀薄)

효자에게 글을 가르칠 교 8급/攴 7획

爻(사귈 효), 까막눈인 효자(爻子, 孝子 : 부모를 잘 섬기는 아들)에게 글(攵)을 가르침 회의

▶ 교수 敎授 : ① 학문을 가르침 ② 대학의 교원

관련한자 교육(敎育), 교사(敎師), 종교(宗敎)

有

손에 고기가 있을 유 7급/月 2획

손(又자의 변화된 형태)에 고기(月)덩이를 잡고 있음

▶ 향유 享有 : 자기의 것으로 소유하여 누림

관련한자 유무(有無), 유능(有能)

郁

있는 고을은 성할 욱 2급/邑 6획

거주하고 있는(有) 고을(⻏)은 세력이 있어(有) 성함

▶ 복욱 馥郁 : 풍기는 향기가 그윽함

관련한자 *욱리(郁李), *욱렬(郁烈)

참고 성할(盛–) : 기운이나 세력이 한창 왕성함

아들이 재주 있을 존 4급/子 3획

아들(子)이 도자기 만드는 재주(才)가 있음 회의

▶ 기존 旣存 : 이미 존재함

관련한자 존재(存在), 의존(依存), 보존(保存)

흙 빚는 재주 있을 재 6급/土 3획

存(있을 존), 아들이 흙(土)을 빚어 도자기 만드는 재주(才)가 있음

▶ 잠재 潛在 : 겉으로 드러나지 않고 속에 숨어 있음

관련한자 현재(現在), 실재(實在), 존재(存在)

절름발이 왕 **더욱** 우 3급/尢 1획

尤(절름발이 왕, 더욱 우), 시간이 갈수록 절름발이(尢)는 더욱(尤) 걷기 힘들어함 상형

▶우심 尤甚 : 더욱 심함

관련한자 *우극(尤極), *우묘(尤妙), *우암(尤庵)

就

서울이 더욱 **나아갈** 취 4급/尢 9획

서울(京)의 발전이 더욱(尤) 앞으로 나아감 회의

▶취침 就寢 : 잠자리에 듦

관련한자 취업(就業), 성취(成就), 취임식(就任式)

蹴

발이 나아가 **찰** 축 2급/足 12획

공을 찰때 발(足)이 앞으로 나아감(就)

▶축구 蹴球 : 11명이 한 팀이 되어 발로 공을 차서 상대편의 골에 공을 많이 넣는 것으로 승부를 겨루는 경기

관련한자 *일축(一蹴), *편축(鞭蹴)

망설이다 물에 **잠길** 침 3급/水 4획

冘(망설일 유, 나아갈 임), 폭우로 다리 건넘을 망설이다(冘) 다리가 물(氵)에 잠김

▶침체 沈滯 : 발전하지 못하고 제자리에 머묾

관련한지 침몰(沈沒), 침묵(沈默), 침착(沈着), 심청전(沈淸傳)

망설이다 나무 **베개** 침 3급/木 4획

망설이다(冘) 목(木)침(나무토막으로 만든 베개)을 구입함

▶금침 衾枕 : 이부자리와 베개

관련한자 목침(木枕), *침석(枕席)

망설이다 귀로 즐길 탐 2급/耳 4획

영화를 볼까 망설이다(冘) 귀(耳)로 연주를 즐김

▶탐독 耽讀 : 책을 열중하여 읽음

관련한자 탐닉(耽溺), 탐미(耽味)

손으로 뽑을 발 3급/手 5획

犮(달릴 발, 뽑을 발), 추첨하기 위해 손(扌)으로 표를 뽑음(犮)

▶선발 選拔 : 많은 가운데서 골라 뽑음

관련한자 발췌(拔萃), 발탁(拔擢), 발검(拔劍)

긴 터럭 발 4급/髟 5획

長(긴 장)+彡(터럭 삼)+犮(달릴 발), 희고 긴 터럭(髟)(머리카락)을 뽑음(犮)

▶모발 毛髮 : ① 사람의 몸에 난 온갖 털 ② 머리카락

관련한자 가발(假髮), 이발(理髮), 백발(白髮)

참고 터럭 : 사람이나 길짐승의 몸에 난 길고 굵은 털

백성 민 각시 · 성씨 씨 4급/제부수

民(백성 민), 수많은 우리나라 백성(民)의 성씨(氏) 상형

▶모씨 某氏 : '아무개'를 높여 이르는 말

관련한자 성씨(姓氏), 섭씨온도(攝氏溫度)

실씨는 **종이** 지 7급/糸 4획

실(糸 : 사람이름)씨(氏)는 사랑을 담아 종이학 1,000마리를 접음

▶ 지필묵 紙筆墨 : 종이와 붓과 먹을 아울러 이르는 말

관련한자 지폐(紙幣), 지갑(紙匣), 편지(便紙)

저 사람은 **낮을** 저 4급/人 5획

氐(근본 저, 땅이름 지), 저(氐) 사람(亻)은 신분이 낮은 노비

▶ 저질 低質 : 낮은 품질

관련한자 저가(低價), 저렴(低廉), 최저(最低)

저 손을 **막을(抗)** 저 3급/手 5획

뭉둥이를 마구 휘두르는 저(氐) 손(扌)을 막음

▶ 저항 抵抗 : 어떤 힘이나 조건에 굽히지 않고 거역하거나 버팀

관련한자 *대저(大抵), *저촉(抵觸)

저 집은 **밑** 저 4급/广 5획

저(氐) 집(广)은 언덕 밑에 위치함

▶ 철저 徹底 : 속속들이 꿰뚫어 미치어 밑바닥까지 빈틈이나 부족함이 없음

관련한자 해저(海底), 저력(底力)

날씨가 **어두울** 혼 3급/日 4획

氏(각시/성씨 씨), 오늘 날씨(日氏, 날씨 : 비, 구름, 바람, 기온 등이 나타나는 기상 상태)는 어두움 회의

▶ 혼미 昏迷 : 의식이 흐림

관련한자 *황혼(黃昏), *혼절(昏絕), 혼수상태(昏睡狀態)

여자가 **혼인할** 혼 4급/女 8획

성숙한 여자(女)가 혼인함(昏 = 婚)

▶ 혼인 婚姻 : 결혼(結婚)

관련한자 혼례(婚禮), 약혼(約婚), *혼수(婚需)

성씨 씨 **백성** 민 8급/氏 1획

氏(성씨 씨), 수많은 우리나라 백성(民)의 성씨(氏) 상형

▶ 서민 庶民 : ① 관직이 없는 평민 ② 일반 사람들

관련한자 국민(國民), 주민(住民), 농민(農民)

백성의 **옥돌** 민 2급/玉 5획

백성(民)들의 옥(玉)돌

▶ 정민 貞珉 : 단단하고 아름다운 돌

참고 옥돌 : 옥이 들어 있는 돌. 또는 가공하지 아니한 천연의 옥

백성이 눈 감고 **잘** 면 3급/目 5획

밤에 백성(民)들이 눈(目) 감고 편히 잠

▶ 수면 睡眠 : 잠을 잠

관련한자 숙면(熟眠), 최면(催眠), 불면증(不眠症)

칠 벌 **대신할** 대 6급/人 3획

伐(칠 벌), 선생님이 회초리로 칠(伐) 것을 대신해(代) 말로 훈방(訓放 : 가벼운 죄를 지은 사람을 훈계하고 풀어 줌)함

▶ 대체 代替 : 다른 것으로 대신함

관련한자 대표(代表), 대신(代身), 시대(時代)

대신할 땅은 **집터** 대 2급/土 5획

임시로 주차장을 대신(代)할 땅(土)은 옛 집터

▶ 대지 垈地 : 집터로서의 땅

관련한자 *가대(家垈), *낙성대(落星垈)

참고 우리나라 한자

대신 돈을 **빌릴** 대 3급/貝 5획

부모님 대신(代) 돈(貝)을 빌림

▶ 임대 賃貸 : 돈을 받고 자기의 물건을 남에게 빌려줌

관련한자 대출(貸出), 대여(貸與), 고리대금(高利貸金)

왼 좌 **법** 식 6급/弋 3획

左(왼 좌), 왼(左)손잡이의 글쓰는 법(式)

▶ 양식 樣式 : 일정한 모양이나 형식

관련한자 방식(方式), 공식(公式), 형식(形式)

수레 가로나무 식 **수레 가로나무** 식 2급/車 6획

수레(車) 가로나무 식(式), 수레 가로나무 : 수레 안에서 절을 할 때, 손으로 쥐는 앞턱의 가로 댄 나무

▶ 김부식 金富軾 : 고려 시대의 학자 · 정치가(1075~1151)

관련한자 소식(蘇軾)

말법을 **시험할** 시 4급/言 6획

선생님이 학생에게 가르쳐 준 말법(言式, 말法 : 말의 일정한 법칙)을 시험함

▶ 시험 試驗 : ① 재능이나 실력을 검사하고 평가함 ② 사물의 성질이나 기능을 실지로 증험(證驗)하여 봄

관련한자 시도(試圖), 고시(考試), 시사회(試寫會)

익이패 **두 · 갖은두** 이 2급/貝 5획

弋(주살 익)＋二(두 이)＋貝(조개 패), 익이(弋二 : 사람이름)의 패(貝, 牌 : 같이 어울려 다니는 사람의 무리)는 두 명

▶이십 貳十 : 스물

관련한자 *이신(貳臣), *이심(貳心), *임현물이(任賢勿貳)

일익을 그친 **호반** 무 4급/止 4획

은퇴로 평화 유지에 일익(一弋, 一翼 : 어떤 일의 중요한 구실을 한 부분)을 그친(止) 호반 회의

▶무술 武術 : 검술, 궁술, 창술, 승마술 등 무도(武道)에서 연마하는 기술

관련한자 *무반(武班), 무예(武藝), 핵무기(核武器)

호반 재물의 **부세** 부 3급/貝 8획

권력으로 호반(武) 재물(貝)의 부세를 가볍게 함

▶할부 割賦 : 지급할 돈을 여러 번으로 나누어 냄

관련한자 부과금(賦課金), 천부적(天賦的), *부세(賦稅)

주살 익 **창** 과 2급/제부수

弋(주살 익), 창(戈)과 주살(弋)은 옛 사냥 도구 상형

▶간과 干戈 : 창과 방패

관련한자 *과병(戈兵), *순과(盾戈), *과모(戈矛)

사람이 창으로 **칠** 벌 4급/人 4획

사람(亻)이 창(戈)으로 적을 침 회의

▶정벌 征伐 : 죄 있는 무리를 무력으로써 침

관련한자 토벌(討伐), 벌목(伐木), 살벌(殺伐)

대나무를 쳐서 뗏목 벌 2급/竹 6획

대나무(竹)를 쳐서(伐) 엮어 만든 뗏목

▶벌교 筏橋 : 뗏목(통나무를 떼로 가지런히 엮어서 물에 띄워 사람이나 물건을 운반할 수 있도록 만든 것)을 엮어 만든 다리

관련한자 *미진보벌(迷津寶筏)

문벌 문벌 벌 2급/門 6획

門(문 문)+伐(칠 벌), 문벌집 대문(門)을 손으로 똑, 똑, 똑 치며(伐) 노크함

▶문벌 門閥 : 대대로 내려오는 그 집안의 사회적 신분이나 지위

관련한자 학벌(學閥), 재벌(財閥)

경계할 계 병장기 · 오랑캐 융 1급/戈 2획

戒(경계할 계), 병장기(戎)를 들고 오랑캐(戎)를 경계함(戒) 회의

▶서융 西戎 : 중국에서, 한인(漢人)이 서쪽 변방의 이민족을 이르던 말

관련한자 *융사(戎士), *융거(戎車), *병장기(兵仗器), *이만융적(夷蠻戎狄)

오랑캐는 재물 도둑 적 4급/貝 6획

오랑캐(戎)가 병장기(戎)를 들고 재물(貝)을 도둑질함 회의

▶해적 海賊 : 바다 위에서 배를 습격하여 재물을 빼앗는 강도

관련한자 도적(盜賊), 황건적(黃巾賊)

창을 받들고 경계할 계 4급/戈 3획

廾(받들 공, 스물 입), 나라를 지키기 위해 창(戈)을 받들고(廾) 적을 경계함 회의

▶경계 警戒 : 긴장하며 조심함

관련한자 징계(懲戒), 계율(戒律), 훈계(訓戒)

나무가 경계하는 **기계** 계 3급/木 7획

나무(木) 입장에서 경계(戒)하는 목공 기계

▶ 기계과 機械科 : 대학에서 기계 공학을 전공하는 학과

관련한자 병계(兵械), *농기계(農機械)

다 함 **혹** 혹 4급/戈 4획

咸(다 함), 심한 지진으로 혹(或) 동네 건물들이 다(咸) 무너질 수 있음 회의

▶ 혹야 或也 : 혹시(만일에)

관련한자 간혹(間或), 설혹(設或), 혹자(或者)

혹 마음을 **미혹할** 혹 3급/心 8획

그녀의 아름다운 모습은 혹(或) 나의 마음(心)을 미혹할 수도 있음

▶ 현혹 眩惑 : 어지럽게 하여 홀리게 함

관련한자 의혹(疑惑), 유혹(誘惑), 당혹(當惑), *미혹(迷惑)

혹 흙 **지경** 역 4급/土 8획

혹시(或) 흙(土) 지경인 그 길은 아직도 비포장길인가?

▶ 구역 區域 : 갈라놓은 지역

관련한자 지역(地域), 영역(領域), 광역시(廣域市)

혹 에워싼 **나라** 국 8급/口 8획

혹시(或) 일어날 전쟁에 대비하기 위해 에워싸고(口 : 에워쌀 위, 나라 국) 나라를 지킴 회의

▶ 국제 國際 : ① 나라와 나라 사이의 관계 ② 세계 여러 나라에 공통적인 것

관련한자 국가(國家), 한국(韓國), 대한민국(大韓民國)

물이 적어 **얕을** 천 3급/水 8획

물(氵)의 양이 적어(戔 : 나머지 잔, 적을 전, 돈 전) 얕음

▶천박 淺薄 : 학문이나 생각이 얕음

관련한자 비천(鄙淺), 천해(淺海)

발로 적게 **밟을** 천 3급/足 8획

길거리에 쌓인 전단지를 발(足 : 발 족)로 적게(戔) 밟고 지나감

▶실천 實踐 : 실제로 행함

관련한자 *천답(踐踏), *천력(踐歷)

재물이 적어 **천할** 천 3급/貝 8획

사람들은 재물(貝)이 적으면(戔) 천하게 생각하는 경향이 있음

▶빈천 貧賤 : 가난하고 천함

관련한자 귀천(貴賤), *빈천지교(貧賤之交)

알이 적게 **남을** 잔 4급/歹 8획

거북이는 한 번에 알을 많이 낳지만 생존하는 알(歹 : 살 바른 뼈 알)이 적게(戔) 남음

▶잔액 殘額 : 쓰고 남은 액수

관련한자 잔업(殘業), 잔금(殘金), 잔여(殘餘)

금전 **돈** 전 4급/金 8획

金(쇠 금)+戔(나머지 잔, 적을 전, 돈 전, 깎을 찬), 금전(金戔, 金錢 : 금으로 만든 돈)은 금으로 만든 돈

▶동전 銅錢 : 구리로 만든 돈

관련한자 금전(金錢), 환전(換錢)

손에 창 든 **나** 아 3급/戈 3획

손(手)에 창(戈)을 들고 나라를 지키는 나 회의

▶ 아집 我執 : 자기중심적인 생각이나 좁은 소견에 사로잡힌 고집

관련한자 자아(自我), 아군(我軍)

나는 밥을 **주릴** 아 3급/食 7획

나(我)는 다이어트로 며칠 밥(食)을 금식하며 굶주림

▶ 기아 飢餓 : 굶주림

관련한자 아사(餓死), 아귀(餓鬼)

아양은 **옳을** 의 4급/羊 7획

我(나 아)+羊(양 양), 딸이 아빠에게 아양(我羊, 아양 : 귀염을 받으려고 알랑거리는 말)은 옳음 회의

▶ 의무 義務 : 반드시 해야 할 일

관련한자 정의(正義), 의리(義理), 민주주의(民主主義)

의인의 **거동** 의 4급/人 13획

義(옳을 의)+亻(사람 인), 의인(義亻 : 의로운 사람)의 올바른 거동

▶ 부의금 賻儀金 : 초상난 집에 부조의 뜻으로 보내는 돈

관련한자 의식(儀式), 예의(禮儀)

말로 옳게 **의논할** 의 4급/言 13획

옳은(義) 결론을 내기 위하여 서로가 의견을 말(言)하며 의논함

▶ 회의 會議 : 여럿이 모여 의논함. 또는 그런 모임

관련한자 의논(議論), 협의(協議), 의원(議員)

옳을 의 **복희(伏羲)** 희 2급/羊 10획

羲(옳을 의), 백성을 옳게(義) 다스리는 복희(羲)

▶복희 伏羲 : 중국 고대 전설상의 제왕

관련한자 왕희지(王羲之)

열창하는 입 **어조사** 재 3급/口 6획

어조사 재(哉)~~를 열창(十戈, 熱唱 : 노래를 열심히 부름)하는 입(口)

▶숙재 孰哉 : 누구이겠느냐?

관련한자 *쾌재(快哉), *애재(哀哉)

열창하며 나무 **심을** 재 3급/木 6획

식목일에 열창(十戈, 熱唱 : 노래를 열심히 부름)하며 땅에 나무(木)를 심음

▶재배 栽培 : 식물을 심어 가꿈

관련한자 분재(盆栽), *식재(植栽)

열창하며 **옷마를** 재 3급/衣 6획

열창(十戈, 熱唱 : 노래를 열심히 부름)하며 옷(衣)을 만들기 위해 옷감을 마름

▶재봉 裁縫 : 옷을 만드는 일. 바느질

관련한자 독재자(獨裁者), 미결재(未決裁), 헌법재판소(憲法裁判所)

참고 마르다 : 치수에 맞게 자름

열창하며 차에 **실을** 재 3급/車 6획

열창(十戈, 熱唱 : 노래를 열심히 부름)하며 차(車)에 물건을 실음

▶게재 揭載 : 신문, 잡지 등에 글이나 그림을 실음

관련한자 등재(登載), 탑재(搭載), 기재(記載)

열창하며 다르게 일(首荷) 대 2급/戈 13획

異(다를 이), 열창(十戈, 熱唱 : 노래를 열심히 부름)하며 가방을 일반방식과 다르게(異) 머리에 이고 감

▶추대 推戴 : 윗사람으로 모셔 받듦

관련한자 대관식(戴冠式), *남부여대(男負女戴)

김열창입임 쇠 철 5급/金 13획

金(쇠 금)+十(열 십)+戈(창 과)+口(입 구)+壬(북방 임), 김(金)씨는 열창(十戈, 熱唱 : 노래를 열심히 부름)할 때 쇳소리가 나는 입임(口壬)

▶철사 鐵絲 : 쇠로 만든 가는 줄

관련한자 철근(鐵筋), 철강(鐵鋼), 전철(電鐵)

이음과 직분 직 4급/耳 12획

耳(귀 이)+音(소리 음)+戈(창 과), 이직하여 기존업무 이음과(耳音戈) 직분 상승

▶직책 職責 : 직무상의 책임

관련한자 직원(職員), 직무(職務), 직장(職場)

실음과 짤 직 4급/糸 12획

糸(실 사)+音(소리 음)+戈(창 과), 실음(糸音, 失音 : 목소리가 쉬어 말을 하지 못함)과(戈) 피곤상태로 스웨터를 짜다

▶견직물 絹織物 : 명주실로 짠 피륙, 비단

관련한자 조직(組織), 모직(毛織), 직녀성(織女星)

말음과 알 식 5급/言 12획

言(말씀 언)+音(소리 음)+戈(창 과), 말음(言音, 末音 : 끝소리)과(戈) 어감으로 무슨 말인지 앎

▶지식 知識 : 알고 있는 내용이나 정보

관련한자 상식(常識), 인식(認識), 무의식(無意識)

실종창구 **가늘** 섬 2급/糸 17획

糸(실 사)＋从(좇을 종)＋戈(창 과)＋韭(부추 구), 실종(糸从, 失踪 : 간 곳이나 생사를 알 수 없게 됨)된 창구(戈韭 : 사람이름)는 매우 가느다란 체구

▶ 마섬유 麻纖維 : 삼실(삼 껍질에서 뽑아낸 실)

관련한자 섬세(纖細), *섬섬옥수(纖纖玉手)

별과 **천간** 무 3급/戈 1획

丿(삐침 별)＋戈(창 과), 별과(丿戈) 천간으로 점을 봄 상형

▶ 무술 戊戌 : 육십갑자(六十甲子)의 서른다섯째

관련한자 무야(戊夜), 무술주(戊戌酒)

참고 천간(天干) : 육십갑자의 위 단위를 이루는 요소(갑, 을, 병, 정, 무, 기, 경, 신, 임, 계)

무초가 **무성할** 무 3급/艸 5획

길가에 무초(戊++, 蕪草 : 엉클어져 거칠게 난 풀)가 무성함

▶ 무림 茂林 : 나무가 울창하게 우거진 숲

관련한자 무성(茂盛), *송무백열(松茂栢悅)

천간아저씨는 **친척** 척 3급/戈 7획

尗(아저씨 숙, 콩 숙), 천간(戊)을 잘 보는 친척아저씨(尗)

▶ 친척 親戚 : 친족과 외척(外戚)을 아울러 이르는 말

관련한자 *인척(姻戚), 친인척(親姻戚)

상소를 또 **아재비** 숙 4급/又 6획

상소(上小, 上訴 : 하급 법원의 판결에 따르지 않고 상급 법원에 재심을 요구하는 일)를 또(又) 올리는 아재비

▶ 숙질 叔姪 : 아저씨와 조카

관련한자 숙부(叔父), 당숙(堂叔), *백중숙계(伯仲叔季)

아재비 물이 맑을 숙 3급/水 8획

아재비(叔)가 마시는 물(氵)이 맑음

▶ 정숙 貞淑 : 여자의 행실이 곱고 마음씨가 맑음

관련한자 숙녀(淑女), *요조숙녀(窈窕淑女)

아재비 눈으로 감독할 독 4급/目 8획

아재비(叔) 눈(目)으로 감독함

▶ 감독 監督 : 일, 영화, 운동 경기 등에서 전체를 지휘하고 관리함

관련한자 독촉장(督促狀), 기독교(基督教), *성화독촉(星火督促)

아재비 집은 고요할 적 3급/宀 8획

아재비(叔) 집(宀)은 고요함

▶ 적막 寂寞 : 고요하고 쓸쓸함

관련한자 울적(鬱寂), 정적(靜寂), *입적(入寂)

천간 무 수자리 수 1급/戈 2획

戊(천간 무), 수자리(戍)하며 천간(戊)을 살핌 회의

▶ 수위 戍衛 : 수자리(국경을 지키던 일)

관련한자 *위수병(衛戍兵)

초망수 업신여길 멸 2급/艸 11획

艹(풀 초)+罒(그물 망)+戍(수자리 수), 직장 상사는 마음에 안 드는 초망수(艹罒戍 : 사람이름)를 업신여김

▶ 능멸 凌蔑 : 업신여겨 깔봄

관련한자 모멸(侮蔑), 경멸(輕蔑), 멸시(蔑視)

이룰 성 **개** 술 3급/戈 2획

成(이룰 성), 드디어 개(戌)를 기르고 싶은 소원을 이룸(成) 회의

▶무술 戊戌 : 육십갑자(六十甲子)의 서른다섯째

관련한자 술시(戌時), 술년(戌年)

암캐의 **위엄** 위 4급/女 6획

새끼를 낳은 암캐(女戌)의 위엄처럼 큰 시어머니의 위엄 회의

▶위협 威脅 : 힘으로 으르고 협박함

관련한자 위엄(威嚴), 권위(權威), 위력(威力)

수술불이 **꺼질 · 멸할** 멸 3급/水 10획

威(꺼질 멸, 멸할 멸), 수술(氵戌, 手術 : 병을 치료하기 위해 몸의 일부를 의료 기구로 자르거나 째거나 함)실에 불(火)이 꺼짐

▶불멸 不滅 : 영원히 멸망하지 않음

관련한자 소멸(消滅), 멸망(滅亡), 멸종(滅種)

개입이 **다** 함 3급/口 6획

도적이 들어 개(戌)가 입(口) 모아 다같이 짖음

▶함몰 咸沒 : 모조리 다 죽음

관련한자 함경도(咸鏡道), *함흥차사(咸興差使)

물을 다 **덜** 감 4급/水 9획

물(氵)을 다(咸) 덜어냄

▶감원 減員 : 인원 수를 줄임

관련한자 감소(減少), 삭감(削減), 증감(增減)

다 마음으로 **느낄** 감 6급/心 9획

모든 감정을 다(咸) 마음(心)으로 느낌

▶ 포만감 飽滿感 : 넘치도록 가득 차 있는 느낌

관련한자 감정(感情), 감사(感謝), 민감(敏感)

마음으로 느끼는 **섭섭할** 감 2급/心 13획

마음(忄)으로 느끼는(感) 섭섭함

▶ 유감 遺憾 : 마음에 남는 섭섭함

관련한자 *감정(憾情)

그친 개소에서 **해** 세 5급/止 9획

戌(개 술), 여행하다 잠깐 그친(止) 개소(戌少, 個所 : 여러 곳 가운데 한 곳)에서 새해를 맞음

▶ 세월 歲月 : 흘러가는 시간

관련한자 세배(歲拜), 연세(年歲), *만세(萬歲)

물 그친 개소에 **종족이름** 예 2급/水 13획

물(氵)이 흐르다 그친(止) 개소(戌少, 個所 : 여러 곳 가운데 한 곳)에 사는 종족 이름은 예

▶ 예맥 濊貊 : ① 한족(韓族)의 조상이 되는 민족 ② 고구려의 전신(前身)인 부족 국가의 이름

관련한자 *예국(濊國)

개 술 **이룰** 성 6급/戈 3획

戌(개 술), 드디어 개(戌)를 기르고 싶은 소원을 이룸(成)

▶ 찬성 贊成 : 옳다고 동의함

관련한자 성공(成功), 성숙(成熟), 달성(達成)

흙으로 이룬 재 성 4급/土 7획

흙(土)으로 쌓아 이룬(成) 재

▶ 성곽 城郭 : 내성(內城)과 외성(外城)을 아울러 일컫는 말

관련한자 성벽(城壁), 성문(城門), 남한산성(南漢山城)

참고 재 : 길이 나 있어서 넘어 다닐 수 있는 높은 산의 고개

誠

말을 이루는 정성 성 4급/言 7획

자신이 한 말(言)을 정성을 드려 이루어(成)냄

▶ 정성 精誠 : 온갖 힘을 다하려는 참되고 성실한 마음

관련한자 성실(誠實), 충성(忠誠), 성의(誠意)

성명이 성할 성 4급/皿 7획

인기 많은 연예인의 성명(成皿, 姓名 : 성과 이름)이 사람들 대화 속에 성함

▶ 융성 隆盛 : 크고 기운차게 일어남

관련한자 왕성(旺盛), 풍성(豊盛), 번성(繁盛)

해가 이룬 밝을 성 2급/日 7획

밝은 해(日)가 햇빛을 비추어 이루어진(成) 밝음

▶ 대성악 大晟樂 : 중국 송나라 때의 아악으로, 휘종(徽宗)이 대성부(大晟府)라는 관청에 명하여 작곡하게 한 음악

02 10진법 二 묶음

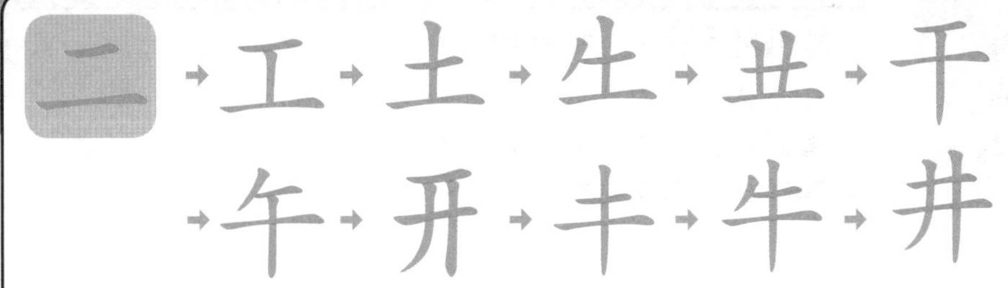

두 이 8급/제부수

나뭇가지 두 개를 옆으로 뉘어 놓은 모양 지사

▶ 이층 二層 : 두 층으로 지은 집. 여러 층으로 된 집의 둘째 층

관련한자 이차원(二次元), 이중성(二重性)

두 사람이 **어질** 인 4급/人 2획

어진 두 사람(二亻)

▶ 인자 仁慈 : 마음이 어질고 자애로움

관련한자 인천(仁川), 인의예지(仁義禮智), *흥인지문(興仁之門)

갈 거 **이를** 운 3급/二 2획

去(갈 거), 해외여행을 이번 여름휴가 때 갈(去) 거라고 이름(云) 상형

▶ 운운 云云 : 글이나 말을 인용하거나 생략할 때에, 이러이러하다고 말함

관련한자 *운위(云謂), *운위(云爲)

芸

이른 풀은 **향풀** 운 2급/艸 4획

이른(云) 풀(艹)은 향기나는 향풀

▶운향 芸香 : 궁궁이(산형과의 여러해살이풀)

관련한자 *운운(芸芸), *운초(芸草)

雲

비를 이른 **구름** 운 5급/雨 4획

비(雨)가 올 것이라고 이르고(云) 있는 먹구름

▶운니 雲泥 : 구름과 진흙이라는 뜻으로, 차이가 매우 심함

관련한자 해운대(海雲臺), *풍운아(風雲兒), *운니지차(雲泥之差)

귀신을 이르는 **넋** 혼 3급/鬼 4획

귀신(鬼)을 이르는(云) 말인 넋

▶투혼 鬪魂 : 끝까지 투쟁하려는 굳센 마음

관련한자 영혼(靈魂), 혼령(魂靈)

두 어진 사람은 **으뜸** 원 5급/儿 2획

두(二) 어진 사람(儿)은 으뜸인 지도자(요순임금) 회의

▶원단 元旦 : 설날 아침

관련한자 *원수(元帥), 기원전(紀元前), 장원급제(壯元及第)

으뜸집은 **완전할** 완 5급/宀 4획

으뜸집(元宀)이라 할 만큼 완전하게 지어진 집

▶완수 完遂 : 뜻한 바를 완전히 달성함

관련한자 완벽(完璧), 완전(完全), 완료(完了)

풀이 완전해 **빙그레할** 완 / **왕골** 관 2급/艸 7획

왕골(艹)이 완전히(完) 잘 자라 빙그레 웃음

▶ 완이 莞爾 : 빙그레 웃는 모양

관련한자 완도(莞島)

참고 왕골 : 사초과의 한해살이풀

언덕에 완전한 **집** 원 5급/阜 7획

언덕(阝)에 그림 같은 완전한(完) 집 한 채가 있음

▶ 부원장 副院長 : 원장의 다음가는 직위

관련한자 학원(學院), 법원(法院)

멱원촌 **갓** 관 3급/冖 7획

冖(덮을 멱)+元(으뜸 원)+寸(마디 촌), 멱원촌(冖元寸 : 촌이름)은 갓으로 유명한 촌 **회의**

▶ 면류관 冕旒冠 : 직사각형의 판에 많은 주옥을 늘어뜨린 임금이 쓰는 관

관련한자 월계관(月桂冠), 대관식(戴冠式), 삼관왕(三冠王)

01

10진법 二 묶음

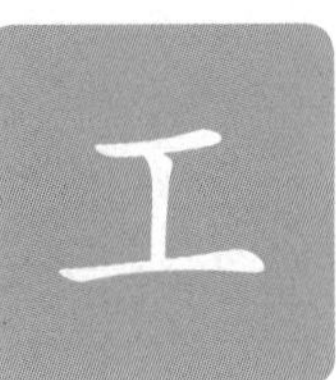

장인 공 7급/제부수

도구의 모양을 본뜸 **상형**

▶ 공구 工具 : 물건을 만들거나 고치는 데 쓰이는 여러 기구

관련한자 공장(工場), 공부(工夫), 준공식(竣工式)

功

장인이 힘써 **공** 공 6급/力 3획

장인(工)이 힘(力)을 써서 만들어 공을 세움

▶공신 功臣 : 나라에 공로가 있는 신하

관련한자 공로(功勞), 공훈(功勳), 성공(成功)

攻

장인이 **칠** 공 4급/攴 3획

장인(工)이 망치로 내려치며(攵) 못을 박음

▶침공 侵攻 : 침범하여 공격함

관련한자 공격(攻擊), 전공(專攻), 협공(挾攻)

장인이 재물을 **바칠** 공 3급/貝 3획

장인(工)이 재물(貝)인 수공예품을 공물로 바침

▶공헌 貢獻 : ① 힘써 이바지함 ② 공물을 바침

관련한자 *공물(貢物), 공납품(貢納品)

空

장인이 구멍내어 **빌** 공 7급/穴 3획

장인(工)이 나무봉에 구멍(穴)을 내어 속이 빈 나무관을 만듦

▶항공권 航空券 : 항공기에 탑승할 수 있는 증표

관련한자 공간(空間), 공기(空氣), 공백(空白)

장인 머리의 **항목** 항 3급/頁 3획

장인(工) 머리(頁)속의 제조 항목

▶조항 條項 : 법률이나 규정의 조목이나 항목(項目)

관련한자 사항(事項), 문항(問項)

장인실이 붉을 홍 4급/糸 3획

장인(工)이 만든 실(糸)이 붉음

▶홍역 紅疫 : 얼굴과 몸에 좁쌀 같은 발진(發疹)이 돋는 어린이의 돌림병

관련한자 홍삼(紅蔘), 분홍색(粉紅色), 주홍색(朱紅色)

땀 한 강 강 7급/水 3획

汗(땀 한), 강(江)가에서 운동하며 땀(汗)을 흘림

▶강촌 江村 : 강가에 있는 마을

관련한자 한강(韓江), 팔도강산(八道江山)

강가의 새 기러기 홍 3급/鳥 6획

강(江)가에 노니는 새(鳥)는 기러기

▶홍안 鴻雁 : 큰 기러기와 작은 기러기

관련한자 *홍학(鴻學), *설니홍조(雪泥鴻爪)

공범의 마음은 두려울 공 3급/心 6획

살인의 공범으로 형벌을 크게 받을까봐 공범(工凡, 共犯 : 다른 사람을 도와 함께 범죄를 저지르는 일)의 마음(心)은 두려움

▶공포 恐怖 : 두렵고 무서움

관련한자 공룡(恐龍), *공갈(恐喝), 공처가(恐妻家)

죽 공범이 나무를 쌓을 축 4급/竹 10획

죽(竹)~~ 공범(工凡, 共犯 : 범죄 행위를 공동으로 실행한 사람)이 나무(木)를 쌓아 증거물을 감춤

▶증축 增築 : 건축물을 더 늘려 지음

관련한자 건축(建築), 신축(新築)

신하 신 **클** 거 4급/工 2획

臣(신하 신), 키가 큰(巨) 신하(臣) 상형

▶거창 巨創 : 사물이 엄청나게 큰 것

관련한자 거대(巨大), 거액(巨額), 거인(巨人)

손써 큰걸 **막을** 거 4급/手 5획

손(扌)써 큰(巨) 부도를 막음

▶거역 拒逆 : 윗사람의 뜻이나 지시를 어김

관련한자 거부(拒否), 거절(拒絕), 항거(抗拒)

발이 크게 **상거(相距)할** 거 3급/足 5획

상거하다 : 서로 떨어짐, 다리가 아주 길어 걸을 때 두 발(足)이 크게(巨) 상거됨

▶거리 距離 : 서로 떨어진 길이

관련한자 장거리(長距離), *사거리(射距離)

클 거 **신하** 신 5급/제부수

巨(클 거), 키가 큰(巨) 신하(臣) 상형

▶공신 功臣 : 나라에 공로가 있는 신하

관련한자 신하(臣下), 충신(忠臣), 이순신(李舜臣)

굳은 몸 **콩팥** 신 2급/肉 8획

악성 고혈압에 의해 몸의 장기(月) 중 콩팥이 딱딱하게 굳음(臤 : 굳을 간)

▶신장 腎臟 : 콩팥(배의 등쪽에 쌍으로 위치하며 노폐물을 배설하고 산염기 및 전해질 대사 등 체내 항상성을 유지하는 기능을 하는 중요한 장기)

관련한자 *신낭(腎囊), *신동맥(腎動脈)

堅

땅이 **굳을** 견 4급/土 8획

땅(土)이 단단하게 굳음(臤) 회의

▶ 견고 堅固 : 굳세고 단단함

관련한자 *견과류(堅果類), *견갑이병(堅甲利兵)

賢

신우패 **어질** 현 4급/貝 8획

臣(신하 신) + 又(또 우) + 貝(조개 패), 신우패(臣又貝 : 사람이름)는 어진 사람임

▶ 현모 賢母 : 어진 어머니

관련한자 현명(賢明), 성현(聖賢), *현모양처(賢母良妻)

굳은 실이 **긴할** 긴 3급/糸 8획

바느질하는 데 실(糸)이 잘 끊어져 굳은 실(臤糸)이 긴히 필요함

▶ 요긴 要緊 : 중요하고도 꼭 필요함

관련한자 긴장(緊張), 긴급(緊急), 긴밀(緊密)

신인이 **누울** 와 3급/臣 2획

臣(신하 신) + 人(사람 인), 신인(臣人, 新人 : 어떤 분야에 새로 등장한 사람)이 잠시 쉬기 위해 소파에 누움, 눈으로 사람을 내려다보는 모양을 본뜸 상형

▶ 와룡 臥龍 : ① 누워 있는 용 ② 때를 만나지 못한 큰 인물

관련한자 *와장대(臥長臺), *와신상담(臥薪嘗膽)

신하가 인품에 **임할** 림 3급/臣 11획

신하(臣)가 임금의 어진 인품(人品 : 사람의 품격이나 됨됨이)에 공경하는 마음으로 임함

▶ 재림 再臨 : 다시 옴

관련한자 군림(君臨), 임시(臨時), *왕림(枉臨)

監

신인일명 **볼** 감 4급/皿 9획

臣(신하 신)+人(사람 인)+一(한 일)+皿(그릇 명), TV로 신인(臣人, 新人 : 어떤 분야에 새로 등장한 사람)가수 일 명(一皿, 一名 : 한 명)을 봄 회의

▶ 감독 監督 : 일, 영화, 운동 경기 등에서 전체를 지휘하고 관리함

관련한자 감시(監視), 감옥(監獄), 감사원(監査院)

鑑

볼 쇠는 **거울** 감 3급/金 14획

볼(監) 쇠(金)는 쇠로 만든 거울

▶ 감상 鑑賞 : 예술을 즐기고 평가함

관련한자 *귀감(龜鑑), 감정가(鑑定價), 명심보감(明心寶鑑)

濫

물을 보니 **넘칠** 람 3급/水 14획

물(氵)이 넘치는 것을 봄(監)

▶ 범람 汎濫 : ① 물이 넘쳐 흐름 ② 바람직하지 못한 것들이 크게 나돎

관련한자 남용(濫用), 남발(濫發)

풀을 보니 **쪽** 람 2급/艸 14획

숲에서 풀(++)을 보니(監) 쪽

▶ 남색 藍色 : 푸른빛을 띤 자주색

관련한자 *감람(甘藍), *청출어람(靑出於藍)

참고 쪽 : 마디풀과에 속한 한해살이풀

볼 **볼** 람 4급/見 14획

보고(監) 또 보고(見) 자세히 살펴봄

▶ 열람 閱覽 : 죽 내리훑어서 봄

관련한자 관람(觀覽), 유람(遊覽), 박람회(博覽會)

艦

볼 배는 **큰 배** 함 2급/舟 14획

모형배 전시회에서 볼(監) 배(舟 : 배 주)는 상당히 큰 배

▶ 함정 艦艇 : 크거나 작은 군사용 배를 통틀어 이르는 말. 군함, 구축함, 어뢰정 등

관련한자 군함(軍艦), 함대(艦隊), 잠수함(潛水艦)

鹽

볼 **소금** 염 3급/鹵 13획

오늘 볼(監) 관광코스는 염전(鹽田)의 소금(鹵 : 소금 로)

▶ 염산 鹽酸 : 염화수소의 수용액. 무색투명하며, 불순물이 들어 있으면 황색으로 변함

관련한자 염전(鹽田), 염소(鹽素), 천일염(天日鹽)

여자 신하는 **계집** 희 2급/女 6획

姬(희)의 본자(本字), 왕과 왕비의 여자(女) 신하(臣)인 궁녀는 계집

▶ 무희 舞姬 : 춤을 잘 추거나 춤추는 것을 직업으로 하는 여자

관련한자 *가희(歌姬), *월녀제희(越女齊姬)

신사화 **빛날** 희 2급/火 9획

臣(신하 신) + 巳(뱀 사) + 灬(불 화), 광을 낸 신사화(臣巳灬, 紳士靴 : 신사가 신도록 만든 신)가 빛남

▶ 경희궁 慶熙宮 : 서울 종로구 신문로에 있던 대궐. '경덕궁'이라 하던 것을 '경희궁'으로 고쳤는데, 1910년에 헐렸음

관련한자 희희(熙熙), 희소(熙笑)

넉 사 **짝** 필 3급/匸 2획

四(넉 사), 소개팅에 나온 네(四)사람은 서로 짝(匹)을 이룸 회의

▶ 배필 配匹 : 부부가 될 짝

관련한자 *필조(匹鳥), *필부필부(匹夫匹婦)

쌍弓(활) 버금 아 3급/二 6획

弓(활 궁), 무덤의 터 모양을 본뜸 상형

▶아열대 亞熱帶 : 열대와 온대의 중간에 위치하는 기후대

관련한자 아황산(亞黃酸), 아세아(亞細亞)

버금 마음은 악할 악 / 미워할 오 5급/心 8획

으뜸가는 마음은 선한 마음, 버금(亞)가는 마음(心)은 악한 마음

▶혐오 嫌惡 : 싫어하고 미워함

관련한자 선악(善惡), 열악(劣惡), 증오(憎惡)

02

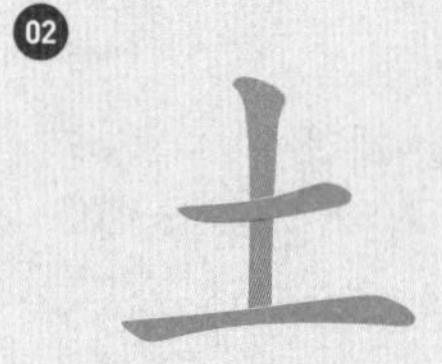

10진법 二 묶음

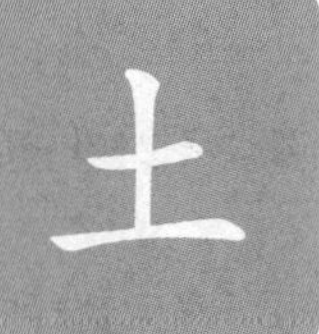

선비 사 흙 토 8급/제부수

士(선비 사), 토기(土器 : 흙으로 만든 그릇)를 잘 빚는 선비(士) 상형

▶토양 土壤 : 식물에 영양을 공급하여 자라게 할 수 있는 흙

관련한자 영토(領土), 국토(國土), 토요일(土曜日)

구토 토할 토 3급/口 3획

口(입 구)+土(흙 토), 구토(口土, 嘔吐 : 먹은 음식물을 토함)증으로 토함

▶토로 吐露 : 속마음을 죄다 드러내어서 말함

관련한자 구토(嘔吐), 실토(實吐), *감탄고토(甘呑苦吐)

토목으로 막을 두 2급/木 3획

土(흙 토)+木(나무 목), 하천을 토목(土木) 공사로 막음

▶두절 杜絶 : 막히고 끊어짐

관련한자 *두견화(杜鵑花), *두문불출(杜門不出)

토촌 절 사 4급/寸 3획

土(흙 토)+寸(마디 촌), 토촌(土寸 : 촌이름)에 유명한 큰 절(寺)이 있음 회의

▶사찰 寺刹 : 절(승려가 불상을 모시고 불도를 닦으며 교법을 펴는 집)

관련한자 사원(寺院), 사탑(寺塔), 불국사(佛國寺)

절에서 사람을 모실 시 3급/人 6획

절(寺)에서 모신 사람(亻)은 석가모니불

▶내시 內侍 : 임금의 시중을 드는 벼슬아치

관련한자 시종(侍從), 시녀(侍女), *시위대(侍衛隊)

절에 해 뜰 때 시 7급/日 6획

절(寺)에 해(日)가 뜰 때 불공을 드리러 감

▶잠시 暫時 : 짧은 시간

관련한자 시간(時間), 시대(時代), 즉시(卽時), 임시(臨時)

절에서 말로 시 시 4급/言 6획

조용한 절(寺)에서 말(言)로 시 한 수 읊음

▶서사시 敍事詩 : 역사적 사건과 관련된 신화나 전설 또는 영웅의 사적 등을 서사적으로 읊은 장시

관련한자 시인(詩人), 동시(童詩), 시집(詩集)

峙

절 있는 산 **언덕** 치 2급/山 6획

산(山) 언덕 위에 있는 절(寺)

▶ 대치 對峙 : 서로 맞서서 버팀

관련한자 *기치(棋峙)

待

두 사람이 절에서 **기다릴** 대 6급/彳 6획

절(寺)에서 만나기로 해 먼저 두 사람(彳)이 와서 기다림

▶ 기대주 期待株 : 능히 해낼 수 있다고 기대할 만한 사람

관련한자 초대(招待), 대우(待遇), 대접(待接), 우대(優待)

持

절에서 손에 **가질** 지 4급/手 6획

절(寺)에서 손(扌)에 염주를 가지고 기도를 모심

▶ 지속 持續 : 상태가 오래 계속됨

관련한자 지참(持參), 긍지(矜持), 지구력(持久力), 소지자(所持者), 지지자(支持者)

特

절에 소는 **특별할** 특 6급/牛 6획

절(寺)에 있는 벽화 심우도(尋牛圖)에서 소(牛)는 '본성'을 상징하므로 특별함 회의

▶ 특수강 特殊鋼 : 보통 강철에 규소, 망간, 구리 등을 더하여 세고 질기게 만든 강철

관련한자 특별(特別), 특징(特徵), 특집(特輯), 특허(特許)

等

절에 대나무 **무리** 등 6급/竹 6획

절(寺) 한 귀퉁이에 대나무(竹)가 무리지어 자람 회의

▶ 등급 等級 : 높고 낮음이나 좋고 나쁨 차이를 여러 층으로 구분한 단계

관련한자 평등(平等), 균등(均等), 월등(越等), 열등감(劣等感)

집의 땅은 **전장(田莊)** 장 2급/广 3획

우리집(广)이 소유한 땅(土)은 전장

▶ 전장 田庄 : (개인이 소유하는) 논밭 = 전장(田莊)

관련한자 *궁장(宮庄), *촌장(村庄)

미장으로 **단장할** 장 3급/米 6획

米(쌀 미)+庄(전장 장), 집을 새로 지으면서 미장(米庄 : 벽이나 천장 등에 흙이나 시멘트 따위를 바름)으로 단장함

▶ 장식 粧飾 : 겉을 매만져 꾸밈

관련한자 단장(丹粧), 화장(化粧), 은장도(銀粧刀)

삼토파이 **요임금** 요 2급/土 9획

垚(삼토, 요임금 요)+π(파이), 삼토파이(垚π : 과자이름)를 좋아하는 요임금(垚)

▶ 요순 堯舜 : 고대 중국의 요임금과 순임금

관련한자 요년(堯年)

요날 **새벽** 효 3급/日 12획

요날(堯日) 새벽에 해돋이 보러 산에 올라감

▶ 효성 曉星 : ① 새벽에 보이는 별 ② 매우 드문 존재 ③ 금성(金星)

관련한자 *원효(元曉), *효종(曉鐘)

요임금이 불 **사를** 소 3급/火 12획

요임금(堯)이 불(火)사름

▶ 연소 燃燒 : 불에 탐

관련한자 소주(燒酒), 소각장(燒却場)

이를 운 **갈** 거 5급/厶 3획

云(이를 운), 해외여행을 이번 여름휴가 때 갈(去) 거라고 이름(云) 상형

▶서거 逝去 : '죽음'의 높임말

관련한자 과거(過去), 거래(去來), 제거(除去)

法

물이 흘러가는 **법** 법 5급/水 5획

물(氵)은 높은 데서 낮은 데로 흘러가는(去) 법칙이 있음 회의

▶법정 法廷 : 재판하는 곳

관련한자 헌법(憲法), 법률(法律), 법규(法規), 법칙(法則)

蓋

풀갈명 **덮을** 개 3급/艸 10획

풀(艹)을 꽃으로 갈(去)라는 명(皿, 命 : 명령)을 무시하고 덮음

▶복개 覆蓋 : ① 뚜껑 또는 덮개 ② 더러워진 하천에 덮개 구조물을 씌워 겉으로 드러나지 않도록 함

관련한자 *부개(覆蓋), 두개골(頭蓋骨), *개연성(蓋然性)

거절로 **물리칠** 각 3급/卩 5획

병부(兵符 : 조선시대에, 군대를 동원하는 표지로 쓰던 동글납작한 나무패), 去(갈 거)+卩(병부 절), 공무원이 뇌물을 거절(去卩, 拒絶 : 남의 제의나 요구, 금품 등을 받아들이지 않고 물리침)로 물리침

▶망각 忘却 : 잊어버림

관련한자 기각(棄却), 매각(賣却), 냉각(冷却)

몸에서 물리칠 **다리** 각 3급/肉 7획

지하철에서 내 몸(月)에 붙어 있는 쩍벌남의 다리를 물리침(却)

▶각선미 脚線美 : 다리 곡선의 아름다움

관련한자 각광(脚光), 행각(行脚), *각기병(脚氣病)

한사토 **이를** 지 4급/제부수

한사토(一厶土, 사람이름)는 사토(厶土, 私土 : 개인이 가지고 있는 논밭)에 이르러 밭일을 함 지사

▶ 하지 夏至 : 이십사절기의 하나

관련한자 지극(至極), 지독(至毒), 지성(至誠)

姪

이를 여자는 **조카** 질 3급/女 6획

곧 출산에 이를(至), 여자(女) 조카

▶ 숙질 叔姪 : 아저씨와 조카

관련한자 *생질(甥姪), *질녀(姪女)

구멍에 이르러 **막힐** 질 2급/穴 6획

오물이 구멍(穴)에 이르러(至) 하수구가 막힘

▶ 질색 窒塞 : 기가 막힐 지경으로 놀라거나 싫어함

관련한자 질식(窒息), 질산(窒酸)

이를 **집** 실 8급/宀 6획

일 마치고 퇴근하여 이를(至) 집(宀) 회의

▶ 휴게실 休憩室 : 잠깐 쉬게 베풀어 놓은 방

관련한자 교실(敎室), 화장실(化粧室), 오락실(娛樂室)

쳐서 **이를** 치 5급/至 4획

공부 안하는 아이를 회초리를 쳐가며(攵) 가르치니 성적이 목표에 이름(至)

▶ 납치 拉致 : 불법적으로 위협하여 강제로 붙들어 감

관련한자 일치(一致), 극치(極致), 치성(致誠), 치명적(致命的)

마음은 또 흙을 괴이할 괴 3급/心 5획

심란하여 마음(忄)은 또(又) 흙(土)을 괴이하게 생각함

▶괴질 怪疾 : ① 원인을 알 수 없는 괴상한 돌림병 ② 콜레라

관련한자 해괴(駭怪), 괴이(怪異), 괴력(怪力), 요괴(妖怪)

老

생각할 고 늙을 로 7급/제부수

考(생각할 고), 늙으면(老) 어떤 모습일지 생각해(考) 봄 상형

▶노옹 老翁 : 늙은 남자의 존칭

관련한자 노인(老人), 양로원(養老院), 불로초(不老草)

날로 늙을 기 2급/老 4획

日(날 일)+老(늙을 로), 자외선을 받아 피부가 날(日)로 늙음(老)

▶기로 耆老 : 육십 세 이상의 노인

관련한자 *기년(耆年), *지나교(耆那敎)

참고 기(耆)는 예순 살을, 노(老)는 일흔 살을 이름

늙을 로 생각할 고 5급/老 2획

老(늙을 로), 늙으면(老) 어떤 모습일지 생각해(考) 봄

▶고려 考慮 : 깊이 생각하여 헤아림

관련한자 사고(思考), 참고(參考), 고시(考試), 고고학(考古學)

노자의 효도 효 7급/子 4획

노자(老子 : 중국 춘추 시대의 사상가이자 도가(道家)의 창시자)의 효도 회의

▶충효 忠孝 : 충성과 효도

관련한자 효도(孝道), 효자(孝子), 효녀(孝女)

늙어 흰 **놈** 자 6급/老 5획

늙어(耂) 머리가 흰(白) 자 회의

▶ 배우자 配偶者 : 부부로서 짝이 되는 상대

관련한자 관계자(關係者), 근로자(勤勞者), 지도자(指導者)

緖

놈의 실이 **실마리** 서 3급/糸 9획

놈(者)의 실이 일을 풀어나갈 수 있는 중요한 실(糸)마리

▶ 정서 情緖 : 마음에 일어나는 여러 가지 감정

관련한자 서론(緖論), *단서(端緖), *두서(頭緖)

해로 놈이 **더울** 서 3급/日 9획

여름에 햇(日)볕으로 놈(者)이 더워함

▶ 피서 避暑 : 시원한 곳으로 옮겨 더위를 피함

관련한자 *처서(處暑)

망자의 **마을** 서 3급/网 9획

罒(그물 망)＋者(놈 자), 망자(罒者, 亡者 : 죽은 사람)가 죽기 전에 살았던 마을

▶ 소방서 消防署 : 화재를 예방, 진압하는 소방기관

관련한자 부서(部署), *서명(署名), 경찰서(警察署)

놈의 고을인 **도읍** 도 5급/邑 9획

정감이 넘치는 놈(者)의 고을(阝)인 도읍

▶ 도읍 都邑 : ① 한 나라의 수도. 서울 ② 좀 작은 도회지(都會地 : 도시)

관련한자 도시(都市), 수도권(首都圈), 도대체(都大體), 도매상(都賣商)

말하는 놈 **모두** 제 3급/言 9획

말(言)하는 놈(者) 모두 한마음

▶ 제후 諸侯 : 봉건시대, 영토를 가지고 그 영내의 백성을 다스리던 사람

관련한자 *제반(諸般), *제자백가(諸子百家)

풀에 놈이 **나타날** 저 3급/艸 9획

풀(艹)숲에 놈(者)이 나타남

▶ 현저 顯著 : 뚜렷이 드러남

관련한자 저작권(著作權), 저명인사(著名人士)

圭

서옥 · 쌍토 규 2급/土 3획

土(흙 토), '土' 자를 거듭하여 '쌍토 규' 회의

▶ 도규 刀圭 : ① 옛날에 가루약을 뜨던 숟가락 ② 의술(醫術)

관련한자 *규전(圭田), *규복(圭復), *도규술(刀圭術)

서옥같은 옥 **홀** 규 2급/玉 6획

서옥(圭) 같은 옥(玉)으로 만든 홀

▶ 규소 珪素 : 비금속인 탄소족 원소의 하나. 원소 기호 Si

관련한자 규산(珪酸)

참고 홀(笏) : 벼슬아치가 임금을 만날 때에 손에 쥐던 물건

큰 서옥 **별** 규 2급/大 6획

큰(大) 서옥(圭)같이 빛나는 별

▶ 규장각 奎章閣 : 조선 말기, 역대 임금의 글, 글씨, 보감 등을 보관하고 관리하던 도서관

관련한자 규문(奎文), 규운(奎運)

閨

서옥문 **안방** 규 2급/門 6획

문고리에 서옥(圭)이 달려 있는 안방 문(門)

▶ 규수 閨秀 : ① 남의 집 처녀를 점잖게 이르는 말 ② 재주와 학문이 빼어난 여자 ③ 미혼녀

관련한자 *규방(閨房), *규애(閨愛)

佳

사람이 서옥처럼 **아름다울** 가 3급/人 6획

사람(亻)이 서옥(圭)처럼 아름다움

▶ 가약 佳約 : 부부가 되기로 한 약속

관련한자 *중추가절(仲秋佳節), *재자가인(才子佳人), *백년가약(百年佳約)

街

서옥행 **거리** 가 4급/行 6획

圭(서옥 규)+行(다닐 행), 이 거리는 서옥(圭 : 지명으로 서옥이 많이 묻혀 있는 곳을 의미함)행(行) 거리

▶ 상가 商街 : 상점들이 죽 늘어서 있는 거리

관련한자 가로수(街路樹), 대학가(大學街)

서옥나무 **계수나무** 계 3급/木 6획

가을에 단풍이 아름다운 서옥(圭) 같은 나무(木)인 계수나무

▶ 계수 桂樹 : 계수나무

관련한자 월계관(月桂冠), 계피차(桂皮茶)

封

서옥촌 **봉할** 봉 3급/寸 6획

옛날에 서옥(圭)이 많이 나는 촌(寸)이었던 곳을 문화재 구역으로 봉함

▶ 봉쇄 封鎖 : 봉하고 잠금

관련한자 봉투(封套), 개봉(開封), 밀봉(密封)

掛

서옥점 **점괘** 괘 1급/卜 6획

상서로운 구슬인 서옥(圭)으로 점(卜)을 본 점괘(占卦)

▶간괘 艮卦 : 팔괘의 하나. '☶'으로 나타내며 산을 상징

관련한자 팔괘(八卦), 점괘(占卦)

掛

손으로 점괘를 **걸(懸)** 괘 3급/手 8획

점을 보고 나온 점괘(卦)를 벽에 손(扌)으로 걸어둠

▶괘의 掛意 : 마음에 두고 걱정하거나 잊지 않음

관련한자 괘도(掛圖), 괘념(掛念), 괘종시계(掛鐘時計)

涯

서옥 기슭이 **물가** 애 3급/水 8획

氵(물 수)+厂(기슭 엄)+圭(서옥 규). 물(氵)가에 서옥(圭)이 많이 묻힌 기슭(厂)이 있음

▶생애 生涯 : 살아 있는 한평생

관련한자 *무애(無涯), *수애(水涯), 반생애(半生涯)

언덕 릉 **뭍** 륙 5급/阜 8획

陵(언덕 릉). 뭍(陸) 위에 있는 언덕(陵)

▶구대륙 舊大陸 : 콜럼버스가 아메리카 대륙을 발견하기 이전부터 알려진 유럽, 아시아, 아프리카의 세 대륙

관련한자 착륙(着陸), 육군(陸軍)

참고 뭍 : 바다를 뺀 나머지 부분

睦

언덕 눈은 **화목할** 목 3급/目 8획

坴(언덕 륙). 화목한 상태를 나타내는 언덕(坴)모양의 눈(目) "^^"

▶친목계 親睦契 : 서로의 친분을 쌓기 위한 계

관련한자 화목(和睦)

힘쓰는 **형세** 세 4급/力 11획

埶(재주 예, 심을 예, 형세 세), 두 씨름선수가 서로 맞잡고 힘(力)쓰는 형세(埶)

▶ 자세 姿勢 : 사물을 대하는 마음가짐이나 태도

관련한자 세력(勢力), 증세(症勢), 권세(權勢)

불타는 형세로 **더울** 열 5급/火 11획

한여름의 뜨거운 햇빛에 불(灬)타는 형세(埶)로 몹시 더움

▶ 아열대 亞熱帶 : 열대와 온대의 중간에 위치하는 기후대

관련한자 가열(加熱), 열심(熱心), 열광(熱狂)

초토팔토환운 **재주** 예 4급/艸 15획

艹(풀 초)+土(흙 토)+八(여덟 팔)+土(흙 토)+丸(둥글 환)+云(이를 운), 초토(艹土, 焦土 : 불에 타서 검게 그을린 땅)화된 팔토(八土 : 8곳의 땅)는 대포로 명중한 곳으로 환운(丸云 : 사람이름)의 사격 재주를 보여 줌

▶ 도예 陶藝 : 도자기 공예

관련한자 예술(藝術), 서예(書藝), 연예인(演藝人)

부토팔치 **언덕** 릉 3급/阜 8획

부토(阝土 : 사람이름)와 팔치(八夊 : 사람이름)는 함께 언덕에 올라감

▶ 구릉지 丘陵地 : 높이가 비교적 낮고 경사가 가파르지 않은 산으로 된 땅

관련한자 왕릉(王陵), 울릉도(鬱陵島), *무릉도원(武陵桃源)

03

生

10진법 二 묶음

先

소처럼 어진 사람 **먼저** 선 8급/儿 4획

儿(어진 사람 인), 소(牛)처럼 어진 사람(儿)이 먼저 모범을 보임 회의

▶우선 于先 : 무엇보다도 먼저

관련한자 선생(先生), 선배(先輩), 선수(先手), 선진국(先進國)

洗

물로 먼저 **씻을** 세 5급/水 6획

과일을 먹기 전에 물(氵)로 먼저(先) 씻음

▶세탁 洗濯 : 빨래

관련한자 세련(洗鍊), 세수(洗手), 세척(洗滌), 세면대(洗面臺)

贊

먼저 먼저 재물로 **도울** 찬 3급/貝 12획

兟(나아갈 신), 먼저(先) 먼저(先) 나아가(兟) 재물(貝)로 도움

▶찬성 贊成 : 옳다고 동의함

관련한지 찬반(贊反), 협찬(協贊), 찬조금(贊助金)

瓚

도운 **옥잔** 찬 2급/玉 19획

옥(玉)잔 만드는 것을 도움(贊)

▶규찬 圭瓚 : 나라 제사에서 강신할 때에 쓰던 술잔

관련한자 장찬(璋瓚)

말로 도움을 **기릴** 찬 4급/言 19획

큰 도움(贊)을 주어 말(言)로 기림

▶ 찬송 讚頌 : 미덕을 기리고 칭찬함

관련한자 찬양(讚揚), 찬사(讚辭), 자화자찬(自畵自讚)

鑽

쇠를 도움으로 **뚫을** 찬 2급/金 19획

쇠(金)판에 구멍을 힘센 친구의 도움(贊)으로 뚫음

▶ 연찬회 研鑽會 : 학문 등을 깊이 연구하는 모임

관련한자 *찬석(鑽石), *금강찬(金剛鑽)

告

소 입을 **고할** 고 5급/口 4획

소(牛) 입(口)을 보고 소의 특징인 되새김질을 고함 회의

▶ 광고 廣告 : ① 세상에 널리 알림 ② 소비자에게 널리 알림

관련한자 보고(報告), 경고(警告), 예고(豫告)

浩

고한 물은 **넓을** 호 3급/水 7획

고한(告) 바닷물(氵)은 아주 넓음

▶ 호기 浩氣 : 씩씩하고 호방한 기상

관련한자 *호가(浩歌), *호호막막(浩浩漠漠), *호연지기(浩然之氣)

晧

고한 날은 **밝을** 호 2급/日 7획

임금님 나들이 행차로 고한(告) 날(日)은 밝음

▶ 호수 晧首 : 백발(白髮)인 머리

관련한자 *호설(晧雪), *호월(晧月)

皓

고백으로 **흴(白)** 호 2급/白 7획

告(고할 고)+白(흴 백), 그의 고백(告白 : 마음속에 숨긴 일이나 생각한 바를 사실대로 솔직하게 말함)으로 머릿속이 하얘짐

▶ 호치 皓齒 : 희고 깨끗한 이

관련한자 *호호(皓皓), *단순호치(丹脣皓齒)

澔

고백한 물가는 **넓을** 호 2급/水 12획

넓은 물(氵)가에서 사랑을 고백(皓)함

▶ 浩(넓을 호)와 동자(同字)

酷

고한 술은 **심할** 혹 2급/酉 7획

임금께 고한(告) 술(酒 : 술 주)은 향이 강렬하고 독한 맛이 심함

▶ 혹한 酷寒 : 몹시 심한 추위

관련한자 가혹(苛酷), 혹독(酷毒), 냉혹(冷酷)

고하고 착 **지을** 조 4급/辵 7획

토지신께 고하고(告) 착(辶) 건물을 지음

▶ 주조 鑄造 : 녹인 쇠붙이를 거푸집에 부어 물건을 만듦

관련한자 제조(製造), 구조(構造), 위조(僞造)

04

10진법 二 묶음

共

그 기 **한가지** 공 6급/八 4획

其(그 기), 그(其) 한가지(共)에 심혈을 기울임

▶공비 共匪 : 공산당의 유격대

관련한자 공동(共同), 공통(共通)

참고 비적(匪賊) : 떼지어 다니는 도적

供

사람이 한가지 **이바지할** 공 3급/人 6획

사람(亻)이 한가지(共) 큰 공으로 사회에 이바지함

▶공급 供給 : 필요에 따라 물품을 제공함

관련한자 제공(提供), 공양(供養)

恭

한가지 마음으로 **공손할** 공 3급/心 6획

웃어른을 한가지(共) 마음(心)으로 공손히 대함

▶공손 恭遜 : 예의가 바르고 겸손함

관련한자 공경(恭敬), *과공비례(過恭非禮)

洪

물 한가지 **넓을** 홍 3급/水 6획

바다라는 물(氵) 한가지(共)가 참 넓음

▶홍수 洪水 : 비가 많이 와서 강이나 개천에 갑자기 크게 불은 물. 큰 물

관련한자 홍어(洪魚), *우주홍황(宇宙洪荒)

밭에 한가지 **다를** 이 4급/田 6획

배추 밭으로 유명한 고장에서 밭(田)에 한가지(共 : 한가지 공) 다른 고추를 재배함 상형

▶경이 驚異 : 놀랍고 이상함

관련한자 차이(差異), 특이(特異), 이성(異性)

북녘이 다르길 **바랄** 기 2급/八 14획

북(北)녘(북한)의 태도가 예전과 다르길(異) 바람

▶기원 冀願 : 희망

관련한자 *기망(冀望), *희기(希冀)

참고 기원(祈願) : 바라는 일이 이루어지기를 빎

바라는 말은 **천리마** 기 2급/馬 16획

모두가 바라는(冀) 말(馬)은 천리마

▶기기 騏驥 : ① 하루에 천 리를 달린다는 명마 ② 현인(賢人)의 비유

관련한자 *백기(白驥), *준기(駿驥), *기마(驥馬)

날로 공물에 **사나울** 폭 / **모질** 포 4급/日 11획

왕이 날(日)로 공물(共水, 貢物 : 백성이 나라에 세금으로 바치던 특산물)량을 늘려 가며 모질고 사납게 백성들을 압박함 회의

▶폭음 暴飮 : 술을 한꺼번에 많이 마심

관련한자 포악(暴惡), 폭력(暴力), 폭등(暴騰), 폭로(暴露)

사납게 **불 터질** 폭 4급/火 15획

불(火)이 사납게(暴) 터짐 → 폭발

▶폭소 爆笑 : 갑자기 세차게 터져 나오는 웃음

관련한자 폭탄(爆彈), 폭발(爆發), 폭격(爆擊)

공사한 **거리** 항 3급/己 6획

共(한가지 공)+巳(뱀 사), 도로공사(共巳, 工事 : 토목이나 건축 등에 관한 일)한 거리

▶ 항설 巷說 : ① 동네에서 뭇 사람들이 지껄여 옮기는 말 ② 거리의 풍문(風聞)

관련한자 항간(巷間), *가담항설(街談巷說)

물가의 거리 **항구** 항 4급/水 9획

바닷(氵)가에 길거리(巷)가 있는 항구

▶ 항만 港灣 : 선박이 안전하게 머물 수 있고, 화물 및 사람이 배로부터 육지에 오르내리기에 편리한 구역

관련한자 공항(空港), 항구(港口), 출항(出港)

쌍뱀 한가지를 착 **가릴** 선 5급/辵 12획

동물원의 여러 뱀 중에서 한쌍의 뱀(巳) 한가지(共)를 착(辶) 가려냄

▶ 선발 選拔 : 많은 가운데서 골라 뽑음

관련한자 선거(選擧), 선택(選擇), 선호(選好)

인쌍공 **없을** 무 5급/火 8획

人(사람 인)+共(한가지 공), 여기에 인쌍공(人共共 : 사람이름)씨 없음 회의

▶ 무효 無效 : 보람이나 효과가 없음

관련한자 무시(無視), 무한(無限), 무조건(無條件)

어그러짐 없이 **춤출** 무 4급/舛 8획

舛(어그러질 천), 어그러짐(舛) 없이(無) 우아하게 춤을 춤, 사람이 장식이 붙은 소맷자락을 나풀거리며 춤추는 모양을 본뜸 상형

▶ 무용 舞踊 : 춤

관련한자 무대(舞臺), *난무(亂舞)

한가지 공 **그** 기 3급/八 6획

共(한가지 공), 그(其) 한가지(共)에 심혈을 기울임 상형

▶기타 其他 : 그것 외(外)에 또 다른 것

관련한자 각기(各其), 급기야(及其也)

그 **물이름** 기 2급/水 8획

아주 맑은 그(其) 시냇물(氵) 이름은? '기'

▶기원장 淇園長 : '대나무'를 달리 이르는 말

관련한자 기수(淇水), 기하(淇河)

그 옥은 **아름다운옥** 기 2급/玉 8획

그(其) 옥(玉)은 아름다운 옥

▶기화 琪花 : 선경(仙境)에 있다는 아름답고 고운 꽃

관련한자 *기수(琪樹), *기화요초(琪花瑤草)

그 나무는 **바둑** 기 2급/木 8획

그(其) 나무(木)는 바둑판

▶장기 將棋 : 두 편이 각각 16짝씩 모두 32짝의 말을, 가로 10줄, 세로 9줄의 직선이 수직으로 만나게 그려진 판 위에 벌여 놓고, 말을 번갈아가며 한 번씩 두어서 승부를 가리는 민속놀이

관련한자 *기석(棋石), *기사(棋士)

그 말은 **준마** 기 2급/馬 8획

그(其) 말(馬)은 준마

▶기기 騏驥 : ① 하루에 천 리를 달린다는 명마 ② 현인(賢人)의 비유

관련한자 *기린(騏驎)

참고 준마(駿馬) : 빠르게 잘 달리는 말, 천리마(千里馬) : 하루에 천 리를 달릴 수 있을 정도로 좋은 말

麒

그 사슴은 **기린** 기 2급/鹿 8획

그(其) 사슴(鹿 : 사슴 록)은 기린과 닮음

▶ 기린 麒麟 : ① 기린과의 포유류 ② 성인이 이 세상에 나올 징조로 나타난다고 하는 상상 속의 짐승

관련한자 *기린아(麒麟兒)

期

그 달로 **기약할** 기 5급/月 8획

그(其) 달(月)로 기약해서 만나기로 함

▶ 과도기 過渡期 : 한 단계에서 다음 단계로 넘어가는 중간 시기

관련한자 기약(期約), 시기(時期), 연기(延期)

그 흠을 **속일** 기 3급/欠 8획

노총각이 장가를 가기 위해 그(其) 흠(欠 : 모자라거나 잘못된 부분)을 속임

▶ 사기 詐欺 : 나쁜 꾀로 남을 속임

관련한자 기만(欺瞞), 기망(欺罔)

그 땅은 **터** 기 5급/土 8획

그(其) 땅(土)은 새로 지을 집터

▶ 기초 基礎 : 사물의 기본이 되는 토대

관련한자 기준(基準), 기본(基本), 기반(基盤)

箕

그 대나무로 **키** 기 2급/竹 8획

그(其) 대나무(竹)로 엮어 만든 키

▶ 기좌 箕坐 : 두 다리를 앞으로 쭉 뻗고 앉음

관련한자 *기수(箕叟), *기거(箕踞), *기성(箕城)

참고 키 : 곡식 등을 까불러 쭉정이나 티끌을 골라내는 도구

모인 그 **기** 기 7급/方 10획

㫃(나부낄 언, 쓰러질 언), 응원으로 모인(方人) 그(其) 기는 태극기

▶오륜기 五輪旗 : 올림픽을 상징하는 기로 오대주를 상징한 원으로 이루어짐

관련한자 국기(國旗), 태극기(太極旗)

斯

그 도끼가 **이** 사 3급/斤 8획

지난번에 잃어버린 그(其) 도끼(斤)가 이 도끼

▶사문 斯文 : 유교의 도의(道義)나 또는 문화

관련한자 *사세(斯世), *사문난적(斯文亂賊)

그 짝은 **심할** 심 3급/甘 4획

匹(짝 필), 그(其) 짝(匹)은 이것저것 감춤(匸 : 감출 혜)이 심함, 부뚜막 위에 물 담은 그릇을 놓고 밑에서 불을 때는 모양을 본뜸 상형

▶극심 劇甚 : 매우 심함 = 극심(極甚)

관련한자 심지어(甚至於), 후회막심(後悔莫甚)

초일날 **옛** 석 3급/日 4획

행복했던 옛 결혼 초일날(艹一日, 初日날 : 어떤 일이 처음으로 시작되는 날) 회의

▶금석 今昔 : 지금과 옛날

관련한자 *석년(昔年), *석인(昔人), *금석지감(今昔之感)

惜

옛 마음은 **아낄** 석 3급/心 8획

할아버지가 옛(昔) 마음(忄)으로 물건을 아낌

▶매석 賣惜 : 시세(時勢)가 오를 것을 예측(豫測)하고 팔기를 꺼리는 일

관련한자 애석(哀惜), *석별(惜別), *매점매석(買占賣惜)

借

옛 사람이 빌 · 빌릴 차 3급/人 8획

옛(昔) 사람(亻)이 돈을 빌리고 안 갚음

▶차관 借款 : 정부나 기업, 은행이 외국 정부나 공적 기관으로부터 자금을 빌려 옴

관련한자 차명(借名), 차용증(借用證)

措

옛 손에 둘(置) 조 2급/手 8획

옛(昔) 손(扌)에 맛의 비밀을 둔 각 고장의 전통 음식

▶조치 措置 : 일을 처리함

관련한자 *조처(措處), *망지소조(罔知所措)

錯

옛 쇠가 어긋날 착 3급/金 8획

옛날(昔) 쇠(金)가 부식되어 어긋남

▶착오 錯誤 : 착각을 하여 잘못함

관련한자 착각(錯覺), 착시(錯視)

籍

죽뢰석 문서 적 4급/竹 14획

竹(대 죽)+耒(가래 뢰)+昔(옛 석), 죽뢰석(竹耒昔 : 사람이름)이 집필한 옛(昔) 문서

▶호적 戶籍 : 한 식구의 본적지, 성명, 생년월일 등을 기록한 공문서

관련한자 서적(書籍), 국적(國籍), 부적(符籍)

散

풀을 한달 치고 흩을 산 4급/攴 8획

풀(艹)을 한달(一月)간 낫으로 치고(攵 : 칠 복) 땅에 흩어 뿌림 회의

▶무산 霧散 : 안개가 걷히듯 흩어져 없어짐

관련한자 확산(擴散), 분산(分散), 산책(散策), 해산(解散)

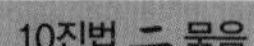

05

어조사 우 **방패** 간 4급/제부수

于(어조사 우), 방패모양을 본뜸 상형

▶ 간척 干拓 : 바다나 호수 주위에 둑을 쌓고 그 안의 물을 빼내어 육지나 경지로 만듦

관련한자 약간(若干), *간여(干與), 간석지(干潟地)

나무방패와 **몽둥이** 간 2급/木 3획

나무(木)로 만든 방패(干)와 몽둥이

▶ 난간 欄杆/欄干 : 층계, 다리, 마루 가장자리에 일정한 높이로 막아 세우는 구조물

관련한자 *전간목(電杆木), *간상세포(杆狀細胞)

몸의 방패 **간** 간 3급/肉 3획

몸(月)에서 해독 작용 등 방패(干) 역할을 하는 장기인 간

▶ 간경화 肝硬化 : 간장에 질환이 생겨 딱딱하게 굳는 것

관련한자 *간장(肝臟), *간담상조(肝膽相照)

방패에 칼로 **새길** 간 3급/刀 3획

방패(干)에 조각칼(刂)로 문양을 새김

▶ 주간지 週刊誌 : 한 주일에 한 번씩 발행하는 잡지

관련한자 발간(發刊), 간행물(刊行物)

강 강 **땀** 한 3급/水 3획

江(강 강), 강(江)가에서 운동하며 땀(汗)을 흘림

▶ 한증막 汗蒸幕 : 한증(汗蒸 : 덥게 하여 땀을 내어서 병을 고침)을 하기 위하여 갖춘 시설

관련한자 *불한당(不汗黨)

간해는 **가물** 한 3급/日 3획

干(방패 간) + 日(날 일), 지나간(干) 해(日)인 작년은 가물었음

▶ 대한 大旱 : 큰 가뭄

관련한자 한재(旱災), *한발(旱魃), *대한불갈(大旱不渴)

차로 간 **집** 헌 3급/車 3획

차(車)로 간(干) 시골집

▶ 오죽헌 烏竹軒 : 강원도 강릉시 죽헌동에 있는 율곡 이이가 태어난 집으로 안에 오죽이 있어 붙은 이름

관련한자 *내동헌(內東軒)

산기슭에서 간 **언덕** 안 3급/山 5획

산기슭(山厂)에 있다가 간(干) 곳은 바로 앞 언덕

▶ 연안 沿岸 : 강이나 호수 또는 바닷가를 따라서 잇닿아 있는 땅

관련한자 해안(海岸), 안벽(岸壁)

어조사 호 **평평할** 평 7급/干 2획

乎(어조사 호), 양끝이 평평한 저울대 모양을 본뜸 상형

▶ 태평 泰平 : 몸이나 마음 또는 집안이 평안함 = 태평(太平)

관련한자 평면(平面), 평균(平均)

땅이 평평한 **들** 평 2급/土 5획

땅(土)이 평평한(平) 들

▶ 건평 建坪 : ① 건물이 차지하는 밑바닥의 넓이 ② 연건평(延建坪) : 각 층의 바닥 넓이를 전부 더한 평수

관련한자 평수(坪數), *실평수(實坪數)

말로 평평함을 **평할** 평 4급/言 5획

말(言)로 바닥의 평평함(平)을 평함

▶ 비평 批評 : 좋고 나쁨, 옳고 그름을 갈라 말함

관련한자 평가(評價), 평판(評判), 혹평(酷評)

평평할 평 **어조사** 호 3급/丿 4획

平(평평할 평), 목소리를 길게 뽑아 뜻을 나타내는 말 지사

▶ 단호 斷乎 : 단정하여 흔들림이 없이 엄격함

관련한자 *차호(嗟乎), *의호(宜乎)

입으로 호 **부를** 호 4급/口 5획

엄마가 아기의 상처를 입(口)으로 "호(乎)~~"하고 붊

▶ 심호흡 深呼吸 : 깊이 쉬는 숨

관련한자 호칭(呼稱), 호출(呼出), 환호(歡呼)

06

10진법 二 묶음

소 우 낮 오 7급/十 2획

牛(소 우), 낮(午)에 소(牛)를 몰고 밭을 갊 상형

▶경오 庚午 : 육십갑자(六十甲子)의 일곱째

관련한자 오전(午前), *오찬(午餐)

말로 낮에 허락할 허 5급/言 4획

청하는 바를 말(言)로 낮(午)에 허락함

▶허락 許諾 : 청하는 바를 들어 줌

관련한자 허용(許容), 특허(特許), 허가(許可)

낮 오 해 년 8급/干 3획

午(낮 오), 낮(午)에 하늘에 떠 있는 해

▶작년 昨年 : 지난해

관련한자 내년(來年), 매년(每年), 연령(年齡)

07

开

10진법 二 묶음

形

평평한 터럭 **모양** 형 6급/彡 4획

开(열 개, 평평할 견), 평평하게(开) 놓인 터럭(彡) 모양

▶형체 形體 : 사물의 모양과 바탕

관련한자 형태(形態), 변형(變形), 도형(圖形)

邢

평평한 고을에 **성(姓)** 형 2급/邑 4획

평평한(开) 고을(⻏)에 사는 형씨

▶형대 邢臺 : 중국 허베이 성(河北省) 남부에 있는 도시. 다싱 산맥의 기슭에 있으며, 밀 · 수수 · 목화 등을 생산하고 가죽 가공업이 성함

참고 대(臺) : ① 높고 평평한 곳이나 건축물 ② 물건을 올려놓는 대

평평한 칼로 **형벌** 형 4급/刀 4획

평평한(开) 칼(刂)로 치는 형벌

▶참수형 斬首刑 : 목을 베어 죽임

관련한자 형벌(刑罰), 처형(處刑), 벌금형(罰金刑)

형벌의 흙 **모형** 형 2급/土 6획

형벌(刑) 모습을 흙(土)으로 만든 모형

▶초대형 超大型 : 아주 큰 것

관련한자 유형(類型), 전형적(典型的), 최신형(最新型)

여자가 평평하고 **고울** 연 2급/女 6획

幵(평평할 견), 여자(女)의 피부가 평평하고(幵) 고움

▶ 연두부 姸豆腐 : 콩 즙과 응고제를 넣고 가열해 굳힌 두부. 일반 두부보다는 무르고 순두부보다는 단단함

관련한자 *연장(姸粧)

평평한 돌에 **갈** 연 4급/石 6획

평평한(幵) 숫돌(石)에 칼을 날카롭게 갊

▶ 연구 硏究 : 깊이 조사하고 생각하여 이치나 진리를 밝힘

관련한자 연삭기(硏削機), 연마기(硏磨機)

사람을 **아우를** 병 2급/人 8획

幷(아우를 병), 여러 사람(亻)을 아울러서(幷) 함께 일함

▶ 합병증 合併症 : 질병에 곁들여 일어나는 다른 질병

관련한자 병기(併記), 병살(併殺)

참고 아우러지다 : 여럿이 조화되어 한 덩어리나 한 판을 이루게 됨

주검을 아울러서 **병풍** 병 3급/尸 8획

여러 구의 주검(尸)을 아울러서(幷) 병풍을 치고 장례를 치름

▶ 병풍 屛風 : 바람을 막거나 무엇을 가리기 위하여, 또는 장식용으로 방 안에 둘러치는 물건

관련한자 *화병(畫屛), *수병(繡屛)

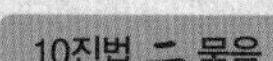

半

작은 둘은 **반(半)** 반 6급/十 3획

큰 하나에서 나눠진 작은(小) 둘(二)은 반쪽 회의

▶반경 半徑 : 반지름

관련한자 절반(折半), 상반기(上半期), 과반수(過半數)

伴

사람의 반쪽 **짝** 반 3급/人 5획

사람(亻)의 반(半)쪽인 짝

▶반주 伴奏 : 노래나 주요 악기의 연주를 보조하는 연주

관련한자 반려자(伴侶者), 동반자(同伴者)

叛

반쪽이 돌이켜 **배반할** 반 3급/又 7획

반(半)쪽이 마음을 돌이켜(反) 배반함

▶배반 背叛 : 믿음과 의리를 저버리고 돌아섬

관련한자 반란(叛亂/反亂), 반역(叛逆/反逆)

判

칼로 반 잘라 **판단할** 판 4급/刀 5획

수박을 칼(刂)로 반(半) 잘라 잘 익었는지 판단함

▶판결 判決 : 법원이 법률에 따라 판단하는 재판

관련한자 비판(批判), 심판(審判), 재판(裁判)

09

牛

10진법 二 묶음

牛

낮 오 **소** 우 5급/제부수

午(낮 오), 낮(午)에 소(牛)를 몰고 밭을 갊 상형

▶우유 牛乳 : 소의 젖

관련한자 한우(韓牛), 투우사(鬪牛士), 광우병(狂牛病)

牟

사우는 **성(姓)** · **보리** 모 2급/牛 2획

사우(厶牛, 사우 : 사위의 방언) 모씨는 보리밥을 좋아함 상형

▶모니 牟尼 : 석가모니(釋迦牟尼)

관련한자 *모맥(牟麥)

件

인우의 **물건** 건 5급/人 4획

이 소(牛) 인형은 인우(亻牛 : 사람이름)의 물건

▶물건 物件 : 일정한 형체를 갖춘 모든 물질적 대상

관련한자 사건(事件), 조건(條件), 인건비(人件費)

牧

소를 치며 **칠(養)** 목 4급/牛 4획

소(牛)를 쳐(攵)가며 치는(養) 일인 목축 회의

▶목축 牧畜 : 가축을 많이 기르는 일

관련한자 목장(牧場), 목사(牧師), 유목민(遊牧民)

10

井

10진법 二 묶음

井

우물 정 3급/二 2획

우물(井)의 난간을 본뜸 상형

▶ 집수정 集水井 : 두 개 이상의 수원이나 못

관련한자 *정화수(井華水), *정저지와(井底之蛙)

耕

쟁기로 우물처럼 밭갈 경 3급/耒 4획

쟁기(耒 : 가래 뢰)로 우물(井) 모양처럼 바르게 밭을 갊

▶ 농경 農耕 : 논밭을 갈아 농사를 지음

관련한자 경작지(耕作地), *주경야독(晝耕夜讀)

03 10진법 三 묶음

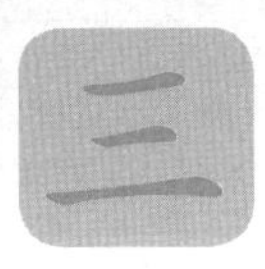

三 → 王 → 主 → 生 → 丑 → 手 → 丰

석 삼 8급/一 2획

나뭇가지 셋을 옆으로 뉘어 놓은 모양 지사

▶삼천포 三千浦 : 경상남도에 있었던 시, 1995년 5월 사천군과 합쳐져 사천시로 개편

관련한자 삼촌(三寸), 삼차원(三次元)

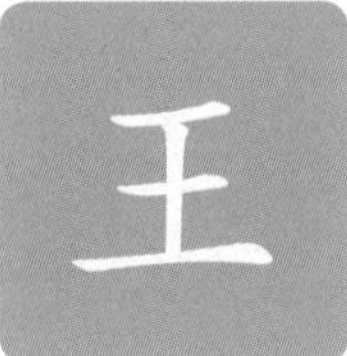

임금 왕 8급/제부수

천지인(天地人) 삼재(三才)를 꿰뚫어(丨) 다스리는 임금 지사

▶왕후 王后 : 임금의 아내

관련한자 왕자(王子), 용왕(龍王)

부을 주 **넓을** 왕 2급/水 4획

注(부을 주), 땅에 물을 부으니(注) 물이 점점 넓게(汪) 퍼짐

▶왕양 汪洋 : ① 바다가 끝이 없이 넓음 ② '미루어 헤아리기 어려움'의 비유

관련한자 왕망(汪茫)

旺

날로 왕이 **왕성할** 왕 2급/日 4획

날(日)로 왕(王)이 왕성하게 나랏일을 봄

▶왕성 旺盛 : 한창 성(盛)함

관련한자 *화왕지절(火旺之節)

참고 성(盛)할 : 기운이나 세력이 한창 왕성함

개왕이 **미칠** 광 3급/犬 4획

개(犭 : 개사슴록변, 큰개 견) 무리 중 우두머리(王) 개가 광견병으로 미침

▶광견병 狂犬病 : 개나 야생의 육식동물에게서 볼 수 있는 바이러스 질환

관련한자 열광(熱狂), 광기(狂氣), 광신도(狂信徒)

왕께 머리를 **삼갈** 욱 2급/頁 4획

임금(王) 앞에서는 머리(頁)를 똑바로 세우는 것을 삼가야 함

▶전욱 顓頊 : 중국 고대의 제왕. 황제(黃帝)의 손자로, 20세에 임금 자리에 올라 처음 고양(高陽)에 나라를 일으켰으므로 고양씨(高陽氏)라 불렀음

들어온 왕은 **온전** 전 7급/入 4획

새로 왕실에 들어온(入) 왕(王)은 온전함 회의

▶전반적 全般的 : 일이나 부문에서 전체에 걸치는 것

관련한자 온전(穩全), 안전(安全)

흰 **임금** 황 3급/白 4획

머리가 흰(白) 임금(王), 받침 위에 왕관이 놓여 있는 모양을 본뜸 상형

▶황제 皇帝 : 왕이나 제후를 거느리고 나라를 통치하는 임금

관련한자 교황(敎皇), 옥황상제(玉皇上帝)

주인 주 **구슬** 옥 4급/제부수

主(주인 주), 아주 귀한 구슬(玉)의 주인(主) 상형

▶옥토 玉兎 : 옥토끼(달 속에 산다는 전설상의 토끼)

관련한자 옥편(玉篇), *옥동자(玉童子)

금과 옥은 **보배** 옥 2급/金 5획

금(金)과 옥(玉)은 보배

쌍옥 각 2급/玉 5획

구슬 옥(玉), '玉' 자를 거듭하여 '쌍옥 각' 회의

참고 쌍옥(雙玉) : 한 쌍의 구슬

쌍옥도 **나눌** 반 6급/玉 6획

임금이 제후에게 증표로 쌍옥(玨)도(刂) 나누어 줌 회의

▶종합반 綜合班 : 입시학원에서, 여러 과목을 모두 맡아 가르쳐주는 반

관련한자 반장(班長), 양반(兩班), 반상회(班常會)

구슬 옥 임금 · 주인 주 7급/丶 4획

玉(구슬 옥), 아주 귀한 구슬(玉)의 주인(主), 촛대 위에 불이 타고 있는 모양을 본뜸 상형

▶주재 主宰 : 일을 중심이 되어 맡아 처리함

관련한자 주장(主張), 주인(主人), 주도(主導)

住

주인으로 살 주 7급/人 5획

사람이 주인(主亻 : 집안이나 단체를 책임감을 가지고 이끌어 가는 사람)의식을 가지고 삶

▶주거지 住居址 : 집터(집이 있거나 있었거나, 집을 지을 자리)

관련한자 주택(住宅), 주소(住所), 의식주(衣食住)

물 주인이 부을 주 6급/水 5획

물(氵) 주인(主)이 물통에 물을 부음

▶주사 注射 : 몸에 약을 주사기로 찔러 주입하는 일

관련한자 주유(注油), 주목(注目), 주의보(注意報)

주목한 기둥 주 3급/木 5획

사찰에서 주목(主木, 注目 : 관심을 가지고 주의 깊게 살핌)한 배흘림기둥(기둥의 중간이 배가 부르고 위아래로 가면서 점점 가늘어지게 만든 기둥)

▶지주 支柱 : ① 무엇을 버티는 기둥 ② 정신적으로 든든히 받쳐 주는 사람이나 힘

관련한자 전신주(電信柱), 사주팔자(四柱八字)

말 주인이 머무를 주 2급/馬 5획

가던 길을 멈추고 잠시 말(馬) 주인(主)이 머무름

▶주둔 駐屯 : 군대가 임무 수행을 위해 한 지역에 머무름

관련한자 주차장(駐車場), 주한미군(駐韓美軍)

살 주 **갈** 왕 4급/彳 5획

住(살 주), 새집으로 이사 가서(往) 삶(住)

▶ 이왕 已往 : 지금보다 이전

관련한자 왕래(往來), 왕복(往復), *이왕지사(已往之事)

02

10진법 三 묶음

青

독 독 **푸를** 청 8급/제부수

毒(독 독), 푸른(靑)색을 띤 독(毒)사

▶ 청와대 靑瓦臺 : 서울 경복궁 뒤 북악산 기슭에 있는 우리나라 대통령 관저(官邸)

관련한자 청자(靑瓷), 청년(靑年), 청동(靑銅), 청포도(靑葡萄)

물이 푸르고 **맑을** 청 6급/水 8획

바닷물(氵)이 푸르(靑)고 맑음

▶ 청정 淸淨 : 맑고 깨끗함

관련한자 청소(淸掃), 청결(淸潔), *청심환(淸心丸)

晴

날이 푸르게 **갤** 청 3급/日 8획

해가 떠서 날(日)이 푸르게(靑) 갬

▶ 쾌청 快晴 : 하늘이 상쾌하도록 맑게 갬

관련한자 청천(晴天), 청담(晴曇)

請

말로 푸름을 청할 청 4급/言 8획

폭우가 쏟아져 천제를 지내며 말(言)로 푸른(靑) 하늘을 기원하며 청함

▶간청 懇請 : 간절히 청함

관련한자 초청(招請), 신청(申請), 요청(要請)

情

심청의 뜻 정 5급/心 8획

忄(마음 심)+靑(푸를 청), 아버지를 위해 인당수에 몸을 던지는 마음(忄)이 맑고 푸른(靑) 심청(忄靑, 沈淸 : 고대 소설 〈심청전〉의 여자 주인공)의 뜻

▶정서 情緖 : 마음에 일어나는 여러 가지 감정

관련한자 감정(感情), 정보(情報), 심정(心情), 표정(表情)

精

쌀을 푸르게 정할 정 4급/米 8획

쌀(米)을 푸른(靑)빛이 나도록 깨끗이 정제(精製)함

▶정성 精誠 : 온갖 힘을 다하려는 참되고 성실한 마음

관련한자 정신(精神), 정밀(精密), 정교(精巧)

참고 정할(精하다) : 정성을 들여서 거칠지 아니하고 매우 고움

12패로 꾸짖을 책 5급/貝 4획

경기에서 연속으로 열두(十二)번이나 패(貝, 敗 : 패하다)하여 꾸짖음

▶직책 職責 : 직무상의 책임

관련한자 질책(叱責), 자책(自責), 책임(責任)

벼를 꾸짖게 쌓을 적 4급/禾 11획

벼(禾)를 꾸짖을(責)만하게 엉망으로 쌓음

▶누적 累積 : 거듭 겹쳐 늘어남

관련한자 축적(蓄積), 면적(面積), 적극성(積極性)

蹟

꾸짖을 발 자취 적 3급/足 11획

시멘트 바른 곳에 발(足)자취를 남겨 꾸짖음(責)

▶ 유적지 遺蹟地 : 옛사람이 남긴 건축물이나 무덤이 있는 장소

관련한자 행적(行蹟), *문적(文蹟)

績

실로 꾸짖게 길쌈 적 4급/糸 11획

실(糸)로 꾸짖을(責) 정도로 길쌈을 잘못함

▶ 방적 紡績 : 동식물의 섬유나 화학 섬유를 가공하여 실을 뽑는 일

관련한자 업적(業績), 학업성적(學業成績)

참고 길쌈 : 실을 내어 옷감을 짜는 모든 일

債

사람이 꾸짖는 빚 채 3급/人 11획

큰 빚을 져서 친한 사람(亻)이 꾸짖음(責)

▶ 복채 卜債 : 점을 쳐준 값으로 점쟁이에게 주는 돈

관련한자 채무자(債務者), 채권자(債權者)

03 生

10진법 三 묶음

소 한마리 날 생 8급/제부수

소(牛) 한(一) 마리가 남, 초목의 싹이 땅 위로 돋는 모양을 본뜸 상형

▶ 상생 相生 : 오행설(五行說)에서, 금(金)은 수(水)를, 수(水)는 목(木)을, 목(木)은 화(火)를, 화(火)는 토(土)를, 토(土)는 금(金)을 생하여 줌

관련한자 생활(生活), 발생(發生), 생산(生産), 인생(人生)

마음이 낳은 **성품** 성 5급/心 5획

성품은 사람의 마음(忄)이 낳은(生) 성질이나 됨됨이

▶개성 個性 : 개인이 가지는 고유한 특성

관련한자 성격(性格), 성질(性質), 유연성(柔軟性)

여생을 **성** 성 7급/女 5획

여생(女生, 餘生 : 세상에 태어나서 죽을 때까지의 동안)을 성씨 연구에 바침

▶백성 百姓 : ① 일반 국민 ② 관직이 없는 사람들

관련한자 성명(姓名), 성씨(姓氏)

일생을 **별** 성 4급/日 5획

일생(日生, 一生 : 생물이 살아 있는 동안)을 별 연구에 바침

▶신성 晨星 : 샛별. 금성(金星)

관련한자 위성(衛星), 혜성(彗星), 북두칠성(北斗七星)

04

10진법 三 묶음

면일공은 얼음으로 **찰** 한 5급/宀 9획

면일공(宀一共 : 사람이름)은 냉커피를 마셔서 얼음(冫) 때문에 차갑게 느낌

회의

▶혹한 酷寒 : 몹시 심한 추위

관련한자 한심(寒心), 오한(惡寒), 한파(寒波), 방한복(防寒服)

면일공 땅은 막힐 색 / 변방 새 3급/土 10획

면일공(宀一共 : 사람이름)이 사는 땅(土)은 변방에 있어서 도시생활에 막힘

▶ 질색 窒塞 : 기가 막힐 지경으로 놀라거나 싫어함

관련한자 *요새(要塞), 어색(語塞), 궁색(窮塞), 뇌경색(腦硬塞)

構

정재가 나무를 얽을 구 4급/木 10획

再(두 재), 정재(井再 : 사람이름)가 나무(木)를 얽어서 짬(冓 : 짤 구)

▶ 구상 構想 : 일을 어떠한 계획으로 하겠다고 하는 생각

관련한자 구조(構造), 구성(構成)

정재가 조개를 살 구 2급/貝 10획

정재(井再 : 사람이름)가 저녁 반찬으로 조개(貝)를 삼

▶ 구매 購買 : 물건을 삼

관련한자 구입(購入), 구독(購讀), 구판장(購販場)

정재가 말로 욀 강 4급/言 10획

정재(井再 : 사람이름)가 한자를 말(言)로 소리내며 외움

▶ 강단 講壇 : 강의를 하기 위하여 올라서게 만든 자리

관련한자 강사(講師), 강의(講義), 강연(講演)

05

手

10진법 三 묶음

羊

양 양 4급/제부수

양(羊)의 머리를 본뜸 상형

▶양피 羊皮 : 양의 가죽

관련한자 *산양(山羊), 희생양(犧牲羊)

수양으로 **큰바다** 양 6급/水 6획

氵(물 수)+羊(양 양), 마음 수양(氵羊, 修養 : 몸과 마음을 닦아 기름)으로 마음이 큰 바다와 같이 넓어짐

▶양궁 洋弓 : 서양식 활. 그 활로 겨루는 경기

관련한자 해양(海洋), 태평양(太平洋)

목양길 **모양** 양 4급/木 11획

木(나무 목)+羊(양 양)+永(길 영), 목양(牧羊 : 양을 기름)하며 가는 길인 목양길(木羊永 : 길이름) 모양을 그림

▶양식 樣式 : 일정한 모양이나 형식

관련한자 모양(模樣), 다양(多樣), 각양각색(各樣各色)

양을 먹여 **기를** 양 5급/食 6획

양(羊)을 먹여(食) 기름

▶자양 滋養 : 몸의 영양을 좋게 함

관련한자 양육(養育), 양식장(養殖場), 양로원(養老院)

보이는 양은 **상서** 상 3급/示 6획

예수님이 양을 보듬고 있는 그림에서 보이는(示) 양(羊)은 상서롭게 보임

▶상서 祥瑞 : 복되고 길한 일이 일어날 조짐

관련한자 불상사(不祥事), 발상지(發祥地)

말로 양을 **자세할** 상 3급/言 6획

말(言)로 양(羊)에 대해 자세히 설명함

▶소상 昭詳 : 분명하고 자세함

관련한자 상세(詳細), *미상(未詳), 상술(詳述)

가려울 양 **학교** 상 2급/广 6획

痒(가려울 양), 시골학교(庠)에서 모기에 물려 가려움(痒)

▶상교 庠校 : 중국 주나라 때에, '학교'를 이르던 말

관련한자 *상서(庠序), *상사례(庠謝禮)

양녀는 **성** 강 2급/女 6획

양녀(羊女, 養女 : 남의 자식을 데려다가 제 자식처럼 기른 딸)의 성은 '강'

▶강태공 姜太公 : 중국 주나라 초기의 정치가

관련한자 강이식(姜以式), 강감찬(姜邯贊)

양이 크고 **아름다울** 미 6급/羊 3획

양(羊)이 잘 먹어 크고(大) 아름다움 회의

▶각선미 脚線美 : 다리 곡선의 아름다움

관련한자 미술(美術), 미인(美人), 미용사(美容師)

양ㅛ구 착할 선 5급/口 9획

羊(양 양)+ㅛ+口(입 구), 양요구(羊ㅛ口 : 사람이름)는 착한 사람임 회의

▶위선 僞善 : 겉으로만 착한 체함

관련한자 최선(最善), 개선(改善), 선남선녀(善男善女)

繕

실로 착하게 기울 선 2급/糸 12획

터진 옷을 착한(善) 마음으로 실(糸)로 기움

▶수선 修繕 : 낡은 물건을 손보아 고침

관련한자 *영선(營繕), *선장(繕匠)

양공은 다를 차 4급/工 7획

양공(羊工, 양工 : 양씨 기술자)은 손재주가 남다름 회의

▶격차 隔差 : 빈부, 임금, 기술 등의 서로 동떨어진 차이

관련한자 차이(差異), 차별(差別), 차등(差等)

양눈에 붙을 착 5급/目 7획

양눈(羊目)에 양털이 붙어 눈을 일부 가림

▶봉착 逢着 : 어떤 처지나 상태에 부딪침

관련한자 도착(到着), 집착(執着), 착륙(着陸)

06

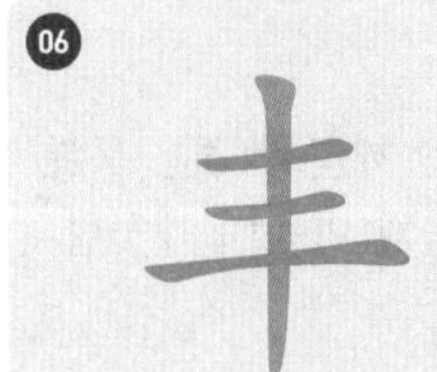

10진법 三 묶음

면봉으로 입을 **해할** 해 5급/宀 7획

丰(예쁠 봉), 면봉(宀丰, 綿棒 : 끝에 솜을 말아 붙인 가느다란 막대)으로 입(口) 속을 긁으며 해함 회의

▶ 방해 妨害 : 남의 일을 간섭하고 막아 해를 끼침

관련한자 피해(被害), 침해(侵害), 손해(損害), 재해(災害)

해할 칼로 **벨** 할 3급/刀 10획

해할(害) 칼(刂)로 벰

▶ 할부 割賦 : 지급할 돈을 여러 번으로 나누어 냄

관련한자 분할(分割), 할인(割引), 역할(役割)

면봉망심 **법** 헌 4급/心 12획

宀(집 면)＋丰(예쁠 봉)＋罒(그물 망)＋心(마음 심), 면봉망(宀丰罒 : 사람이름) 마음(心)은 법을 잘 지키고자 함 회의

▶ 위헌 違憲 : 헌법에 위반됨

관련한자 헌법(憲法), 제헌절(制憲節), 헌병대(憲兵隊)

봉도 크게 **맺을** 계 3급/大 6획

丰(예쁠 봉), 봉(丰, 棒 : 둘레가 둥근 대)도(刀) 크게(大) 구매계약을 맺음(㓞 : 맺을 계)

▶ 친목계 親睦契 : 서로의 친분을 쌓기 위한 계

관련한자 *계기(契機), 계약서(契約書)

潔

물봉도사 깨끗할 결 4급/水 12획

氵(물 수)+丰(예쁠 봉)+刀(칼 도)+糸(실 사), 絜(헤아릴 혈, 깨끗할 결), 물봉(氵丰 : 사람이름)도사(刀糸, 道士 : 도를 갈고닦는 사람)는 몸과 마음이 깨끗함

▶순결 純潔 : 몸과 마음이 아주 깨끗함

관련한자 간결(簡潔), 결백(潔白), 결벽증(潔癖症)

彗

봉봉계 살별 혜 1급/彐 8획

丰(예쁠 봉)+彐(돼지머리 계), 봉봉계(丰丰彐 : 사람이름)는 살별에 관심이 많음 회의

▶혜성 彗星 : ① 가스 상태의 빛나는 긴 꼬리를 끌고 포물선에 가까운 궤도를 그리며 운행하는 천체 ② '어떤 분야에 갑자기 나타난 뛰어난 사람'을 비유

참고 살별 : 혜성(彗星)

慧

살별처럼 마음이 슬기로울 혜 3급/心 11획

살별(彗)처럼 마음(心)이 밝고 슬기로움

▶지혜 智慧 : 사물의 이치를 빨리 깨닫고 현명하게 처리하는 정신적 능력

관련한자 *혜안(慧眼)

새 입은 오직 유 3급/口 8획

새(隹) 입(口)은 오직 먹고 짹짹짹?

▶유독 唯獨 : 오직 홀로

관련한자 유일(唯一), *유물론(唯物論)

마음으로 새를 생각할 유 3급/心 8획

마음(忄)으로 새(隹)처럼 날고 싶다고 생각함

▶사유 思惟 : 곰곰이 생각함

관련한자 *공유(恭惟)

維

새 실 **벼리** 유 3급/糸 8획

새(隹, 새 : 처음 마련하거나 다시 생겨난) 실(糸)로 그물의 벼리를 만듦

▶ 마섬유 麻纖維 : 삼 실(삼 껍질에서 뽑아낸 실)

관련한자 유지(維持), *유신(維新)

참고 벼리 : ① 그물 코를 꿴 굵은 줄 ② 일이나 글의 뼈대가 되는 줄거리

羅

망사를 새가 **벌릴** 라 4급/网 14획

그물(罒)에 걸린 새(隹)가 부리로 망사(罒糸, 網紗 : 그물같이 성기게 짠 깁)를 벌리려고 애씀 회의

▶ 염라 閻羅 : 염라대왕(저승에서, 지옥에 떨어지는 사람이 지은 생전의 선악을 심판하는 왕)

관련한자 망라(網羅), 나열(羅列)

誰

말하는 새는 **누구** 수 3급/言 8획

말(言)하는 이 앵무새(隹)는 누구의 새인가?

▶ 수하자 誰何者 : 상대편의 정체나 아군끼리 약속한 암호를 확인하는 사람

관련한자 수모(誰某) : 아무개

새가 **비록** 수 3급/隹 9획

虽(비록 수, 짐승 이름 유), 새(隹)는 비록(虽) 짐승이지만 하늘을 마음껏 날아다님

▶ 수연 雖然 : 그렇지만

활이 비록 **강할** 강 6급/弓 8획

활(弓)이 비록(虽) 강한 이미지이지만 재료는 유연한 나무

▶ 막강 莫强 : 힘이 더 할 수 없이 셈

관련한자 강조(强調), 강제(强制), 강약(强弱)

推

손으로 새를 **밀** 추 4급/手 8획

손(扌)으로 새(隹)를 밀어 방생함

▶ 추대 推戴 : 윗사람으로 모셔 받듦

관련한자 추진(推進), 추측(推測), 추천(推薦)

稚

벼에 새는 **어릴** 치 3급/禾 8획

논에서 벼(禾)를 쪼아먹는 어린 새(隹)

▶ 유치 幼稚 : ① 수준이 낮거나 미숙함 ② 나이가 어림

관련한자 *치졸(稚拙), *치어(稚魚), 유치원(幼稚園)

焦

새가 불에 **탈(燥)** 초 2급/火 8획

새(隹)를 사냥하여 불(灬)에 구워 태움

▶ 초조 焦燥 : 애가 타서 마음이 조마조마함

관련한자 초점(焦點), 초토화(焦土化)

새가 나무를 **모을** 집 6급/隹 4획

새(隹)가 나무 위에 나뭇가지(木)를 모아 둥지를 만듦 회의

▶ 집수정 集水井 : 두 개 이상의 수원이나 못

관련한자 수집(蒐集), 집중(集中), 모집(募集)

물이름 회 **비준** 준 2급/冫 8획

淮(물이름 회), 새롭게 강물이름(淮)을 "회"로 국회의 비준(批准 : 승인 또는 동의의 절차)을 받음

▶ 준위 准尉 : 준사관(準士官) 계급. 소위의 아래, 원사의 위

관련한자 *비준(批准), 준장(准將)

淮

비준 준 물이름 회 2급/水 8획

准(비준 준), 새롭게 강물이름(淮)을 "회"로 국회의 비준(批准 : 승인 또는 동의의 절차) 동의를 받음

▶ 회남자 淮南子 : 중국 한(漢)나라 때 회남왕(淮南王) 유안(劉安)이 지은 책

관련한자 *회하(淮河)

準

물새 열이 준할 준 4급/水 10획

물새(氵隹) 열(十)마리가 날아가는 대열이 질서에 준함

▶ 표준 標準 : 가장 일반적이거나 평균적인 것

관련한자 수준(水準), 기준(基準), 준비(準備)

獲

개풀새우 얻을 획 3급/犬 14획

犭(개사슴록 변)+艹(풀 초)+隹(새 추)+又(또 우), 개풀(犭艹, 개풀 : 갯가에 난 풀)과 새우(隹又)를 얻음

▶ 어획 漁獲 : 수산물을 잡거나 채취함

관련한자 획득(獲得), 포획(捕獲)

화풀새우 거둘 확 3급/禾 14획

禾(벼 화)+艹(풀 초)+隹(새 추)+又(또 우), 어부가 많은 새우(隹又)를 잡아 거두며 화(禾, 火 : 몹시 못마땅하거나 언짢아서 나는 성)가 풀(艹, 풀다 : 일어난 감정 따위를 누그러뜨림)림

▶ 수확 收穫 : 일에 대한 성과

관련한자 *확도(穫稻), *추확(秋穫)

말풀새우 도울 호 4급/言 14획

言(말씀 언)+艹(풀 초)+隹(새 추)+又(또 우), 말풀(言艹, 말풀 : '토끼풀'의 방언)과 새우(隹又)로 가난한 이웃을 도움

▶ 간호 看護 : 환자나 노약자를 보살펴 돌봄

관련한자 보호(保護), 변호사(辯護士), 경호원(警護員)

산새가 **성(姓) · 높을** 최 2급/山 8획

높은 산에 사는 산새(山隹)가 높이 남

▶ 최영 崔瑩 : 고려 말기의 명장 · 재상. 친원파(親元派)로서 1388년에 팔도(八道) 도통사가 되어 명나라를 치러 출정하였으나 이성계의 환군으로 실패하고 후에 그에게 피살되었음

관련한자 최치원(崔致遠), 진주최(晉州崔)

높은 사람이 **재촉할** 최 3급/人 11획

높은(崔) 사람(亻) 최씨가 재촉함

▶ 최루탄 催淚彈 : 눈물을 흘리게 하는 가루나 가스를 넣은 탄알

관련한자 개최(開催), 주최(主催), 최면(催眠)

새가 착 **나아갈** 진 4급/辵 8획

새(隹)가 착(辶)~ 나아가 날아감

▶ 점진적 漸進的 : 점차 앞으로 나아가는

관련한자 진행(進行), 추진(推進), 촉진(促進), 매진(邁進)

해가 나아가 **햇살치밀** 섬 2급/日 12획

暹(햇살치밀 섬, 나라이름 섬), 햇(日)빛이 나아가(進) 햇살치밈 회의

▶ 섬라 暹羅 : 타이(Thailand)의 예전 이름인 시암(Siam)의 한자음 표기

두 시골새는 **화(和)할** 옹 2급/隹 5획

나무 위에 두(亠) 마리 시골(乡 : 시골 향)새(隹)는 서로 화목하게 보임

▶ 옹용 雍容 : 마음이 화락(和樂)하고 조용함

관련한자 *옹치(雍齒), *시옹지정(時雍之政), *옹용조처(雍容措處)

손으로 두 시골새 **낄** 옹 3급/手 13획

손(扌)으로 두(亠) 시골새(乡隹)를 끼고 포옹함

▶ 포옹 抱擁 : 품에 껴안음

관련한자 *옹호(擁護), 옹벽(擁壁), *옹위(擁衛)

甕

두 시골새와 **독** 옹 2급/瓦 13획

亠(돼지해머리 두)+乡(시골 향)+隹(새 추)+瓦(기와 와), 초가집에 보이는 두(亠) 시골새(乡隹)와(瓦) 독

▶ 옹기 甕器 : 옹기그릇(질그릇과 오지그릇을 통틀어 이르는 말)

관련한자 *옹성(甕城), 철옹성(鐵甕城), 옹진군(甕津郡)

참고 독 : 간장, 술, 김치 등을 담가 두는 데에 쓰는 큰 오지그릇이나 질그릇

매 응 **기러기** 안 3급/隹 4획

雁(매 응), 동물원에서 매(雁)와 기러기(雁)를 구경함

▶ 홍안 鴻雁 : 큰 기러기와 작은 기러기

관련한자 *안사(雁使), *안왕(雁王), *홍안성(鴻雁聲)

매에 마음이 **응할** 응 4급/心 13획

雁(매 응), 동물원의 사육사는 배고프다고 우는 매(雁)에 마음(心)이 응하여 먹이를 줌

▶ 적응 適應 : 조건이나 환경에 맞추어 잘 어울림

관련한자 반응(反應), 응답(應答), 응급(應急)

새 **매** 응 2급/鳥 13획

새(鳥)의 한 종류인 매(雁 : 매 응)

▶ 응시 鷹視 : 매처럼 날카롭게 노려봄

관련한자 *각응(角鷹), *대응(大鷹), *백응(白鷹), *어응(魚鷹)

참고 응시(凝視) : 눈길을 모아 한곳을 똑바로 바라봄

대추촌 **빼앗을** 탈 3급/大 11획

대추로 유명한 대추촌(大隹寸, 대추村 : 대추로 유명한 마을)을 침략하여 빼앗음 회의

▶약탈 掠奪 : 폭력을 써서 남의 것을 억지로 빼앗음

관련한자 박탈(剝奪), 탈취(奪取), 겁탈(劫奪)

대추밭 **떨칠** 분 3급/大 13획

대추가 맛있기로 유명한 대추촌은 대추밭(大隹田, 대추밭 : 대추를 심은 밭)으로 이름을 떨침 회의

▶흥분 興奮 : 어떤 자극으로 감정이 북받쳐 일어남. 또는 그 감정

관련한자 분투(奮鬪), *격분(激奮), *분발(奮發)

두루미가 돌처럼 **굳을** 확 4급/石 10획

隺(고상할 각, 새 높이 날 확, 두루미 학), 먹잇감을 발견하고 두루미(隺)가 돌(石)처럼 굳은 상태로 먹잇감을 주시함

▶미확인 未確認 : 아직 확인되지 않음

관련한자 확정(確定), 명확(明確), 확률(確率)

두루미 새는 **학** 학 3급/鳥 10획

두루미(隺 : 두루미 학)라는 새(鳥)는 학을 말함

▶승학 乘鶴 : 학을 타고 하늘로 올라간다는 뜻으로, '신선'이 됨

관련한자 *선학(仙鶴), *단정학(丹頂鶴), *군계일학(群鷄一鶴)

사람이 잠깐 **지을** 작 6급/人 5획

乍(잠깐 사, 일어날 작), 사람(亻)이 잠깐(乍) 동안에 시를 지음

▶시작 始作 : 처음으로 함

관련한자 작품(作品), 작업(作業), 부작용(副作用)

잠깐의 날인 어제 작 6급/日 5획

오늘 생각해 보니 재밌었던 어제는 잠깐(乍)의 날(日)

▶ 작년 昨年 : 지난해

관련한자 *작일(昨日), *작야(昨夜)

시작된 복(福) 조 2급/示 5획

복이 시작(示乍, 始作 : 어떤 일을 처음으로 함)되어 하는 일마다 잘 풀림

▶ 온조왕 溫祚王 : 백제(百濟)의 시조.

관련한자 *국조(國祚), *경조(景祚)

말로 잠깐 속일 사 3급/言 5획

말(言)로 잠깐(乍) 속여 사기침

▶ 사기 詐欺 : 나쁜 꾀로 남을 속임

관련한자 사칭(詐稱), *교사(巧詐)

대 죽 4급/제부수

대나무(竹) 가지와 잎의 모양을 본뜸 상형

▶ 오죽헌 烏竹軒 : 강원도 강릉시 죽헌동에 있는 율곡 이이가 태어난 집으로 뜰 안에 오죽이 있어 붙은 이름

관련한자 폭죽(爆竹), 죽염(竹鹽), 죽부인(竹夫人)

04 10진법 四 묶음

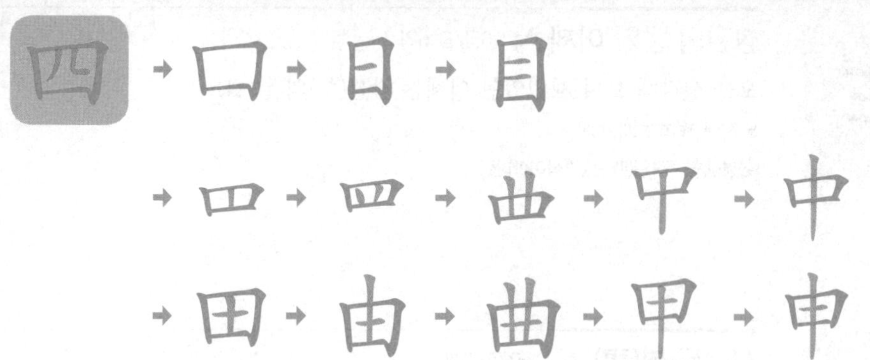

四

짝 필 넉 사 8급/口 2획

匹(짝 필), 소개팅에 나온 네(四) 사람은 서로 짝(匹)을 이룸 지사

▶사촌 四寸 : 어버이의 친형제 자매의 아들이나 딸

관련한자 사계절(四季節), 사각형(四角形)

넷 물이름 사 2급/水 5획

4(四)대강의 물(氵)이름은? 한강, 낙동강, 금강, 영산강

▶수사학 洙泗學 : '유학'을 달리 이르는 말. 공자가 산둥성에 있는 수수(洙水)와 사수(泗水) 사이에서 제자들을 모아 가르친 데서 유래

관련한자 사상(泗上), 사천시(泗川市)

닭 유 서녘 서 8급/襾 0획

酉(닭 유), 해가 서녘(西)으로 지는 초저녁에 우는 닭(酉)을 잡아먹는 풍속(집안에 안 좋은 일이 생긴다는 징조라고 생각하여) 상형

▶서구 西歐 : 서양을 이루는 유럽과 북아메리카를 통틀어 이르는 말. 서구라파('서유럽'의 음역어)

관련한자 서양(西洋), 동서남북(東西南北)

불을 막으니 **연기** 연 4급/火 9획

불(火)이 잘 타지 못하게 덮어 막으면(垔 : 막을 인) 연기가 많이 발생함

▶ 매연 煤煙 : 연료가 탈 때 나오는, 그을음이 섞인 연기

관련한자 연기(煙氣), 흡연(吸煙), 금연(禁煙)

막는 기와와 **질그릇** 견 2급/瓦 9획

눈이나 비를 막아(垔) 집을 보존시키는 기와(瓦)와 질그릇을 만듦

▶ 견훤 甄萱 : 후백제의 시조

관련한자 *견탁(甄擢), *견별(甄別)

참고 원추리 : 백합과의 여러해살이풀

서녘 서 **닭** 유 3급/제부수

西(서녘 서), 해가 서녘(西)으로 지는 초저녁에 우는 닭(酉)을 잡아먹는 풍속(집안에 안 좋은 일이 생긴다는 징조라고 생각하여) 상형

▶ 을유 乙酉 : 60갑자의 스물두째로, 천간(天干)이 '을'이고 지지(地支)가 '유'인 간지

관련한자 *을유해방(乙酉解放)

수탉에 **술** 주 4급/酉 3획

수탉(氵酉, 수탉 : 닭의 수컷)을 푹 삶아 만든 닭백숙에 술 한잔~

▶ 맥주 麥酒 : 엿기름에 홉(hop)을 넣어 발효시킨 술

관련한자 양주(洋酒), 음주(飮酒), 소주(燒酒)

혜시수탉 **의원** 의 6급/酉 11획

匸(감출 혜)+矢(화살 시)+殳(몽둥이 수)+酉(닭 유), 혜시(匸矢 : 사람이름)는 수탉(殳酉, 수탉 : 닭의 수컷)이 병들어 동물병원 의원에게 치료를 받음 회의

▶ 의료계 醫療界 : 병을 치료하는 일에 종사하는 사람들의 사회

관련한자 의사(醫師), 한의원(韓醫院)

팔닭의 **우두머리** 추 1급/酉 2획

팔닭(八酉) 중 우두머리 닭 지사

▶추장 酋長 : 원시 사회에서 마을의 우두머리

관련한자 *추령(酋領), *추수(酋帥)

개우두머리는 **오히려** 유 3급/犬 9획

개우두머리(犭酋)는 오히려 도둑을 보고도 짖지 못하고 머뭇거림

▶유예 猶豫 : ① 망설임 ② 일의 실행을 뒤로 미룸

관련한자 *유혹(猶或), 유태인(猶太人), *과유불급(過猶不及)

촌 우두머리 **높을** 존 4급/寸 9획

촌(寸) 우두머리(酋)를 높게 받듦 회의

▶존칭 尊稱 : 존경하여 높여 부르는 명칭

관련한자 존중(尊重), 존경(尊敬), 자존심(自尊心)

높이 착 **좇을** 준 3급/辵 12획

높은(尊) 산에 착(辶)~ 좇아 올라감

▶준수 遵守 : 그대로 좇아 지킴

관련한자 준행(遵行), 준법정신(遵法精神)

큰 우두머리를 **정(定)할 · 제사** 전 1급/大 9획

큰(大) 우두머리(酋)를 정해 하늘에 제사를 지냄 회의

▶석전제 釋奠祭 : 음력 2월과 8월의 상정일(上丁日)에 문묘(文廟)에서 공자를 비롯하여 4성(四聖) 10철(十哲) 18현(十八賢)을 제사 지내는 의식

관련한자 향전(香奠), 전물상(奠物床)

팔닭대읍 나라 정 2급/邑 12획

八(여덟 팔)+酉(닭 유)+大(큰 대)+阝(고을 읍), '정'나라에 있는 멋진 팔닭(八酉, 팔닭 : 8마리 닭)으로 유명한 대읍(大阝, 大邑 : 주민이 많고 땅이 넓은 큰 마을)

▶정중 鄭重 : ① 점잖고 묵직함 ② 친절하고 은근함

관련한자 *정도전(鄭道傳), *정감록(鄭鑑錄)

10진법 四 묶음

입 구 7급/제부수

사람의 입(口) 모양을 본뜸 상형

▶구설수 口舌數 : 헐뜯는 말을 들을 운수

관련한자 가구(家口), 인구(人口), 입구(入口)

형 형 다만 지 3급/口 2획

兄(형 형), 형(兄)은 다만(只) 그녀가 보고 싶을 뿐이다~ 회의

▶단지 但只 : 다만, 겨우, 오직

관련한자 지금(只今)

어리석을 매 살구 행 2급/木 3획

呆(어리석을 매), 살구(杏)와 모양이 비슷한 복숭아를 구별 못하는 어리석음(呆)

▶은행 銀杏 : 은행나무의 열매. 살구 비슷한 흰색의 종자로 식용하거나 약용(藥用)함

관련한자 행화(杏花), 행단(杏壇), 행자목(杏子木)

加

힘을 입으로 **더할** 가 5급/力 3획

힘(力)을 입(口)으로 영차, 영차~ 소리내며 더함 회의

▶첨가 添加 : 더하여 덧붙이거나 보탬

관련한자 증가(增加), 추가(追加), 참가(參加), 가입(加入)

伽

사람이 더 **절** 가 2급/人 5획

불교신자(亻)가 신심이 깊어져 예전보다 더(加) 절에 자주 감

▶가야 伽倻 : 가야국(伽倻國)

관련한자 *승가(僧伽), *알가배(閼伽杯)

架

더한 나무인 **시렁** 가 3급/木 5획

벽에 나무(木)를 더해(加) 만든 시렁

▶고가 高架 : 전선이나 도로를 공중에 높이 건너질러 설치하는 것

관련한자 십자가(十字架), *가공인물(架空人物), *고가도로(高架道路)

참고 시렁 : 물건을 얹어 놓기 위하여 방이나 마루 벽에 두 개의 긴 나무를 가로질러 선반처럼 만든 것

迦

더 착 **부처이름** 가 2급/辵 5획

더(加) 착(辶)~ 염불로 봉송하는 부처이름

▶석가 釋迦 : 석가모니(釋迦牟尼)의 준말

관련한자 *석가모니(釋迦牟尼)

賀

더 재물을 **하례할** 하 3급/貝 5획

공로를 크게 세워 재물(貝)을 더(加) 많이 하례함

▶축하연 祝賀宴 : 축하하는 잔치

관련한자 치하(致賀), 하례객(賀禮客), 연하장(年賀狀), *근하신년(謹賀新年)

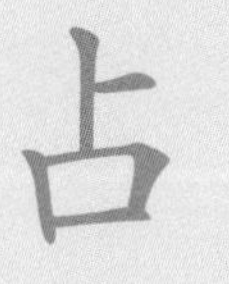

예 고 점령할 · 점칠 점 4급/卜 3획

古(예 고), 예(古)부터 점치러(占) 자주 감 회의

▶ 점령 占領 : 무력으로 어떤 지역이나 건물 등을 차지함

관련한자 독점(獨占), *점술(占術), 점유율(占有率), 독과점(獨寡占)

흑 점 점 4급/黑 5획

黑(검을 흑)+占(점령할 점, 점칠 점), 검은(黑)색이 점령하고(占) 있는 점

▶ 정점 頂點 : 일이나 상황이 최고의 수준에 이른 상태

관련한자 초점(焦點), 점검(點檢), 장점(長點)

참고 정수리 : 머리 위의 숫구멍이 있는 자리

점집 가게 점 5급/广 5획

유명한 점집(占广) 가게

▶ 점포 店鋪 : 가게. 상점

관련한자 편의점(便 宜店), 할인점(割引店), 백화점(百貨店), 노점상(露店商)

다만 지 형 형 8급/儿 3획

只(다만 지), 형(兄)은 다만(只) 그녀가 보고 싶을 뿐이다~ 회의

▶ 형제 兄弟 : 형과 아우

관련한자 형부(兄夫), 매형(妹兄), *난형난제(難兄難弟)

형수의 상황 황 4급/水 5획

兄(형 형)+氵(물 수), 일과 살림을 동시에 해야 하는 형수(兄氵, 兄嫂 : 형의 아내)의 상황

▶ 호황 好況 : 경기(景氣)가 좋음. 전반적으로 경제 활동이 활발한 상태

관련한자 상황(狀況), 불황(不況), 현황(現況)

祝

신께 형이 **빌** 축 5급/示 5획

형(兄)이 신께(神) 부모님의 건강을 빎 회의

▶축배 祝杯 : 축하하는 뜻으로 마시는 술

관련한자 축복(祝福), 축하(祝賀), 축제(祝祭)

克

열형을 **이길** 극 3급/儿 5획

과거(科擧)시험에서 열형(十兄)을 이김 상형

▶극기 克己 : 자기의 감정이나 욕심 등을 스스로 눌러 이김

관련한자 극복(克服)

兢

이기고 이겨서 **떨릴** 긍 2급/儿 12획

이기고(克) 또 이겨서(克) 기쁨에 온몸이 떨림 회의

▶긍긍 兢兢 : 삼가고 두려워함

관련한자 *긍구(兢懼), *긍각(兢恪), *전전긍긍(戰戰兢兢)

팔형이 **바꿀 · 기쁠** 태 2급/儿 5획

팔형(八兄)이 서로 바꾸고(물물교환) 기뻐함 회의

▶태환 兌換 : 지폐와 정화(正貨 : 명목 가치와 소재의 가치가 일치하는 본위 화폐)를 바꿈

관련한자 *태괘(兌卦), *발태(發兌)

팔형 마음이 **기쁠** 열 3급/心 7획

여덟(八) 명의 형(兄)이 집안 경사로 마음이(忄) 기쁨

▶희열 喜悅 : 기쁘고 즐거움

관련한자 *열락(悅樂), *오열(悟悅), *송무백열(松茂柏悅)

閱

문으로 팔형을 **볼(覽)** 열 3급/門 7획

문(門)을 열고 찾아온 팔형(八兄)을 봄

▶ 열람 閱覽 : 죽 내리훑어서 봄

관련한자 검열(檢閱), *사열(査閱)

稅

팔형은 벼로 **세금** 세 4급/禾 7획

먼 옛날에 팔형(八兄)은 화폐 대신 벼(禾)로 세금을 냄

▶ 조세 租稅 : 국가 또는 지방 공공단체가 그 필요한 경비를 국민으로부터 강제로 거두어들이는 수입

관련한자 세금(稅金), 국세청(國稅廳), 면세점(免稅店)

팔형의 **말씀** 설 / **달랠** 세 5급/言 7획

동생을 달래는 팔형(八兄)의 말씀(言)

▶ 항설 巷說 : 여러 사람의 입에서 입으로 옮겨지는 말

관련한자 설명(說明), 욕설(辱說), 설득(說得), *유세(遊說), *가담항설(街談巷說)

팔형이 몸을 **벗을** 탈 4급/肉 7획

팔형(八兄)이 육신(月)을 벗음(해탈)

▶ 탈취제 脫臭劑 : 냄새를 없애는 데에 쓰는 약제

관련한자 탈락(脫落), 탈출(脫出), 탈퇴(脫退)

팔형은 쇠를 **날카로울** 예 3급/金 7획

팔형(八兄)은 쇠(金)칼을 날카롭게 갊

▶ 예민 銳敏 : 감각, 행동, 재치 등이 날카롭고 민첩함

관련한자 첨예(尖銳), 예리(銳利)

免

토끼 토 면할 면 3급/儿 5획

兔(토끼 토), 덫에 걸린 토끼(兎)가 꼬리(丶)를 자른 채 달아나 위기를 면함(免)
회의

▶사면 赦免 : 죄를 용서하여 형벌을 면제함

관련한자 면제(免除), 모면(謀免), 면역력(免疫力)

俛

사람이 면하려고 힘쓸 · 구푸릴 면 2급/人 7획

사람(亻)이 사고를 면하(免)려고 구푸림

▶면수 俛首 : 머리를 숙임

관련한자 *면언(俛焉), *면수첩이(俛首帖耳)

勉

면하려고 힘쓸 면 4급/力 7획

어려움을 면하기(免) 위해 힘(力)을 씀

▶근면 勤勉 : 부지런히 일하며 힘씀

관련한자 면학(勉學), *각고면려(刻苦勉勵)

冕

모면하는 면류관 면 2급/冂 9획

冃(쓰개 모)+免(면할 면), 여러 가지(세금, 병역 등등…)를 모면(冃免, 謀免 : 책임이나 맡은 일을 벗어나려고 꾀함)할 수 있는 면류관

▶면류관 冕旒冠 : 임금이 정복인 곤룡포를 입을 때 쓰는 관. 직사각형의 판에 많은 주옥을 꿰어 늘어뜨린 관

관련한자 관면(冠冕), 괘면(掛冕), 면복(冕服)

여자가 면한 낳을 만 2급/女 7획

딸부잣집 여자(女)가 아들을 낳아 출산을 면함(免)

▶분만 分娩 : 아이를 낳음

관련한자 *해만(解娩), *순만(順娩)

날을 면해 **늦을** 만 3급/日 7획

납기일(日)이 공휴일로 면해(免) 늦어짐

▶ 조만간 早晩間 : 앞으로 곧. '머잖아'

관련한자 *만찬회(晩餐會), *대기만성(大器晩成)

면할 면 **토끼** 토 3급/儿 6획

免(면할 면), 덫에 걸린 토끼(兎)가 꼬리(丶)를 자른 채 달아나 위기를 면함(免) 상형

▶ 옥토 玉兎 : 옥토끼(달 속에 산다는 전설상의 토끼)

관련한자 *산토(山兎), *토사구팽(兎死狗烹)

토끼가 착 **편안할** 일 3급/辵 8획

토끼(兔)가 착(辶) 편안하게 쉼 회의

▶ 일화 逸話 : 세상에 널리 알려지지 아니한 흥미 있는 이야기

관련한자 안일(安逸), 일탈(逸脫), *독일(獨逸)

한입ㅛ **콩** 두 4급/제부수

한입요(一口ㅛ)~ 하며 콩으로 만든 두부를 먹고 싶어함, 제기(祭器)모양을 본뜸 상형

▶ 두부 豆腐 : 콩으로 만든 음식의 하나

관련한자 녹두(綠豆), *종두득두(種豆得豆)

콩같은 **머리** 두 6급/頁 7획

콩(豆)처럼 보이는 대머리(頁) 형상

▶ 두뇌 頭腦 : 뇌

관련한자 몰두(沒頭), 두목(頭目), 편두통(偏頭痛)

참고 뇌수(腦髓) : 뇌

화살두 **짧을** 단 6급/矢 7획

활두 짧고 화살(矢 : 화살 시)두(豆) 짧음 회의

▶ 단편 短篇 : 짤막하게 지은 글

관련한자 단축(短縮), 단점(短點), 단거리(短距離)

선비가 덮은 콩 **한 · 갖은한** 일 2급/士 9획

선비(士)가 입으로 덮은(冖) 콩(豆) 하나 회의

▶ 일의 壹意 : 한 가지에만 정신을 쏟음

관련한자 일만(壹萬), *일시(壹是)

산에 콩을 **어찌** 기 3급/豆 3획

어찌 밭이 아니라 산(山)에 콩(豆)을 심으려고 할까? 상형

▶ 기감 豈敢 : 어찌 감히

관련한자 *기불(豈不)

흙이 어찌 **높은 땅** 개 2급/土 10획

흙(土)이 어찌(豈) 저렇게 높은 땅이 되었을까? 진합태산(塵合泰山) : 작은 물건도 많이 모이면 큰 것이 됨

▶ 승개 勝塏 : 경치가 좋은, 높고 밝은 곳

관련한자 *상개(塽塏)

선비 묘지에 **북** 고 3급/제부수

선비(士) 묘지(묘支, 墓地 : 무덤)에서 천도제(遷度祭 : 죽은 사람의 넋이 극락으로 가도록 기원하는 의식)로 북소리가 들림 회의

▶ 고취 鼓吹 : ① 북을 치고 피리를 붊 ② 용기를 북돋움 ③ 의견이나 사상을 열렬히 주장하여 불어넣음

관련한자 고막(鼓膜), 승전고(勝戰鼓), *고무적(鼓舞的)

선비묘에 수염난 **성(姓)** 팽 2급/彡 9획

선비묘(士묘)에 성묘하러 온 수염(彡, 긴 수염모양)이 멋있는 팽씨 회의

▶ 팽배 彭湃 : ① 물결이 맞부딪쳐 솟구침 ② 기세가 매우 거세게 일어남

관련한자 *박팽년(朴彭年)

목사묘촌 **나무** 수 6급/木 12획

木(나무 목)+士(선비 사)+묘+寸(마디 촌), 목사묘촌[木士묘寸 : 촌이름(목사의 묘가 많은 촌)]에 유명한 큰 나무가 있음

▶ 계수 桂樹 : 계수나무

관련한자 월계수(月桂樹), 가로수(街路樹), 상록수(常綠樹), 과수원(果樹園)

복도 **버금** 부 4급/刀 9획

畐(가득할 복), 나는 10남매 중에 돈 복도(畐刂) 가장 부자인 큰형에 버금감

▶ 부원장 副院長 : 원장의 다음가는 직위

관련한자 부업(副業), 부작용(副作用), 부차적(副次的)

집복있는 **부자** 부 4급/宀 9획

좋은 집(宀)에서 살 복(畐)있는 부자

▶ 풍부 豊富 : 넉넉하고 많음

관련한자 부자(富者), 빈부(貧富), 부유층(富裕層)

보이는 **복** 복 5급/示 9획

많은 선행으로 복(畐) 받게 보이는(示) 사람 회의

▶ 행복 幸福 : 생활에서 기쁨과 만족감을 느껴 흐뭇한 상태

관련한자 복지(福祉), 복권(福券), 축복(祝福)

수건이 가득한 폭 폭 3급/巾 9획

욕실에 수건(巾)이 가득(畐) 폭넓게 쌓여 있음

▶진폭 振幅 : 진동하는 폭

관련한자 증폭(增幅), 보폭(步幅), 대폭적(大幅的)

언덕에 일구경수 사이뜰 격 3급/阜 10획

鬲(막을 격, 솥 력, 잡을 액), 서로 사는 곳이 언덕(阝)에 막혀 일구(一口 : 사람이름)와 경수(冂수 : 사람이름)의 친구 사이가 점점 뜸

▶격차 隔差 : 빈부, 임금, 기술 등의 서로 동떨어진 차이

관련한자 간격(間隔), 원격(遠隔), 격리(隔離)

벌레를 막아 녹을 융 2급/虫 10획

남편이 집의 바퀴벌레(虫) 번식을 막아(鬲) 언짢았던 마음이 스르르 녹음

▶용융 溶融 : 녹아서 섞임

관련한자 융해(融解), 금융(金融), 융통성(融通性)

범 막을 개 드릴 헌 3급/犬 16획

옛날에 마을로 내려오는 범(虍)을 막으(鬲)려고 사냥용 큰 개(犬)를 사냥꾼에게 드림

▶공헌 貢獻 : ① 힘써 이바지함 ② 공물을 바침

관련한자 헌신(獻身), 헌납(獻納), 헌혈(獻血)

한가지 동 맡을 사 3급/口 2획

同(한가지 동), 한가지(同) 업무를 맡음(司) 회의

▶사령탑 司令塔 : 군함이나 항공 기지에서 잘 보고 지휘할 수 있도록 높게 만든 탑

관련한자 사시(司試), 사법부(司法府), 사회자(司會者)

맡아 말 · 글 사 3급/言 5획

강연을 맡아(司) 글도 쓰고 강연장에서 말(言)도 함

▶ 피동사 被動詞 : 주어가 남의 동작이나 행동을 입게 됨을 나타내는 동사. '잡히다', '먹히다' 등

관련한자 가사(歌詞), 대명사(代名詞), 감탄사(感歎詞)

맡아서 먹여 기를 사 2급/食 5획

강아지를 맡아서(司) 먹여(食) 기름

▶ 사육 飼育 : 짐승을 먹여 기름

관련한자 사료(飼料), *방사(放飼)

맡을 사 한가지 동 7급/口 3획

司(맡을 사), 한가지(同) 업무를 맡음(司) 회의

▶ 동료 同僚 : 같은 직장이나 같은 부문에서 함께 일하는 사람

관련한자 동시(同時), 동생(同生), 동일(同一), 동맹국(同盟國)

나무의 한가지 오동나무 동 2급/木 6획

나무(木) 중에 한가지(同)인 오동나무

▶ 벽오동 碧梧桐 : 벽오동과에 속한 낙엽 활엽 교목. 나무껍질은 초록빛

관련한자 *사동(絲桐), *동유(桐油)

금동 구리 동 4급/金 6획

金(쇠 금)+同(한가지 동), 구리에 금으로 도금한 금동(金同, 金銅 : 금박을 입힌 구리)불상

▶ 동전 銅錢 : 구리로 만든 돈

관련한자 청동(靑銅), 동상(銅像), 황동(黃銅)

물 한가지 **골** 동 / **밝을** 통 7급/水 6획

한가지(同) 물(氵)인 골짜기 물

▶동굴 洞窟 : 깊고 넓은 굴

관련한자 통찰(洞察), 공동화(空洞化), 동사무소(洞事務所)

참고 골 : 골짜기

혀 설 **예** 고 6급/口 2획

舌(혀 설), 예(古)부터 혀(舌)를 내밀고 놀림 '메롱~' 회의

▶고분 古墳 : 옛 무덤

관련한자 고대(古代), 고물(古物), 고고학(考古學)

姑

옛 여자인 **시어미** 고 3급/女 5획

사고가 옛날(古) 여자(女)인 시어머니

▶고부 姑婦 : 시어머니와 며느리

관련한자 고모부(姑母夫), 고종사촌(姑從四寸)

고목이 **마를** 고 3급/木 5획

古(예 고)+木(나무 목), 고목(古木 : 오래 묵어 나이가 많고 키가 큰 나무)이 말라 죽음

▶고갈 枯渴 : 물이 말라서 없어짐

관련한자 고목(枯木), 고엽제(枯葉劑)

옛날에 친 **연고** 고 4급/攴 5획

옛(古)날에 일본이 우리나라를 친(攵 : 칠 복)연고는 전 세계를 제패하기 위함

▶고향 故鄕 : 자기가 태어나서 자란 곳

관련한자 사고(事故), 고장(故障), *연고(緣故), 고사성어(故事成語)

苦

풀고 **쓸** 고 6급/艸 5획

커피를 뜨거운 물에 풀고(⁺⁺古, 풀고 : 액체에 다른 액체나 가루 등을 섞음) 맛을 보니 쓴맛

▶고충 苦衷 : 괴로운 심정이나 사정

관련한자 고민(苦悶), 고통(苦痛), 고배(苦杯), 고난(苦難)

祜

옛 신의 **복(福)** 호 2급/示 5획

옛(古) 조상신(神)의 복을 받음

▶천호 天祜 : 하늘이 내려준 복

居

주검이 옛날에 **살** 거 4급/尸 5획

이 폐가는 이 주검(尸)이 옛(古)날에 살던 곳

▶주거지 住居址 : 집터(집이 있거나 있었거나, 집을 지을 자리)

관련한자 은거(隱居), 동거(同居), 별거(別居)

고달픈 **되(狄)** 호 3급/肉 5획

식량 부족으로 고달(古月)픈 오랑캐

▶호란 胡亂 : 오랑캐들로 인하여 일어나는 난리

관련한자 *호수(胡壽), *호접지몽(胡蝶之夢)

호수 **호수** 호 5급/水 9획

胡(되 호)+氵(물 수), 물(氵)이 드리워져(胡) 있는 호수(胡氵, 湖水 : 땅이 우묵하게 들어가 물이 괴어 있는 곳)

▶호남 湖南 : 전라남도와 전라북도

관련한자 호수(湖水), 강호(江湖)

옛날에 에워싸 **굳을** 고 5급/口 5획

옛날(古)에 돌덩이로 에워싼(口) 성곽은 굳고 단단함

▶ 견고 堅固 : 굳세고 단단함

관련한자 고집(固執), 확고(確固), 고정관념(固定觀念)

굳은 사람이 **낱** 개 4급/人 8획

높은 분의 불호령에 사람(亻)이 낱낱이 경직되어 굳음(固)

▶ 개성 個性 : 개인이 가지는 고유한 특성

관련한자 개별(個別), 개인(個人), 개월(個月)

예 고 **혀** 설 4급/제부수

古(예 고), 예(古)부터 혀(舌)를 내밀고 놀림 '메롱~' 상형

▶ 구설수 口舌數 : 헐뜯는 말을 들을 운수

관련한자 *사불급설(駟不及舌)

물로 혀가 **살** 활 7급/水 6획

혀(舌)가 바짝 말라 물(氵)을 마시니 살 것 같음

▶ 사생활 私生活 : 개인의 사사로운 생활

관련한자 활발(活潑), 활동(活動), 활약(活躍)

말혀 **말씀** 화 7급/言 6획

사장님이 지시한 말씀을 빨리 말혀(言舌)~

▶ 일화 逸話 : 세상에 널리 알려지지 아니한 흥미 있는 이야기

관련한자 전화(電話), 대화(對話), 동화책(童話册)

사람이 혀로 **집** 사 4급/舌 2획

사람(人)이 혀(舌 : 대화)를 잘 놀려 싼 값에 집을 삼

▶ 역사 驛舍 : 역으로 쓰이는 건물

관련한자 청사(廳舍), 축사(畜舍), 기숙사(寄宿舍)

捨

손써 집을 **버릴** 사 3급/手 8획

다주택자의 세금폭탄으로 미리 손(扌)써 집(舍)을 팔아 버림

▶ 취사 取捨 : 취할 것은 취하고 버릴 것은 버림

관련한자 *희사함(喜捨函), *사사오입(四捨五入)

呂

써 이 **성(姓) · 법칙** 려 2급/口 4획

目(써 이), 현상을 물리법칙(呂)으로써(目) 설명함 상형

▶ 율려 律呂 : 음악이나 음성의 가락

관련한자 *여씨춘추(呂氏春秋)

벼슬 관 **집** 궁 4급/宀 7획

官(벼슬 관), 벼슬(官)아치의 큰 집(宮) 회의

▶ 궁전 宮殿 : 임금이 거처하는 집

관련한자 궁궐(宮闕), 궁녀(宮女), 경복궁(景福宮)

멍멍 개가 **울** 곡 3급/口 7획

"멍멍"(口口) 개(犬)가 짖으며 욺 회의

▶ 통곡 痛哭 : 소리를 높여 슬피 욺

관련한자 *야곡(夜哭), *곡성(哭聲)

器

울 곡 **그릇** 기 4급/口 13획

哭(울 곡), 아끼는 그릇(器)을 깨 욺(哭) 회의

▶현악기 絃樂器 : 가야금, 거문고, 기타 등 줄을 타거나 켜서 소리를 내는 악기

관련한자 제기(祭器), 도자기(陶瓷器), 핵무기(核武器)

구구단한 **홀** 단 4급/口 9획

旦(아침 단), 홀로 구구단(口口旦)을 외우기 시작한(丨) 나 회의

▶단어 單語 : 자립성과 분리성을 가진 말의 최소 단위

관련한자 단순(單純), 간단(簡單), 단독(單獨)

활의 홑 **탄알** 탄 4급/弓 12획

활(弓)의 홑(單) 탄알을 당겨 쏨

▶최루탄 催淚彈 : 눈물을 흘리게 하는 가루나 가스를 넣은 탄알

관련한자 폭탄(爆彈), 방탄(防彈), 탄력적(彈力的)

홀 보이는 **선** 선 3급/示 12획

깊은 산속에서 혼자(單) 고요히 앉아 참선하는 모습이 보임(示)

▶좌선 坐禪 : 고요히 앉아서 참선(參禪)함

관련한자 선종(禪宗), *선정(禪定), 선문답(禪問答)

홑 창으로 **싸움** 전 6급/戈 12획

혼자 홑(單) 창(戈)을 들고 싸움 연습을 함

▶도전 挑戰 : 정면으로 맞서 싸움을 걺

관련한자 전쟁(戰爭), 전략(戰略), 작전(作戰)

구구밭일구개 **짐승** 수 3급/犬 15획

口(입 구)+口(입 구)+田(밭 전)+一(한 일)+口(입 구)+犬(개 견), 嘼(가축 축, 짐승 수), 구구밭(口口田 : 밭이름)에서 놀고 있는 일구(一口 : 사람이름)의 개(犬)는 짐승 회의

▶ 금수 禽獸 : ① 날짐승과 길짐승, 즉 모든 짐승 ② 추잡하고 나쁜 행실을 하는 사람을 비유

관련한자 맹수(猛獸), 야수(野獸), 수의사(獸醫師)

權

나무에 황새 **권세** 권 4급/木 18획

나무(木)에 앉은 황새(雚)의 모습에서 엿보이는 권세

▶ 일조권 日照權 : 태양 광선을 확보할 수 있는 권리

관련한자 권리(權利), 정권(政權), 권한(權限)

勸

황새힘 **권할** 권 4급/力 18획

사냥할 때 황새(雚)의 끈질긴 힘(力)을 권함

▶ 권유 勸誘 : 일을 권하여 하도록 함

관련한자 권장(勸奬), *권선징악(勸善懲惡)

觀

황새를 **볼** 관 5급/見 18획

나무에 앉은 황새(雚)를 봄(見)

▶ 방관 傍觀 : 직접 관여하지 않고 곁에서 보기만 함

관련한자 관찰(觀察), 관람(觀覽), 관광객(觀光客)

歡

황새 하품에 **기쁠** 환 4급/欠 18획

동물원에서 하품(欠)하는 황새(雚)를 보고 기뻐함

▶ 환영 歡迎 : 기쁜 마음으로 반갑게 맞음

관련한자 환호(歡呼), *환호작약(歡呼雀躍)

열쌍입장 잃을 상 3급/口 9획

합동결혼식에 열(十)쌍이 함께 입장(口長, 入場 : 식장이나 경기장 안으로 들어감)해 모두 주인공 의식을 잃음 회의

▶상여 喪輿 : 시체를 묘지까지 나르는 도구

관련한자 상실(喪失), 초상(初喪), 상복(喪服)

거북 구(귀) / 터질 균 3급/제부수

거북(龜)의 모양을 본뜸 상형

▶균열 龜裂 : 거북의 등에 있는 무늬처럼 갈라져 터짐

관련한자 *귀감(龜鑑), *귀복(龜卜)

실로 힘써 노끈 승 2급/糸 13획

黽(힘쓸 민, 맹꽁이 맹), 실(糸)로 힘써(黽) 노끈을 만듦

▶화승총 火繩銃 : 불을 붙게 하는 노끈으로 화약에 불을 붙여 발사하는 구식 소총

관련한자 결승(結繩), 포승(捕繩), 승삭(繩索)

참고 노끈 : 실, 삼, 종이 등을 가늘게 꼬아서 만든 끈

물건 품 5급/口 6획

물건(口)을 세 개 쌓은 모습 회의

▶진품 珍品 : 진귀한 물품

관련한자 제품(製品), 상품(商品), 품실(品質), 작품(作品)

품산병 암 암 2급/疒 12획

品(물건 품)+山(뫼 산)+疒(병질 엄), 품산(品山 : 사람이름)이 이번에 걸린 병(疒)은 암

▶위암 胃癌 : 위에 발생하는 암

관련한자 폐암(肺癌), 항암제(抗癌劑), 암세포(癌細胞)

손으로 품목을 **잡을** 조 5급/手 13획

손(扌)으로 인기 품목(品木, 品目 : 물품 종류의 이름)을 잡음

▶ 지조 志操 : 원칙과 신념을 끝까지 지키는 꿋꿋한 의지나 기개

관련한자 조심(操心), 조종사(操縱士)

불에 품목이 **마를** 조 3급/火 13획

불(火)에 구워 옹기 품목(品木, 品目 : 물품 종류의 이름)이 마름

▶ 초조 焦燥 : 애가 타서 마음이 조마조마함

관련한자 건조(乾燥), *조갈(燥渴), *무미건조(無味乾燥)

물건을 감춰 **구분할 · 지경** 구 6급/匚 9획

진귀한 물건(品)을 구분하기 위해 감춰(匸)둠 회의

▶ 구역 區域 : 갈라놓은 지역

관련한자 구별(區別), 구분(區分), 구간(區間)

마구 **몰** 구 3급/馬 11획

馬(말 마)+區(구분할 구), 말(馬)을 지경(區)으로 마구(馬區, 마구 : 매우 심하게) 몲

▶ 구박 驅迫 : 못 견디게 괴롭힘

관련한자 구사력(驅使力), 구충약(驅蟲藥), 선구자(先驅者)

지경에 하품하듯 **구라파 · 토할** 구 2급/欠 11획

지경(區)에다 하품(欠)하듯이 입을 벌리고 토함

▶ 서구 西歐 : 서양을 이루는 유럽과 북아메리카를 통틀어 이르는 말. 서구라파(西歐羅巴) : '서유럽'의 음역어

관련한자 *구풍(歐風), *인구(印歐), *구아(歐亞)

구조된 **갈매기** 구 2급/鳥 11획

區(지경 구)+鳥(새 조), 지경(區)에서 구조(區鳥, 救助 : 어려운 처지에 빠진 사람을 구하여 줌)된 새(鳥)는 갈매기

▶압구정 狎鷗亭 : ① '한명회'의 호 ② 서울특별시 강남구 '압구정'동

관련한자 *해구(海鷗), *구로(鷗鷺)

사람을 에워싸 **가둘** 수 3급/口 2획

죄인(人)을 감옥에 에워싸(口) 가둠 회의

▶탈옥수 脫獄囚 : 탈옥한 죄수

관련한자 죄수(罪囚), 장기수(長期囚), 모범수(模範囚)

물을 가둔 그릇이 **따뜻할** 온 6급/水 10획

따뜻한 물(氵)을 가둔(囚) 그릇(皿)은 따뜻함

▶온난 溫暖 : 날씨가 따뜻함

관련한자 기온(氣溫), 온도(溫度), 체온(體溫)

크게 에워싸 **인할** 인 5급/口 3획

적군을 크게(大) 에워쌈(口 : 에워쌀 위)으로 인해 포위함 회의

▶인연 因緣 : 사람들 사이에 맺어지는 관계

관련한자 원인(原因), 요인(要因), *인과(因果)

여자로 인해 **혼인** 인 3급/女 6획

독신남이 이상형의 여자(女)로 인해(因) 혼인함

▶혼인 婚姻 : 결혼

관련한자 *인친(姻親), *인형(姻兄), 친인척(親姻戚)

마음으로 인한 **은혜** 은 4급/心 6획

상대방의 따뜻하고 애정 어린 마음(心)으로 인한(因) 은혜를 입음

▶은혜 恩惠 : 자연이나 남에게서 받는 고마운 혜택

관련한자 배은(背恩), 은사(恩師), 보은(報恩)

들 경 **돌아올** 회 4급/口 3획

冂(들 경), 들(冂)에 참새떼가 다시 돌아옴(回) 상형

▶회고 回顧 : 지나간 일을 돌이켜 생각함

관련한자 회복(回復), 철회(撤回), 회피(回避), 만회(挽回)

길게 걸어 돌아온 **돌(旋)** 회 2급/廴 6획

여러 곳을 길게 걸어(廴) 돌면서 돌아옴(回)

▶순회 巡廻 : 여러 곳을 돌아다님

관련한자 우회(迂廻), 윤회(輪廻), 회전(廻轉)

말이을 이 **낯** 면 7급/제부수

而(말이을 이), 상대방의 낯(面)을 살피며 길게 말이음(而) 상형

▶면모 面貌 : 얼굴의 모양

관련한자 측면(側面), 안면(顔面), 면접(面接)

두회단은 땅에 **단** 단 5급/土 13획

亶(믿음 단, 머뭇거릴 전), 두회단(亠回旦 : 사람이름)은 믿는(亶) 신을 모시기 위해 땅(土)에 제단을 쌓음

▶강단 講壇 : 강의를 하기 위하여 올라서게 만든 자리

관련한자 교단(敎壇), 제단(祭壇), 단상(壇上)

믿는 나무 **박달나무** 단 4급/木 13획

단단하고 튼튼하여 건축 자재로 믿음(亶)이 가는 박달나무(木)

▶단군 檀君 : 우리 민족의 시조로 받드는 태초의 임금

관련한자 단기(檀紀), *단목(檀木), *신단수(神檀樹)

몸을 에워싼 **그림** 도 6급/口 11획

body painting은 사람의 몸(啚 : 더러울 비, 그림 도)을 에워싼(口) 그림 회의

▶조감도 鳥瞰圖 : 높은 곳에서 아래를 내려다본 상태의 그림이나 지도

관련한자 지도(地圖), 도모(圖謀), 시도(試圖)

들 경 **향할** 향 6급/口 3획

冋(들 경), 밭일하러 들(冋)로 향함(向) 회의

▶경향 傾向 : 현상, 사상, 행동 등이 어떤 방향으로 기울어짐

관련한자 방향(方向), 향상(向上), 취향(趣向)

들에 불이 **빛날** 형 2급/火 5획

들(冋)에서 쥐불(火)놀이로 빛이 남

▶형형 炯炯 : 광선이나 광채가 반짝반짝 빛나며 밝음

관련한자 *형심(炯心)

참고 쥐불놀이 : 농촌에서 정월 첫 쥐날(上子日)에 쥐를 쫓는 뜻으로 논밭둑에 불을 놓는 놀이, 밭두렁이나 논두렁에다 짚을 놓고 해가 지면 일제히 불을 놓아 잡초를 태움

작은 들이 **오히려** 상 3급/小 5획

올해는 오히려 작은(小) 들(冋)이 옆에 큰 들보다 수확이 많음 회의

▶숭상 崇尙 : 높이어 소중하게 여김

관련한자 고상(高尙), *시기상조(時機尙早)

오히려 쳐야 **시원할** 창 2급/攴 8획

안마는 오히려(尙) 쳐야(攵) 시원함

▶ 고창 高敞 : ① 지대가 높고 시원함 ② 전라북도 남서부에 있는 군. 전국적인 수박 생산지로 매년 7월 '고창 수박 축제'를 개최. 명승지는 고창지석묘군, 선운사, 고창 읍성

관련한자 *관창(寬敞), *통창(通敞)

오히려 수건은 **항상** 상 4급/巾 8획

수건(巾)은 뽀송뽀송함을 유지해야 하지만 오히려(尙) 항상 축축할 때가 많음

▶ 항상 恒常 : 언제나 변함없이. 늘

관련한자 상식(常識), 비정상(非正常), 상록수(常綠樹)

오히려 옷을 **치마** 상 3급/衣 8획

스코틀랜드에서는 남자가 오히려(尙) 옷(衣)을 치마로 입음

▶ 의상 衣裳 : ① 겉에 입는 저고리와 치마 ② 의복. 모든 옷

관련한자 무대의상(舞臺衣裳), *동가홍상(同價紅裳)

오히려 **맛볼** 상 3급/口 11획

돈을 벌려고 사업을 시작했으나 망해서 오히려(尙) 쓴맛(旨 : 뜻 지, 맛 지)을 봄

▶ 상담 嘗膽 : 쓸개를 맛본다는 뜻으로, 원수를 갚으려고 온갖 괴로움을 참고 견딤을 비유

관련한자 *미상불(未嘗不), *와신상담(臥薪嘗膽)

오히려 돈으로 **상줄** 상 5급/貝 8획

상으로 상패나 상장보다 오히려(尙) 상금(貝)을 줌

▶ 개근상 皆勤賞 : 일정한 기간 동안 하루도 빠짐없이 출근한 사람에게 주는 상

관련한자 수상(受賞), *감상(鑑賞), 포상금(褒賞金)

인상되어 **갚을** 상 3급/人 15획

亻(사람 인)+賞(상줄 상), 은행의 대출이자가 인상(亻賞, 引上 : 값 올림)되어 빨리 원금을 갚음

▶변상 辨償 : ① 진 빚을 갚음 ② 재물을 내어 지은 죄과를 갚음

관련한자 배상금(賠償金), 보상금(補償金)

오히려 흙 **집** 당 6급/土 8획

건강을 위해 아파트보다 오히려(尙) 흙(土)집을 선호함

▶당구 堂狗 : 서당에서 기르는 개

관련한자 강당(講堂), 식당(食堂), 서당(書堂), 경로당(敬老堂), *당구풍월(堂狗風月)

오히려 밭이 **마땅** 당 5급/田 8획

기후가 척박한 북쪽지역은 논농사보다 오히려(尙) 밭(田)농사를 지어야 마땅함

▶당위성 當爲性 : 마땅히 해야 할 성질

관련한자 당연(當然), 적당(適當), 타당성(妥當性)

오히려 검은 **무리** 당 4급/黑 8획

오히려(尙) 검은(黑 : 검을 흑) 무리가 선한 일을 함

▶정당 政黨 : 정책이 일치하는 사람들이 조직하는 단체

관련한자 여당(與黨), 야당(野黨), 탈당(脫黨)

오히려 **손바닥** 장 3급/手 8획

남편보다 오히려(尙) 아내의 손(手)바닥에 굳은살이 많음

▶면장갑 綿掌匣 : 면실로 짠 장갑

관련한자 장악(掌握), 합장(合掌), *목장갑(木掌匣)

보이는 괘는 **재앙** 화 3급/示 9획

보이는(示) 점괘(咼 : 입 삐뚤어질 괘)는 재앙을 의미함

▶ 화난 禍難 : 재앙과 환난

관련한자 재화(災禍), 화근(禍根), *전화위복(轉禍爲福)

괘가 착 **지날** 과 5급/辵 9획

나쁜 점괘(咼 : 입 삐뚤어질 괘)가 드러나지 않고 다행히 착(辶) 지나감

▶ 과정 過程 : 일이 되어 가는 경로

관련한자 과거(過去), 초과(超過), 과잉(過剩), *사과(謝過)

점괘 **사람이름** 설 2급/卜 9획

사람이름 설씨의 점괘(卜咼, 占卦 : 점을 쳐서 나오는 괘) 상형

▶ 경주설 慶州卨 : 시조는 설손(卨遜). 원(元)나라 출신으로 고려 공민왕 7년에 홍건적의 난을 피해 고려에 망명, 귀화하여 부원후에 봉해졌음

혈변복경인경사 **훔칠** 절 3급/穴 17획

穴(구멍 혈)＋釆(분별할 변)＋卜(점 복)＋冂(멀 경)＋人(사람 인)＋冂(멀 경)＋厶(사사 사), 잠복근무로 피곤하여 혈변복(穴釆卜, 血便服 : 피똥 묻은 옷) 입은 경인(冂人 : 사람이름) 경사(冂厶, 警査 : 경찰 공무원 계급의 하나)는 결국 물건 훔친 절도범을 잡음 회의

▶ 절도범 竊盜犯 : 남의 재물을 훔치는 범죄. 또는 저지른 사람

관련한자 표절(剽竊), *서절구투(鼠竊狗偸)

뼈 골 4급/제부수

冎(뼈 발라낼 과), 고기(月)에 뼈를 발라내어(冎) 뼈만 남음 회의

▶ 골동품 骨董品 : 오래되었거나 희귀한 옛 물품

관련한자 골격(骨格), 해골(骸骨), 노골적(露骨的)

滑

골수는 미끄러울 활 2급/水 10획

지방골수(지방骨氵, 脂肪骨髓 : 골수가 조혈세포가 아닌 지방세포로 치환되고 있는 것)는 미끄러움

▶ 원활 圓滑 : 거칠 것이 없이 순조롭고 원만함

관련한자 윤활유(潤滑油), 활주로(滑走路), *골계가(滑稽家)

官

집 궁 벼슬 관 4급/宀 5획

宮(집 궁), 벼슬(官)아치의 큰 집(宮) 회의

▶ 관리 官吏 : 관직에 있는 사람

관련한자 관료(官僚), 차관(次官), 경찰관(警察官)

琯

벼슬아치가 옥피리 관 2급/玉 8획

玉(구슬 옥)+官(벼슬 관), 옥(玉)피리를 부는 벼슬(官)아치

관련한자 옥관(玉琯)

벼슬이 밥 먹는 집 관 3급/食 8획

벼슬(官)아치가 밥(食)을 먹으며 지내는 집(관사)

▶ 여관 旅館 : 돈을 지불하고 손님이 묵는 집

관련한자 박물관(博物館), 대사관(大使館), 도서관(圖書館)

죽관 대롱·주관할 관 4급/竹 8획

죽관(竹官 : 사람이름)은 대롱(가느다랗고 속이 빈 통대의 토막)으로 만든 죽관(竹官, 竹冠 : 대나무로 만든 관)을 주관함

▶ 보관 保管 : 물건을 맡아서 관리함

관련한자 혈관(血管), 관리(管理), 관악기(管樂器)

참고 대롱 : 가느다랗고 속이 빈 통대의 토막

중일로써 착 **보낼** 견 3급/辵 10획

中(가운데 중)+一(한 일)+目(써 이)+辶(쉬엄쉬엄 갈 착), 중(中)학교 1(一)학년으로써(目) 시간을 착(辶) 보냄

▶ 파견 派遣 : 어떤 임무를 맡겨서 보냄

관련한자 *견외(遣外), *선견대(先遣隊)

흙무더기 열 **언덕** 부 2급/제부수

自(흙무더기 퇴)+十(열 십), 언덕에 열(十) 개의 무덤(自)이 있음 상형

▶ 좌부방 左阜傍 : 왼쪽에 있는 변 부(阝)의 이름. 부(阝)는 언덕 부(阜)의 변형임. 언덕부변

관련한자 *대부도(大阜島)

흙무더기로 착 **쫓을 · 따를** 추 3급/辵 6획

흙무더기(自)로 달아나는 도망자를 착(辶)~ 쫓음

▶ 추종 追從 : 남의 뒤를 따라서 좇음

관련한자 추가(追加), 추구(追求), 추적(追跡), 추월(追越)

퇴건 **장수** 수 3급/巾 6획

自(흙무더기 퇴)+巾(수건 건), 퇴건(自巾 : 사람이름)은 멋진 장수

▶ 장수 將帥 : 군사를 거느리는 우두머리

관련한자 원수(元帥), *총수(總帥)

장수 수 **스승** 사 4급/巾 7획

帥(장수 수), 한(一) 장수(帥)의 스승 회의

▶ 사부 師傅 : 스승

관련한자 교사(教師), 강사(講師), 간호사(看護師)

10진법 四 묶음

가로 왈 날 일 8급/제부수

曰(가로 왈), 가로되(曰) 꿈을 위해 날(日)마다 꾸준히 성실해야 함, 해(日)의 모양을 본뜸 상형

▶ 일모 日暮 : 날이 저묾

관련한자 일기(日記), 매일(每日), 국경일(國慶日), *일모도원(日暮途遠)

날로 벼의 향기 향 4급/제부수

가을에 벼가 익어 날(日)로 벼(禾)의 향기가 짙어짐 회의

▶ 방향제 芳香劑 : 좋은 향을 가지고 있는 약제

관련한자 향기(香氣), 향수(香水), 춘향전(春香傳)

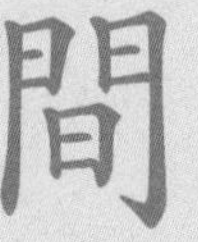

햇빛이 문 사이 간 7급/門 4획

햇(日)빛이 문(門) 사이로 들어옴 회의

▶ 미간 眉間 : 두 눈썹의 사이

관련한자 시간(時間), 순간(瞬間), 간격(間隔), 공간(空間)

죽간 대쪽 · 간략할 간 4급/竹 12획

竹(대 죽)+間(사이 간), 죽간(竹間, 竹簡 : 고대 중국에서 종이가 발명되기 전에 글자를 적던 대나무 조각)인 대쪽은 대나무를 쪼갠 조각

▶ 간략 簡略 : 손쉽고 간단함

관련한자 간단(簡單), 간결(簡潔), 간편(簡便)

날마다 왈 **창성할** 창 3급/日 4획

사장이 사원들에게 날(日)마다 왈(曰)~ 우리사업은 반드시 앞으로 크게 창성할 것이라고 말함 회의

▶ 창덕궁 昌德宮 : 서울특별시 종로구에 있는, 조선시대의 궁궐

관련한자 창성(昌盛), 번창(繁昌)

입으로 창성하게 **부를** 창 5급/口 8획

입(口)으로 창성하게(昌) 애국가를 부름

▶ 제창 齊唱 : 다같이 큰 소리로 외침

관련한자 합창(合唱), 가창력(歌唱力), 독창곡(獨唱曲)

삼일 **맑을** 정 2급/日 8획

날씨가 3일(日)동안 매우 맑음 회의

▶ 자수정 紫水晶 : 자줏빛이 나는 수정

관련한자 액정(液晶), 결정체(結晶體)

일백 백 **흰** 백 8급/제부수

百(일백 백), 흰(白) 바둑돌이 백(百)개 상형

▶ 백록담 白鹿潭 : 한라산 정상에 있는 화구호(火口湖)

관련한자 고백(告白), 명백(明白), 결백(潔白)

흰 사람이 **맏** 백 3급/人 5획

형제 중에 머리가 흰(白) 사람(亻)이 맏이

▶ 백작 伯爵 : 오등작[五等爵 : 공작(公爵), 후작(侯爵), 백작(伯爵), 자작(子爵), 남작(男爵)] 중 셋째

관련한자 *화백(畵伯), *백숙(伯叔)

柏

흰 나무 **측백** 백 2급/木 5획

측백나무(木)의 열매는 흰(白)색을 띰

▶측백 側柏 : 측백나뭇과의 늘푸른나무

관련한자 동백(冬柏), *송백(松柏)

泊

흰 물에 **머무를 · 배댈** 박 3급/水 5획

파도(白氵: 하얀 물) 치는 부두에 배를 대고 머묾

▶숙박 宿泊 : 여관에서 잠을 자고 머무름

관련한자 외박(外泊), *정박(碇泊)

拍

흰 손으로 **칠** 박 4급/手 5획

피부가 흰(白) 손(扌)으로 손뼉을 침

▶박수 拍手 : 두 손뼉을 마주 두드림

관련한자 *사박자(四拍子), *박장대소(拍掌大笑)

흰 **배** 박 2급/舟 5획

흰(白) 색의 배(舟)

▶선박 船舶 : 배

관련한자 *상박(商舶), *외박(外舶), *박재(舶載)

하얗게 착 **핍박할** 박 3급/辵 5획

하얗게(白) 질리도록 착(辶)~ 핍박함

▶구박 驅迫 : 못 견디게 괴롭힘

관련한자 압박(壓迫), 협박(脅迫), 임박(臨迫), 박해(迫害)

흰 깃으로 **익힐** 습 6급/羽 5획

흰 새가 흰(白) 깃(羽 : 깃 우)을 퍼덕이며 나는 것을 익힘 회의

▶ 연습 練習 : 학문이나 기예를 익숙하도록 되풀이하여 익힘

관련한자 습관(習慣), 관습(慣習), 자습(自習), 실습(實習)

흰쌍이십 **언덕** 고 2급/白 6획

흰(白) 옷 입은 쌍 이십(二十) 명이 언덕 위에 있음 상형

▶ 고란초 皐蘭草 : 고사릿과에 딸린 늘푸른 여러해살이풀

관련한자 *고월(皐月), *장보고(張保皐)

옥백석 **푸를** 벽 3급/石 9획

玉(구슬 옥)+白(흰 백)+石(돌 석), 옥백석(玉白石 : 사람이름)은 푸른 옷을 입음

▶ 상벽 桑碧 : 뽕나무밭이 변하여 푸른 바다가 된다는 뜻으로, 세상일의 변천이 심함을 비유

관련한자 벽오동(碧梧桐), *벽계수(碧溪水), *상전벽해(桑田碧海)

해태의 **모양** 모 3급/豸 7획

皃(모양 모, 모사할 막), 豸(벌레 치, 해태 태), 해태(豸)의 모양(皃)

▶ 면모 面貌 : 얼굴의 모양

관련한자 외모(外貌), 용모(容貌), 미모(美貌)

참고 해태 : 시비와 선악을 판단하여 안다고 하는 상상의 동물. 사자와 비슷하나 머리에 뿔이 있다고 함

흰 수건 **비단** 백 1급/巾 5획

비단으로 짠 흰(白) 수건(巾)

▶ 폐백 幣帛 : ① 예의를 갖추어 보내는 물건 ② 신부가 처음으로 시부모를 뵐 때 큰절을 하고 올리는 대추나 포

관련한자 *백사(帛絲), *금백(金帛)

綿

실비단 솜 면 3급/糸 8획

실(糸)비단(帛) 같은 부드러운 솜 회의

▶ 면장갑 綿掌匣 : 면실로 짠 장갑

관련한자 면밀(綿密), 면봉(綿棒)

錦

금과 비단 금 3급/金 8획

금(金)과 비단(帛)은 귀한 보배

▶ 금수 錦繡 : ① 수를 놓은 비단 ② 화려한 옷이나 직물

관련한자 금단청(錦丹靑), *금상첨화(錦上添花), *금수강산(錦繡江山)

흰 물 샘 천 4급/水 5획

샘터에서 솟아 나오는 흰(白) 물(水), 물이 솟아나오는 샘물 모양을 본뜸 상형

▶ 유황천 硫黃泉 : 1킬로그램의 물 중에 2밀리그램 이상의 황이 들어 있는 광천

관련한자 온천(溫泉), 원천적(源泉的)

실샘의 줄 선 6급/糸 9획

실(糸)샘(泉)에서 나오는 거미줄

▶ 사선 斜線 : 비스듬하게 비껴 그은 줄. '빗금'

관련한자 노선(路線), 광선(光線), 시선(視線)

참고 실샘 : 거미류의 복부 안에 있는 샘. 그 분비물이 공기에 닿으면 실이 됨

기슭에서 샘솟는 언덕 원 5급/厂 8획

原이 본자(本字), 언덕 기슭(厂)에서 샘(泉)이 솟음 회의

▶ 원고 原稿 : 인쇄하거나 발표하기 위하여 쓴 글이나 그림

관련한자 초원(草原), 평원(平原), 원리(原理), 원인(原因), 원칙(原則), 강원도(江原道)

언덕물은 **근원** 원 4급/水 10획

언덕(原)의 작은 물(氵)은 바닷물의 근원

▶ 도원경 桃源境 : 무릉도원(武陵桃源)과 같은 경치란 뜻으로, '별천지'나 '이상향'을 비유

관련한자 근원(根源), 원천(源泉), 기원(起源)

언덕머리를 **원할** 원 5급/頁 10획

언덕(原)머리(頁)(정상)까지 오르기를 원함

▶ 기원 祈願 : 원하는 일이 이루어지기를 빎

관련한자 소원(所願), 염원(念願), 지원자(志願者)

이미 기 **곧** 즉 3급/卩 7획

旣(이미 기), 일처리를 곧(卽) 할 줄 알았는데 이미(旣) 했음 회의

▶ 즉석 卽席 : 바로 그 자리

관련한자 즉시(卽時), 즉각(卽刻), 즉흥적(卽興的)

참고 병부(兵符) : 조선시대에, 군대를 동원하는 표지로 쓰던 동글납작한 나무패

대나무는 곧 **마디** 절 5급/竹 9획

대나무(竹)는 곧(卽) 마디의 대명사(代名詞)

▶ 구절 句節 : ① 구(句)와 절(節) ② 한 토막의 말이나 글

관련한자 절차(節次), 계절(季節), 예절(禮節), 절약(節約)

벼슬 경 **시골** 향 4급/邑 10획

卿(벼슬 경), 시골(鄕)의 선비가 벼슬(卿)길에 오름 회의

▶ 고향 故鄕 : 자기가 태어나서 자란 곳

관련한자 귀향(歸鄕), 향수병(鄕愁病), 이상향(理想鄕)

響

시골에 소리가 **울릴** 향 3급/音 13획

시골(鄕)에 소울음 소리(音 : 소리 음)가 울림

▶ 영향 影響 : 어떤 사물의 작용이 다른 사물에 미침

관련한자 음향(音響), 교향곡(交響曲)

旣

백비무 **이미** 기 3급/旡 7획

白(흰 백) + 匕(비수 비) + 旡(없을 무), 백비무(白匕旡 : 사람이름)는 이미 손잡이가 흰(白) 비수(匕)를 잃어버리고 없음(旡)

▶ 기존 旣存 : 이미 존재함

관련한자 기약(旣約), 기득권(旣得權), 기성복(旣成服)

慨

마음은 이미 **슬퍼할** 개 3급/心 11획

겉으로는 태연한 듯하나 마음(忄) 속으로는 이미(旣) 슬퍼함

▶ 개탄 慨歎 : 못마땅하거나 분하게 여기어 한탄함

관련한자 분개(憤慨), *감개무량(感慨無量)

槪

나무를 이미 **대개** 개 3급/木 11획

산에서 나무(木)를 이미(旣) 벌목하여 대개 목재로 쓰였음

▶ 개념 槪念 : 사물 현상에 대한 일반적인 지식

관련한자 대개(大槪), 개괄(槪括)

일찍이 물에 **잠길** 잠 3급/水 12획

朁(일찍이 참, 바꿀 체), 폭우로 마을이 일찍이(朁) 물(氵)에 잠김

▶ 잠재 潛在 : 겉으로 드러나지 않고 속에 숨어 있음

관련한자 잠복(潛伏), 잠열(潛熱), 잠수함(潛水艦)

일찍이 쌍충은 **누에 잠** 2급/虫 18획

일찍이(朁) 쌍충(虫虫, 한쌍의 벌레)은 누에로 밝혀짐

▶ 잠실 蠶室 : 누에를 치는 방

관련한자 *견잠(繭蠶), *양잠(養蠶)

牙

없을 무 **어금니** 아 3급/제부수

旡(없을 무), 심한 충치로 어금니(牙)를 다 뽑아 없음(旡) 상형

▶ 상아 象牙 : 코끼리의 위턱에서 나온 어금니

관련한자 치아(齒牙), *백아절현(伯牙絕絃)

雅

새아는 **맑을** 아 3급/隹 4획

새아(隹牙, 새아기 : 시부모가 새 며느리를 친근하게 이르는 말)의 해맑은 얼굴

▶ 아담 雅淡 : 고상하고 산뜻함

관련한자 우아(優雅), *아량(雅量)

어금니에 풀은 **싹** 아 3급/艸 4획

어금니(牙)로 씹어먹고 있는 새싹인 채소(艹)

▶ 발아 發芽 : 씨앗에서 싹이 틈

관련한자 *맹아(萌芽), *맥아(麥芽)

邪

아읍에서 **간사할** 사 3급/邑 4획

아읍(牙阝 : 읍이름)에서 매점매석으로 간사하게 폭리를 취함

▶ 요사 妖邪 : 요망하고 간사(奸邪)함

관련한자 사악(邪惡), 척사(斥邪), 사념(邪念)

일백 일백 백 7급/白 1획

一(한 일)+白(흰 백), 흰(白) 바둑돌이 백(百)개

▶백성 百姓 : ① 일반 국민 ② 관직이 없는 사람들

관련한자 백년(百年), 백화점(百貨店)

해태 일백의 맥국 맥 2급/豸 6획

해태(豸) 일백(百)상이 있는 맥국(貊國)

▶예맥 濊貊 : ① 한족(韓族)의 조상이 되는 민족 ② 고구려의 전신(前身)인 부족 국가의 이름

관련한자 *맥궁(貊弓)

집사람 백이 잘 숙 5급/宀 8획

佰(일백 백, 밭두둑 맥), 집(宀)사람(亻) 백(百)씨는 낮잠을 즐겨 잠

▶숙박 宿泊 : 여관에서 잠을 자고 머무름

관련한자 숙제(宿題), 숙명(宿命), *성수(星宿), 기숙사(寄宿舍)

실잠을 줄일 축 4급/糸 11획

실(糸)처럼 가늘고 얕은 잠(宿)을 줄이고 깊은 잠을 자야 건강함

▶신축 伸縮 : 늘이고 줄임

관련한자 축소(縮小), 위축(萎縮), 수축(收縮), 농축(濃縮)

클 · 쌍백 석 2급/大 12획

皕(이백 벽, 이백 핍), 大 → 클 석, 皕 → 쌍백 석

▶김석준 金奭準 : 대한 제국기의 문신 · 서예가. 호는 소당(小棠). 북조풍의 예서(隸書)와 지두서(指頭書)에도 능하였음

뻗칠 긍 **아침** 단 3급/日 1획

亘(뻗칠 긍), 아침(旦) 햇살이 내리뻗침(亘) 회의

▶원단 元旦 : 설날 아침

관련한자 *명단(明旦), *금단(今旦), *일단정지(一旦停止)

사람이 아침에 **다만** 단 3급/人 5획

요즘 사람(亻)들은 아침(旦) 식사로 다만 모닝커피를 마심

▶단지 但只 : 다만, 겨우, 오직

관련한자 *비단(非但)

두사람은 아침에 한마디 **얻을** 득 4급/彳 8획

두 사람(彳)이 아침(旦) 대화 중에 서로 좋은 말을 한마디(寸)씩 얻음 회의

▶습득 拾得 : 물건을 주워서 얻음

관련한자 소득(所得), 획득(獲得), 설득(說得)

아침에 마을을 **헤아릴** 량 5급/里 5획

마을(里) 이장(里長)이 아침(旦)에 가옥수를 헤아리며 마을에 별 일 없는지 한 바퀴 돌아봄, 곡물을 넣는 자루 위에 깔때기를 댄 모양을 본뜸 상형

▶측량 測量 : 기기를 써서 물건의 높이, 깊이, 넓이, 방향 등을 잼

관련한자 분량(分量), 질량(質量), 판매량(販賣量)

헤아린 쌀 **양식** 량 4급/米 12획

헤아린(量) 쌀(米)을 양식으로 나누어 줌

▶식량 食糧 : 먹을 양식

관련한자 군량미(軍糧米), 비상식량(非常食糧)

아침 단 **뻗칠** 긍 / **베풀** 선 1급/二 4획

旦(아침 단), 아침(旦) 햇살이 내리뻗침(亘) 상형

▶긍만고 亘萬古 : 아주 옛날까지 뻗침

관련한자 *긍고(亘古), *면긍(綿亘)

베풀 마음이 **항상** 항 3급/心 6획

베풀(亘) 마음(忄)을 항상 가짐

▶항상 恒常 : 언제나 변함없이. 늘

관련한자 항시(恒時), 항등식(恒等式), *항온동물(恒溫動物)

뻗친 나무는 **굳셀** 환 2급/木 6획

굳세게 뻗치며(亘) 자라는 나무(木)

▶환웅 桓雄 : 천제(天帝)인 환인의 아들

관련한자 *환인(桓因)

집에 **베풀** 선 4급/宀 6획

살림이 어려운 집(宀)에 지원금을 베풂(亘 : 뻗칠 긍, 베풀 선)

▶선포 宣布 : 세상에 널리 알림

관련한자 선전(宣傳), 선서(宣誓), 선교사(宣敎師), 선언문(宣言文)

베푼 옥은 **도리옥** 선 2급/玉 9획

관모에 베풀어진(宣) 옥(玉)은 도리옥

▶설선 薛瑄 : 중국 명(明)나라의 철학자. 그의 학문을 하동파(河東派)라 이름. 저서는 독서록(讀書錄), 설문청집(薛文淸集) 등

참고 도리옥(—玉) : 조선 시대에, 정일품과 종일품 벼슬아치의 관모에 붙이던 옥관자(玉貫子)

십일 이를 조 4급/日 2획

올겨울은 첫눈이 작년에 비해 10일(十日) 이름 회의

▶ 조만간 早晩間 : 앞으로 곧. '머잖아'

관련한자 조기(早期), 조퇴(早退), 조조할인(早朝割引)

이른 풀 초 7급/艸 6획

이른(早) 봄날에 싹이 난 풀(艹)

▶ 초록색 草綠色 : 파랑과 노랑의 중간색

관련한자 초목(草木), 감초(甘草), 불로초(不老草)

점은 이르게 높을 탁 5급/十 6획

사주로 본 점(卜)은 이르게(早) 높은 지위를 얻는다고 함 회의

▶ 탁월 卓越 : 월등하게 뛰어남

관련한자 탁구(卓球), 식탁(食卓)

마음이 탁해 슬퍼할 도 2급/心 8획

친구의 마음(忄)이 탁(卓, 濁하다 : 성질이 흐리터분하고 바르지 못함)해 슬퍼함

▶ 애도 哀悼 : 사람의 죽음을 슬퍼함

관련한자 추도식(追悼式), *도망시(悼亡詩)

수아조 못(池) 담 2급/水 12획

覃(깊을 담, 날이 설 염), 수아조(氵罒早 : 사람이름)는 아침에 자주 물(氵) 깊은(覃) 못을 산책함

▶ 백록담 白鹿潭 : 한라산 정상에 있는 화구호(火口湖)

관련한자 *담수(潭水), 담양군(潭陽郡), 백담사(百潭寺)

韓

십조가족 **한국 · 나라** 한 8급/韋 8획

十(열 십)+早(이를 조)+韋(가죽 위), 십조(十早 : 사람이름)의 가죽(韋)옷은 한국제품

▶ 방한 訪韓 : 한국을 방문함

관련한자 한반도(韓半島), 한의사(韓醫師), 대한민국(大韓民國)

朝

십조달 **아침** 조 6급/月 8획

早(이를 조), 식구가 많아 아침에 우유를 열(十)개 조달(早月, 調達 : 자금이나 물자를 대어 줌)함 회의

▶ 조석 朝夕 : 아침과 저녁

관련한자 조선(朝鮮), 조찬(朝餐), 왕조(王朝)

潮

조수 **밀물 · 조수** 조 4급/水 12획

朝(아침 조)+氵(물 수), 조수(朝氵, 潮水 : 달, 태양의 인력에 의하여 주기적으로 높아졌다 낮아졌다 하는 바닷물) 중 밀려 들어오는 물은 밀물

▶ 적조 赤潮 : 플랑크톤이 번식하여 바닷물이 붉게 되는 현상

관련한자 조수(潮水), 만조(滿潮), *최고조(最高潮)

아침 집은 **사당** 묘 3급/广 12획

아침(朝)마다 집(广)안에서 조상 신주를 모시는 사당에 가서 인사를 드림

▶ 종묘 宗廟 : 역대 여러 임금의 위패를 모시는 왕실의 사당

관련한자 *삼성묘(三聖廟), *관왕묘(關王廟)

십조인새 **하늘 · 마를** 건 3급/乙 10획

十(열 십)+早(이를 조)+人(사람 인)+乙(새 을), 십조인[十早人 : 별명(십조만큼 많은 돈을 가진 부자임)]의 반려 새(乙)가 마른 하늘을 날아다님

▶ 건곤 乾坤 : ① 천지(하늘과 땅) ② 음양[남녀의 성(性)에 관한 이치]

관련한자 건조(乾燥), 건달(乾達), 건배(乾杯)

십조인깃 **편지** 한 2급/羽 10획

十(열 십)+早(이를 조)+人(사람 인)+羽(깃 우), 십조인[十早人 : 별명(십조만큼 많은 돈을 가진 부자임)]은 깃(羽)으로 편지를 씀

▶ 서한 書翰 : 편지

관련한자 척한(尺翰), *화한(華翰)

십조인간 **줄기** 간 3급/干 10획

十(열 십)+早(이를 조)+人(사람 인)+干(방패 간), 십조(十早, 十兆 : 조의 열배가 되는 수) 가진 인간(人干, 人間 : 사람)의 사업은 여러 줄기로 탄탄히 뻗어 나감

▶ 근간 根幹 : ① 뿌리와 줄기 ② 사물의 본바탕이나 중심

관련한자 간부(幹部), 간선도로(幹線道路)

어질 량 **그칠** 간 2급/제부수

良(어질 량), 범죄자가 범행을 그치고(艮) 어진(良) 사람으로 변함 회의

▶ 간괘 艮卦 : 팔괘의 하나. '☶'으로 나타내며 산을 상징

관련한자 간방(艮方), 간시(艮時)

태간심 **간절할** 간 3급/心 13획

豸(해태 태)+艮(그칠 간)+心(마음 심), 태간(豸艮 : 사람이름)의 마음(心)은 간절함(貇 : 간절할 간)

▶ 간청 懇請 : 간절히 청함

관련한자 간절(懇切), 간곡(懇曲), *간담회(懇談會)

심간에 **한(怨)** 한 4급/心 6획

몹시 원망스럽고 억울하여 심간(忄艮, 心肝 : 깊은 마음속)에 한이 쌓임

▶ 원한 怨恨 : 원통하고 한되는 생각

관련한자 한탄(恨歎), 우한(憂恨)

限

간부에 **한할** 한 4급/阜 6획

이번 회의 참석자는 간부(艮阝, 幹部 : 조직체에서 책임을 맡거나 지도하는 사람)에 한함

▶ 국한 局限 : 범위를 일정한 부분에 한정함

관련한자 한계(限界), 권한(權限), 무한정(無限定), 최소한(最小限)

땅이 그친 **지경** 은 2급/土 6획

땅(土)이 그친(艮) 지경인 바닷가

▶ 은제 垠際 : 가장자리 끝

관련한자 *구은(九垠)

금이 그치고 **은** 은 6급/金 6획

금(金)값 상승이 그치고(艮) 은값이 점점 오름

▶ 은하계 銀河系 : 은하를 이루고 있는 항성을 비롯한 수많은 천체의 집단

관련한자 은장도(銀粧刀), 은박지(銀箔紙), 외환은행(外換銀行)

나무의 그침은 **뿌리** 근 6급/木 6획

艮(괘이름 간, 그칠 간), 나무(木)가 그 자리에 그쳐(艮) 머물러 있음은 뿌리가 있기 때문

▶ 근간 根幹 : ① 뿌리와 줄기 ② 사물의 본바탕이나 중심

관련한자 근본(根本), 근거(根據), 근원(根源)

그친 **눈** 안 4급/目 6획

이쪽저쪽 보다가 그친(艮) 눈(目)

▶ 쌍안경 雙眼鏡 : 두 눈으로 볼 수 있게 만든 망원경

관련한자 안목(眼目), 안구(眼球), 별안간(瞥眼間)

그치고 착 **물러날** 퇴 4급/辵 6획

하던 일을 그치고(艮) 착(辶)~ 물러남(은퇴함) 회의

▶ 은퇴 隱退 : 직책에서 손을 떼고 한가로이 지냄

관련한자 후퇴(後退), 퇴직(退職), 조퇴(早退)

그칠 간 **어질** 량 5급/艮 1획

艮(그칠 간), 범죄자가 범행을 그치고(艮) 어진(良) 사람으로 변함 상형

▶ 양심 良心 : 옳고 그름과 선과 악의 판단을 내리는 도덕적 마음

관련한자 불량(不良), 개량(改良), 양호(良好), 선량(善良)

어진 **물결** 랑 3급/水 7획

물의 양이 어마어마하게 많고 넓은 어진(良) 바닷물(氵)결

▶ 낭만 浪漫 : 감정적이고 이상적으로 사물을 파악하는 심리적 상태

관련한자 낭비(浪費), 풍랑(風浪), 파랑(波浪)

어진 달이 **밝을** 랑 5급/月 7획

어둠을 밝게 비추는 어진(良) 달(月)

▶ 낭송 朗誦 : 글을 소리 내어 외거나 읽음

관련한자 명랑(明朗), 낭독(朗讀)

고을에 어진 **사내** 랑 3급/邑 7획

고을(阝)에 어진(良) 사내가 살고 있음

▶ 화랑도 花郎徒 : 신라 때, 화랑의 무리

관련한자 신랑(新郎), *서랑(壻郎)

사내 집 **사랑채 · 행랑** 랑 3급/广 10획

사내(郞)인 바깥주인이 거처하며 손님을 접대하는 집(广) 안의 사랑채

▶화랑 畫廊 : 미술품을 걸어 전시하는 장소

관련한자 *사랑(舍廊), *행랑(行廊)

어진 여자인 **계집** 낭 3급/女 7획

남자친구한테 어진(良) 여자(女)인 계집

▶낭자 娘子 : 처녀, 젊은 여자의 높임말

관련한자 *낭가(娘家), *소랑(小娘)

어진 사람이 **밥 · 먹을** 식 7급/제부수

어진(良) 사람(人)이 밥을 먹음 회의

▶식량 食糧 : 먹을 양식

관련한자 음식(飮食), 식품(食品), 단식(斷食), 식탁(食卓)

먹을 사람이 수건으로 **꾸밀** 식 3급/食 5획

양식 먹을(食) 사람(人)이 냅킨(巾)으로 식탁을 꾸밈

▶장식 粧飾 : 겉을 매만져 꾸밈

관련한자 가식(假飾), 수식어(修飾語), 허례허식(虛禮虛飾)

문 문 8급/제부수

두 문짝이 있는 문(門)의 모양을 본뜸 상형

▶창문 窓門 : 공기나 빛이 통하도록 벽이나 지붕에 만들어 놓은 문

관련한자 *가문(家門), 전문가(專門家), 남대문(南大門)

問

문에서 입으로 **물을** 문 7급/口 8획

문(門) 앞에서 입(口)으로 누구냐고 물음

▶ 위문 慰問 : 위로하기 위하여 문안하거나 방문함

관련한자 문제(問題), 의문(疑問), 방문(訪問), 자문(諮問)

聞

문에서 귀로 **들을** 문 6급/耳 8획

문(門) 앞에서 귀(耳)로 방문객의 말을 들음

▶ 청문회 聽聞會 : 국회 위원회가 중요한 안건의 심사를 위해 여는 공개적인 절차

관련한자 소문(所聞), 신문(新聞), 견문(見聞)

閑

나무문에서 **한가할** 한 4급/門 4획

나무(木)문(門)에서 한가하게 손님을 기다림 회의

▶ 망중한 忙中閑 : 바쁜 가운데의 한가한 틈

관련한자 한가(閑暇), 한산(閑散), 등한시(等閑視)

開

문을 **열** 개 6급/門 4획

开(열 개), 문(門)을 엶(开) 회의

▶ 개폐 開閉 : 열고 닫음

관련한자 공개(公開), 개발(開發), 전개(展開), 개최(開催)

誾

말문은 **향기** 은 2급/言 8획

묵묵하던 두 사람은 갑자기 향기가 나자 서로 말문(言門, 말門 : 말을 하기 위하여 여는 입)을 엶

▶ 은은 誾誾 : ① 화기를 띠고 시비를 논하는 모양 ② 향기가 가득한 모양

관련한자 남은(南誾)

문안의 왕은 윤달 윤 3급/門 4획

옛날 윤달에는 왕(王)이 문(門) 안에 있는 관습이 있었음

▶ 윤년 閏年 : 윤달이나 윤일이 든 해

관련한자 *윤월(閏月), *윤여성세(閏餘成歲)

潤

물이 윤달에 불을 윤 3급/水 12획

윤달(閏)로 인해 1년의 달수가 많아지듯이 물(氵)이 많아져 불어남

▶ 윤택 潤澤 : ① 윤기 있는 광택 ② 물건이 풍부함. 넉넉함

관련한자 습윤(濕潤), 윤기(潤氣), 윤활유(潤滑油)

鬪

두 촌은 싸움 투 4급/鬥 10획

鬥(싸울 두, 싸울 투, 싸울 각), 두(豆) 촌(寸)은 서로 말싸움(鬥)함

▶ 투혼 鬪魂 : 끝까지 투쟁하려는 굳센 마음

관련한자 전투(戰鬪), 투쟁(鬪爭), 화투(花鬪)

날 일 가로 왈 3급/제부수

日(날 일), 가로되(曰) 꿈을 위해 날(日)마다 꾸준히 성실해야 함 지사

▶ 여왈 予曰 : 내게 말하기를

관련한자 혹왈(或曰), *왈가왈부(曰可曰否)

절구 구 1급/제부수

절구 모양을 본뜸 상형

▶ 저구 杵臼 : 절굿공이와 절구

관련한자 *구마(臼磨), *소구치(小臼齒), *저구지교(杵臼之交)

참고 공이 : 절구나 방아확에 든 물건을 찧거나 빻는 기구

舊

풀추구 예 구 5급/臼 12획

옛날부터 계속 채(艹, 菜 : 나물 채)식을 추구(隹臼, 追求 : 목적을 이룰 때까지 뒤좇아 구함)함

▶ 구대륙 舊大陸 : 콜럼버스가 아메리카 대륙을 발견하기 이전부터 알려져 있던 대륙

관련한자 친구(親舊), 구식(舊式), 구세대(舊世代)

兒

모양 모 아이 아 5급/儿 6획

皃(모양 모), 어린아이(兒)처럼 귀여운 모양(皃) 상형

▶ 고아 孤兒 : 부모를 여의고 홀로된 아이

관련한자 아동(兒童), 유아(乳兒), 탁아소(託兒所)

함정문 마을 염 2급/門 8획

臽(함정 함)+門(문 문), 마을에 넓고 깊게 파인 함정이 있어 조심하라고 함정(臽) 사방에 문(門)을 세움

▶ 염라 閻羅 : 염라대왕(저승에서, 지옥에 떨어지는 사람이 지은 생전의 선악을 심판하는 왕)

관련한자 *여염(閭閻)

언덕의 함정에 빠질 함 3급/阜 8획

언덕(阝)에 절구(臼)처럼 깊게 파놓은 함정(臽)에 빠짐

▶ 결함 缺陷 : 흠이 되는 부분

관련한자 함정(陷穽), 함몰(陷沒), 모함(謀陷), 함락(陷落)

퍼낼 벼 도 3급/禾 10획

벼(禾)를 많이 퍼내어(舀 : 퍼낼 요) 큰 솥에 밥을 지음

▶ 도작 稻作 : 벼농사

관련한자 *도열병(稻熱病), *입도선매(立稻先賣)

까치집을 **베낄** 사 5급/宀 12획

(舃 : 까치 작), 자고 일어나니 머리가 까치(舃)집(宀)을 베낀 것처럼 부스스함

▶사진 寫眞 : 물건의 모양을 그대로 그려 냄

관련한자 묘사(描寫), 복사기(複寫機), 성대모사(聲帶模寫)

늙은이가 손으로 **찾을** 수 3급/手 10획

叟(늙은이 수), 늙은이(叟)가 손(扌)으로 물건을 찾음

▶수색 搜索 : 구석구석 뒤져 찾음

관련한자 수소문(搜所聞), 수사기관(搜査機關)

집에 잠깐 **곳집 · 노적가리** 유 2급/广 9획

집(广)에 잠깐(臾 : 잠깐 유) 노적가리를 쌓아 둔 곳집

▶김유신 金庾信 : 신라의 명장

관련한자 *유적(庾積)

참고 곳집 : 곳간(庫間)으로 지은 집, 노적가리(露積--) : 한데에 수북이 쌓아 둔 곡식 더미

손으로 가래를 **꽂을** 삽 2급/手 9획

臿(가래 삽), 손(扌)으로 밭에 가래(臿)를 꽂고 일굼

▶삽입 揷入 : 주된 것 사이에 끼워 넣음

관련한자 삽화(揷畵), *삽시(揷匙)

한가지 들어 **일(盛)** 흥 4급/臼 9획

同(한가지 동)+舁(마주 들 여, 들 거), 한가지(同)를 마주 들며(舁) 흥이 일어남

회의

▶흥분 興奮 : 어떤 자극으로 감정이 북받쳐 일어남. 또는 그 감정

관련한자 흥미(興味), 진흥(振興), *흥망성쇠(興亡盛衰)

드는 차 **수레** 여 3급/車 10획

舁(마주 들 여, 들 거)+車(수레 차), 수레(車)를 마주 듦(舁)

▶상여 喪輿 : 시체를 묘지까지 나르는 도구

관련한자 *봉여(鳳輿), 여론조사(輿論調査), *대동여지도(大東輿地圖)

15명이 들어 **더불 · 줄** 여 4급/臼 7획

15명이 마주 들고(舁) 더불어 서로 정(情)을 주고 받음

▶참여 參與 : 참가하여 관여함

관련한자 수여(授與), 여당(與黨), 상여금(賞與金)

더불어 손을 **들** 거 5급/手 14획

표결 안건에 대해 모두 더불어(與) 손(手)을 들어 찬성함 회의

▶천거 薦擧 : 인재를 어떤 자리에 추천함

관련한자 거론(擧論), 거동(擧動), 선거(選擧)

더불어 말씀을 **기릴 · 명예** 예 3급/言 14획

성인의 명예와 더불어(與) 좋은 말씀(言)을 기림

▶명예 名譽 : 세상에서 훌륭하다고 인정받는 평판이나 이름

관련한자 *영예(榮譽), *칭예(稱譽)

구효멱자 **배울** 학 8급/子 13획

臼(절구 구)+爻(사귈 효)+冖(덮을 멱)+子(아들 자), 아들(子)은 오늘 서당에서 臼(절구 구), 爻(사귈 효), 冖(덮을 멱) 세 글자(子, 字 : 글자)를 배움 회의

▶철학 哲學 : 인간과 세계에 대한 근본 원리와 삶의 본질을 연구하는 학문

관련한자 학교(學校), 과학(科學), 학습(學習)

보고 배워 **깨달을** 각 4급/見 13획

보고(見) 배워서(學) 깨달음

▶각오 覺悟 : ① 도리를 깨달음 ② 앞으로 겪을 일에 대한 마음의 준비

관련한자 착각(錯覺), 감각(感覺), 선각자(先覺者)

03

10진법 四 묶음

스스로 자 **눈** 목 6급/제부수

自(스스로 자), 눈(目)을 스스로(自) 움직임, 사람의 눈(目) 모양을 본뜸 상형

▶목적 目的 : 이루려고 하는 일이나 방향

관련한자 주목(注目), 안목(眼目), 목표(目標)

쓰개를 눈까지 **무릅쓸** 모 3급/冂 7획

冃(쓰개 모), 황사가 심해 위험을 무릅쓰고 쓰개(冃)를 눈(目)까지 가리고 걸음 회의

▶모험 冒險 : 위험을 무릅쓰고 하는 일

관련한자 모독(冒瀆)

참고 쓰개 : 머리에 쓰는 물건을 통틀어 이르는 말

무릅쓴건 **모자** 모 2급/巾 9획

뙤약볕을 무릅쓴(冒) 건(巾) 모자를 쓰고 있기 때문임

▶석사모 碩士帽 : 석사 학위를 받을 때 쓰는 모자

관련한자 사각모(四角帽), *중절모(中折帽)

마음이 놀라 **두려워할** 구 3급/心 18획

瞿(놀랄 구, 창 구), 마음(忄)이 놀라(瞿) 두려워함

▶ 의구심 疑懼心 : 의심하고 두려워하는 마음

관련한자 송구(悚懼), 공구(恐懼)

눈 목 **스스로** 자 7급/제부수

目(눈 목), 눈(目)을 스스로(自) 움직임, 사람의 코 모양을 본뜸 상형

▶ 자괴감 自愧感 : 스스로 부끄러워하는 마음

관련한자 자연(自然), 자유(自由), 자신감(自信感)

개 스스로 **냄새** 취 3급/自 4획

개(犬) 스스로(自) 냄새를 잘 맡음 회의

▶ 탈취제 脫臭劑 : 냄새를 없애는 데에 쓰는 약제

관련한자 악취(惡臭), 체취(體臭), 무취(無臭)

스스로 전공에 **코** 비 5급/제부수

廾(받들 공), 스스로(自) 전공(田廾, 專攻 : 어느 한 분야를 전문적으로 연구함)에 콧대를 세움

▶ 비염 鼻炎 : 콧속의 점막에 생기는 염증

관련한자 *비음(鼻音), 이비인후과(耳鼻咽喉科)

자혈방착 **가** 변 4급/辵 15획

自(스스로 자)+穴(구멍 혈)+方(모 방)+辶(쉬엄쉬엄 갈 착), 자혈(自穴 : 사람 이름)이 방(方, 房 : 사람이 거처하기 위하여 벽 따위로 막아 만든 칸)은 착(辶) 길가와 가까움

▶ 좌변 左邊 : 등호 또는 부등호의 왼쪽에 적은 수나 식

관련한자 주변(周邊), 해변(海邊), 도로변(道路邊)

스스로 마음을 **쉴** 식 4급/心 6획

스스로(自) 마음(心) 편히 쉼 회의

▶순식간 瞬息間 : 눈을 한 번 깜짝하거나 숨을 한 번 쉴 만한 극히 짧은 동안

관련한자 휴식(休息), 자식(子息), 서식지(棲息地)

혀가 **쉴** 게 2급/心 12획

혀(舌)를 놀리지 않고 조용히 쉼(息) 회의

▶휴게실 休憩室 : 잠깐 쉬게 베풀어 놓은 방

관련한자 게박(憩泊), 소게(小憩), 게식(憩息)

머리 혈 **머리** 수 5급/제부수

頁(머리 혈), 머리털과 눈의 머리 모양을 본뜸 상형

▶참수형 斬首刑 : 목을 베어 죽임

관련한자 원수(元首), *부수(部首), 수도권(首都圈)

머리로 착 **길** 도 7급/辵 9획

머리(首)로 착(辶) 앞으로 살아갈 인생의 길을 생각함 회의

▶궤도 軌道 : ① 차나 행성이 지나다니는 길 ② 물체가 움직이는 경로

관련한자 도로(道路), 도덕(道德), 수도(修道)

도촌으로 **인도할** 도 4급/寸 13획

도촌(道寸 : 촌이름)으로 인도함

▶교도소 矯導所 : 죄인을 가두어 두는 곳

관련한자 지도(指導), 유도(誘導), 도입(導入)

盾

도끼눈 방패 순 2급/目 4획

싸움에서 도끼눈(斤目, 도끼눈 : 분하거나 미워서 매섭게 쏘아 노려보는 눈을 비유)을 뜨며 매섭게 노려보는 것이 얕보이지 않는 방패 역할을 함 상형

▶ 모순 矛盾 : '창과 방패'라는 뜻. 말이나 행동의 앞뒤가 서로 일치되지 아니함

관련한자 *과순(戈盾), *원순(圓盾)

循

두 사람이 방패들고 돌 순 3급/彳 9획

두 사람(彳)이 방패(盾)를 들고 순찰을 돎

▶ 순환 循環 : 주기적으로 되풀이하여 돎

관련한자 순행(循行), 순수(循守)

直

참 진 곧을 직 7급/目 3획

眞(참 진), 참(眞)되고 곧은(直) 마음 회의

▶ 강직 剛直 : 마음이 굳세고 곧음

관련한자 직접(直接), 솔직(率直), 정직(正直)

곧은 벼 올벼 직 2급/禾 8획

곧은(直) 벼(禾)인 올벼

▶ 직화 稙禾 : 일찍 심은 벼

참고 올벼 : 제철보다 일찍 여무는 벼

나무를 곧게 심을 식 7급/木 8획

나무(木)를 곧게(直) 심음

▶ 이식 移植 : ① 식물을 옮겨 심음 ② 신체의 환부를 베어 내고 건전한 부분을 떼어다 붙이는 일

관련한자 식물(植物), 식민지(植民地)

殖

곧은 알을 **불릴** 식 2급/歹 8획

(불리다 : 늘어나다), 조류의 길쭉하고 곧은(直) 알(歹 : 살 바른 뼈 알)을 불림(번식)

▶번식 蕃殖 : 붇고 늘어서 많이 퍼짐

관련한자 증식(增殖), 양식(養殖)

値

곧은 사람의 **값** 치 3급/人 8획

값으로 보자면 곧은(直) 사람(亻)은 귀한 값어치가 있음

▶가치 價値 : 값어치

관련한자 수치(數値), 기준치(基準値), 가중치(加重値)

置

그물을 곧게 **둘** 치 4급/网 8획

사냥을 위해 그물(罒)을 곧게(直) 쳐둠

▶조치 措置 : 일을 처리함

관련한자 위치(位置), 설치(設置), 배치(配置)

곧은 마음은 **덕** 덕 2급/心 8획

德(덕 덕)의 고자(古字), 곧은(直) 마음(心)은 덕 육서 無

▶칠덕가 七悳歌 : 중국 당나라 태종(太宗)이 신하인 위징과 우세남 등에게 명하여 지은, 무공(武功)의 일곱 덕을 기린 노래

관련한자 대덕(大悳)

곧을 직 **참** 진 4급/目 5획

直(곧을 직), 참(眞)되고 곧은(直) 마음 회의

▶사진 寫眞 : 물건의 모양을 그대로 그려냄

관련한자 진실(眞實), 진위(眞僞), 순진(純眞), 진리(眞理)

쇠진되게 **진압할** 진 3급/金 10획

적진을 쇠진(金眞, 衰盡 : 기운이나 힘이 점점 쇠하여 다함)되게 진압함

▶ 진정 鎭靜 : ① 시끄럽고 요란한 상태를 조용하게 가라앉히는 것 ② 흥분된 마음을 차분하게 가라앉히는 것

관련한자 진압(鎭壓), 진화(鎭火), 진통제(鎭痛劑)

진심으로 **삼갈** 신 3급/心 10획

眞(참 진) + 忄(마음 심), 참(眞)된 마음(忄)인 진심(眞心 : 거짓이 없는 참된 마음)으로 삼감

▶ 근신 謹愼 : ① 언행을 삼가고 조심함 ② 벌로 일정 기간 동안 출근이나 집무 활동을 하지 아니하고 말이나 행동을 삼감

관련한자 신중(愼重), *각신(恪愼)

볼 견 **조개** 패 3급/제부수

見(볼 견), 부채 모양의 조개(貝) '가리비'를 봄(見) 상형

▶ 어패류 魚貝類 : 어류와 조개류

관련한자 *패각(貝殼), *패갑(貝甲)

돈에 치여 **패할** 패 5급/攴 7획

돈(貝)에 치여(攵 : 칠 복) 집안이 패함

▶ 승패 勝敗 : 승리와 패배

관련한자 부패(腐敗), 패배(敗北), 실패(失敗)

사람이 조개를 **질(荷)** 부 4급/貝 2획

사람(人)이 조개(貝)를 등에 짐 회의

▶ 부하 負荷 : ① 짐을 짐 ② 전기를 띠게 하거나 기계의 힘을 내게 하는 부담

관련한자 부담(負擔), 승부(勝負), *자부심(自負心)

면옥장군패 **보배** 보 4급/宀 17획

宀(집 면)+玉(구슬 옥)+缶(장군 부)+貝(조개 패), 珤(보배 보), 면옥(宀玉 : 사람이름)장군(缶, 將軍 : 군의 우두머리로 군을 지휘하고 통솔하는 무관)의 옥패(貝, 牌 : 이름, 신분 등을 알리기 위하여 그림이나 글을 새긴 나무, 쇠붙이 등의 조각)는 보배임 회의

▶보검 寶劍 : 보배로운 칼

관련한자 보물(寶物), 국보(國寶), 다보탑(多寶塔)

패도 **법칙** 칙 5급/刀 7획

카드패도(貝刂, 牌도) 게임법칙에 따라 좋고 나쁜 패가 결정됨 회의

▶벌칙 罰則 : 법규를 어긴 행위에 대한 처벌을 정하여 놓은 규칙

관련한자 원칙(原則), 규칙(規則), 반칙(反則)

사람은 법칙을 **곁** 측 3급/人 9획

사람(亻)은 법칙(則)을 항상 곁에 둔 것처럼 지키며 살아감

▶양측 兩側 : ① 두 편 ② 양쪽의 측면

관련한자 측면(側面), 측근(側近), 우측(右側)

수칙을 **헤아릴** 측 4급/水 9획

남편은 집안의 생활수칙(氵則, 守則 : 행동에 지켜야 할 사항을 정한 규칙)을 헤아리고 잘 지켜 아내의 사랑을 듬뿍 받음

▶측량 測量 : 기기를 써서 물건의 높이, 깊이, 넓이, 방향 등을 잼

관련한자 추측(推測), 측정(測定), 관측(觀測)

머리의 터럭은 **모름지기** 수 3급/頁 3획

머리(頁)의 터럭(彡)은 모름지기 개성을 표현하는 하나의 수단으로 미용적 기능을 하기도 함 회의

▶필수 必須 : 꼭 하여야 하거나 있어야 함

관련한자 *수요(須要), *불수다언(不須多言)

머리가 불타듯이 **번거로울** 번 3급/火 9획

머릿(頁)속이 불(火)타듯이 번뇌로 번거로움 회의

▶번뇌 煩惱 : 마음이 시달려 괴로움

관련한자 번민(煩悶), 번잡(煩雜)

미개혈 **무리** 류 5급/頁 10획

미개(米犬, 未開 : 어떤 분야가 개척되지 않음)한 명혈(頁, 穴 : 산줄기나 지맥 등의 정기가 모인 자리) 자리가 무리지어 있는 곳을 찾음 회의

▶조류 鳥類 : ① 새무리 ② 조강(鳥綱)의 척추동물

관련한자 유사(類似), 인류(人類), 종류(種類)

머리 혈 **곧을** 정 3급/貝 2획

頁(머리 혈), 곧은(貞) 머릿(頁)결

▶정숙 貞淑 : 여자의 행실이 곱고 마음씨가 맑음

관련한자 정절(貞節), *동정녀(童貞女)

사람이 곧은지 **염탐할** 정 2급/人 9획

총리가 될 사람이 곧은(貞) 사람(亻)인지 염탐함

▶탐정 探偵 : 몰래 깊은 사정을 살펴 알아냄

관련한자 *밀정(密偵), 정찰대(偵察隊)

곧은 나무 **광나무** 정 2급/木 9획

곧게(貞) 자란 광나무(木)

▶정간 楨幹 : 담을 쌓을 때에 양편에 세우는 나무 기둥 ① 나무의 으뜸이 되는 줄기 ② 사물의 근본

관련한자 가정(家楨), 국정(國楨)

참고 광나무 : 물푸레나뭇과의 상록 활엽 교목

곧게 보여 상서로울 정 2급/示 9획

곧게(貞) 보여(示) 상서로움

▶정상 禎祥 : 경사롭고 복스러운 징조

관련한자 서정(瑞禎)

귀할 귀 인원 원 4급/口 7획

貴(귀할 귀), 인원(員)이 부족하여 한 사람 한 사람이 귀함(貴) 회의

▶감원 減員 : 인원 수를 줄임

관련한자 직원(職員), 공무원(公務員), 구성원(構成員)

인원을 에워싸 둥글 원 4급/口 10획

인원(員)을 둥글게(員) 에워쌈(囗)

▶원활 圓滑 : 거칠 것이 없이 순조롭고 원만함

관련한자 타원(橢圓), 원만(圓滿), 원탁(圓卓)

음원은 운 운 3급/音 10획

톱 가수의 음원(音員, 音源 : 소리가 나오는 근원)으로 운을 띄워 뮤직쇼의 시작을 알림

▶운율 韻律 : 시문의 음률 형식

관련한자 운치(韻致), 운문(韻文), 여운(餘韻)

손으로 인원을 덜 손 4급/手 10획

손(扌)으로 지시하여 인원(員) 수를 덜어냄

▶훼손 毁損 : ① 체면이나 명예를 손상함 ② 헐거나 깨뜨리어 못 쓰게 만듦

관련한자 손해(損害), 손실(損失), 손익(損益)

인원 원 **귀할** 귀 5급/貝 5획

員(인원 원), 인원(員)이 부족하여 한 사람 한 사람이 귀함(貴)

▶ 귀빈 貴賓 : 귀한 손님

관련한자 귀중(貴重), 귀하(貴下), 귀족(貴族), 희귀(稀貴)

참고 삼태기 : 흙이나 쓰레기, 거름 등을 담아 나르는 데 쓰는 기구

귀한 것을 착 **남길** 유 4급/辵 12획

귀한(貴) 것을 착(辶)~ 남기고 감

▶ 유적지 遺蹟地 : 옛사람이 남긴 건축물이나 무덤이 있는 장소

관련한자 유감(遺憾), 후유증(後遺症), 유전자(遺傳子)

돈을 꿰뚫어 **뀔** 관 3급/貝 4획

毌(꿰뚫을 관), 옛날 돈(貝)은 사각형 모양으로 꿰뚫어(毌) 끈을 꿰어 사용하였음

▶ 일관 一貫 : 처음의 방법이나 태도, 마음 자세를 바꾸지 아니하고 끝까지 밀고 나감

관련한자 관통(貫通), 관철(貫徹), *일이관지(一以貫之)

마음 꿰이 **익숙할** 관 3급/心 11획

부부가 잘 통하여 서로의 마음(忄)을 꿰뚫어(貫) 보는 것이 익숙함

▶ 관례 慣例 : 늘 해 내려오는 전례(前例)

관련한자 습관(習慣), 관성(慣性), 관행(慣行)

집에서 꿴 **열매** 실 5급/宀 11획

집(宀)에서 꿰어(貫) 달아 말린 열매인 곶감 회의

▶ 실천 實踐 : 실제로 행함

관련한자 과실(果實), 결실(結實), 사실(事實)

덮인 돈은 **성(姓)** 가 / **장사** 고 2급/貝 6획

장사하며 안전하게 덮어(襾 : 덮을 아)놓은 돈(貝)은 가씨 돈

▶상고선 商賈船 : 장사할 물건을 싣고 다니는 작은 배

관련한자 *고인(賈人), *다전선고(多錢善賈)

價

장사하는 사람이 **값** 가 5급/人 13획

장사(賈)하는 사람(亻)이 물건에 매긴 값

▶가치 價值 : 값어치

관련한자 가격(價格), 평가(評價), 주가(株價)

그물의 조개를 **살** 매 5급/貝 5획

시장에서 그물(罒) 안에 있는 조개(貝)를 통째로 삼 회의

▶구매 購買 : 물건을 삼

관련한자 매매(賣買), 매입(買入), 중매(仲買)

선비가 사서 **팔** 매 5급/貝 8획

선비(士)가 물건을 사서(買) 다시 팖

▶매석 賣惜 : 금방 가격이 많이 오를 것을 예상하고 비싼 값을 받기 위하여 상인이 물건 팔기를 꺼리는 일

관련한자 판매(販賣), 매각(賣却), 매진(賣盡), *매점매석(買占賣惜)

말로 팔 때 **읽을** 독 / **구절** 두 6급/言 15획

말(言)로 팔 때(賣) 제품 설명서를 읽으며 소개함

▶탐독 耽讀 : 책을 열중하여 읽음

관련한자 독서(讀書), 낭독(朗讀), *이두(吏讀), *구두점(句讀點)

실을 팔아 이을 속 4급/糸 15획

실(糸)을 팔아(賣) 생계를 이음

▶ 지속 持續 : 같은 상태가 오래 계속됨

관련한자 계속(繼續), 연속(連續), 속출(續出)

조개 패 볼 견 / 뵈올 현 5급/제부수

貝(조개 패), 부채 모양의 조개(貝) '가리비'를 봄(見) 회의

▶ 편견 偏見 : 공정하지 못하고 한쪽으로 치우친 생각이나 견해

관련한자 발견(發見), 견해(見解), *알현(謁見)

볼 산 고개 현 2급/山 7획

마을에서 볼(見) 산(山)고개

▶ 갈현 葛峴 : 충청북도 영동군에 있는 고개

관련한자 *마현(馬峴)

볼 옥이 나타날 현 6급/玉 7획

내일 볼(見) 옥(玉)이 오늘 미리 나타남

▶ 현장 現場 : ① 일이 생긴 곳 ② 사물이 현재 있는 곳

관련한자 현실(現實), 표현(表現), 현금(現金)

돌로 볼 벼루 연 2급/石 7획

硯

벼루의 재질은 돌(石)로 볼(見) 수 있음

▶ 연적 硯滴 : 벼룻물을 담는 그릇

관련한자 *필연(筆硯), *지필연묵(紙筆硯墨)

집풀볼점 **너그러울** 관 3급/宀 12획

긴 여행으로 집(宀) 정원에 자랄 잡초(艹) 볼 점(見丶)을 너그럽게 받아들임

▶관용 寬容 : 남의 잘못을 너그럽게 받아들이거나 용서함

관련한자 *관대(寬大), *관대(寬待)

죽 목공의 **셈** 산 7급/竹 8획

廾(받들 공), 죽(竹)~~ 목공(目廾, 木工 : 나무를 다루어 집을 짓거나 물건을 만드는 일을 업으로 하는 사람)이 줄자로 나무의 크기를 셈하며 체크함 회의

▶계산 計算 : ① 수량을 헤아림 ② 이해득실을 따짐

관련한자 산수(算數), 예산(豫算), 전산(電算)

머리 혈 **여름** 하 7급/夊 7획

頁(머리 혈), 여름에 에어컨으로 머리(頁)를 식힘 회의

▶하지 夏至 : 이십사절기의 하나

관련한자 춘하추동(春夏秋冬), *하로동선(夏爐冬扇)

옥인경인눈치 **구슬** 경 2급/玉 14획

玉(구슬 옥)＋人(사람 인)＋冂(멀 경)＋人(사람 인)＋目(눈 목)＋夊(뒤져올 치), 夐(멀 형, 구할 현), 옥인(玉人 : 사람이름)은 경인(冂人 : 사람이름)의 눈치(目夊, 눈치)를 보며 경인이 아끼는 옥구슬을 만져 봄

▶경옥고 瓊玉膏 : 혈액순환을 고르게 하기 위한 보약. 생지황 · 인삼 · 백복령(白茯苓) · 백밀(白蜜) 등의 약재를 씀

관련한자 *경단(瓊團)

눈 목 **또** 차 3급/一 4획

目(눈 목), 눈(目)으로 또(且) 책을 봄, 고기를 수북히 담아 신에게 바친 찬합 같은 그릇 모양을 본뜸 상형

▶구차 苟且 : ① 몹시 가난하고 궁색함 ② 말이나 행동이 떳떳하거나 버젓하지 못함

관련한자 *중차대(重且大)

祖

또 보인 **할아비** 조 7급/示 5획

꿈에 또(且) 보이는(示) 할아비

▶ 조부 祖父 : 할아버지

관련한자 조상(祖上), 고조(高祖), 조국(祖國)

租

벼로 또 **조세** 조 3급/禾 5획

나라가 또(且) 벼(禾)로 조세를 거두어들임

▶ 조세 租稅 : 국가 또는 지방 공공단체가 그 필요한 경비를 국민으로부터 강제로 거두어들이는 수입

관련한자 *감조(減租), *조용조(租庸調)

組

실로 또 **짤** 조 4급/糸 5획

또(且) 실(糸)로 짜서 옷을 만듦

▶ 조합 組合 : 여럿을 모아 한 덩어리가 되게 함

관련한자 조직(組織), 조립(組立), 노조(勞組)

助

또 힘써 **도울** 조 4급/力 5획

어려운 사람을 위해 돈으로 또(且) 힘(力)써 도움

▶ 부조 扶助 : 잔칫집이나 상가 등 남의 큰일에 돈이나 물건을 보내 도와줌. 또는 그 돈이나 물건

관련한자 협조(協助), 방조죄(幇助罪), 보조금(補助金)

沮

물을 또 **막을** 저 2급/水 5획

댐을 또 쌓아 물(氵)을 또(且) 막음

▶ 저지 沮止 : 막아서 못하게 함

관련한자 저해(沮害)

베풀 선 마땅 의 3급/宀 5획

宣(베풀 선), 중생들에게 성인의 가르침을 베푸는(宣) 것이 마땅(宜)함 회의

▶편의 便宜 : 편하고 좋은 것

관련한자 편의점(便宜店), *의형의제(宜兄宜弟)

査

나무를 또 조사할 사 5급/木 5획

병충해 방제를 위하여 나무(木)를 또(且) 조사함

▶심사 審査 : 조사하여 등급이나 당락을 결정함

관련한자 수사(搜査), 조사(調査), 검사(檢査)

귀 이 5급/제부수

귀(耳) 모양을 본뜸 상형

▶마이산 馬耳山 : 전라북도 진안군 남쪽에 있는 산

관련한자 이목(耳目), *마이동풍(馬耳東風)

옥 귀고리 이 2급/玉 6획

옥(玉)으로 만든 귀(耳)고리를 함

▶이이 李珥 : 조선 중기의 문신 · 학자. 호는 율곡(栗谷)

관련한자 *옥이(玉珥)

참고 오얏나무(자두나무)

귀가 마음에 부끄러울 치 3급/心 6획

귀(耳) 모양이 마음(心)에 안 들어 부끄러워 함

▶염치 廉恥 : 체면을 생각하거나 부끄러움을 아는 마음

관련한자 수치(羞恥), 치욕(恥辱), *파렴치한(破廉恥漢)

소곤거리며 손으로 **다스릴 · 잡을** 섭 3급/手 18획

聶(소곤거릴 섭, 칠 접), 손(扌)을 잡고 잘못을 소곤거리며(聶) 편안하게 잘 다스림

▶ 섭리 攝理 : 자연계를 지배하고 있는 원리와 법칙

관련한자 섭취(攝取), 섭씨온도(攝氏溫度)

귀를 또 **가질** 취 4급/又 6획

좋은 눈을 가지고 또(又 : 또 우) 좋은 귀(耳)를 가짐 회의

▶ 취사 取捨 : 취할 것은 취하고 버릴 것은 버림

관련한자 취소(取消), 섭취(攝取), 착취(搾取), 취급(取扱), 취사선택(取捨選擇)

가지고 달린 **뜻** 취 4급/走 8획

뜻을 가지고(取) 열심히 달림(走 : 달릴 주)

▶ 취지 趣旨 : 일에 대한 기본적인 목적이나 의도

관련한자 취미(趣味), 취향(趣向)

가진 무리를 **모을** 취 2급/耳 8획

乑(무리 중, 나란히 설 음), 나라에서 재물을 많이 가진(取) 무리(乑)를 모음

▶ 취합 聚合 : 모아서 하나로 합함

관련한자 *취집(聚集), *단취력(團聚力)

왈 가진 것이 **가장** 최 5급/日 8획

왈(曰)~ 내가 가진(取) 것(個性 : 개성)이 가장 최고 회의

▶ 최초 最初 : 맨 처음

관련한자 최적(最適), 최고(最高), 최근(最近), 최선(最善)

조나라서울 한 **어조사** 야 3급/耳 3획

邯(조나라서울 한)

▶야소 耶蘇 : 예수(기독교의 창시자)

관련한자 *마야부인(摩耶夫人), *유야무야(有耶無耶)

倻

야인 **가야** 야 2급/人 9획

耶(어조사 야) + 亻(사람 인), 저 사람은 야인(耶亻, 夜人 : 주로 밤에 활동하는 사람을 비유적으로 이르는 말)인 가야인

▶가야 伽倻 : 가야국(伽倻國)

관련한자 가야금(伽倻琴)

참고 우리나라 한자

공이로 침은 **감히 · 구태여** 감 4급/攴 8획

성질을 내며 감히 절굿공이(工耳, 공이 : 절구에 든 곡식을 찧는 기구)로 땅을 침(攵)

회의

▶용감 勇敢 : 용기가 있으며 씩씩하고 기운참

관련한자 과감(果敢), 감행(敢行), *언감생심(焉敢生心)

구구기슭에서 감히 **엄할** 엄 4급/口 17획

구구(吅)기슭(厂)에서 윗사람에게 감히(敢) 엄한 목소리로 말함

▶장엄 莊嚴 : 웅장하며 위엄 있고 엄숙함

관련한자 엄격(嚴格), 위엄(威嚴), 존엄성(尊嚴性)

산에 엄한 **바위** 암 3급/山 20획

산(山)에 엄한(嚴) 기운의 바위가 있음

▶석회암 石灰巖 : 탄산칼슘을 주성분으로 하는 퇴적암

관련한자 암석(巖石), 퇴적암(堆積巖), 용암대지(鎔巖臺地)

몸 신 6급/제부수

스스로(自) 몸(身)을 단련함, 잉태한 여자의 모습을 본뜸 상형

▶ 시신 屍身 : 죽은 사람의 몸

관련한자 자신(自身), 신체(身體), 헌신(獻身)

신촌에서 **쏠** 사 4급/寸 7획

신촌(身寸, 新村 : 서울 서대문구의 신촌동)에서 버릇없는 아이에게 따끔한 말을 한마디 쏨 회의

▶ 주사 注射 : 몸에 약을 주사기로 찔러 주입하는 일

관련한자 발사(發射), 사격(射擊), 명사수(名射手), 방사능(放射能)

말로 쏘아 **사례할** 사 4급/言 10획

말(言)로 따끔하게 쏜(射) 충고로 잘못을 고치고 감사하여 사례함

▶ 사례 謝禮 : 언행이나 선물로 상대에게 고마운 뜻을 나타냄

관련한자 감사(感謝), 사과문(謝過文), 사은회(謝恩會)

또일팔 **갖출** 구 5급/八 6획

且(또 차)+一(한 일)+八(여덟 팔), 또(且또 차) 18(一八)개를 갖춤 회의

▶ 공구 工具 : 물건을 만들거나 고치는 데 쓰이는 여러 기구

관련한자 구비(具備), 구체적(具體的), 문방구(文房具)

갖춘 사람과 **함께** 구 3급/人 8획

재능을 갖춘(具) 사람(亻)과 함께 일함

▶ 구생기 俱生起 : 선천적인 번뇌

관련한자 *구존(俱存), *불구대천(不俱戴天)

10진법 四 묶음

모일 회 **일찍** 증 3급/日 8획

會(모일 회), 아침 일찍(曾) 모임(會) 상형

▶증손 曾孫 : 손자의 자식(증손녀와 증손자)

관련한자 *증조(曾祖), *미증유(未曾有)

흙을 일찍 **더할** 증 4급/土 12획

물을 붓기 전보다 일찍 흙(土)을 더해(曾) 섞음

▶증축 增築 : 건축물을 더 늘려 지음

관련한자 증가(增加), 증폭(增幅), 급증(急增)

마음이 일찍 **미울** 증 3급/心 12획

상대방의 속좁은 마음(忄)이 일찍이(曾) 미움

▶애증 愛憎 : 사랑과 미움

관련한자 가증(可憎), 증오심(憎惡心)

돈을 일찍 **줄(送)** 증 3급/貝 12획

줄 기한보다 일찍(曾) 돈(貝)을 줌

▶기증 寄贈 : 돈이나 물품을 남을 위해 그냥 줌

관련한자 증여(贈與), 증정(贈呈)

사람이 일찍 **중** 승 3급/人 12획

사람(亻)이 깨달음을 얻고자 일찍(曾) 중이 됨

▶ 탁발승 托鉢僧 : 경문을 외면서 집집마다 다니며 보시를 받는 승려

관련한자 승려(僧侶), 시주승(施主僧)

참고 바리때 : 승려의 공양 그릇

증시가 **층(層階)** 층 4급/尸 12획

증시(曾尸, 證市 : 증권 시장)가 층층이 상승세임

▶ 이층 二層 : ① 두 층으로 지은 집 ② 여러 층으로 된 집의 둘째 층

관련한자 계층(階層), 중산층(中産層), 저소득층(低所得層)

일찍 증 **모일** 회 6급/日 9획

曾(일찍 증), 아침 일찍(曾) 모임(會) **회의**

▶ 회의 會議 : 여럿이 모여 의논함. 또는 그런 모임

관련한자 사회(社會), 국회(國會), 기회(機會)

모인 나무는 **전나무** 회 2급/木 13획

전나무(木)가 모여(會) 있는 전나무 숲

▶ 회목 檜木 : 노송나무. 측백나뭇과의 상록 교목(喬木)

관련한자 회피(檜皮), 회암사(檜巖寺)

참고 전나무 : 소나뭇과의 상록 교목

05

10진법 四 묶음

德

두인열망일심 **덕** 덕 5급/彳 12획

彳(두인 변)+十(열 십)+罒(그물 망)+一(한 일)+心(마음 심), 悳(큰 덕, 덕 덕), 두 인(彳 : 두사람)은 도통에 열망(十罒, 熱望 : 열렬히 바람)을 가지고 일심(一心 : 하나로 합쳐진 마음)으로 수도하며 덕을 쌓음

▶창덕궁 昌德宮 : 서울특별시 종로구에 있는, 조선시대의 궁궐

관련한자 도덕(道德), 덕택(德澤)

聽

이왕 덕을 **들을** 청 4급/耳 16획

이왕(耳王, 已往 : 이미 그렇게 된 바에) 성지에 온 김에 성인의 덕(悳)에 대해 들음

▶청문회 聽聞會 : 국회 위원회가 중요한 안건의 심사를 위해 여는 공개적인 절차

관련한자 청취(聽取), 청각(聽覺), 방청객(傍聽客)

듣는 집인 **관청** 청 4급/广 22획

국민의 소리를 듣는(聽) 집(广)인 관청

▶시청 市廳 : 시의 행정 사무를 담당하는 관청

관련한자 구청(區廳), 경찰청(警察廳), 국세청(國稅廳)

수해망또 **흩어질** 만 3급/水 11획

氵(물 수)+日(날 일)+罒(그물 망)+又(또 우), 曼(길게 끌 만), 수해(氵日, 水害 : 홍수로 인한 피해)로 아끼던 망또[罒又, '망토(manteau)'의 비표준어]가 이쪽 저쪽 흩어져 있음

▶낭만 浪漫 : 감정적이고 이상적으로 사물을 파악하는 심리적 상태

관련한자 산만(散漫), 만화가(漫畫家)

심왈망또 **거만할** 만 3급/心 11획

忄(마음 심)+曰(가로 왈)+罒(그물 망)+又(또 우), 심(忄)씨 왈(曰) 저기 망또[罒又, '망토(manteau)'의 비표준어] 입은 사람 아주 거만해 보여~~

▶오만 傲慢 : 태도나 행동이 방자하고 거만함

관련한자 거만(倨慢), 교만(驕慢), 자만심(自慢心)

10진법 四 묶음

栗

덮인 나무 **밤** 률 3급/木 6획

밤나무(木) 위에 가시로 덮인(覀덮을 아) 밤송이가 열림, 밤(栗)송이가 나무 위에 달려 있는 모양을 본뜸 상형

▶조율 棗栗 : 대추와 밤

관련한자 *율곡(栗谷), *감률(甘栗), *조율이시(棗栗梨柿)

덮인 쌀 **조** 속 3급/米 6획

거친 껍질이 덮인(覀) 쌀(米) 형태인 조

▶일속 一粟 : 한 알의 좁쌀이라는 뜻으로, 몹시 적은 양

관련한자 *속각(粟殼), *창해일속(滄海一粟)

덮었다 보이는 **표** 표 4급/示 6획

투표하고 안 보이게 덮어(覀) 두었다가 개표 시간이 되자 공개되어 보임(示) 회의

▶투표 投票 : 선거 또는 안건의 가부를 결정할 때, 표에 의사를 표시하여 지정된 곳에 냄

관련한자 우표(郵票), 수험표(受驗票), 기차표(汽車票)

물에 표가 **떠다닐** 표 3급/水 11획

물(氵)에 차표(票)가 떠다님

▶표류 漂流 : 물 위에 떠서 정처 없이 흘러감

관련한자 *표박(漂泊), 표백제(漂白劑)

목표를 **표할** 표 4급/木 11획

木(나무 목)+票(표 표), 꿈을 이루기 위해서는 목표(木票, 目標 : 어떤 목적을 이루려고 지향하는 실제적 대상으로 삼음)를 분명하게 표해야 함

▶표준 標準 : 가장 일반적이거나 평균적인 것

관련한자 목표(目標), 표본(標本), 표적(標的)

덮어 여자에게 **요긴할** 요 5급/襾 3획

여자(女)는 하체를 덮어(覀) 따뜻하게 해주는 것이 중요함(요긴함), 여자가 두 손으로 머리를 꾸미는 모양을 본뜸 상형

▶요긴 要緊 : 중요하고도 꼭 필요함

관련한자 필요(必要), 중요(重要), 강요(强要)

몸에 요긴한 **허리** 요 3급/肉 9획

몸(月)에서 요긴한(要) 부분인 허리

▶요절 腰折 : 몹시 우스워서 허리가 부러질 듯함

관련한자 요통(腰痛), *요대(腰帶), *요절복통(腰折腹痛)

10진법 四 묶음

불길 훈 **검을** 흑 5급/제부수

熏(불길 훈), 검은(黑) 연기를 내뿜는 불길(熏) 회의

▶ 암흑 暗黑 : 어둡고 캄캄함

관련한자 흑인(黑人), 흑백(黑白), *근묵자흑(近墨者黑)

검은 개가 **잠잠할** 묵 3급/黑 4획

검은(黑) 밤이 되어 검은(黑) 개(犬)가 잠잠해짐

▶ 과묵 寡默 : 말수가 적고 침착함

관련한자 침묵(沈默), 묵념(默念), 묵인(默認)

검은 흙으로 **먹** 묵 3급/土 12획

검은(黑) 흙(土)으로 만든 먹 회의

▶ 지필묵 紙筆墨 : 종이와 붓과 먹을 아울러 이르는 말

관련한자 수묵화(水墨畵), *근묵자흑(近墨者黑)

천 길 검은 **불길** 훈 2급/火 10획

천(千) 길까지 검은(黑) 연기가 하늘로 치솟는 불길 회의

▶ 훈향 熏香 : 태워서 향기를 내는 향료

관련한자 *중구훈천(衆口熏天)

흙을 불길로 **질나발** 훈 2급/土 14획

질흙(土)을 불길(熏)로 구워 만든 질나발

참고 질나발(-喇叭) : 질흙을 구워 만든 나발(喇叭). 끝이 나팔꽃 모양으로 된 금관 악기를 통틀어 이르는 말

불길 힘으로 **공(功)** 훈 2급/力 14획

불길(熏)처럼 치솟는 힘(力)으로 공을 세움

▶훈장 勳章 : 나라에 훈공이 있는 이에게 내려 주는 휘장

관련한자 공훈(功勳), *보훈(報勳)

풀 불길 **향풀** 훈 2급/艸 14획

풀(++) 불길(熏)의 진원지는 향풀

▶훈풍 薰風 : 첫 여름에 부는 훈훈한 바람

관련한자 *훈훈(薰薰), *훈향(薰香)

08

10진법 四 묶음

꿸 관 **가운데** 중 8급/丨 3획

串(꿸 관), 옛날에는 엽전 가운데(中)를 줄로 꿰어(串) 돈뭉치로 가지고 다님

지사

▶중용 中庸 : 치우침이나 과부족이 없이 떳떳하며 알맞은 상태나 정도

관련한자 중심(中心), 중앙(中央), 집중(集中)

가운데 사람은 **버금** 중 3급/人 4획

세 사람 중에 버금은 두 번째인 가운데(中) 사람(亻)

▶ 맹중계 孟仲季 : 형제, 자매의 맏이와 둘째, 셋째

관련한자 중매(仲媒), 중개인(仲介人), *중추가절(仲秋佳節)

물 가운데서 **화(和)할** 충 2급/水 4획

수영장 물(氵) 가운데서(中) 아이들이 화하게 물놀이 함

▶ 충적토 沖積土 : 물에 실려 온 흙이나 모래가 쌓여서 이루어진 땅

관련한자 *화충(和沖)

중심은 **충성** 충 4급/心 4획

마음의 중심(中心)에 충성심이 가득한 충신

▶ 충효 忠孝 : 충성과 효도

관련한자 충성(忠誠), 충고(忠告), 충청도(忠淸道)

가운데 중 **꿸** 관 / **땅이름** 곶 2급/丨 6획

中(가운데 중), 옛날에는 엽전 가운데(中)를 줄로 꿰어(串) 돈뭉치로 가지고 다님

상형

▶ 동외곶 冬外串 : 경상북도 동해안 중부, 영일만(迎日灣)을 이루면서 바다로 돌출한 갑

관련한자 *관시(串柿)

마음을 꿴 **근심** 환 5급/心 7획

마음(心)을 꿰고(串) 있는 근심

▶ 폐질환 肺疾患 : 폐에 생기는 여러 가지 병

관련한자 환자(患者), 우환(憂患), *유비무환(有備無患)

벌레 충 4급/虫 12획

虫(벌레 훼, 벌레 충), 여러 마리의 벌레를 벌레(虫) 세 마리로 대신함 회의

▶ 송충 松蟲 : 송충이(솔나방의 애벌레)

관련한자 곤충(昆蟲), 기생충(寄生蟲), 파충류(爬蟲類)

10진법 四 묶음

밭 전 4급/제부수

주위와 경계가 밭을 본뜸 상형

▶ 전답 田畓 : 논과 밭

관련한자 단전호흡(丹田呼吸), 대전광역시(大田廣域市)

밭으로 싸인 **경기** 전 2급/田 2획

경기(京畿 : 서울을 중심으로 한 가까운 주위의 지방), 많은 밭(田)으로 둘러싸인(勹 : 쌀 포) 경기

▶ 기전 畿甸 : 기내(畿內 : 나라의 수도를 중심으로 하여 그에 가까운 행정 구역을 포괄하는 지역)

관련한자 *나전어(羅甸語)

여러 · 자주 루 **가늘** 세 4급/糸 5획

累(여러, 자주 루), 여러(累) 가지 색깔의 가는(細) 실

▶ 세균 細菌 : 분열에 의해서 번식하는 가장 미세한 최하등의 단세포 식물

관련한자 미세(微細), 섬세(纖細), 상세(詳細)

밭에서 힘쓰는 사내 남 7급/田 2획

밭(田)에서 힘(力)쓰며 일하는 사내 회의

▶ 처남 妻男 : 아내의 남자 형제

관련한자 남편(男便), 장남(長男), 미남(美男)

밭을 마음으로 생각 사 5급/心 5획

곡식이 잘 자라야 할 텐데 하고 밭(田)을 마음(心)으로 생각함 회의

▶ 사유 思惟 : 곰곰이 생각함

관련한자 사고(思考), 사상(思想), 사모(思慕)

전장에서 두려워할 외 3급/田 4획

전장(田長, 戰場 : 전쟁터)에서 총소리에 두려워 함 회의

▶ 경외 敬畏 : 공경하고 두려워함

관련한자 *무소외(無所畏), *후생가외(後生可畏)

밭에 실을 여러 · 자주 루 3급/糸 5획

논밭(田)에서 모내기할 때 실(糸)줄 위치를 순서대로 자주 여러 번 바꿈

▶ 누적 累積 : 거듭 겹쳐 늘어남

관련한자 누차(累次), *연루자(連累者)

풀밭에 모 묘 3급/艸 5획

풀밭(++田, 풀밭 : 잡초가 많이 난 땅)에 핀 꽃의 모종 회의

▶ 화묘 禾苗 : 옮겨 심기 위하여 기른 벼의 싹

관련한자 묘목(苗木), 종묘(種苗), *알묘조장(揠苗助長)

畓

물밭 **논** 답 3급/田 4획

물(水)이 고여 있는 밭(田)은 논

▶ 전답 田畓 : 논과 밭

관련한자 *천수답(天水畓), *안전답(安全畓)

참고 우리나라 한자

踏

발물왈 **밟을** 답 3급/足 8획

足(발 족)+水(물 수)+曰(가로 왈), 어린아이 맨발(足)에 묻은 물(水)기를 보며 왈(曰)~ 흙탕물 밟았지~~

▶ 답습 踏襲 : 전부터 해 오던 방식이나 수법을 좇아 그대로 행함

관련한자 답사(踏査), *답보(踏步)

胃

전달한 **밥통** 위 3급/肉 5획

집들이 선물로 전달(田月, 傳達 : 지시, 명령, 물품 등을 다른 사람이나 기관에 전함)한 밥통 회의

▶ 위암 胃癌 : 위에 발생하는 암

관련한자 위산(胃酸), 위경련(胃痙攣), 위궤양(胃潰瘍)

渭

위의 **물이름** 위 2급/水 9획

위(胃)에서 소화작용을 하는 물(氵)이름은 '위액'

▶ 경위 涇渭 : 사물의 이치에 대한 옳고 그른 구분이나 분별. 중국의 경수(涇水)는 흐리고 위수(渭水)는 맑아 뚜렷이 구분됨

謂

말로 위를 **이를** 위 3급/言 9획

말(言)로 위(胃)를 이르며 설명함

▶ 소위 所謂 : ① 이른바 ② 세상에서 흔히 말하는 바

관련한자 *운위(云謂), *방가위(方可謂)

고기 · 물고기 어 5급/제부수

물고기(魚) 모양을 본뜸 상형

▶어패류 魚貝類 : 어류와 조개류

관련한자 악어(鰐魚), 양어장(養魚場), 열대어(熱帶魚)

물어 고기 잡을 어 5급/水 11획

氵(물 수)+魚(물고기 어), 미끼를 물어(氵魚, 물어 : 윗니와 아랫니 사이에 끼운 상태로 세게 누름) 물고기(魚)를 잡음

▶어획 漁獲 : 수산물을 잡거나 채취함

관련한자 어부(漁夫/漁父), 농어촌(農漁村), 원양어선(遠洋漁船)

어양은 고울 선 5급/魚 6획

어양(魚羊, 어孃 : 어씨 성을 가진 아가씨)은 피부가 부드럽고 고움 회의

▶신선 新鮮 : 새롭고 산뜻함

관련한자 생선(生鮮), *선명(鮮明), 고조선(古朝鮮)

풀어 벼 되살아날 소 3급/艸 16획

해충으로 풀이 죽은 벼에 오리를 풀어(++魚) 벼(禾)가 되살아남

▶야소 耶蘇 : 예수(기독교의 창시자)

관련한자 소생(蘇生), *소련(蘇聯)

물고기에게 왈 노나라 · 노둔할 로 2급/魚 4획

노나라 사람이 낚싯대에 걸린 물고기(魚)에게 왈(曰)~ 노둔하다고 말함

▶노둔 魯鈍 : 어리석고 둔함

관련한자 *거로가(去魯歌), *어로불변(魚魯不辨)

궁일밭일밭일 **굳셀** 강 2급/弓 13획

弓(활 궁)＋一(한 일)＋田(밭 전)＋一(한 일)＋田(밭 전)＋一(한 일), 궁일(弓一 : 사람이름)이는 매일 밭일(田一, 밭일 : 밭에서 하는 일)을 굳세게 함

▶자강 自彊 : 스스로 힘써 몸과 마음을 가다듬음

관련한자 *변법자강(變法自彊)

굳센 땅 **지경** 강 2급/田 14획

畺(지경 강)과 동자(同字), 굳세고(彊) 단단한 땅(土)인 지경

▶무강 無疆 : 한이 없음. 끝이 없음

관련한자 *만수무강(萬壽無疆), *삼천리강토(三千里疆土)

별전인사 **귀신** 귀 3급/제부수

丿(삐침 별)＋田(밭 전)＋儿(어진사람 인)＋厶(사사 사), 별전(丿田, 別殿 : 본궁 가까운 곳에 따로 지은 궁전)에서 만난 유명인사(儿厶, 人士 : 사회적 지위가 높거나 사회적 활동이 많은 사람)가 죽고 귀신이 됨 상형

▶마귀 魔鬼 : 요사스러운 잡귀. 천사장이 타락하여 된 초자연적 존재

관련한자 귀신(鬼神), 흡혈귀(吸血鬼)

귀신같은 사람 **허수아비** 괴 2급/人 10획

농촌에서 밤에 귀신(鬼)같이 보이는 사람(亻)은 허수아비

▶괴뢰군 傀儡軍 : 꼭두각시처럼 조종하는 대로 움직이는 군대. 특히 북한 인민군을 소련의 꼭두각시로 비난하여 이르던 말

관련한자 괴기(傀奇), 괴연(傀然)

귀신같은 **흙덩이** 괴 3급/土 10획

밤에 귀신(鬼)같이 보이는 사람 형상의 흙(土)덩이

▶금괴 金塊 : 금덩이

관련한자 *빙괴(氷塊), *석괴(石塊), *설괴(雪塊)

愧

귀신에게 마음이 부끄러울 괴 3급/心 10획

사람은 속여도 귀신은 속일 수 없으므로 귀신(鬼)에게 마음(忄)이 부끄러움

▶ 자괴감 自愧感 : 스스로 부끄러워하는 마음

관련한자 *자괴지심(自愧之心)

槐

귀신 쫓는 회화나무 · 느티나무 괴 2급/木 10획

잡귀를 물리치기 위해 귀신(鬼)앞에 내세우는 나무(木)는 회화나무

▶ 괴안몽 槐安夢 : 꿈과 같이 헛된 한때의 부귀영화

관련한자 *괴산군(槐山郡)

醜

술귀신은 추할 추 3급/酉 10획

술(酒)귀신(鬼)처럼 과음하면 추함 회의

▶ 추태 醜態 : 추한 행동이나 태도

관련한자 추잡(醜雜), 미추(美醜), 누추(陋醜)

흰별십 낮을 비 3급/十 6획

白(흰 백) + 丿(삐침 별) + 十(열 십), 밤에 흰(白) 별(丿) 열(十) 개가 낮게 떠 있음 회의

▶ 비굴 卑屈 : 용기가 없고 비겁하여 남에게 굽히기 쉬움

관련한자 비겁(卑怯), 비열(卑劣), 비하(卑下)

낮은 여자 계집종 비 3급/女 8획

신분이 낮은(卑) 여자(女)인 계집종

▶ 노비 奴婢 : 사내종과 계집종

관련한자 *관비(官婢), *비첩(婢妾)

비석 비석 비 4급/石 8획

卑(낮을 비)+石(돌 석), 묘 앞에 돌(石)을 갈아 낮게(卑) 세운 비석(卑石, 碑石 : 돌로 만든 비)

▶묘비 墓碑 : 무덤 앞에 세우는 비석

관련한자 비석(碑石), 기념비(記念碑), *척화비(斥和碑)

10진법 四 묶음

由

굽을 곡 말미암을 유 6급/田 0획

曲(굽을 곡), 밭일로 말미암아(由) 등이 굽음(曲) 상형

▶유래 由來 : 말미암아 일어나거나 전하여 온 내력

관련한자 이유(理由), 자유(自由), 사유(事由)

물로 말미암은 기름 유 6급/水 5획

물(氵)로 말미암아(由) 분리되어 물 위에 뜨는 기름

▶유채화 油彩畫 : 서양화에서, 물감을 기름에 개어 그리는 그림

관련한자 석유(石油), 휘발유(揮發油), 윤활유(潤滑油)

말미암은 집 주 3급/宀 5획

부모님의 사랑으로 말미암은(由) 화목한 집(宀)

▶우주 宇宙 : 무한한 시간과 만물을 포함하고 있는 끝없는 공간

관련한자 *우주만물(宇宙萬物)

손으로 말미암아 **뽑을** 추 3급/手 5획

손(扌)으로 말미암아(由) 제비를 뽑음

▶추첨 抽籤 : 제비를 뽑음

관련한자 추출(抽出), 추상화(抽象化)

軸

차로 말미암은 **굴대** 축 2급/車 5획

차(車)의 바퀴로 말미암은(由) 굴대

▶회전축 回轉軸 : 회전 운동의 중심이 되는 축

관련한자 지축(地軸), 좌표축(座標軸), 수평축(水平軸)

笛

대나무로 말미암은 **피리** 적 3급/竹 5획

대나무(竹)로 말미암은(由) 피리(竹笛 : 대젓대)

▶기적 汽笛 : 기차나 배에서 증기를 내뿜는 힘으로 경적 소리를 내는 장치

관련한자 경적(警笛), *고적대(鼓笛隊)

범 인 **누를** 황 6급/제부수

寅(범 인), 범(寅)의 누른(黃)색 가죽(검은색과 누른색)

▶황사 黃沙 : 중국 황토 지대의 황토가 바람에 날려 온 하늘에 누렇게 끼는 현상

관련한자 황금(黃金), 황토(黃土), 황건적(黃巾賊)

누른 나무를 **가로** 횡 3급/木 12획

문을 잠그기 위해 누른(黃)색 나무(木)를 가로로 대문에 끼우는 문빗장

▶종횡 縱橫 : 가로와 세로

관련한자 횡포(橫暴), 횡단보도(橫斷步道), 사기횡령(詐欺橫領)

누른 집은 넓을 광 5급/广 12획

누른 집(黃广 : 황금색 궁궐)은 넓음

▶광고 廣告 : ① 세상에 널리 알림 ② 소비자에게 널리 알림

관련한자 광장(廣場), 광활(廣闊), 광범위(廣範圍)

금광에 쇳돌 광 4급/金 15획

金(쇠 금)+廣(넓을 광), 금광(金廣, 金鑛 : 금을 캐내는 광산)에서 쇳돌을 캠

▶용광로 鎔鑛爐 : 쇠붙이나 광석을 녹이는 가마

관련한자 탄광(炭鑛), 광산(鑛山), 철광석(鐵鑛石)

손으로 넓힐 확 3급/手 15획

손(扌)으로 넓힘(廣)

▶확충 擴充 : 넓혀 충실하게 채움

관련한자 확대(擴大), 확장(擴張), 확산(擴散)

누를 황 범(虎) · 동방 인 3급/宀 8획

黃(누를 황), 범(寅)의 누른(黃)색 가죽(검은색과 누른색) 회의

▶갑인 甲寅 : 육십갑자(六十甲子)의 쉰한 번째

관련한자 *인방(寅方)

물범이 펼 연 4급/水 11획

물범(氵寅)이 서식지를 황해에서 동방(寅)으로 폄

▶연기 演技 : 배우가 배역의 인물, 성격, 행동 등을 표현해내는 일

관련한자 연설(演說), 연극(演劇), 연예인(演藝人)

무리 조 **성(姓)** 조 2급/日 6획

曺(무리 조), 조(曺)씨 무리(曹)

▶ 조의묘 曺衣描 : 중국 북제(北齊)의 화가인 조중달(曹仲達)이 창안한 인물화에 사용된 옷 주름을 묘사하는 기법

관련한자 창녕조(昌寧曺)

참고 曹(무리 조)의 속자(俗字), 우리나라 한자

11

10진법 四 묶음

말미암을 유 **굽을** 곡 5급/日 2획

由(말미암을 유), 밭일로 말미암아(由) 등이 굽음(曲) 상형

▶ 왜곡 歪曲 : 사실과 다르게 해석

관련한자 곡선(曲線), 악곡(樂曲), 간곡(懇曲)

굽을 때 **농사** 농 7급/辰 6획

벼가 익어 굽을(曲) 때(辰 : 때 신, 별 진) 수확하는 벼농사 회의

▶ 농경 農耕 : 논밭을 갈아 농사를 지음

관련한자 농촌(農村), 농사(農事), 농협(農協)

농사물이 **짙을** 농 2급/水 13획

농사(農)짓는 논의 물(氵)은 짙음

▶ 농후 濃厚 : ① 빛깔이 짙음 ② 경향이나 기색이 뚜렷함

관련한자 농축(濃縮), 농도(濃度), 농담(濃淡)

굽은 콩은 **풍년** 풍 4급/豆 6획

주렁주렁 콩(豆)이 익어 굽은(曲) 풍년, 豆(그릇) 위에 음식을 풍성하게 담아 올린 모양을 본뜸 상형

▶풍부 豊富 : 넉넉하고 많음

관련한자 풍성(豊盛), 풍요(豊饒), 풍족(豊足)

풍년이 보여 **예도** 례 6급/示 13획

풍년(豊)이 보여(示) 신(神)께 예를 갖추어 풍년제를 올림

▶사례 謝禮 : 언행이나 선물로 상대에게 고마운 뜻을 나타냄

관련한자 차례(茶禮), 예절(禮節), 혼례(婚禮)

풍년 술 **단술(甘酒)** 례 2급/酉 13획

풍년(豊)이 들어 술(酒)처럼 밥알을 삭혀서 끓인 단술

▶감례 甘醴 : 단술(감주 : 엿기름을 우린 물에 밥알을 넣어 식혜처럼 삭혀서 끓인 음식)

관련한자 *주례(酒醴), *예주(醴酒)

풍골좋은 **몸** 체 6급/骨 13획

풍골(豊骨, 風骨 : 풍채와 골격을 아울러 이르는 말) 좋은 몸을 가진 남편

▶형체 形體 : 사물의 모양과 바탕

관련한자 단체(團體), 신체(身體), 반도체(半導體)

곡일팔 **법** 전 5급/八 6획

曲(굽을 곡)+一(한 일)+八(여덟 팔), 노래 18(一八)곡(曲 : 창작된 음악 작품)은 법에 걸려 금지된 곡 상형

▶사전 辭典 : 어휘를 모아 일정한 순서로 배열하여 싣고 설명한 책

관련한자 경전(經典), 법전(法典), 전형적(典型的)

10진법 四 묶음

펼 신 갑옷 갑 4급/田 0획

申(펼 신), 갑옷(甲)을 펴서(申) 옷걸이에 걸어 놓음 상형

▶ 갑인 甲寅 : 육십갑자(六十甲子)의 쉰한 번째

관련한자 회갑(回甲), *철갑(鐵甲), 갑골문자(甲骨文字)

산갑 곶(串) 갑 2급/山 5획

산갑(山甲, 山岬 : 산모퉁이)이 길게 뻗어 곶(바다 쪽으로, 부리 모양으로 뾰족하게 뻗은 육지)이 됨

▶ 갑각 岬角 : 바다 쪽으로, 부리 모양으로 뾰족하게 뻗은 육지

관련한자 *사갑(沙岬)

참고 곶 : 바다 쪽으로 좁고 길게 내민 땅

쇠 갑옷 갑 2급/金 5획

쇠(金)붙이로 만든 갑옷(甲)

관련한자 관갑(貫鉀), 피갑(皮鉀)

수갑을 누를 압 3급/手 5획

扌(손 수) + 甲(갑옷 갑), 손목에 수갑(扌甲, 手匣 : 죄인이 자유롭지 못하도록 양쪽 손목에 걸쳐서 채우는 형구)을 눌러 채움

▶ 압류 押留 : 채무자의 특정 재산에 대한 처분이 제한되는 강제 집행

관련한자 압정(押釘), *압수(押收)

갑옷 새 **오리** 압 2급/鳥 5획

추위에 갑옷(甲 : 오리털) 입은 새(鳥)는 오리

▶ 압록강 鴨綠江 : 우리나라와 중국의 국경을 이루는 강. 우리나라에서 제일 긴 강

관련한자 *가압(家鴨), *야압(野鴨)

갑옷이 **마을** 리 7급/제부수

이순신장군의 갑옷(甲)이(二) 마을에 보관됨 회의

▶ 구만리 九萬里 : 아득하게 먼 거리

관련한자 *동리(洞里), 이장(里長), 이정표(里程標)

옥 마을을 **다스릴** 리 6급/玉 7획

옥(玉)이 많이 나는 마을(里)을 다스림

▶ 섭리 攝理 : 자연계를 지배하고 있는 원리와 법칙

관련한자 관리(管理), 이유(理由), 처리(處理)

의리의 **속** 리 3급/衣 7획

의리(衣里, 義理 : 사람으로서 마땅히 지켜야 할 도리)의 속마음

▶ 비밀리 秘密裏 : 남이 모르는 가운데

관련한자 뇌리(腦裏), 이면(裏面), *표리부동(表裏不同)

마을 땅에 **묻을** 매 3급/土 7획

애완동물이 죽어 마을(里) 앞 땅(土)에 묻음

▶ 매복 埋伏 : 상대편의 동태를 살피거나 불시에 습격하기 위해 적당한 곳에 몰래 숨어 있음

관련한자 매립(埋立), 매몰(埋沒), 매장량(埋藏量)

마을에 서있는 **아이** 동 6급/立 7획

마을(里)에 서서(立) 즐겁게 노는 아이들 회의

▶동안 童顔 : 어린아이의 얼굴

관련한자 아동(兒童), 동요(童謠), 동화책(童話冊)

천리가 **무거울** 중 7급/里 2획

천릿(千里 : 매우 먼 거리)길을 걸어가자니 발걸음이 무거움

▶중시 重視 : 중요시

관련한자 체중(體重), 하중(荷重), 중요(重要)

무거운 벼의 **씨** 종 5급/禾 9획

볍(禾)씨가 무거워(重) 고개를 숙이고 있음

▶각종 各種 : 여러 종류

관련한자 종류(種類), 종목(種目), 종족(種族), *종두득두(種豆得豆)

무거운 **쇠북** 종 4급/金 9획

쇠(金)로 만든 무거운(重) 쇠북

▶종로 鍾路 : 서울의 종각이 있는 네 거리

관련한자 *차종(茶鍾), *종자(鍾子)

중력으로 **움직일** 동 7급/力 9획

重(가운데 중) + 力(힘 력), 바닷물도 지구와 달의 중력(重力 : 지구 위의 물체를 지구 중심 방향으로 끌어당기는 힘)으로 움직임

▶피동사 被動詞 : 주어가 남의 동작이나 행동을 입게 됨을 나타내는 동사, '잡히다', '먹히다' 등

관련한자 활동(活動), 운동(運動), 부동산(不動産)

董

무거운 풀은 바름(正) 동 2급/艸 9획

무거운(重) 풀(++)은? (벼, 강아지풀~) 바름(고개 숙임, 겸손~)

▶ 골동품 骨董品 : 오래되었거나 희귀한 옛 물품

관련한자 *골동포(骨董鋪)

衝

무겁게 다니며 찌를 충 3급/行 9획

옛날에 수호설 때 적군을 만나면 쇠창으로 찌르기 위해 무겁게(重) 들고 다녔음(行 : 다닐 행)

▶ 완충 緩衝 : 충돌을 완화시킴

관련한자 충격(衝擊), 충돌(衝突), 충동(衝動)

밭에 나무 열매 과 6급/木 4획

밭(田)에 열린 나무(木) 열매, 나무(木) 위에 열매(田)가 열린 모양을 본뜸 상형

▶ 결과 結果 : ① 원인으로 인한 결말 ② 열매를 맺음

관련한자 과실(果實), 사과(沙果), 효과(效果)

말로 열매를 공부할 · 과정 과 5급/言 8획

유치원에서 아이들이 말(言)로 열매(果) 이름을 부르며 공부함

▶ 과제 課題 : 부과된 일. 해결해야 할 문제

관련한자 *과외(課外), 과징금(課徵金), 학과과정(學科課程)

초과한 과자 · 실과 과 2급/艸 8획

양을 초과(++果, 超過 : 일정한 한도를 넘음)하여 먹은 과자

▶ 과자 菓子 : 단맛을 위주로 만들어 주로 끼니 외에 먹는 음식. 크게 한과(韓菓)와 양과(洋菓)로 나눔

관련한자 빙과(氷菓), 제과점(製菓店), *다과회(茶菓會)

의과에서 벗을 라 2급/衣 8획

진찰하기 위해 의과(衤果, 醫科 : 대학에서, 의학을 연구하는 학과)에서 옷을 벗음

▶ 나체 裸體 : 알몸

관련한자 나신(裸身), 반나체(半裸體), *적나라(赤裸裸)

내과에 새집 소 2급/巛 8획

내과(巛果, 內科 : 내장의 기관에 생긴 병을 외과적 수술에 의하지 않고, 물리요법이나 약으로 치료하는 의학 분야)에 애완용 새집 상형

▶ 난소 卵巢 : 동물 암컷의 생식 기관. 난자를 만들어내며 여성 호르몬을 분비함

관련한자 *소굴(巢窟), 귀소본능(歸巢本能)

사람과 원숭이는 짝 우 3급/人 9획

禺(땅이름 옹, 긴꼬리원숭이 우), 짝처럼 사람(亻)과 닮은 긴꼬리원숭이(禺)

▶ 배우자 配偶者 : 부부로서 짝이 되는 상대

관련한자 우연성(偶然性), 우상화(偶像化), 우발적(偶發的)

원숭이 마음이 어리석을 우 3급/心 9획

긴꼬리원숭이(禺)의 마음(心)이 어리석음

▶ 우둔 愚鈍 : 어리석고 둔함

관련한자 우롱(愚弄), 우직(愚直), 우매(愚昧)

원숭이를 착 만날 우 4급/辵 9획

동물원에서 긴꼬리원숭이(禺)를 착(辶) 만나 구경함

▶ 경우 境遇 : 놓여 있는 조건이나 상황

관련한자 대우(待遇), 예우(禮遇)

萬

풀에 원숭이 **일만** 만 8급/艸 9획

광활한 풀(艹)숲에 긴꼬리원숭이(禺) 일만 마리 정도가 집단적으로 서식함, 전갈 모양을 본뜸 상형

▶만방 萬邦 : 세계의 모든 나라

관련한자 만약(萬若), 만사(萬事), 만능(萬能)

礪

엄만 **숫돌** 려 2급/石 15획

厲(갈 려, 문둥병 라), 우리 엄만(厂萬) 숫돌(石)에 부엌칼을 가는 데 힘을 씀

▶여석 礪石 : 숫돌(칼이나 낫 등의 연장을 갈아 날을 세우는 데 쓰는 돌)

관련한자 *마려(磨礪)

엄만 **힘쓸** 려 3급/力 15획

厲(갈 려, 문둥병 라), 우리 엄만(厂萬) 숫돌에 부엌칼을 가는 데 힘(力)을 씀

▶장려 奬勵 : 좋은 일에 힘쓰도록 북돋아 줌

관련한자 격려(激勵), *각고면려(刻苦勉勵)

긴꼬리원숭이 우 **성(姓)** 우 2급/禸 4획

禺(긴꼬리원숭이 우)

▶하우씨 夏禹氏 : 중국 하나라의 우임금

관련한자 우왕(禹王), *전우치전(田禹治傳)

10진법 四 묶음

갑옷 갑 펼 신 4급/田 0획

甲(갑옷 갑), 갑옷(甲)을 펴서(申) 옷걸이에 걸어 놓음 상형

▶ 임신 壬申 : 육십갑자의 아홉째

관련한자 신고(申告), 신청(申請)

사람이 펼 신 3급/人 5획

사람(亻)이 뜻을 폄(申)

▶ 신축 伸縮 : 늘이고 줄임

관련한자 신장성(伸長性), *연신율(延伸率)

시신에 귀신 신 6급/示 5획

시신(示申, 屍身 : 죽은 사람의 몸) 옆에 귀신이 보임

▶ 신선 神仙 : 선도(仙道)를 닦아서 도에 통한 사람. 선경(仙境)에 사는데 장생 불사한다고 함

관련한자 정신(精神), 신화(神話), 신비(神秘)

실신하여 띠(帶) 신 2급/糸 5획

실신(糸申, 失神 : 병이나 충격으로 정신을 잃음)하여 머리에 띠를 두르고 누워 있음

▶ 신사 紳士 : 사람됨이 점잖고 교양이 있으며 예의 바른 남자

관련한자 *잠신(簪紳), 비신사적(非紳士的)

펼 땅 곤 3급/土 5획

사업을 펼(申) 땅(土) 회의

▶ 건곤 乾坤 : ① 천지(하늘과 땅) ② 음양(남녀의 성(性)에 관한 이치)

관련한자 *곤위(坤位), *건곤일척(乾坤一擲)

05 10진법 五 묶음

五 → ヨ

소 축 **다섯** 오 8급/二 2획

丑(소 축), 다섯(五)마리의 소(丑) 지사

▶ 오륜 五倫 : 유교에서, 사람으로서 지켜야 하는 다섯 가지의 윤리

관련한자 오장육부(五臟六腑), 음양오행(陰陽五行), 삼강오륜(三綱五倫)

다섯 입의 **나** 오 3급/口 4획

다섯(五) 식구(口)의 가장인 나

▶ 진오 眞吾 : 참된 나

관련한자 *오등(吾等), *오비삼척(吾鼻三尺)

마음으로 나를 **깨달을** 오 3급/心 7획

수도를 통해 마음(忄)으로 참된 나(吾)를 깨달음

▶ 각오 覺悟 : ① 도리를 깨달음 ② 앞으로 겪을 일에 대한 마음의 준비

관련한자 손오공(孫悟空), *대오각성(大悟覺醒)

나의 나무 **오동나무** 오 2급/木 7획

내가 마당에 심은 나(吾)의 오동나무(木)

▶ 벽오동 碧梧桐 : 벽오동과에 속한 낙엽 활엽 교목. 나무껍질은 초록빛

관련한자 *오자대(梧子大)

語

나에게 말씀 어 7급/言 7획

선생님께서 나(吾)에게 좋은 말씀(言)을 해 주심

▶단어 單語 : 자립성과 분리성을 가진 말의 최소 단위

관련한자 국어(國語), 영어(英語), 언어(言語)

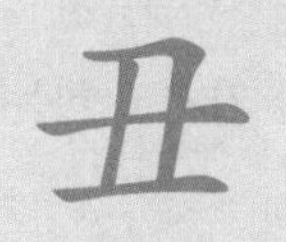

다섯 오 소 축 3급/一 3획

五(다섯 오), 다섯(五)마리의 소(丑) 상형

▶축생 丑生 : 축년(丑年)에 태어난 사람

관련한자 축시(丑時), 축방(丑方)

가죽 위 2급/제부수

발로 가운데 있는 가죽을 밟으며 기름을 제거하는 모양 회의

▶위편 韋編 : 책을 꿰어 매는 가죽끈

관련한자 *위편삼절(韋編三絕)

위인은 클 위 5급/人 9획

韋(가죽 위) + 亻(사람 인), 위인(韋亻, 偉人 : 뛰어나고 훌륭한 사람)은 큰 사람

▶위인 偉人 : 뛰어나고 위대한 사람

관련한자 위대(偉大), 위력(偉力), 위인전기(偉人傳記)

실가죽을 씨 위 3급/糸 9획

실(糸)가죽(韋)을 씨방향(가로 방향)으로 엮음

▶경위 經緯 : ① 직물의 날과 씨, 경도와 위도 ② 사건의 전말, 일의 내력

관련한자 위도(緯度), 경위서(經緯書)

가죽이 착 **어긋날** 위 3급/辵 9획

가죽(韋)이 착(辶) 어긋나게 엮임

▶위헌 違憲 : 헌법에 위반됨

관련한자 위반(違反), 위배(違背), 위법(違法)

행위로 **지킬** 위 4급/行 9획

行(다닐 행)+韋(가죽 위), 올바른 행위(行韋, 行爲 : 사람이 의지를 가지고 하는 짓)로 사회규범을 지킴

▶호위 扈衛 : 궁궐을 지킴

관련한자 방위(防衛), *호위(護衛), 시위대(侍衛隊), 인공위성(人工衛星)

가죽을 **에워쌀** 위 4급/口 9획

사람들로 에워싸인(口) 가죽(韋)

▶주위 周圍 : 어떤 곳을 중심으로 하여 가까운 곳

관련한자 범위(範圍), 포위(包圍), 분위기(雰圍氣)

10진법 五 묶음

계멱우란 사람이 **침노할** 침 4급/人 7획

人(사람 인)+ヨ(돼지머리 계)+冖(덮을 멱)+又(또 우), 장군인 계멱우(ヨ冖又 : 사람이름)란 사람(人)이 또(又) 변방을 침노함

▶침공 侵攻 : 침범하여 공격함

관련한자 침해(侵害), 침범(侵犯), 불가침(不可侵)

계멱우는 물에 잠길 침 3급/水 7획

계멱우(彐冖又 : 사람이름)는 또(又) 물(氵)에 빠져 잠김

▶ 침투 浸透 : 사상이나 현상이 깊이 스며들어 퍼짐

관련한자 침식(浸蝕), 침수지(浸水地)

면뉘계멱우 잘 침 4급/宀 11획

면뉘[宀爿 : 호(號 : 본명 이외에 쓰는 이름)] 계멱우(彐冖又 : 사람이름)는 아침에 잠깐 일어났다가 또(又) 잠

▶ 취침 就寢 : 잠자리에 듦

관련한자 침대(寢臺), 침실(寢室), 불침번(不寢番)

손에 비로 쓸 소 4급/手 8획

帚(비(빗자루) 추), 손(扌)에 빗자루(帚)를 들고 씀

▶ 청소부 淸掃夫 : 청소를 직업으로 하는 남자

관련한자 소탕(掃蕩), *일소(一掃)

비든 여자는 며느리 부 4급/女 8획

집 안에서 빗자루(帚)를 들고 쓸고 있는 여자(女)는 며느리 회의

▶ 고부 姑婦 : 시어머니와 며느리

관련한자 부부(夫婦), 주부(主婦), 신부(新婦)

퇴지계멱건 돌아갈 귀 4급/止 14획

𠂤(흙무더기 퇴) + 止(그칠 지) + 彐(돼지머리 계) + 冖(덮을 멱) + 巾(수건 건), 퇴지[𠂤止 : 호(號 : 본명 이외에 쓰는 이름)] 계멱건(彐冖巾 : 사람이름)은 직장일 마치고 집으로 돌아감

▶ 복귀 復歸 : 원래 자리나 상태로 되돌아감

관련한자 귀가(歸家), 귀국(歸國), 귀소본능(歸巢本能)

인계심 **급할** 급 6급/心 5획

人(사람 인)+彐(돼지머리 계)+心(마음 심). 업무를 인계(人彐, 引繼 : 하던 일이나 물품을 넘겨주거나 넘겨받음)하고자 하는 마음(心)이 급함

▶급등 急騰 : 물가나 시세가 갑자기 오름

관련한자 긴급(緊急), 급증(急增), 급변(急變)

참고 꼴 : 말이나 소에게 먹이 는 풀

임금 군 **성(姓)** 윤 2급/尸 1획

君(임금 군), 윤(尹)씨인 임금(君) 회의

▶이윤 伊尹, 경윤 卿尹, 영윤 令尹 : 중국 은나라의 전설상의 인물. 탕왕을 도와 하나라의 걸왕을 멸망시키고 선정을 베풀었음

관련한자 경윤(卿尹), 영윤(令尹), *반계이윤(磻溪伊尹)

윤인 **저** 이 2급/人 4획

성이 윤(尹)씨인(亻) 저 사람

▶이태리 伊太利 : 이탈리아(Italia)

관련한자 *이시(伊時), *황진이(黃眞伊)

입으로 다스리는 **임금** 군 4급/口 4획

입(口)으로 하명(下命)을 하며 다스리는(尹) 임금

▶단군 檀君 : 우리 민족의 시조로 받드는 태초의 임금

관련한자 군림(君臨), 군자(君子), *사군자(四君子)

임금이 **고을** 군 6급/邑 7획

임금(君)이 고을(阝)에 납심

▶군현 郡縣 : 신라와 고려와 조선시대, 지방 행정단위인 주(州), 부(府), 군(郡), 현(縣)을 이르던 말

관련한자 *군수(郡守), 군청(郡廳)

양군의 **무리** 군 4급/羊 7획

양군(羊君)을 따르는 무리

▶군중 群衆 : 한곳에 모인 많은 사람

관련한자 증후군(症候群), *군계일학(群鷄一鶴)

붓든 물가 **나루** 진 2급/水 6획

聿(붓 율), 나룻배를 기다리며 붓(聿)을 들고 한시를 쓰는 물(氵)가인 나루터

▶섬진강 蟾津江 : 전북 임실군에서 시작하여 하동을 지나 남해로 흘러가는 강

관련한자 정동진(正東津), 노량진(鷺梁津)

두 사람의 붓 **법칙** 률 4급/彳 6획

두 사람(彳)의 붓(聿) 글씨 쓰는 법칙

▶운율 韻律 : 시문의 음률 형식

관련한자 법률(法律), 자율(自律), 규율(規律)

대나무 **붓** 필 5급/竹 6획

대나무(竹)로 만든 붓(聿) 회의

▶연필 鉛筆 : 흑연과 점토를 재료로 심(心)을 나무판 속에 넣어 만든 필기도구

관련한자 집필(執筆), 필기(筆記), 필사본(筆寫本)

붓을 당겨 **세울** 건 5급/廴 6획

붓(聿)으로 글을 쓸 때 당겨(廴) 세우며 마침 회의

▶건평 建坪 : ① 건물이 차지하는 밑바닥의 넓이 ② 연건평(延建坪) : 각 층의 바닥 넓이를 전부 더한 평수

관련한자 건국(建國), 건축(建築), 건물(建物)

健

세운 사람은 굳셀 건 5급/人 9획

꿈을 향해 뜻을 세운(建) 사람(亻)은 굳셈

▶건강 健康 : 몸이나 정신이 튼튼함

관련한자 건전(健全), 보건소(保健所), 건망증(健忘症)

鍵

세운 쇠는 자물쇠 · 열쇠 건 2급/金 9획

쇠빗장에 걸어 세운(建) 쇠(金)는 자물쇠

▶관건 關鍵 : ① 빗장과 자물쇠 ② 사물이나 문제해결의 가장 중요한 부분

관련한자 건반악기(鍵盤樂器), 시건장치(施鍵裝置)

書

붓왈 글 서 6급/日 6획

聿(붓 율) + 曰(가로 왈), 붓(聿)을 들고 왈(曰) 옛날에 글쓰는 도구라고 함 회의

▶서찰 書札 : 편지

관련한자 독서(讀書), 문서(文書), 교과서(敎科書)

그림 화 낮 주 6급/日 7획

畫(그림 화), 낮(晝)에 그림(畫)을 그림 회의

▶주야 晝夜 : 밤과 낮

관련한자 주간(晝間), *주경야독(晝耕夜讀)

낮 주 그림 화 / 그을 획 6급/田 7획

晝(낮 주), 낮(晝)에 그림(畫)을 그림 회의

▶화랑 畫廊 : 미술품을 걸어 전시하는 장소

관련한자 *계획(計劃/計畫), 만화(漫畫), 인물화(人物畫), 화선지(畫宣紙)

그림을 칼로 그을 획 3급/刀 12획

그림(畫)을 칼(刂)로 그으며 그리는 유화

▶ 기획 企劃 : 일을 꾀하여 계획함

관련한자 획수(劃數), 구획(區劃), 계획(計劃), 획기적(劃期的)

계ㅗ불명 다할 진 4급/皿 9획

彐(돼지머리 계) + ㅗ + 灬(불 화) + 皿(그릇 명), 계오(彐ㅗ : 사람이름)는 불명(灬皿, 不明 : 사리에 어둡거나 어리석음)하지만 맡은 바에 최선을 다함

▶ 소진 消盡 : 다 없어짐

관련한자 매진(賣盡), 진력(盡力), *무진장(無盡藏)

붓편뉘일 엄숙할 숙 4급/聿 7획

肀(붓 사, 붓 율) + 片(조각 편) + 뉘 + 一(한 일), 붓편(肀片, 붓便 : 연필보다 붓을 좋아하는 편)인 뉘일(뉘一 : 사람이름)은 엄숙하게 붓글씨를 씀 회의

▶ 숙연 肅然 : 고요하고 엄숙함

관련한자 엄숙(嚴肅), 정숙(靜肅)

물편뉘일 못 연 2급/水 9획

氵(물 수) + 片(조각 편) + 뉘 + 一(한 일), 물편(氵片, 물便 : 땅 보다 물을 좋아하는 편)인 뉘일(뉘一 : 사람이름)은 특별히 연못을 아주 좋아함

▶ 연원 淵源 : 사물이나 일의 근원

관련한자 *발연사(鉢淵寺), *천제연폭포(天帝淵瀑布)

십계녀 아내 처 3급/女 5획

十(열 십) + 彐(돼지머리 계) + 女(계집 녀), 아내는 십계(十彐, 十誡 : 하느님이 모세에게 계시한 열 가지의 계명)를 잘 지키는 여자(女) 회의

▶ 처남 妻男 : 아내의 남자 형제

관련한자 애처가(愛妻家), 공처가(恐妻家), *대처승(帶妻僧)

悽

아내 마음은 **슬퍼할** 처 2급/心 8획

어머니의 병환으로 아내(妻) 마음(忄)은 슬픔

▶처참 悽慘 : 몸서리칠 정도로 슬프고 끔찍함

관련한자 처절(悽絕), *처연(悽然)

팔일계118 **겸할** 겸 3급/八 8획

八(여덟 팔) + 一(한 일) + ⺕(돼지머리 계) + 11 + 八(여덟 팔), 팔일계(八一⺕, 八一契 : 계모임 이름) 모임의 회장은 일복이 많아 118(11八)개 직무를 겸함

회의

▶겸비 兼備 : 두 가지 이상을 함께 갖추고 있음

관련한자 겸직(兼職), 겸임(兼任)

말을 겸한 **겸손할** 겸 3급/言 10획

말(言)을 겸한(兼) 행동이 겸손함

▶겸양 謙讓 : 겸손한 태도로 사양함

관련한자 겸손(謙遜), 겸허(謙虛), *겸양지덕(謙讓之德)

여자 겸함을 **싫어할** 혐 3급/女 10획

두 여자(女)를 겸하여(兼) 연애하는 것을 싫어함

▶혐오 嫌惡 : 싫어하고 미워함

관련한자 무혐의(無嫌疑)

집의 겸한 **청렴할** 렴 3급/广 10획

집(广)의 가훈인 '근면'에 겸해(兼) '청렴'을 중시함

▶염치 廉恥 : 체면을 생각하거나 부끄러움을 아는 마음

관련한자 저렴(低廉), 청렴(淸廉), *파렴치(破廉恥)

청렴한 **물이름** 렴 2급/水 13획

물이 맑고 깨끗한 1급수인 청렴한(廉) 물(氵)이름은? '렴'

▶ 송규렴 宋奎濂 : 조선시대 19대 숙종(肅宗) 때의 문신. 호는 제월당(霽月堂). 송시열 · 송준길과 함께 삼송(三宋)으로 일컬어짐

관련한자 염계(濂溪)

06 10진법 六 묶음

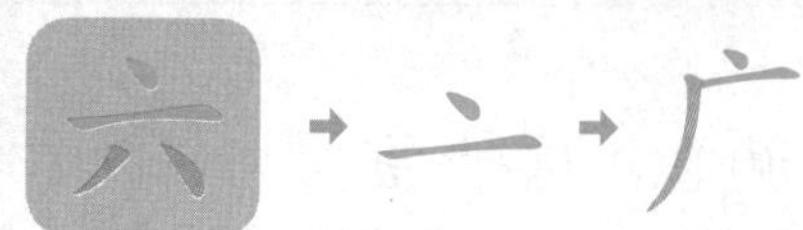

굴 혈 여섯 륙 8급/八 2획

穴(굴 혈), 6(六)곳의 동굴(穴) 지사

▶육혈 六穴 : 사람 몸에 있는 여섯 개의 구멍. 눈, 입, 코, 귀, 항문, 음부

관련한자 유월(六月), 오장육부(五臟六腑), 오대양 육대주(五大洋 六大洲)

덮인 해로 6시에 어두울 명 3급/冖 8획

저녁 6(六)시경 해(日)가 산으로 덮여(冖) 어두워짐 회의

▶명부 冥府 : 저승

관련한자 명상(冥想), 명복(冥福), 명왕성(冥王星)

여섯 륙 굴 혈 3급/제부수

六(여섯 륙), 6(六)곳의 동굴(穴) 상형

▶육혈 六穴 : 사람 몸에 있는 여섯 개의 구멍. 눈, 입, 코, 귀, 항문, 음부

관련한자 *백회혈(百會穴), *해로동혈(偕老同穴)

개구멍에서 갑자기 돌 3급/穴 4획

개(犬)구멍(穴 : 구멍 혈)에서 갑자기 큰 개가 나와 짖음 회의

▶당돌 唐突 : ① 부딪힘. 충돌함 ② 올차서 꺼리는 마음이 없음

관련한자 충돌(衝突), 돌파(突破), 돌풍(突風), 돌입(突入)

혈사심 창 창 6급/穴 6획

穴(굴 혈)+厶(사사 사)+心(마음 심), 혈사(穴厶 : 사람이름)의 마음(心)은 유리창처럼 투명하고 깨끗함

▶ 창문 窓門 : 공기나 빛이 통하도록 벽이나 지붕에 만들어 놓은 문

관련한자 동창(同窓), 창호지(窓戶紙), 학창시절(學窓時節)

물이 점점 깊을 심 4급/水 8획

罙(점점 미), 밀물 때 해면이 상승하며 물(氵)이 점점(罙) 깊어짐

▶ 심호흡 深呼吸 : 깊이 쉬는 숨

관련한자 심야(深夜), 심오(深奧), 심각성(深刻性)

손으로 점점 찾을 탐 4급/手 8획

깊숙이(深) 물에 빠뜨린 물건을 손(扌)으로 점점(罙) 더듬어 찾음

▶ 탐정 探偵 : 몰래 깊은 사정을 살펴 알아냄

관련한자 탐구(探究), 탐사(探査), 탐색(探索), 탐험(探險)

01

10진법 六 묶음

감출 혜 망할 망 5급/亠 1획

匸(감출 혜), 사업 망함(亡)을 감춤(匸) 회의

▶ 도망 逃亡 : 피하거나 쫓기어 달아남

관련한자 멸망(滅亡), 사망(死亡), 흥망(興亡)

잊을 망 바쁠 망 3급/心 3획

忘(잊을 망), 너무 바빠(忙) 그녀의 생일을 까맣게 잊고(忘) 지나감

▶ 망중한 忙中閑 : 바쁜 가운데의 한가한 틈

관련한자 *백망중(百忙中), *다사다망(多事多忙)

妄

망한 여자는 망령될 망 3급/女 3획

망한(亡) 여자(女)는 정신적 충격으로 망령됨

▶ 망언 妄言 : 이치에 맞지 않는 망령(妄靈)된 말

관련한자 망령(妄靈), 허망(虛妄), 망상(妄想)

망한 마음을 잊을 망 3급/心 3획

망한(亡) 마음(心)을 빨리 잊고 재기에 힘씀

▶ 망각 忘却 : 잊어버림

관련한자 망년회(忘年會), 건망증(健忘症), *비망록(備忘錄)

망월에 임을 바랄 망 5급/月 7획

망월(亡月, 望月 : 보름달)을 보며 임(壬, 임 : 사모하는 사람)을 만나기를 바람

상형

▶ 희망 希望 : 앞일에 어떤 기대를 가지고 바람

관련한자 원망(怨望), 선망(羨望), 야망(野望)

풀은 물망이 아득할 망 3급/艸 6획

汒(아득할 망), 일반 풀(艹)은 물망(氵亡, 物望 : 여러 사람이 우러러보는 명망)에 오르기가 아득함

▶ 망막 茫漠 : 넓고 멀음. 아득함

관련한자 *망망(茫茫), *망망대해(茫茫大海)

망한 눈은 **소경 · 눈 멀** 맹 3급/目 3획

망한(亡) 눈(目)은 소경을 뜻함

▶ 맹장 盲腸 : 큰 창자의 위 끝으로 작은 창자에 이어진 곳에 있는 주머니 모양의 위창자관

관련한자 맹인(盲人), 문맹(文盲), 맹목적(盲目的)

초망내 **거칠** 황 3급/艸 6획

++(풀 초)+亡(망할 망)+川(내 천), 초망내(++亡川 : 사람이름)는 거친 성격임

▶ 황량 荒凉 : 황폐하여 거칠고 쓸쓸함

관련한자 황폐(荒廢), 허황(虛荒), 황무지(荒蕪地)

언덕 강 **없을** 망 3급/网 3획

岡(언덕 강), 작은 언덕(岡)도 없는(罔) 도심

▶ 망극 罔極 : ① 망극지통(罔極之痛) : 한이 없는 슬픔 ② 임금이나 부모의 은혜가 너무 커서 갚을 길이 없음

관련한자 *망야(罔夜), *망측(罔測)

실망한 **그물** 망 2급/糸 8획

糸(실 사)+罔(없을 망), 그물에 잡힌 고기가 한 마리도 없어 실망(糸罔, 失望 : 바라던 일이 뜻대로 되지 아니하여 마음이 몹시 상함)함

▶ 망막 網膜 : 시신경의 세포가 막 모양으로 층을 이룬 투명하고 얇은 막

관련한자 철조망(鐵條網), 연락망(連絡網), 통신망(通信網)

없을 망 **언덕** 강 2급/山 5획

罔(없을 망), 작은 언덕(岡)도 없는(罔) 도심

▶ 구강 丘岡 : 언덕

관련한자 *강부(岡阜), *진의천인강(振衣千仞岡)

참고 산등성이(山---) : 산의 등줄기

실언덕 **벼리** 강 3급/糸 8획

실(糸)로 된 언덕(岡) 모양의 그물코를 꿴 줄(糸)인 벼리

▶ 기강 紀綱 : 법도와 질서

관련한자 *요강(要綱), *삼강오륜(三綱五倫)

금강 **강철** 강 3급/金 8획

金(쇠 금)+岡(언덕 강), 금강(金岡, 金剛 : 매우 단단하여 결코 부서지지 않는 것을 비유)처럼 단단한 강철

▶ 특수강 特殊鋼 : 보통 강철에 규소, 망간, 니켈, 크롬, 구리 등을 더하여 세고 질기게 만든 강철

관련한자 철강(鐵鋼), 제강(製鋼), 탄소강(炭素鋼)

강도에게 **굳셀** 강 3급/刀 8획

강도(岡刂, 强盜 : 폭행이나 협박으로 남의 재물을 빼앗는 도둑)에게 굳세게 대항함

▶ 강직 剛直 : 마음이 굳세고 곧음

관련한자 금강산(金剛山), *외유내강(外柔內剛)

산 **언덕** 강 2급/山 8획

큰 산(山) 밑에 언덕처럼 보이는 산언덕(岡)

▶ 화강암 花崗巖 : 석영, 장석, 운모 등으로 이루어진 심성암(深成巖)

관련한자 정강산(井崗山)

02

10진법 六 묶음

方

일만 만 **모(棱)** 방 7급/제부수

万(일만 만), 강가에는 둥근 돌이, 산에는 모(方)난 돌이 많음(万) 상형

▶방주 方舟 : 네모진 모양의 배

관련한자 방향(方向), 방법(方法), 방침(方針)

防

언덕 모퉁이를 **막을** 방 4급/阜 4획

언덕(阝)의 모(方)퉁이를 막음

▶소방서 消防署 : 화재를 예방, 진압하는 소방 기관

관련한자 방어(防禦), 예방(豫防), 국방부(國防部)

모난 여자가 **방해할** 방 4급/女 4획

성격이 모(方)난 여자(女)가 동아리 모임을 방해함

▶방해 妨害 : 남의 일을 간섭하고 막아 해를 끼침

관련한자 *무방(無妨)

방실대며 **길쌈** 방 2급/糸 4획

방실(方糸, 방실대다 : 소리 없이 입을 살짝 벌리고 밝고 환하게 자꾸 웃음)대며 옷감을 짜는 길쌈

▶방적 紡績 : 동식물의 섬유나 화학섬유를 가공하여 실을 뽑는 일

관련한자 *방거(紡車), 방직공장(紡織工場)

참고 길쌈 : 실을 내어 옷감을 짜는 모든 일

방언을 찾을 방 4급/言 4획

方(모 방)+言(말씀 언), 언어학자가 전국을 돌며 방언(方言 : 사투리)의 유래를 찾음

▶방한 訪韓 : 한국을 방문함

관련한자 방문객(訪問客), 탐방객(探訪客), 내방객(來訪客)

芳

모퉁이 풀이 꽃다울 방 3급/艸 4획

모(方)퉁이의 향풀(++)이 꽃다움

▶방향제 芳香劑 : 좋은 향을 가지고 있는 약제

관련한자 *방년(芳年), 방명록(芳名錄)

房

집에 네모난 방 방 4급/戶 4획

집(戶 : 집 호, 지게 호) 안의 네모(方)난 방

▶방세 房貰 : 방을 빌린 대가로 내는 돈

관련한자 냉방(冷房), 주방(廚房), 다방(茶房)

목망방 네모질 릉 2급/木 9획

木(나무 목)+罒(그물 망)+方(모 방), 목망(罒方 : 사람이름)이 방(方, 房 : 사람이 거처하거나 일을 하기 위하여 벽 따위로 막아 만든 칸)은 네모짐

▶능엄경 楞嚴經 : 선종의 주요 경전으로, 인연과 만유를 설명

관련한자 능가경(楞伽經)

립멱방 곁 방 2급/方 6획

立(설 립)+冖(덮을 멱)+方(모 방), 내 방은 립멱(立冖 : 사람이름)이 방의 곁방(方, 房 : 사람이 거처하거나 일을 하기 위하여 벽 따위로 막아 만든 칸)이다.

▶방관 旁觀 : 상관하지 않고 곁에서 보기만 함

관련한자 *방지(旁支), *축원방(祝願旁)

傍

사람의 **곁** 방 3급/人 10획

사람(亻)의 곁(旁)

▶방관 傍觀 : 직접 관여하지 않고 곁에서 보기만 함

관련한자 방청객(傍聽客), *수수방관(袖手傍觀)

施

모인이 이어 **베풀** 시 4급/方 5획

也(잇기 야), 모인(方人, 某人 : 어떤 사람)이 불우이웃 돕기를 이어(也) 베풂

▶시설 施設 : 도구, 기계, 장치 등을 베풀어 설비함

관련한자 시행(施行), 시공(施工), 시상식(施賞式)

참고 잇기 : 한곳에 닿아서 붙는 일

旅

모 인씨는 **나그네** 려 5급/方 6획

모(方, 某 : 아무개) 인씨(人氏)는 나그네 회의

▶여관 旅館 : 돈을 지불하고 손님이 묵는 집

관련한자 여권(旅券), 여행(旅行), 여객기(旅客機)

旌

모 인생은 **기** 정 2급/方 7획

모(方, 某 : 아무개) 인생(人生)은 깃발을 만드는 인생

▶정려 旌閭 : 충신, 효자, 열녀 등을 그 동네에 정문(旌門)을 세워 표창하던 일

관련한자 *명정(銘旌), *정표문려(旌表門閭)

모인의 화살은 **겨레** 족 6급/方 7획

장인인 모인(方人, 某人 : 어떤 사람)의 화살(矢)은 오직 겨레를 위해서 만듦 회의

▶족보 族譜 : 한 가문의 혈통관계를 기록한 책

관련한자 민족(民族), 가족(家族), 유족(遺族)

모인의 아들이 착 **놀** 유 4급/辵 9획

모인(方人, 某人 : 어떤 사람)의 아들(子)은 하던 일을 그만두고 여행을 다니며 착(辶) 놂

▶ 유흥비 遊興費 : 흥겹게 노는 데 드는 비용

관련한자 유원지(遊園地), 유목민(遊牧民), *주유천하(周遊天下)

모인은 얼음에 **어조사** 어 / **탄식할** 오 3급/方 4획

모인(方人, 某人 : 어떤 사람)은 재배한 과일이 얼어(冫) 탄식함 상형

▶ 어언간 於焉間 : 알지 못하는 사이에 어느덧

관련한자 심지어(甚至於), 어차피(於此彼), 어중간(於中間)

문어를 **막을** 알 2급/門 8획

門(문 문)+於(어조사 어, 탄식할 오), 8체질 한의사가 목양(木陽) 체질 환자에게 문어(門於, 文魚 : 문어과의 연체동물)를 먹지 못하게 먹는 것을 막음

▶ 알가배 閼伽杯 : 알가수(閼伽水 : 부처나 보살에게 공양하는 물)를 담아서 부처에게 바치는 잔

관련한자 *요알(夭閼)

모인의 짝은 **돌(廻)** 선 3급/方 7획

疋(짝 필, 발 소), 모인(方人, 某人 : 어떤 사람)의 짝(疋)은 동네 한 바퀴 산책하며 돎 회의

▶ 선반 旋盤 : 금속 재료를 회전시켜서 바이트로 깎아내는 공작 기계

관련한자 알선(斡旋), 선풍적(旋風的), *개선장군(凱旋將軍)

참고 소반(小盤) : 자그마한 밥상

모인의 짝은 **옥** 선 2급/玉 11획

모인(方人, 某人 : 어떤 사람)의 짝(疋)은 옥을 아주 좋아함

▶ 천선 天璇 : 북두칠성에서, 국자의 머리 쪽에 있는 네 개의 별 중에서 둘째 별

관련한자 *선기옥형(璇璣玉衡)

참고 선실 : 옥으로 꾸민 방

放

방문해 놓을 방 6급/攴 4획

方(모 방)+攵(등글월 문), 어려운 이웃의 집을 방문(方攵, 訪問 : 어떤 사람이나 장소를 찾아가서 만나거나 봄)하여 음식을 놓고 감

▶방자 放恣 : 삼가는 태도가 없이 건방짐

관련한자 개방(開放), 방학(放學), 방송(放送)

倣

사람을 놓고 본뜰 방 3급/人 8획

사람(亻)을 모델로 놓고(放) 본뜸

▶모방 模倣 : 다른 것을 본뜨거나 본받음

관련한자 *비방(比倣)

사람이 토해 놓고 거만할 오 3급/人 11획

敖(거만할 오), 사람(亻)이 만취하여 집 안에 토(土)해 놓고(放)도 거만하게 말함

▶오만 傲慢 : 태도나 행동이 방자하고 거만함

관련한자 오기(傲氣), *오만불손(傲慢不遜)

수백방문 격할 격 4급/水 13획

氵(물 수)+白(흰 백)+方(모 방)+攵(등글월 문), 수백(氵白, 數百 : '백'의 여러 배가 되는 수) 번 방문(方攵, 訪問 : 어디를 찾아가 봄)하며 빨리 빚을 갚으라고 격하게 말함

▶격렬 激烈 : 말이나 행동이 세차고 사나움

관련한자 과격(過激), 감격(感激), 격려금(激勵金)

10진법 六 묶음

立

설 립 7급/제부수

사람이 땅 위에 서(立) 있는 모습을 본뜸 상형

▶입춘 立春 : 봄이 시작한다는 날

관련한자 독립(獨立), 설립(設立), 건립(建立)

사람이 설 자리 위 5급/人 5획

사람(亻)이 직위에 따라 설(立) 자리 회의

▶순위 順位 : 차례를 나타내는 자리

관련한자 위치(位置), 단위(單位), 직위(職位)

물에 서서 울 읍 3급/水 5획

어린아이가 물(氵)속에 서서(立) 무서워서 욺

▶곡읍 哭泣 : 소리내어 슬피 욺

관련한자 *읍소(泣訴), *읍참마속(泣斬馬謖)

서서 손으로 끌 랍 2급/手 5획

서서(立) 손(扌)으로 끌어 당겨 납치함

▶납치 拉致 : 불법적으로 위협하여 강제로 붙들어 감

관련한자 *피랍(被拉), *납북(拉北)

설설 **나란히** 병 3급/立 5획

立(설 립), 송충이가 설설(立立, 설설 : 벌레가 가볍게 기어다니는 모양) 나란히 기어감 상형

▶병렬 竝列 : 나란히 벌여 섬

관련한자 병행(竝行), *병설(竝設)

설 여자는 **첩** 첩 3급/女 5획

서(立)서 시중드는 여자(女)는 첩(정식 아내 외에 데리고 사는 여자) 회의

▶소첩 小妾 : 여자가 남편을 대하여 자기를 낮추어 가리키는 말

관련한자 *처첩(妻妾), *애첩(愛妾)

손잡고 첩으로 **이을** 접 4급/手 8획

손(扌)을 잡고 첩(妾)으로 연(緣)을 이음

▶접촉 接觸 : 서로 만나거나 교섭함

관련한자 직접(直接), 접근(接近), *피골상접(皮骨相接)

사람이 침을 **곱** 배 5급/人 8획

감기에 걸린 사람(亻)이 평소보다 침(咅 : 침 부, 침 뱉을 투)을 곱으로 뱉음

▶배율 倍率 : 어떤 수(數)가 기준이 되는 수의 몇 배가 되는가를 나타내는 수

관련한자 배가(倍加), 공배수(公倍數), 배달민족(倍達民族)

땅에 침뱉어 **북돋을** 배 3급/土 8획

땅(土)에 침(咅)을 뱉어 싸움의 기세를 북돋음

▶재배 栽培 : 식물을 심어 가꿈

관련한자 *배양(培養)

賠

돈을 침뱉고 물어줄 배 2급/貝 8획

빚진 돈(貝)을 갚을 때 손바닥에 침(咅)을 뱉고 세어 물어줌

▶배상 賠償 : 남에게 입힌 손해를 갚아 줌

관련한자 배상금(賠償金), 손해배상(損害賠償)

部

고을에 침뱉는 떼 부 6급/邑 8획

불량배들이 고을(阝)에서 침(咅)을 떼로 뱉고 다른 고을로 감

▶흉부 胸部 : 가슴 부분

관련한자 전부(全部), 부대(部隊), 대부분(大部分)

競

서서 두형이 다툴 경 5급/立 15획

서서(立) 두 형(兄)이 다툼 회의

▶경쟁 競爭 : 서로 이기려고 다툼

관련한자 경기(競技), 경매(競賣), 경마장(競馬場)

新

친한 도끼는 새 신 6급/斤 9획

친한(亲 : 친할 친) 것처럼 자주 사용하는 도끼(斤)는 새것

▶신선 新鮮 : 새롭고 산뜻함

관련한자 신문(新聞), 혁신(革新), 참신(斬新), 신축(新築)

親

볼수록 친할 친 6급/見 9획

자주 볼(見)수록 친해진(亲 : 친할 친) 친구

▶친척 親戚 : 친족과 외척(外戚)을 아울러 이르는 말

관련한자 친구(親舊), 친정(親庭), 친근(親近), 친절(親切)

섣달ㅏ기삼 용 룡 4급/제부수

섣달[설(立)이든 달(月)]에 세(三)쌍둥이 용띠 아기(ㅏ己)를 낳음 상형

▶ 와룡 臥龍 : ① 누워 있는 용 ② 때를 만나지 못한 큰 인물

관련한자 공룡(恐龍), *등용문(登龍門)

籠

대용으로 대바구니 롱 2급/竹 16획

플라스틱 바구니 대용(竹龍, 代用 : 대신하여 다른 것을 씀)으로 대바구니를 씀

▶ 농구화 籠球靴 : 농구 경기를 할 때에 신는, 목이 긴 운동화

관련한자 농락(籠絡), 장농(欌籠), *농성(籠城)

용옷에 엄습할 습 3급/衣 16획

용(龍)이 수놓아져 있는 임금님이 입던 옷(衣)인 곤룡포에 추위가 엄습함

▶ 답습 踏襲 : 전부터 해 오던 방식이나 수법을 좇아 그대로 행함

관련한자 엄습(掩襲), 기습(奇襲), 습격(襲擊)

용집은 높은집 방 2급/龍 3획

용(龍) 같은 인재가 높은 벼슬에 올라 사는 높은 집(广)

▶ 개성방 開城龐 : 〈시조(始祖) : 방두현(龐斗賢)〉. 주(周)나라 현왕(顯王, 기원전 368~321) 때 장군

관련한자 방통(龐統), 태원방(太原龐)

소리 음 햇빛밝을 욱 2급/日 5획

音(소리 음), 햇빛밝은(昱) 것처럼 잠귀가 밝아 밤에 작은 소리(音)에도 자주 깸

▶ 욱요 昱耀 : 밝게 빛남

관련한자 욱욱(昱昱)

煜

불 해설을 빛날 욱 2급/火 9획

밤에 모닥불(火) 피우고 노는 장면을 불이 빛나는 밤으로 해설(日立, 解說 : 뜻을 알기 쉽게 풀어 설명함)함

▶병욱 炳煜 : 밝게 빛남

관련한자 엽욱(曄煜), 욱욱(煜煜)

音

설날에 소리 음 6급/제부수

설날(立日, 설날 : 정월 초하룻날)에 까치소리를 많이 들어 올해 복을 많이 받을 것 같음 지사

▶소음 騷音 : 시끄러운 소리

관련한자 음악(音樂), 녹음(錄音), 음성(音聲)

暗

날로 소리에 어두울 암 4급/日 9획

나이가 들어서인지 날(日)로 소리(音)에 어두어져 잘 안 들림

▶암흑 暗黑 : 어둡고 캄캄함

관련한자 명암(明暗), 암기(暗記), 암행어사(暗行御史)

章

열 소리의 글 장 6급/立 6획

열(十) 명의 소리(音)를 담은 글 회의

▶견장 肩章 : 제복의 어깨에 붙이는, 직위나 계급을 밝히는 표장

관련한자 문장(文章), 도장(圖章), 훈장(勳章)

璋

옥에 글 쓴 홀(笏) 장 2급/玉 11획

옥(玉)에 글(章)을 새긴 홀

▶농장 弄璋 : 옛날 중국에서, 아들을 낳으면 구슬을 장난감으로 주었다는 옛일에서 온 말. 사내아이를 낳는 일

관련한자 *농장지경(弄璋之慶)

참고 홀(笏) : 천자가 제후(諸侯)를 봉할 때 내리던 신표(信標)

언덕을 글로 **막을** 장 4급/阜 11획

언덕(阝) 입구에 '출입금지'란 글(章)을 써붙여 막음

▶ 장벽 障壁 : 가리어 막은 벽

관련한자 장애(障碍), 보장(保障), 고장(故障)

개장한 **노루** 장 2급/犬 11획

노루목장을 개장(犭章, 開場 : 사업체나 시설이 새로 문을 열고 업무를 시작함)함

▶ 향장 香獐 : 사향노루(사향노룻과의 포유류). 수컷의 배 부분에는 달걀만 한 향 주머니가 있는데, 여기에 사향이 들어 있음

관련한자 *장각(獐角), *향장(香獐), *주장낙토(走獐落兎)

삼장이 **드러날** 창 2급/彡 11획

彡(터럭 삼)+章(글 장), 2장이 끝나고 3장(彡章, 三章 : 세 번째 글)이 드러남

▶ 표창장 表彰狀 : 표창을 하는 내용을 적은 상장

관련한자 *창현(彰顯), *창의문(彰義門)

다툴 경 **마침내** 경 3급/立 6획

竞(다툴 경), 긴 다툼(竞)이 마침내(竟) 끝남 회의

▶ 필경 畢竟 : 끝장에 가서는. 결국에는

관련한자 *경야(竟夜), *구경(究竟)

경토의 **지경** 경 4급/土 11획

경토(竟土, 耕土 : 농사짓기에 적당한 땅)의 지경은 보통 모양이 사각형임

▶ 경우 境遇 : 놓여 있는 조건이나 상황

관련한자 환경(環境), 경계(境界), 국경(國境)

쇠로 마침내 **거울** 경 4급/金 11획

옛날에는 쇠(金)를 잘 보일 때까지 갈아서 마침내(竟) 거울을 만들었음

▶ 쌍안경 雙眼鏡 : 두 눈으로 볼 수 있게 만든 망원경

관련한자 현미경(顯微鏡), 망원경(望遠鏡), 내시경(內視鏡)

소리는 마음의 **뜻** 의 6급/心 9획

사람이 말하는 소리(音)는 마음(心)의 뜻을 나타냄 회의

▶ 괘의 掛意 : 마음에 두고 걱정하거나 잊지 않음

관련한자 의미(意味), 의도(意圖), 주의(注意)

사람 뜻이 **억** 억 5급/人 13획

사람(亻)이 뜻(意)을 수억 원에 둠

▶ 억조 億兆 : ① 억과 조 ② 아주 많은 수효

관련한자 *억만년(億萬年), 억만장자(億萬長者), *억조창생(億兆蒼生)

마음의 뜻을 **생각할** 억 3급/心 13획

야단맞은 제자가 뉘우치며 선생님 마음(忄)의 뜻(意)을 다시 한번 생각함

▶ 기억 記憶 : 지난 일을 잊지 않고 외워 둠

관련한자 추억(追憶), *회억(回憶)

뜻에 입으로 **한숨 쉴** 희 2급/口 13획

간절히 원하는 뜻(意)이 막혀 입(口)으로 한숨 쉼

▶ 희오 噫嗚 : 슬피 탄식하고 괴로워하는 모양

관련한자 *애기(噫氣)

다행 행 매울 신 3급/제부수

幸(다행 행), 매운탕의 맛이 다행(幸)히 매움(辛) 상형

▶신사 辛巳 : 육십갑자의 열여덟째

관련한자 신랄(辛辣), 간신(艱辛), *향신료(香辛料)

집안이 매운 재상 재 3급/宀 7획

집(宀)안을 엄하게(辛) 다스리는 재상집

▶주재 主宰 : 일을 중심이 되어 맡아 처리함

관련한자 *재상(宰相), *재신(宰臣)

사람이 피할 궁벽할 벽 2급/人 13획

辟(피할 피, 임금 벽, 비유할 비), 사람(亻)이 열심히 일해 피해(辟)야 하는 궁벽함

▶궁벽 窮僻 : 외따로 떨어져 구석지고 몹시 으슥함

관련한자 편벽(偏僻), 벽지(僻地)

피한 흙 벽 벽 4급/土 13획

튼튼함을 위해 흙(土)벽을 피하고(辟) 벽돌을 쌓음

▶장벽 障壁 : 가리어 막은 벽

관련한자 벽화(壁畫), 방화벽(防火壁), 방음벽(防音壁), 벽난로(壁煖爐)

주검구신이 착 피할 피 4급/辵 13획

尸(주검 시)+口(입 구)+辛(매울 신)+⻌(쉬엄쉬엄 갈 착), 주검(尸)에서 나온 구신(口辛, 구신 : '귀신'의 방언)이 기도하고 주문을 외우니 착(⻌) 피해 사라짐

▶피서 避暑 : 시원한 곳으로 옮겨 더위를 피함

관련한자 기피(忌避), 도피(逃避), 불가피(不可避)

薛

초퇴신 성(姓) 설 2급/艸 13획

艹(풀 초)+自(흙무더기 퇴)+辛(매울 신), 초퇴신[艹自辛 : 가명(假名 : 실제 자기 이름이 아닌 이름)]씨 본래 성은 설씨

▶설총 薛聰 : 신라 35대 경덕왕 때의 문신. 원효 대사의 아들. 국학(國學)에서 학생들을 가르쳐 유학의 발전에 공헌하였으며, 이두(吏讀)를 정리하고 집대성

관련한자 설적(薛炙), 설리(薛里), 설라(薛羅)

辨

맵고 매워 칼로 분별할 변 3급/辛 9획

辛(매울 신), 부침개의 일부가 청양(靑陽)고추로 인해 맵고(辛) 매워(辛) 칼(刂)로 분별하여 떼어냄

▶변상 辨償 : ① 진 빚을 갚음 ② 재물을 내어, 지은 죄과를 갚음

관련한자 *변명(辨明), 변별력(辨別力), 변리사(辨理士)

辯

맵고 매운 말씀 변 4급/辛 14획

윗사람의 맵고(辛) 매운(辛) 꾸지람하는 말씀(言) 회의

▶답변 答辯 : 질문이나 요구에 응하여 대답함

관련한자 웅변(雄辯), 궤변(詭辯), 변호사(辯護士)

매울 신 다행 행 6급/干 5획

辛(매울 신), 매운탕의 맛이 매워(辛) 다행(幸)스러워함 회의

▶행복 幸福 : 생활에서 기쁨과 만족감을 느껴 흐뭇한 상태

관련한자 행운(幸運), *천만다행(千萬多幸)

다행히 둥근 것을 잡을 집 3급/土 8획

뾰족한 것을 피하고 다행히(幸) 둥근(丸 : 둥글 환) 것을 잡음 회의

▶아집 我執 : 자기중심적인 생각이나 좁은 소견에 사로잡힌 고집

관련한자 집권(執權), 고집(固執), 집착(執着)

다행히 절에 또 **갚을 · 알릴** 보 4급/土 9획

다행히(幸) 불교 탄압정책을 절(卩, 절 : 승려가 불상을 모셔 놓고 불도를 수행하여 교법을 펴는 장소)에 또(又) 알려 스님들이 잘 대처함 회의

▶ 홍보 弘報 : 널리 알림

관련한자 보도(報道), 보답(報答), 보고서(報告書)

달마다 절에 또 **옷** 복 6급/月 4획

달(月)마다 절(卩)에 또(又) 옷[袈裟(가사) : 승려가 입는 법의]을 보시함

▶ 연미복 燕尾服 : 남자용 서양 예복. 뒤는 마치 제비의 꼬리처럼 보임

관련한자 의복(衣服), 한복(韓服), 방한복(防寒服)

말씀을 엿보고 **번역할** 역 3급/言 13획

뉴욕타임즈에 실린 좋은 말씀(言)을 엿보고(睪 : 엿볼 역, 못 택) 번역함

▶ 번역 飜譯 : 언어로 된 글을 다른 언어의 글로 바꿈

관련한자 직역(直譯), 내역서(內譯書), 통역관(通譯官)

말을 엿본 **역** 역 3급/馬 13획

말(馬)을 엿볼(睪) 수 있는 역참[驛站 : 역마(驛馬)를 바꾸어 타던 곳]

▶ 역사 驛舍 : 역으로 쓰이는 건물

관련한자 전철역(電鐵驛), 종착역(終着驛), 역무원(驛務員)

엿본 물은 **못** 택 3급/水 13획

연꽃을 엿본(睪) 물(氵)은 연못

▶ 윤택 潤澤 : ① 윤기 있는 광택 ② 물건이 풍부함. 넉넉함

관련한자 혜택(惠澤), 광택(光澤), 덕택(德澤)

손망행 가릴 택 4급/手 13획

손망행(扌罒幸 : 사람이름)은 사건 현장을 엿보고(睪) 손(扌)으로 증거물을 가려냄

▶채택 採擇 : 골라서 가려냄

관련한자 선택(選擇), *양자택일(兩者擇一)

엿보고 분별하여 풀 석 3급/釆 13획

釆(분별할 변), 이것저것 엿보고(睪) 분별(釆)하여 어려움을 풂

▶희석 稀釋 : 물 또는 다른 용해제를 가하여 묽게 함

관련한자 해석(解釋), 석방(釋放), *수불석권(手不釋卷)

토양에 착 통달할 달 4급/辵 9획

오랜 연구 끝에 지질학자가 토양(土羊, 土壤 : 흙)에 착(辶) 통달함

▶도달 到達 : 목적한 곳이나 수준에 다다름

관련한자 전달(傳達), 발달(發達), 달성(達成)

서서 수건 덮은 임금 제 4급/巾 6획

서서(立) 수건(巾)으로 목을 덮고(冖) 있는 임금, 하늘에 제사를 지낼 때 제수를 올려놓은 제삿상을 본뜸 상형

▶황제 皇帝 : 왕이나 제후를 거느리고 나라를 통치하는 임금

관련한자 제국주의(帝國主義), 옥황상제(玉皇上帝)

실제로 맺을 체 2급/糸 9획

糸(실 사)+帝(임금 제), 가계약이 아닌 실제(糸帝, 實際 : 사실의 경우나 형편)로 계약을 맺음

▶체결 締結 : 계약이나 조약, 약속 등을 서로 맺음

관련한자 *체약국(締約國), *체약금(締約金)

밑동에 **물방울** 적 3급/水 11획

啇(밑동 적, 장사 상), 두레박 밑동(啇)에 맺힌 물(氵)방울

▶ 연적 硯滴 : 벼룻물을 담는 그릇

관련한자 *적수(滴水), *일적(一滴)

손으로 밑동을 **딸** 적 3급/手 11획

상추 밑동(啇)을 손(扌)으로 쥐고 꺾어 땀

▶ 지적 指摘 : ① 꼭 집어서 가리킴 ② 잘못을 들추어냄

관련한자 적발(摘發), *적출술(摘出術)

밑동을 치며 **대적할** 적 4급/攴 11획

몽둥이로 양동이 밑동(啇)을 치며(攵) 적을 대적함

▶ 대적 對敵 : 적과 맞서 싸움

관련한자 적개심(敵愾心), 적대감(敵對感), 천하무적(天下無敵)

설경고와 착 **맞을** 적 4급/辵 11획

친한 친구인 설경고(立冂古 : 사람이름)와 서로 성격이 착(辶) 맞음

▶ 적응 適應 : 조건이나 환경에 맞추어 잘 어울림

관련한자 적용(適用), 적절(適切), 적합(適合)

열경ㅛ열 **남녘** 남 8급/十 7획

十(열 십)+冂(멀 경)+ㅛ+十(열 십), 열경(十冂 : 사람이름)은 요(ㅛ) 열(十, 熱 : 뜨겁게 해주는 것)기는 따뜻한 남녘에서 온다고 말함 회의

▶ 호남 湖南 : 전라남도와 전라북도

관련한자 남극(南極), 강남(江南), 동서남북(東西南北)

설경팔구 장사 상 5급/口 8획

立(설 립)+冂(멀 경)+八(여덟 팔)+口(입 구), 설경(立冂 : 사람이름)과 팔구(八口 : 사람이름)는 장사를 잘함 회의

▶상가 商街 : 상점들이 죽 늘어서 있는 거리

관련한자 협상(協商), 상품(商品), 노점상(露店商)

낳을 산 선비 언 2급/彡 6획

産(낳을 산), 선비(彦)같은 아들을 낳음(産)

▶언사 彦士 : 재능과 덕망이 뛰어난 선비

관련한자 *후언(後彦), *언성(彦聖)

선비 머리의 낯 안 3급/頁 9획

선비(彦) 머리(頁)의 잘생긴 낯

▶동안 童顔 : 어린아이의 얼굴

관련한자 안색(顔色), 안면(顔面), *용안(龍顔)

선비 언 낳을 산 5급/生 6획

彦(선비 언), 선비(彦)같은 아들을 낳음(産)

▶산후 産後 : 아이를 낳은 뒤

관련한자 생산(生産), 재산(財産), 산업(産業), 부동산(不動産)

04

10진법 六 묶음

亦

붉을 적 **또** 역 3급/亠 4획

亦(붉을 적), 술 마시고 또(亦) 붉은(赤)색 얼굴임 회의

▶ 역시 亦是 : ① 생각하였던 대로 ② 또한

관련한자 *차역(此亦), *기역(其亦)

또 **발자취** 적 3급/足 6획

또(亦) 발(足)자취를 남김

▶ 기적 奇跡 : 상식을 벗어난 기이하고 놀라운 일

관련한자 추적(追跡), 유적지(遺跡地)

또 역 **붉을** 적 5급/제부수

亦(또 역), 술 마시고 또(亦) 붉은(赤)색 얼굴임 회의

▶ 적조 赤潮 : 플랑크톤이 번식하여 바닷물이 붉게 되는 현상

관련한자 적혈구(赤血球), 적외선(赤外線), 적십자(赤十字)

붉게 치고 **용서할** 사 2급/赤 4획

곤장으로 볼기를 붉게(赤) 치고(攵) 죄를 용서함

▶ 사면 赦免 : 죄를 용서하여 형벌을 면제함

관련한자 사죄(赦罪), *특사(特赦)

붉고 붉게 빛날 혁 2급/赤 7획

불길이 붉고(赤) 붉게(赤) 타올라 빛남 회의

▶ 혁거세 赫居世 : 박혁거세(朴赫居世 : 신라의 시조)

관련한자 *혁혁(赫赫), *현혁(顯赫)

불이 빛나는 불빛 혁 2급/火 14획

火(불 화)+赫(빛날 혁), 불(火)이 활활 타올라 빛나는(赫) 불빛

▶ 赫(빛날 혁)과 동자(同字)

05

亠

10진법 六 묶음

옷 의 6급/제부수

웃옷(衣)의 목깃과 여민 섶 모양을 본뜸 상형

▶ 의상 衣裳 : ① 겉에 입는 저고리와 치마 ② 의복, 모든 옷

관련한자 의복(衣服), 의식주(衣食住), 탈의실(脫衣室)

依

사람이 옷에 의지할 의 4급/人 6획

몸을 싸서 가리거나 보호하기 위하여 사람(亻)이 옷(衣)에 의지함

▶ 의뢰 依賴 : 남에게 의지하거나 부탁함

관련한자 의존(依存), 의지(依支), *무의무탁(無依無托)

입에 옷을 대고 슬플 애 3급/口 6획

옷(衣)고름을 입(口)에 대고 슬프게 욺

▶ 애걸 哀乞 : 소원을 들어 달라고 애처롭게 빎

관련한자 애도(哀悼), 애석(哀惜), 애통(哀痛)

슬퍼 한번에 쇠할 쇠 3급/衣 4획

크게 슬퍼(哀) 한(一)번에 심신이 쇠함 상형

▶ 쇠약 衰弱 : 힘이 쇠하고 약함

관련한자 쇠퇴(衰退), *흥망성쇠(興亡盛衰)

뚫린 슬픈 속마음 충 2급/衣 4획

뚫린(丨 : 뚫을 곤) 응어리진 슬픈(哀) 속마음

▶ 고충 苦衷 : 괴로운 심정이나 사정

관련한자 *충심(衷心), 절충안(折衷案)

한 애는 성(姓) 원 2급/衣 4획

哀(슬플 애), 여기 애들 중에 한(一) 애(哀, 애 : 아이)는 원씨

▶ 원천강 袁天綱 : 일이 확실하고 의심이 없음을 이르는 말. 중국 당나라 때에 있었던 점쟁이의 이름에서 유래

관련한자 *원안고와(袁安高臥)

원씨가 착 멀 원 6급/辵 10획

원(袁)씨가 착(辶) 멀리 감

▶ 요원 遙遠 : 아득히 멂

관련한자 영원성(永遠性), 망원경(望遠鏡), 원양어선(遠洋漁船), *전도요원(前途遙遠)

원씨를 에워싼 **동산** 원 6급/口 10획

원(袁)씨를 에워싼(囗) 동산

▶정원 庭園 : 집안의 뜰이나 꽃밭

관련한자 공원(公園), 유치원(幼稚園), 식물원(植物園)

옥망애 **고리** 환 4급/玉 13획

玉(구슬 옥)+罒(그물 망)+哀(슬플 애), 옥망애(玉罒哀 : 사람이름)는 옥고리를 핸드폰에 달고 다님

▶순환 循環 : 주기적으로 되풀이하여 돎

관련한자 환경(環境), 화환(花環), *일환(一環)

망애가 착 **돌아올** 환 3급/辵 13획

망애(罒哀 : 사람이름)가 한 달 동안 여행 갔다가 착(辶) 돌아옴

▶반환 返還 : 도로 돌려 줌

관련한자 소환(召還), 환급(還給), 환갑(還甲)

두 옷은 **겉** 표 6급/衣 2획

두(二) 벌의 옷(衣)은 겉옷(외투) 회의

▶표창장 表彰狀 : 표창을 하는 내용을 적은 상장

관련한자 대표(代表), 발표(發表), 표현(表現)

옷입구 정일 **도울** 양 2급/衣 11획

작업복(衣) 입구(口口) 우물 파는 정일(井一 : 사람이름)을 도움

▶양례 襄禮 : 장례(葬禮 : 장사를 지내는 일)

관련한자 *양봉(襄奉), *양양군(襄陽郡)

토양에 **흙덩이** 양 3급/土 17획

土(흙 토)+襄(도울 양), 토양(土襄 : 흙)에 흙덩이가 많음

▶토양 土壤 : 식물에 영양을 공급하여 자라게 할 수 있는 흙

관련한자 평양성(平壤城), 점양토(粘壤土), *천양지차(天壤之差)

孃

도울 여자 **아가씨** 양 2급/女 17획

가냘퍼서 도울(襄) 여자(女)인 아가씨

▶안내양 案內孃 : 손님을 안내하는 젊은 여성

관련한자 *야양(野孃), *노양(老孃)

말로 도움을 **사양할** 양 3급/言 17획

말(言)로 도움(襄)을 사양함

▶겸양 謙讓 : 겸손한 태도로 사양함

관련한자 사양(辭讓), 양보(讓步), 양도세(讓渡稅)

마음에 의망수 **품을** 회 3급/心 16획

褱(품을 회), 마음(忄)에 의망수(衣罒水 : 사람이름)를 품고(褱) 사랑함

▶회임 懷妊 : 임신

관련한자 회의적(懷疑的), *허심탄회(虛心坦懷)

흙을 품고 **무너질** 괴 3급/土 16획

흙(土)을 품고(褱) 있는 토담이 태풍에 무너짐

▶붕괴 崩壞 : 무너지고 깨어짐

관련한자 파괴(破壞), 비파괴검사(非破壞檢査)

10진법 六 묶음

말씀 언 6급/제부수

우두머리(亠) 두 사람(二口)의 대화 말씀 회의

▶망언 妄言 : 이치에 맞지 않는 망령(妄靈)된 말

관련한자 언론(言論), 언급(言及), 언어(言語)

사람 말은 **믿을** 신 6급/人 7획

사람(亻)의 말(言)은 믿을 수 있어야 하고 거짓이 없어야 함 회의

▶신앙 信仰 : ① 믿고 받드는 일 ② 종교 생활에 의식적인 측면

관련한자 신뢰(信賴), 확신(確信), 신용(信用), 자신감(自信感)

손으로 두꺼비를 **멜** 담 4급/手 13획

詹(이를 첨, 두꺼비 섬), 두꺼비(詹)를 많이 잡아 자루에 넣고 손(扌)으로 어깨에 멤

▶전담 專擔 : 일을 전문적으로 담당

관련한자 부담(負擔), 담당(擔當), 담임교사(擔任敎師)

달인엄팔언 **쓸개** 담 2급/肉 13획

달인(月人, 達人 : 특정 분야에 남달리 뛰어난 역량을 가진 사람) 엄팔언(厂八言)의 건강한 쓸개

▶상담 嘗膽 : 쓸개를 맛본다는 뜻으로, 원수를 갚거나 마음먹은 일을 이루기 위하여 괴로움을 참고 견딤을 비유적으로 이르는 말

관련한자 낙담(落膽), 담력(膽力), 대담성(大膽性), *와신상담(臥薪嘗膽)

눈으로 두꺼비를 볼 첨 2급/目 13획

눈(目)으로 두꺼비(詹)를 살펴보고 개구리와 비교함

▶ 첨성대 瞻星臺 : 경주 첨성대(신라 선덕여왕 때 세운 천문 기상 관측대)

관련한자 *고첨(顧瞻), *첨병(瞻病)

벌레와 두꺼비 섬 2급/虫 13획

벌레(虫)와 두꺼비(詹)가 많은 섬

▶ 섬진강 蟾津江 : 전북 임실군에서 시작하여 경남 하동을 지나 남해로 흘러 들어가는 강

관련한자 *섬사(蟾蛇), *섬여(蟾蜍)

07

10진법 六 묶음

누릴 향 형통할 형 3급/亠 5획

享(누릴 향), 사업이 형통(亨)하여 기쁨을 누림(享) 상형

▶ 형통 亨通 : 일이 뜻대로 잘 되어 감

관련한자 *형운(亨運), *만사형통(萬事亨通)

형통할 형 누릴 향 3급/亠 6획

亨(형통할 형), 사업이 형통(亨)하여 기쁨을 누림(享) 상형

▶ 향유 享有 : 자기의 것으로 소유하여 누림

관련한자 향락(享樂), *향년(享年)

물을 누리는 **순박할 순** 2급/水 8획

어린아이들이 물(氵)놀이를 즐겁게 누리는(享) 순박한 모습

▶순박 淳朴 : 순수하고 꾸밈이 없음

관련한자 *순량(淳良), 순창군(淳昌郡)

惇

마음으로 누리는 **도타울 돈** 2급/心 8획

마음(忄)으로 누리는(享) 도타운 우정

▶돈효록 惇孝錄 : 서원(書院) 등에서, 선행을 북돋우기 위해 학생들의 품행을 적는 기록

관련한자 *돈혜(惇惠), *돈덕(惇德)

누린 고을의 **둘레 · 외성 곽** 3급/邑 8획

옛 고을(⻏)의 안전을 위해 쌓은 성곽 둘레로 누린(享) 둘레길

▶성곽 城郭 : 내성(內城)과 외성(外城)을 아울러 일컫는 말

관련한자 *일곽(一郭), *외곽문(外郭門)

치며 누려 **도타울 돈** 3급/攴 8획

즐겁게 손뼉을 치며(攵) 누려(享) 우정이 더 도타워짐

▶돈독 敦篤 : 도탑고 성실함

관련한자 *돈후(敦厚), *돈의문(敦義門)

도타운 **불빛 돈** 2급/火 12획

수학여행에서 캠프파이어의 불(火)빛으로 우정이 더 도타워짐(敦)

관련한자 돈황(燉煌)

참고 炖(불빛 돈)과 동자(同字)

둥글게 누림은 **누구** 숙 3급/子 8획

어디에도 걸리지 않고 둥글게(丸) 누리면서(享) 원만히 잘 사는 저 사람은 누구?
회의

▶ 숙재 孰哉 : 누구이겠느냐?

관련한자 *숙능(孰能), *숙지(孰知)

누구의 불에 **익을** 숙 3급/火 11획

누구의(孰) 불(灬)에 고기가 잘 익나?

▶ 능숙 能熟 : 능(能)하고 익숙함

관련한자 숙달(熟達), 친숙(親熟), 미성숙(未成熟)

형통할 형 **서울** 경 6급/亠 6획

亨(형통할 형), 서울(京)에서의 삶이 형통(亨)함 상형

▶ 경기도 京畿道 : 우리나라 중앙부의 서쪽에 있는 도

관련한자 상경(上京), 귀경(歸京), 경부선(京釜線)

서울이 얼어 **서늘할** 량 3급/冫 8획

겨울이 되어 서울(京)에 얼음(冫)이 얼면 서늘함

▶ 황량 荒凉 : 황폐하여 거칠고 쓸쓸함

관련한자 납량(納凉), 처량(凄凉), 청량음료(淸凉飮料)

서울말을 **살펴알 · 믿을** 량 3급/言 8획

지방에서 상경(上京 : 지방에서 서울로 감)하여 낯선 서울(京)말(言)을 살펴보고 믿음

▶ 양해 諒解 : 사정을 잘 헤아려 너그러이 받아들임

관련한자 *양지(諒知), *하량(下諒)

서울에서 손으로 노략질할 략 3급/手 8획

서울(京)에서 손(扌)으로 노략질을 함

▶ 약탈 掠奪 : 폭력을 써서 남의 것을 억지로 빼앗음

관련한자 침략(侵掠), 노략(擄掠)

서울에 햇 볕 경 5급/日 8획

오늘은 서울(京)에 햇(日)볕이 내리쬠

▶ 설경 雪景 : 눈이 내리거나 쌓인 경치

관련한자 배경(背景), 풍경(風景), 불경기(不景氣)

볕에 옥빛 경 2급/玉 12획

햇볕(景)에 옥(玉)빛이 더 빛남

▶ 송경 宋璟 : 중국 당(唐)나라의 재상(宰相)

볕살에 그림자 영 3급/彡 12획

볕(景)살(彡 : 터럭 삼, 햇살이 비치는 모양)에 생긴 그림자

▶ 영향 影響 : 어떤 사물의 작용이 다른 사물에 미침

관련한자 촬영(撮影), 영정(影幀), *배중사영(杯中蛇影)

높고 어진 사람은 밝을 량 2급/亠 7획

높고(高) 어진 사람(儿)은 지혜가 밝음 회의

▶ 제갈량 諸葛亮 : 중국 삼국 시대 촉한의 정치가. 자(字)는 공명(孔明)

관련한자 *청량(淸亮), *익량(翼亮)

고모의 **터럭** 호 3급/毛 7획

유난히 굵고 긴 고모(高毛, 姑母 : 아버지의 누이)의 다리 터럭

▶ 추호 秋毫 : 가을철에 털을 갈아서 가늘어진 짐승의 털이란 뜻으로, 가을 털끝만큼 매우 조금을 비유

관련한자 *휘호(揮毫)

높을 교 **높을** 고 6급/제부수

喬(높을 교), 높고(高) 높은(喬) 백두산은 2,750m 상형

▶ 고가 高架 : 전선이나 도로를 공중에 높이 건너질러 설치하는 것

관련한자 최고(最高), 고층(高層), 고급(高級), 초고속(超高速), 고가도로(高架道路)

높은 **원고 · 볏짚** 고 3급/禾 10획

수확하고 높게(高) 쌓은 볏(禾)짚

▶ 원고 原稿 : 인쇄하거나 발표하기 위하여 쓴 글이나 그림

관련한자 탈고(脫稿), 투고란(投稿欄)

금값이 높은 **호경** 호 2급/金 10획

금(金)값이 높은(高) 호경

▶ 호경 鎬京 : 중국 섬서성(陝西省) 장안현(長安縣) 남서부에 있는 유적. 서주(西周)의 무왕(武王)이 도읍하여 동천(東遷)할 때까지의 왕도(王都)였음

관련한자 *정호면(鄭鎬冕)

고 돼지같은 **호걸** 호 3급/豕 7획

고(高, 고 : 말하는 이와 듣는 이가 모두 알고 있는 사물이나 사람, 일을 가리킬 때 쓰는 말) 돼지(豕)같이 살찐 호걸

▶ 호우 豪雨 : 줄기차게 내리는 큰비

관련한자 호화(豪華), 집중호우(集中豪雨), 영웅호걸(英雄豪傑)

호수하면 **호주** 호 2급/水 14획

호수(豪氵, 湖水 : 우묵하게 들어가 물이 괴어 있는 곳, 대체로 못이나 늪보다 훨씬 넓고 깊음)하면 서호주의 핑크호수가 유명함

▶호주 濠洲 : 오스트레일리아(오스트레일리아 대륙의 대부분을 차지하는, 영국 연방 내의 자치국)

관련한자 *공호(空濠), *외호(外濠)

호걸의 땅 **해자** 호 2급/土 14획

호걸(豪)이 땅(土)을 파서 해자(垓子 : 성 주위에 둘러 판 못)를 만들어 지킴

▶방공호 防空壕 : 적의 공중 공격으로부터 피하기 위하여 땅속에 파 놓은 굴이나 구덩이

관련한자 대피호(待避壕)

참고 해자(垓子) : 성 밖을 둘러싼 못

08

10진법 六 묶음

맏 윤 **채울** 충 5급/儿 4획

允(맏 윤), 아버지의 빈 자리를 채우는(充) 맏이(允) 회의

▶확충 擴充 : 넓혀 충실하게 채움

관련한자 충분(充分), 보충(補充)

충실히 **거느릴** 통 4급/糸 6획

充(채울 충)+糸(실 사), 왕이 신하를 충실(充糸, 充實 : 내용이 알차고 단단함)히 거느림

▶통치 統治 : 나라나 지역을 도맡아 다스림

관련한자 통일(統一), 통제(統制), 대통령(大統領)

銃

채운 쇠 **총** 총 4급/金 6획

무기고를 가득 채운(充) 쇠(金)총

▶ 권총 拳銃 : 한 손으로 다룰 수 있는 짧고 작은 총

관련한자 총성(銃聲), 엽총(獵銃), 다발총(多發銃)

允

채울 충 **맏(伯)** 윤 2급/儿 2획

充(채울 충), 아버지의 빈 자리를 채우는(充) 맏이(允) 회의

▶ 윤허 允許 : 임금이 신하의 청을 허락함

관련한자 *불윤(不允), *승윤(承允)

맏이의 쇠 **창** 윤 2급/金 4획

맏(允)이의 쇠(金)무기인 창

인윤치 **준걸** 준 3급/人 7획

夋(천천히 걷는 모양 준), 선물을 준(夋) 사람(人)인 인윤치(人允夊 : 사람이름)는 준걸임

▶ 준걸 俊傑 : 재주와 슬기가 매우 뛰어남

관련한자 준수(俊秀), *현준(賢俊)

준 물을 **깊게 할** 준 2급/水 7획

준(夋) 물(氵)이 적은지 더 부어서 깊게 해서 마심

▶ 준설 浚渫 : 물의 깊이를 증가시켜 배가 잘 드나들게 하기 위하여 하천 · 항만 등의 바닥에 쌓인 모래나 암석을 파내는 일

관련한자 *허준(許浚), *준정(浚井)

埈

준 땅은 높을 준 2급/土 7획

준(夋) 땅(土)은 시세가 높은 강남의 노른자 땅

참고 陖(가파를 준)과 동자(同字)

峻

준 산은 높을 · 준엄할 준 2급/山 7획

왕이 하사하여 준(夋) 산(山)은 높음

▶준엄 峻嚴 : 매우 엄격함

관련한자 *험준(險峻), *준봉(峻峯)

준 날은 밝을 준 2급/日 7획

회사에서 휴가를 준(夋) 날(日)은 밝음

▶안동준 安東晙 : 조선 말기의 문신(?~1875). 대원군의 심복으로 대일(對日) 외교를 맡았음

준마 준마 준 2급/馬 7획

夋(천천히 걷는 모양 준)+馬(말 마), 저기 천천히 걷고(夋) 있는 말(馬)은 준마(夋馬, 駿馬 : 빠르게 잘 달리는 말)

▶준마 駿馬 : 빠르게 잘 달리는 말

관련한자 *준견(駿犬), *천금준마(千金駿馬)

준 입은 부추길 사 2급/口 7획

돈을 빌려 준(夋) 입(口)은 빨리 갚으라고 부추김

▶교사죄 敎唆罪 : 다른 사람에게 나쁜 일을 하도록 꾀거나 부추겨서 죄를 범하도록 한 죄

관련한자 *시사(示唆)

酸

준 술은 **실(味覺)** 산 2급/酉 7획

어머니께서 만들어 준(夋) 술(酒)은 심

▶ 염산 鹽酸 : 염화수소의 수용액. 무색투명하며, 불순물이 들어 있으면 황색으로 변함

관련한자 산소(酸素), 이산화탄소(二酸化炭素)

거친 물이 **흐를** 류 5급/水 7획

㐬(깃발 류, 거칠 황), 거센 바람으로 거친(㐬) 파도가 치는 바닷물(氵)이 흐름

▶ 표류 漂流 : 물 위에 떠서 정처 없이 흘러감

관련한자 유통(流通), 유행(流行), 전류(電流)

거친 돌 **유황** 류 2급/石 7획

표면이 매끈하지 않고 거친(㐬) 돌(石) 같은 유황

▶ 유황천 硫黃泉 : 1킬로그램의 물 중에 2밀리그램 이상의 황이 들어 있는 광천

관련한자 *석유황(石硫黃)

거친 짝과 **소통할** 소 3급/疋 7획

마음은 부드러우나 겉은 거친(㐬) 짝(疋)과 잘 소통함

▶ 소홀 疏忽 : 정성이나 조심하는 마음이 부족함

관련한자 소통(疏通), 소외(疏外), 생소(生疏)

풀짝류 **나물** 소 3급/艸 12획

⺿(풀 초)+疋(짝 필)+㐬(깃발 류, 거칠 황), 풀짝류[⺿疋㐬 : 별명(풀을 짝처럼 좋아하는 류씨 아저씨)]는 나물을 아주 좋아함

▶ 채소 菜蔬 : 밭에서 기르는 농작물

관련한자 *소반(蔬飯), *춘소(春蔬)

합할 합 별 태 2급/口 2획

合(합할 합), 하늘의 국자모양의 7개의 별(台)을 합해(合) 북두칠성이라고 함

▶천태종 天台宗 : 중국 수나라 때에, 저장성(浙江省) 톈타이 산(天台山)에서 지의(智顗)가 세운 대승 불교의 한 파

관련한자 우태(右台), *삼태성(三台星)

殆

죽은 별은 거의 태 3급/歹 5획

죽은(歹) 별(台)은 폭발하여 거의 먼지가 됨

▶위태 危殆 : 마음을 놓을 수 없을 만큼 위험함

관련한자 *곤태(困殆), *태무심(殆無心)

胎

달별로 아이 밸 태 2급/肉 5획

우리집 열두 자매는 달별(月台, 달別 : 달에 따라 나눈 구별)로 아이를 밈

▶태몽 胎夢 : 아이 밸 것을 암시하는 꿈

관련한자 태아(胎兒), 낙태(落胎), 잉태(孕胎)

태풍 태풍 태 2급/風 5획

台(별 태)+風(바람 풍), 지구(台)가 자전하듯이 도는 바람(風)인 태풍(台風, 颱風 : 폭풍우를 수반한 맹렬한 열대 저기압)

▶태풍 颱風 : 북태평양 남서부에서 발생하여 아시아 대륙 동부로 불어오는 맹렬한 열대성 저기압

관련한자 *태풍안(颱風眼)

기쁠 이 게으를 태 3급/心 5획

怡(기쁠 이), 갑자기 재벌이 되어 기쁘(怡)지만 게을러(怠)짐

▶과태료 過怠料 : 공법상의 의무 이행을 태만히 한 사람에게 벌로 물게 하는 돈

관련한자 태만(怠慢), 나태(懶怠), 권태기(倦怠期)

별수없이 **다스릴** 치 4급/水 5획

특별한 별수(台氵, 別數 : 별다른 방법)없이도 잘 다스림

▶통치 統治 : 나라나 지역을 도맡아 다스림

관련한자 정치(政治), 치료(治療), 난치병(難治病)

별보고 마음이 **기쁠** 이 2급/心 5획

맑은 밤에 수많은 별(台)을 보고 마음(忄)이 기쁨(台)

▶이열 怡悅 : 즐겁고도 기쁨

관련한자 *이화(怡和), *이성(怡聲)

여태 이러다 **비로소** 시 6급/女 5획

여태(女台, 여태 : 지금까지)껏 놀다가 비로소 취직을 함

▶시작 始作 : 처음으로 함

관련한자 시초(始初), 시조(始祖), *시말서(始末書)

09

10진법 六 묶음

돼지 해 **검을** 현 3급/제부수

亥(돼지 해), 제주도의 검은(玄) 흑돼지(亥) 회의

▶현미 玄米 : 벼의 겉껍질만 벗겨 낸 쌀. 색이 누르스름함

관련한자 현관문(玄關門), 현무암(玄武巖)

弦

검은 활의 시위 현 2급/弓 5획

검은(玄) 활(弓)의 시위

▶상현 上弦 : 매달 음력 7~8일경에 나타나는 달의 모양

관련한자 *하현(下弦), *궁현(弓弦)

참고 시위 : 활대에 걸어서 켕기는 줄

불현듯 밝을 현 2급/火 5획

火(불 화)+玄(검을 현), 기발한 아이디어로 머릿속이 불현(火玄, 불현듯 : 갑자기 어떤 생각이 걷잡을 수 없이 일어나는 모양을 나타내는 말)듯 밝아짐

▶현황 炫煌 : 정신이 어지럽고 황홀함

관련한자 현목(炫目)

검은 실로 줄 현 3급/糸 5획

검은(玄) 실(糸)로 줄을 만듦

▶현악기 絃樂器 : 가야금, 거문고, 기타 등, 줄을 타거나 켜서 소리를 내는 악기

관련한자 관현악(管絃樂), *백아절현(伯牙絕絃)

검은 쇠 솥귀 현 2급/金 5획

검은(玄) 쇠(金) 솥귀

▶정현 鼎鉉 : 세발솥의 손잡이

관련한자 현석(鉉席), 삼현(三鉉)

참고 솥귀 : 솥의 운두(그릇이나 신의 둘레나 둘레의 높이) 위로 두 귀처럼 삐죽이 돋은 부분

현쌍빙십 비율 률 / 거느릴 솔 3급/玄 6획

玄(검을 현)+冫(얼음 빙)+十(열 십), 현쌍빙(玄冫冫 : 사람이름)사장은 전직원의 10(十)% 비율을 차지하는 리더들을 중심으로 거느림 상형

▶배율 倍率 : 어떤 수(數)가 기준이 되는 수의 몇 배가 되는가를 나타내는 수

관련한자 통솔(統率), 솔직(率直), 환율(換率)

검게 덮인 소를 이끌 · 끌 견 3급/牛 7획

검게(玄) 덮인(冖) 검은소(牛)를 이끎

▶ 견인 牽引 : 끌어당김

관련한자 견제구(牽制球), 견우직녀(牽牛織女)

밭에 검은 짐승 축 3급/田 5획

밭(田)에서 검은(玄) 짐승인 검은 소가 밭을 갊 회의

▶ 목축 牧畜 : 가축을 많이 기르는 일

관련한자 가축(家畜), 축산물(畜産物)

풀짐승을 모을 축 4급/艸 10획

풀(艹) 먹는 짐승(畜)인 초식동물을 모음

▶ 축전지 蓄電池 : 화학 에너지로 바꾸어 모아 둔 전기 에너지를 필요한 때에 전기로 재생하는 장치

관련한자 저축(貯蓄), 함축(含蓄), 비축(備蓄)

검을 현 돼지 해 3급/亠 4획

玄(검을 현), 제주도의 검은(玄) 흑돼지(亥) 상형

▶ 계해 癸亥 : 육십갑자(六十甲子)의 마지막인 60째

관련한자 *해시(亥時)

말을 돼지처럼 갖출(備) · 마땅(當) 해 3급/言 6획

살찐 돼지(亥)처럼 어휘력을 풍부히 갖춘 말(言)

▶ 해박 該博 : 여러 방면으로 학식이 넓음

관련한자 해당자(該當者)

核

나무해 씨 핵 4급/木 6획

나무(木)해(亥 : 돼지 해) 씨는 추려 다시 심음

▶응결핵 凝結核 : 증기가 물방울로 응결할 때에 그 중심이 되는 물질

관련한자 핵심(核心), 핵분열(核分裂), 핵융합(核融合)

刻

돼지를 칼로 새길 각 4급/刀 6획

칼(刂)로 단단한(亥) 물건에 돼지(亥) 모형을 새김

▶경각 頃刻 : 아주 짧은 시간

관련한자 조각(彫刻), 심각(深刻), 즉각(卽刻), 지각(遲刻)

幻

어릴 유 헛보일 환 2급/幺 1획

幼(어릴 유), 만취하여 나이 든 여자가 어리게(幼) 헛보임(幻) 상형

▶환상 幻想 : 현실적 기초도 가능성도 없는 헛된 생각이나 공상

관련한자 환영(幻影), 환청(幻聽), 환각증(幻覺症)

작은 힘은 어릴 유 3급/幺 2획

아직 어려서 작은(幺 : 작을 요) 힘(力)을 가짐

▶유치 幼稚 : ① 수준이 낮거나 미숙함 ② 나이가 어림

관련한자 유충(幼蟲), 유아교육(幼兒敎育), *장유유서(長幼有序)

ㅛ요요 이 자 3급/玄 5획

幺(작을 요), 요~요~요~(ㅛ幺幺) 이 자는 누구냐~ 회의

▶금자 今玆 : 올해

관련한자 내자(來玆), 구자(龜玆)

이 물은 **불을(益)** 자 2급/水 10획

이(玆) 댐물(氵)은 비가와서 불음

▶ 자양 滋養 : 몸의 영양을 좋게 함

관련한자 *무자미(無滋味)

磁

자석 **자석** 자 2급/石 10획

玆(이 자)+石(돌 석), 이(玆) 돌(石)같이 생긴 자석(玆石, 磁石 : 자성(磁性)을 가진 천연의 광석)

▶ 자석 磁石 : 철을 끌어당기는 성질이 있는 물체

관련한자 자기장(磁氣場), 전자파(電磁波)

이 마음은 **사랑** 자 3급/心 10획

이(玆) 마음(心)은 사랑

▶ 인자 仁慈 : 마음이 어질고 자애로움

관련한자 자비심(慈悲心), 무자비(無慈悲), 자선단체(慈善團體)

귀요요관 **연이을** 련 3급/耳 11획

耳(귀 이)+幺(작을 요)+丱(쌍상투 관, 쇳돌 광), 귀(耳)에 요요관(幺幺丱 : 관이름)을 연이어 만든 귀고리를 참 회의

▶ 연계 聯繫 : 일이나 사람과 관련하여 관계를 맺음

관련한자 관련(關聯), 연합(聯合), *전경련(全經聯)

關

문요요관 **관계할** 관 5급/門 11획

門(문 문)+幺(작을 요)+丱(쌍상투 관, 쇳돌 광), 문(門)고리를 요요관(幺幺丱 : 관이름)으로 만들어 요요관은 문에 관계함

▶ 관계 關係 : 서로 관련이 있음

관련한자 관심(關心), 무관(無關), 금융기관(金融機關)

날실이 물에 젖을 습 3급/水 14획

㬎(드러날 현, 드러날 압), 옷짜는 기계의 날실(日絲, 날실 : 피륙에 세로로 놓인 실)에 물(氵)을 흘려 젖음

▶습진 濕疹 : 자극물로 인하여 살갗에 진물이 나는 염증

관련한자 습기(濕氣), 습도(濕度), 방습제(防濕劑)

드러난 머리로 나타날 현 4급/頁 14획

친구가 노랗게 염색하여 드러난(㬎) 머리(頁)스타일로 나타남

▶현저 顯著 : 뚜렷이 드러남

관련한자 현미경(顯微鏡), 현충일(顯忠日)

몇 개의 밭은 경기(京畿) 기 3급/田 10획

경기도에 소유하고 있는 몇(幾 : 몇 기) 개 밭(田)

▶경기도 京畿道 : 우리나라 중앙부의 서쪽에 있는 도

관련한자 *기근(畿近), *기호학파(畿湖學派)

요요창인 몇 기 3급/幺 9획

幺(작을 요)+戈(창 과)+人(사람 인), 요요창(幺幺戈 : 창이름)인(人) 몇 개는 아주 멋있는 창 회의

▶기미 幾微 : 낌새(일이 되어 가는 형편을 알아차릴 수 있는 눈치)

관련한자 *기회(幾回), *기하학(幾何學)

옥 몇 개에 별이름 기 2급/玉 12획

옥(玉) 몇(幾) 개에 별이름을 붙임

▶천기 天璣 : 북두칠성을 이루는 별 중 세 번째 별

관련한자 *선기옥형(璇璣玉衡)

나무 몇 개로 틀 기 4급/木 12획

나무(木) 몇(幾) 개로 만든 창틀

▶ 승강기 昇降機 : 동력을 이용하여 사람이나 짐을 아래위로 실어나르는 장치

관련한자 기계(機械), 기회(機會), 위기(危機), 단말기(端末機)

흰요요나무 즐길 락 / 노래 악 6급/木 11획

白(흰 백)+幺(작을 요)+木(나무 목), 껍질이 흰(白) 요요나무(幺幺木 : 나무이름)를 즐김 상형

▶ 오락 娛樂 : 기분을 즐겁게 하는 일

관련한자 악기(樂器), 낙관론(樂觀論), *요산요수(樂山樂水)

즐길 풀인 약 약 6급/艸 15획

병으로 약초(艹)를 먹고 나은 후 약초를 즐김(樂)

▶ 사약 賜藥 : 임금이 죽을 죄를 지은 신하에게 독약을 내림

관련한자 마약(痲藥), 약국(藥局), 약효(藥效), 의약품(醫藥品)

요요산 그윽할 유 3급/幺 6획

幺(작을 요)+山(뫼 산), 요요산(幺幺山 : 산이름)은 그윽함(깊숙하여 아늑하고 고요함)

▶ 유령 幽靈 : 죽은 사람의 혼령

관련한자 *유적(幽寂), *만년유택(萬年幽宅)

실로 이을 계 4급/糸 14획

㡭(이을 계), 끊어진 곳을 실(糸)로 계속 이음(㡭)

▶ 계승 繼承 : 조상이나 선임자의 뒤를 이어받음

관련한자 계속(繼續), 후계자(後繼者), 생중계(生中繼)

斷

이음을 도끼로 끊을 단 4급/斤 14획

이은(㡭) 부분을 도끼(斤)로 끊음 회의

▶단호 斷乎 : 단정하여 흔들림이 없이 엄격함

관련한자 차단(遮斷), 판단(判斷), 진단(診斷)

索

열멱실 찾을 색 / 노 삭 3급/糸 4획

十(열 십)+冖(덮을 멱)+糸(실 사), 열멱(十冖 : 사람이름)이는 없어진 실(糸)을 찾음 회의

▶수색 搜索 : 구석구석 뒤져 찾음

관련한자 *철삭(鐵索), 모색(摸索), 검색(檢索), 색인(索引), 삭막(索莫)

참고 노(바, 노끈, 새끼)

12실은 본디 · 흴(白) 소 4급/糸 4획

12(十二)개의 실(糸)은 본디 흰 실 회의

▶검소 儉素 : 사치하지 않고 수수함

관련한자 요소(要素), 평소(平素), 소박(素朴), 간소화(簡素化)

실 사 이어맬 계 4급/糸 1획

糸(실 사), 실(糸)로 이어(丿) 맴(系) 상형

▶은하계 銀河系 : 은하를 이루고 있는 수많은 천체의 집단

관련한자 체계(體系), 가계도(家系圖), 계열사(系列社)

인계되어 맬 계 4급/人 7획

亻(사람 인)+系(이어맬 계), 인계(亻系, 引繼 : 하던 일이나 물품을 넘겨주거나 넘겨받음)된 가방을 맴

▶관계 關係 : 서로 관련이 있음

관련한자 *계장(係長), *관계망상(關係妄想)

아들을 이어 맨 **손자** 손 6급/子 7획

아들(子)의 대를 이어 맨(系) 손자 회의

▶ 증손 曾孫 : 손자의 자식. 증손녀와 증손자

관련한자 손자(孫子), *대대손손(代代孫孫)

이어 맨 **고을** 현 3급/糸 10획

県(고을 현, 매달 현), 대대로 이장(里長)을 이어 맨(系) 고을(県) 회의

▶ 군현 郡縣 : 신라와 고려와 조선 시대, 지방 행정 단위인 주(州), 부(府), 군(郡), 현(縣)을 이르던 말

관련한자 *현감(縣監), *현령(縣令)

고을에 마음을 **달(繫)** 현 3급/心 16획

고을(縣)의 발전을 위하여 마음(心)을 매닮

▶ 현수막 懸垂幕 : 선전문이나 구호문을 적어 매단 천

관련한자 현안(懸案), 현판(懸板), 현상금(懸賞金)

실 사 4급/糸 6획

실(絲)타래 모양을 본뜸 상형

▶ 철사 鐵絲 : 쇠로 만든 가는 줄

관련한자 나사(螺絲), *일사불란(一絲不亂)

어지러운 벌레같은 **오랑캐** 만 2급/虫 19획

䜌(어지러울 련), 어지러운(䜌) 벌레(虫) 같은 오랑캐가 쳐들어와서 나라를 어지럽힘

▶ 야만인 野蠻人 : ① 미개하여 문화 수준이 낮은 사람 ② 교양이 없고 무례한 사람을 비유

관련한자 만행(蠻行)

물굽이 **물굽이** 만 2급/水 22획

彎(굽을 만), 강물(氵)이 굽이지어(彎) 흐르는 물굽이

▶항만 港灣 : 선박이 안전하게 머물 수 있고, 화물 및 사람이 배로부터 육지에 오르내리기에 편리한 구역

관련한자 *대만(臺灣), 발해만(渤海灣)

어지러운 글이 **변할** 변 5급/言 16획

글쓰기 연습으로 어지러운(䜌) 글(攵)모양이 바르게 변함

▶변경 變更 : 바꾸어 새롭게 고침

관련한자 변화(變化), 변질(變質), 변천(變遷), 돌연변이(突然變異)

사언사 마음은 **그리워할** 련 3급/心 19획

사언사(糸言糸 : 사람이름)의 어지러운(䜌) 마음(心)은 사랑하는 사람을 몹시 그리워해서임

▶실연 失戀 : 연애에 실패함

관련한자 연애(戀愛), 연가(戀歌), 연인(戀人), 연모(戀慕)

말이 또 **불꽃** 섭 2급/火 13획

炏(불꽃 개), 말(言)이 또(又) 불꽃(炏)처럼 치솟아 꾸짖음 회의

▶섭리 燮理 : 음양(陰陽)을 고르게 다스림

관련한자 *섭벌(燮伐)

10

广

10진법 六 묶음

집계인 별 경 3급/广 5획

广(집 엄) + ヨ(돼지머리 계) + 人(사람 인), 집계(广ヨ, 集計 : 이미 된 계산들을 한데 모아서 계산함)인(人) 별모양 스티커 회의

▶ 경오 庚午 : 육십갑자(六十甲子)의 일곱째

관련한자 *경복(庚伏), *경술국치(庚戌國恥)

떳떳할 용 당나라 · 당황할 당 3급/口 7획

庸(떳떳할 용), 여행 간 당나라(唐)에서 떳떳하게(庸) 행동함

▶ 당돌 唐突 : ① 부딪힘. 충돌함 ② 올차서 꺼리는 마음이 없음

관련한자 당황(唐惶), 황당(荒唐)

당나라 땅에 못(池) 당 2급/土 10획

당나라(唐) 땅(土)에 있는 연못

▶ 인당수 印塘水 : 심청전(沈淸傳)에서, 사람을 제물로 바쳐야 배가 무사히 지나갈 수 있다는 곳으로, 심청이 공양미 삼백 석에 몸을 팔고 빠졌다는 물

관련한자 *수당(水塘)

당나라 쌀로 엿 당 3급/米 10획

당나라(唐) 쌀(米)로 만든 엿

▶ 당뇨 糖尿 : 포도당이 많이 섞여 나오는 오줌

관련한자 설탕(屑糖), 사탕(砂糖), 혈당(血糖), 포도당(葡萄糖)

집이 계수로 **편안** 강 4급/广 8획

隶(미칠 이, 미칠 대, 종 례), 계수(彐水 : 종이름)가 열심히 일해서 집(广)안이 편안함 회의

▶ 건강 健康 : 몸이나 정신이 튼튼함

관련한자 *강건(康健), *수복강녕(壽福康寧)

참고 미치다 : 일정한 선에 닿다.

종을 착 **잡을** 체 3급/辵 8획

일이 힘들어서 도망가는 종(隶)을 착(辶) 잡음

▶ 체포령 逮捕令 : 체포하라는 명령

관련한자 *피체(被逮), *체좌(逮坐)

사시 **종** 례 3급/隶 8획

사시(士示 : 사람이름)는 종(隶)의 신분

▶ 예속 隷屬 : 남의 지배 아래 매어 있음

관련한자 *신례(臣隷), *하례(下隷)

사시의 하품은 **항목** 관 2급/欠 8획

사시(士示 : 사람이름)는 재미없는 항목을 보고 하품(欠)을 함

▶ 차관 借款 : 정부나 기업, 은행이 외국 정부나 공적 기관으로부터 자금을 빌려 옴

관련한자 *약관(約款)

집 스무건 **자리** 석 6급/巾 7획

집(广) 스무(廿 : 스물 입)건(巾)을 경매하는 자리

▶ 즉석 卽席 : 바로 그 자리

관련한자 출석(出席), 참석(參席), 결석(缺席)

집 스무채가 또 **법도** 도 / **헤아릴** 탁 6급/广 6획

집(广) 스무(廿 : 스물 입)채 때문에 또(又) 법도대로 세금을 많이 냄

▶ 척도 尺度 : ① 자로 재는 길이의 표준 ② 측정하거나 평가하는 기준

관련한자 정도(程度), 태도(態度), 속도(速度), *촌탁(忖度)

물을 법도대로 **건널** 도 3급/水 9획

법도(度)대로 뱃길 따라 물(氵)을 건넘

▶ 과도기 過渡期 : 한 단계에서 다음 단계로 넘어가는 중간 시기

관련한자 부도(不渡), 매도(賣渡), 양도세(讓渡稅)

집 스무채에 불이 **여러** 서 3급/广 8획

꿈에 집(广) 스무(廿 : 스물 입)채에 불(灬)이 여러 번 남 회의

▶ 서민 庶民 : ① 관직이 없는 평민 ② 일반 사람들

관련한자 적서(嫡庶), 서자(庶子), 서무실(庶務室)

여럿이 착 **가릴** 차 2급/辵 11획

여럿이(庶) 착(辶) 길을 가리고 막음

▶ 차폐 遮蔽 : 가려 막고 덮음

관련한자 차단(遮斷), 차광(遮光)

07 10진법 七 묶음

七 → ㄴ → 匕 → 七 → 己 → 巳

七

일곱 칠 8급/一 1획

다섯 손가락을 위로 펴고 나머지 손의 두 손가락을 옆으로 편 모양 지사

▶칠순 七旬 : 나이 70세

관련한자 북두칠성(北斗七星), *칠전팔기(七顚八起)

切

7번 칼로 끊을 절 / 온통 체 5급/刀 2획

일곱(七) 번 칼(刀)질로 온통 끊음

▶절삭기 切削機 : 자르거나 깎거나 하는 기계

관련한자 적절(適切), 절실(切實), 간절(懇切), 친절(親切), *일체(一切)

한 가지 풀이 진칠 둔 3급/屮 1획

屮(왼손 좌, 싹날 철, 풀 초), 넓은 운동장에 한(一) 가지 풀(屮)이 진을 침 회의

▶주둔 駐屯 : 군대가 임무 수행을 위해 한 지역에 머무름

관련한자 *운둔(雲屯), *둔전(屯田)

쇠둔은 둔할 둔 3급/金 6획

쇠둔(金屯 : 사람이름)은 무거운 쇠처럼 몸이 둔함

▶우둔 愚鈍 : 어리석고 둔함

관련한자 둔감(鈍感), 둔탁(鈍濁)

둔한 머리로 조아릴 돈 2급/頁 4획

우두머리에게 둔(屯, 둔하다 : 깨침이 늦고 재주가 무딤)한 머리(頁)로 조아림

▶ 사돈 査頓 : 혼인한 두 집안 사이에서 당사자의 부모들끼리 혹은 같은 항렬에 있는 사람들끼리 서로를 부르는 말

관련한자 정돈(整頓), *돈오(頓悟)

純

사둔은 순수할 순 4급/糸 4획

사둔(糸屯, '사돈'의 비표준어)은 아주 순수한 사람임

▶ 순결 純潔 : 몸과 마음이 아주 깨끗함

관련한자 순수(純粹), 단순(單純), 순진(純眞), 순이익(純利益)

요 풀이 착 거스릴 역 4급/辵 6획

屰(거스를 역), 요(ㅛ) 앞의 풀(屮)이 마음에 착(辶) 거슬림(屰)

▶ 거역 拒逆 : 윗사람의 뜻이나 지시를 어김

관련한자 역행(逆行), 역습(逆襲), 반역죄(反逆罪), 역전승(逆轉勝)

朔

거스르는 달 초하루 삭 3급/月 6획

그믐 전 달(月)의 모양과 거꾸로 거슬러(屰) 변하기 시작하는 초하루

▶ 팔삭동 八朔童 : 임신한 지 여덟 달 만에 낳은 아이

관련한자 만삭(滿朔)

참고 그믐 : 음력으로 그달의 마지막 날

문역흠 대궐 궐 2급/門 10획

瘚(상기 궐), 문역흠(門屰欠 : 사람이름)은 임금을 알현할 생각에 대궐문(門) 앞에서 상기(瘚)됨

▶ 입궐 入闕 : 대궐 안으로 들어감

관련한자 궁궐(宮闕), *보궐선거(補闕選擧)

참고 상기(上氣) : 피가 머리로 몰리는 병

엄역흠 그(其) 궐 3급/厂 10획

가파른 기슭(厂)에서 상기(欮)된 그 사람은 엄역흠(厂屰欠 : 사람이름)

▶ 궐자 厥者 : '그 사람'의 낮은말

관련한자 *궐각(厥角), *돌궐(突厥)

托

손으로 부탁하며 맡길 탁 3급/手 3획

乇(부탁할 탁, 잎 탁), 손(扌)으로 부탁하면서(乇) 물건을 맡김

▶ 탁발승 托鉢僧 : 경문을 외면서 집집마다 다니며 보시를 받는 승려

관련한자 *무의무탁(無依無托)

託

말로 부탁할 탁 2급/言 3획

말(言)로 부탁함(乇)

▶ 위탁 委託 : 남에게 부탁하여 맡김

관련한자 청탁(請託), 부탁(付託), 신탁(信託), 탁아소(託兒所)

부탁하는 집 택 5급/宀 3획

집(宀) 매매를 부탁하는(乇) 집인 부동산 중개업소

▶ 저택 邸宅 : ① 왕후나 귀족의 집 ② 규모가 아주 큰 집

관련한자 주택(住宅), 택지(宅地), 시댁(媤宅), 택배(宅配)

01

10진법 七 묶음

성 박 편지 찰 2급/木 1획

朴(성 박), 박(朴)씨인 그녀에게 연애편지(札)를 씀

▶서찰 書札 : 편지

관련한자 입찰(入札), 낙찰(落札), 현찰(現札), 명찰(名札)

아들을 구멍 공 4급/子 1획

하수구 구멍에 빠진 아들(子)을(乙) 구함 회의

▶동공 瞳孔 : 눈동자(눈알의 한가운데에 있는, 빛이 들어가는 부분)

관련한자 공자(孔子), 기공(氣孔), 구공탄(九孔炭)

요달인 자손 윤 2급/肉 5획

요달인(幺月儿) 자손의 생일 회의

▶차윤 車胤 : 동진(東晉)의 학자. 벼슬은 호군 장군

관련한자 *혈윤(血胤), *후윤(後胤), *차윤성형(車胤盛螢)

마음 심 7급/제부수

심(心)장 모양을 본뜸 상형

▶양심 良心 : 옳고 그름과 선과 악의 판단을 내리는 도덕적 마음

관련한자 핵심(核心), 의심(疑心), 명심(銘心), 일심(一心)

삐친 마음은 반드시 필 5급/心 1획

삐친(丿)(=잘못된) 마음(心)은 반드시 바로잡아야 함 회의

▶필수 必須 : 꼭 하여야 하거나 있어야 함

관련한자 필요(必要), 필승(必勝), 필수품(必需品)

물은 반드시 분비할 비 / 스며 흐를 필 2급/水 5획

몸 속의 물(氵) → 오줌은 반드시(必) 제때 분비해야 함

▶비뇨기 泌尿器 : 비뇨 기관(오줌을 만들어 배설하는 기관)

관련한자 분비물(分泌物)

보여 반드시 숨길 비 4급/示 5획

비밀이 보이면(示) 반드시(必) 숨겨야 함

▶비밀리 祕密裏 : 남이 모르는 가운데

관련한자 비결(祕訣), 신비(神祕), 비서관(祕書官), 비자금(祕資金)

참고 秘(숨길 비)의 본자(本字)

쌍옥을 반드시 큰거문고 슬 2급/玉 9획

玨(쌍옥 각, 쌍옥 곡), 아끼는 쌍옥(玨)을 반드시(必) 큰거문고의 장식용으로 꾸미고자 함

▶금슬 琴瑟 : ① 거문고와 비파 ② 부부 사이의 정

관련한자 *청슬(淸瑟), *금슬지락(琴瑟之樂)

면필산 빽빽할 밀 4급/宀 8획

宀(집 면)+必(반드시 필)+山(뫼 산), 면필산(宀必山 : 산이름)은 나무가 빽빽한 산

▶밀렵 密獵 : 허가를 받지 않고 몰래 사냥함

관련한자 비밀(祕密), 치밀(緻密), 밀도(密度), 정밀(精密)

면필충 꿀 밀 3급/虫 8획

宀(집 면)+必(반드시 필)+虫(벌레 충), 면필(宀必 : 사람이름)이 기르는 벌(虫)들이 꿀을 가득히 모음

▶ 밀감 蜜柑 : ① 귤나무 ② 귤

관련한자 *밀랍(蜜蠟), *구밀복검(口蜜腹劍)

잇기 · 어조사 야 3급/乙 2획

뱀의 모양을 본뜸 상형

▶ 혹야 或也 : 혹시(만일에)

관련한자 급기야(及其也), *독야청청(獨也靑靑)

물 이은 못 지 3급/水 3획

물(氵)을 이어(也) 만든 못

▶ 축전지 蓄電池 : 화학 에너지로 바꾸어 모아 둔 전기 에너지를 필요한 때에 전기로 재생하는 장치

관련한자 저수지(貯水池), 주지육림(酒池肉林)

흙 이은 땅 지 7급/土 3획

흙(土)으로 이어진(也) 땅 회의

▶ 구릉지 丘陵地 : 높이가 비교적 낮고 경사가 가파르지 않은 산으로 된 땅

관련한자 천지(天地), 지역(地域), 처지(處地)

이은 사람은 다를 타 5급/人 3획

전문직에서 경력을 수십 년 이은(也) 사람(亻)은 실력이 남다름

▶ 기타 其他 : 그것 외(外)에 또 다른 것

관련한자 타인(他人), 타향(他鄕), 배타적(排他的)

02

匕

10진법 七 묶음

化

사람이 비수처럼 될 화 5급/匕 2획

온순한 사람(亻)이 갑자기 비수(匕)처럼 날카롭게 됨 회의

▶간경화 肝硬化 : 간장에 질환이 생겨 딱딱하게 굳는 것

관련한자 변화(變化), 심화(深化), 문화(文化)

靴

가죽으로 된 신(履, 鞋) 화 2급/革 4획

가죽(革 : 가죽 혁)으로 된(化) 신

▶농구화 籠球靴 : 농구 경기를 할 때에 신는, 목이 긴 운동화

관련한자 군화(軍靴), 실내화(室內靴), 운동화(運動靴)

貨

조개로 된 재물 화 4급/貝 4획

옛날에는 조개(貝)로 된(化) 재물이 쓰임

▶화폐 貨幣 : 상품 교환의 매개체. 돈

관련한자 재화(財貨), 화물(貨物), 백화점(百貨店)

花

풀이 된 꽃 화 7급/艸 4획

꽃이 시들어 꽃잎이 떨어지고 풀(艹)잎만 남아 풀이 됨(化)

▶국화 菊花 : 국화과의 여러해살이풀

관련한자 매화(梅花), 무화과(無花果), 무궁화(無窮花)

비수로 죽을 사 6급/歹 2획

歹(죽을사 변, 살 바른 뼈 알), 비수(匕)에 맞고 죽음(歹) 회의

▶ 익사 溺死 : 물에 빠져 죽음

관련한자 사망(死亡), 생사(生死), 사상자(死傷者)

죽은 주검 시 2급/尸 6획

죽은(死) 사람의 몸을 주검(尸)이라고 함 회의

▶ 시신 屍身 : 죽은 사람의 몸

관련한자 시체(屍體), 시구(屍軀)

초사공 장사지낼 장 3급/艸 9획

艹(풀 초)+死(죽을 사)+廾(받들 공), 초사공(艹死廾 : 초씨인 뱃사공)이 죽어 장사를 지냄 회의

▶ 순장 殉葬 : 지배층 사람이 죽었을 때 아내나 신하 또는 종들을 함께 매장하던 고대 장례 풍속

관련한자 매장(埋葬), 장례식(葬禮式)

비수머리 이랑 · 잠깐 경 3급/頁 2획

잠깐 머리(頁) 스타일을 비수(匕)모양처럼 날카롭게 세움 회의

▶ 경각 頃刻 : 아주 짧은 시간

관련한자 *경일(頃日), *명재경각(命在頃刻)

사람이 잠깐 기울 경 4급/人 11획

어떤 사람(亻)의 자세가 잠깐 기욺(頃)

▶ 경향 傾向 : 현상, 사상, 행동 등이 어떤 방향으로 기울어짐

관련한자 경사(傾斜), 경청(傾聽), *경국지색(傾國之色)

비해의 뜻 지 2급/日 2획

비해(匕日)의 뜻은? '비교'의 뜻을 나타냄 회의

▶취지 趣旨 : 일에 대한 기본적인 목적이나 의도

관련한자 요지(要旨), *종지(宗旨)

손으로 뜻을 가리킬 지 4급/手 6획

손(扌)으로 뜻(旨)한 바를 가리킴

▶지적 指摘 : ① 꼭 집어서 가리킴 ② 잘못을 들추어냄

관련한자 지시(指示), 지휘(指揮), 지도(指導)

고기 맛은 기름 지 2급/肉 6획

고기(月)의 진정한 맛(旨 : 맛 지)은 기름에 달려 있음

▶지방 脂肪 : 지방산과 글리세롤이 결합한 유기 화합물

관련한자 수지(樹脂), 피지(皮脂)

벌레와 긴 뱀 사 3급/虫 5획

벌레(虫)를 잡아먹고 있는 긴 뱀(它 : 뱀 사, 다를 타)

▶독사 毒蛇 : 이빨에 독액 분비선을 갖는 뱀의 총칭. 살무사, 코브라 등

관련한자 살모사(殺母蛇), *용두사미(龍頭蛇尾)

시비에 여승 니 2급/尸 2획

시비(尸匕, 是非 : 옳고 그름을 따지는 말다툼)를 걸어도 흔들리지 않는 수행이 잘된 여승

▶비구니 比丘尼 : 여승

관련한자 마니산(摩尼山), 석가모니(釋迦牟尼)

泥

물시비로 진흙 니 3급/水 5획

물(氵)시비(尸匕, 是非 : 옳고 그름을 따지는 말다툼)로 진흙탕 싸움을 벌이고 있음

▶ 운니 雲泥 : 구름과 진흙이라는 뜻으로, 차이가 매우 심함

관련한자 *이추(泥鰍), *이전투구(泥田鬪狗), *운니지차(雲泥之差)

能

사월은 비비는 데 능할 능 5급/肉 6획

이번 4월(厶月)은 비빔면을 자주 먹어 비비(匕匕)는 데 능해짐 회의

▶ 능숙 能熟 : 능(能)하고 익숙함

관련한자 능력(能力), 능률(能率), 가능성(可能性)

모습 태 곰 웅 2급/火 10획

態(모습 태), 곰(熊)처럼 둔한 모습(態)

▶ 웅녀 熊女 : 단군 신화에 나오는 단군의 어머니. 처음에 곰으로 있다가 쑥과 마늘을 먹고 사람이 되어 환웅과 혼인하여 단군을 낳았다고 함

관련한자 *웅담(熊膽), *대웅성(大熊星)

곰 웅 모습 태 4급/心 10획

熊(곰 웅), 곰(熊)처럼 둔한 모습(態) 회의

▶ 추태 醜態 : 추한 행동이나 태도

관련한자 상태(狀態), 태도(態度), 자태(姿態)

그물에 능함을 마칠 파 3급/网 10획

그물(罒)에 능한(能) 어부가 늙어 어업을 마침 회의

▶ 파업 罷業 : 하던 일을 중지함

관련한자 파면(罷免), 파직(罷職)

쌍비수로 **견줄** 비 5급/제부수

쌍비수(匕)로 던지기 놀이를 하며 서로 실력을 견줌. 두 사람이 나란히 서서 견주는 모양을 본뜸 상형

▶비교 比較 : 둘 이상의 것을 견주어 공통점, 차이점, 우열 등을 살핌

관련한자 비유(比喩), 비율(比率), 비례(比例)

批

손 견줌을 **비평할** 비 4급/手 4획

손(扌)재주 견줌(比)을 비평함

▶비평 批評 : 좋고 나쁨, 옳고 그름을 갈라 말함

관련한자 비판(批判), *비준(批准)

견줌을 반드시 **삼갈** 비 2급/比 5획

친구 사이에 견줌(比)은 반드시(必) 삼가야 함

▶징비 懲毖 : 이전의 잘못을 뉘우치고 삼감

관련한자 *징비록(懲毖錄)

맏 곤 **도울** 비 2급/比 5획

昆(맏 곤), 맏이(昆)가 가난한 동생을 도움(毘)

▶비로봉 毘盧峯 : 금강산의 최고봉, 1,638미터

관련한자 *다비소(茶毘所)

흰 견줌을 **다(總)** 개 3급/白 4획

피부 콘테스트에서 참가자들이 다 흰(白) 피부를 견줌(比) 회의

▶개근상 皆勤賞 : 일정 기간 동안 빠짐없이 출근 또는 출석한 사람에게 주는 상

관련한자 *개기일식(皆旣日蝕)

언덕이 다 **섬돌** 계 4급/阜 9획

동네 언덕(阝) 산책로를 편히 오르내릴 수 있도록 다(皆) 섬돌로 해놓음

▶ 계단 階段 : 건물이나 비탈에 만든 층층대

관련한자 계급(階級), 계층(階層), 다단계(多段階)

昆

날을 견주니 **맏** 곤 1급/日 4획

형제 간에 태어난 날(日)을 견주니(比) 가장 먼저 태어난 사람은 맏이 회의

▶ 곤충 昆蟲 : ① 벌레를 통틀어 이르는 말 ② 곤충강에 속한 동물들을 통틀어 이르는 말

관련한자 *곤계(昆季), *곤제(昆弟)

混

맏이가 물을 **섞을** 혼 4급/水 8획

맏이(昆)가 컵에 물(氵)과 커피믹스를 넣고 섞어 마심

▶ 혼탁 混濁 : ① 불순물이 섞이어 맑지 않고 흐림 ② 사회적 현상이 어지럽고 흐림

관련한자 혼란(混亂), 혼선(混線), 혼잡(混雜), 혼동(混同)

鹿

사슴 록 3급/제부수

뿔 달린 머리에 네 발의 사슴 모양을 본뜸 상형

▶ 백록담 白鹿潭 : 한라산 정상에 있는 화구호(火口湖)

관련한자 녹용(鹿茸), 녹각(鹿角), 순록(馴鹿)

塵

사슴이 흙 **티끌** 진 2급/土 11획

사슴(鹿)이 흙(土) 티끌이 날리게 힘차게 달림 회의

▶ 분진 粉塵 : 티끌(티와 먼지)

관련한자 *진세(塵世), *미진(微塵), *진합태산(塵合泰山)

사슴이 고울 려 4급/鹿 8획

丽(고울 려), 뿔(丽)이 곱고(丽) 아름다운 사슴(鹿)

▶수려 秀麗 : 경치나 용모가 빼어나게 아름다움

관련한자 화려(華麗), 고구려(高句麗), *미사여구(美辭麗句)

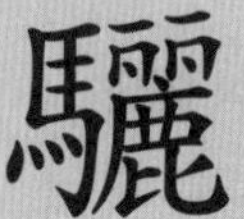

고운 말 검은 말 려(리) 2급/馬 19획

고운(麗) 말(馬)인 검은 말

▶고구려 高句驪 : 고구려(高句麗 : 우리나라 고대의 삼국 가운데 동명왕 주몽이 기원전 37년에 세운 나라)

관련한자 여주시(驪州市)

녹애 경사 경 4급/心 11획

鹿(사슴 록)+愛(사랑 애), 녹애(鹿愛 : 사람이름)는 사랑하는 사람과 결혼해 경사 났네~~ 회의

▶경조사 慶弔事 : 경사스러운 일과 불행한 일

관련한자 국경일(國慶日), 창경궁(昌慶宮)

억조 조 북녘 북 / 달아날 배 8급/匕 3획

兆(억조 조), 북(北)한에 억조(兆)원을 지원함 상형

▶북두 北斗 : 북두칠성(北斗七星)

관련한자 남북(南北), 북한(北韓), *패배(敗北)

북쪽 몸은 등 배 4급/肉 5획

옛부터 궁궐은 남향이라 임금님은 남쪽을 바라보고 있어서 북쪽(北) 몸(月)은 등을 가리킴

▶배반 背叛 : 믿음과 의리를 저버리고 돌아섬

관련한자 배경(背景), 위배(違背), 배낭(背囊)

입구북화 제비 연 3급/火 12획

廿(스물 입)+口(입 구)+北(북녘 북)+灬(불 화), 제비집 스무(廿) 개 입구(廿口, 입구 : 들어가는 통로)를 북쪽(北)화(灬) 함 상형

▶ 연미복 燕尾服 : 남자용 서양 예복. 뒤는 마치 제비의 꼬리처럼 보임

관련한자 연작(燕雀), 연소(燕巢)

북쪽과 천 번 어그러질 괴 1급/丿 7획

북(北)한과의 정상회담이 천(千 : 많이) 번 어그러짐 회의

▶ 괴리감 乖離感 : 서로 어긋나 동떨어져 있는 것처럼 느끼는 마음

관련한자 괴팍(乖愎)

천북인 탈 승 3급/丿 9획

천북(千北, 川北 : 충청남도 보령시 천북면)인(人)이 배를 타고 바다 물고기를 잡음 회의

▶ 승학 乘鶴 : 학을 타고 하늘로 올라간다는 뜻으로, '신선'이 됨

관련한자 승객(乘客), 탑승(搭乘), 승용차(乘用車)

10진법 七 묶음

북녘 북 억조 조 3급/儿 4획

北(북녘 북), 북(北)한에 억조(兆)원을 지원함 상형

▶ 억조 億兆 : ① 억과 조 ② 아주 많은 수효

관련한자 조짐(兆朕), 길조(吉兆), 징조(徵兆), *억조창생(億兆蒼生)

挑

손 조짐이 **돋을** 도 3급/手 6획

아버지 어깨결림을 보자 주물러 드리고픈 손(扌) 조(兆)짐이 돋음

▶도전 挑戰 : 정면으로 맞서 싸움을 걺

관련한자 도발(挑發), *도출(挑出)

桃

나무 조짐은 **복숭아** 도 3급/木 6획

산에 심을 나무(木)의 조(兆)짐은 복숭아

▶도원경 桃源境 : 무릉도원(武陵桃源)과 같은 경치란 뜻으로, '별천지'나 '이상향'을 비유

관련한자 편도선(扁桃腺), 산앵도(山櫻桃)

跳

발 조짐은 **뛸** 도 3급/足 6획

발(足)의 조(兆)짐은 뛸 자세

▶도약 跳躍 : ① 몸을 위로 솟구쳐 뛰는 것 ② 더 높은 단계로 발전하는 것을 비유

관련한자 *주폭도(走幅跳), *삼단도(三段跳)

조짐에 착 **도망할** 도 4급/辵 6획

조(兆)짐에 소리 없이 착(辶) 도망감

▶도망 逃亡 : 피하거나 쫓기어 달아남

관련한자 도주(逃走), 도피(逃避), 야반도주(夜半逃走)

여자의 조짐은 **예쁠** 요 2급/女 6획

앞으로 사귈 여자(女)는 예쁠 조(兆)짐이 보임

▶요강학 姚江學 = 양명학(陽明學 : 중국 명나라 때에, 왕양명(王陽明)이 주창했던 새로운 유교 학설)

관련한자 요야(姚冶), 요황(姚黃)

10진법 七 묶음

이미 이 **몸** 기 5급/제부수

己(이미 이), 귀신이야기를 하려고 하는데 이미(己) 몸(己)은 싸늘해짐 상형

▶ 극기 克己 : 자기의 감정이나 욕심 등을 스스로 눌러 이김

관련한자 자기(自己), 이기심(利己心)

紀

실기의 **벼리** 기 4급/糸 3획

糸(실 사)+己(몸 기), 실기(糸己, 實技 : 실제의 기능이나 기술)시험의 벼리가 되는 요약집

▶ 기강 紀綱 : 법도와 질서

관련한자 기념(紀念/記念), 기원전(紀元前), 반세기(半世紀)

참고 벼리 : ① 고기 잡는 그물의 위쪽 코를 꿰어 놓은 줄 ② 일이나 글의 뼈대가 되는 줄거리

말을 몸에 **기록할** 기 7급/言 3획

말(言)을 듣고 노트가 없어 손바닥(己)에 기록함

▶ 기억 記憶 : 지난 일을 잊지 않고 외어 둠

관련한자 기록(記錄), 기자(記者), 일기(日記)

몸을 마음으로 **꺼릴** 기 3급/心 3획

살찐 몸(己)을 마음(心)으로 꺼림

▶ 금기 禁忌 : ① 꺼려서 싫어함 ② 부정(不淨)한 것에 대한 접촉을 신앙적인 차원에서 금하는 풍습

관련한자 기피(忌避), 기탄(忌憚), 시기심(猜忌心)

달리려고 몸이 일어날 기 4급/走 3획

달리려고(走 : 달릴 주) 앉아 있던 몸(己)이 일어남

▶봉기 蜂起 : 벌 떼처럼 떼 지어 세차게 일어남

관련한자 야기(惹起), 융기(隆起), 기소(起訴), 기립(起立)

妃

여기 왕비 비 3급/女 3획

女(계집 녀)+己(몸 기), 여기(女己, 여기 : 말하는 이에게 가까운 곳)에 왕비가 있음

▶양귀비 楊貴妃 : ① 양귀비과의 한해살이풀 ② 중국 당나라 현종의 왕비

관련한자 왕비(王妃), *비우(妃偶)

配

술과 몸을 나눌 · 짝 배 4급/酉 3획

술(酒)과 몸(己)을 함께 나눌 짝 회의

▶배필 配匹 : 부부가 될 짝

관련한자 지배(支配), 배려(配慮), 분배(分配), 배우자(配偶者)

몸을 쳐 고칠 개 5급/攴 3획

어린아이가 잘못을 고치도록 회초리로 종아리(己)를 쳐(攵) 훈계함

▶회개 悔改 : 잘못을 뉘우치고 고침

관련한자 개혁(改革), 개선(改善), 개심(改心), 개정안(改正案)

몸 기 이미 이 3급/己 0획

己(몸 기), 귀신이야기를 하려고 하는데 이미(已) 몸(己)은 싸늘해짐 상형

▶이왕 已往 : 지금보다 이전

관련한자 *이결(已決), 부득이(不得已)

참고 보습 : 쟁기, 가래 등 농기구의 술바닥에 끼우는, 넓적한 삽 모양의 쇳조각

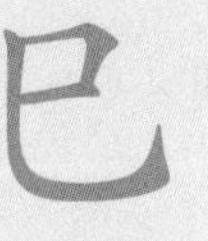

꼬리 파 **뱀** 사 3급/己 0획

巴(꼬리 파), 방울뱀(巳)은 꼬리(巴)를 흔들며 천적을 위협함 상형

▶신사 辛巳 : 육십갑자의 열여덟째

관련한자 *사시(巳時), *을사조약(乙巳條約)

뱀이 보이는 **제사** 사 3급/示 3획

산소에서 제사지낼 때 뱀(巳)이 보임(示)

▶제사 祭祀 : 신령이나 죽은 사람의 넋에게 음식을 차려 정성을 표하는 의식

관련한자 *합사(合祀), *고사(告祀)

뱀 사 **꼬리** 파 1급/己 1획

巳(뱀 사), 방울뱀(巳)은 꼬리(巴)를 흔들며 천적을 위협함 상형

▶구라파 歐羅巴 : 유럽(Europe)의 음역(音譯)

관련한자 임파선(淋巴腺), *삼파전(三巴戰)

손으로 꼬리를 **잡을** 파 3급/手 4획

손(扌)으로 뱀 꼬리(巴)를 잡음

▶파악 把握 : ① 꽉 잡아 쥠 ② 내용이나 본질을 확실하게 이해하여 앎

관련한자 *파수(把守), *파착(把捉)

몸의 꼬리가 **살찔** 비 3급/肉 4획

뱀이 잡아먹은 먹이가 꼬리까지 내려가 꼬리(巴月)가 살쪄 보임 회의

▶비옥 肥沃 : 땅이 기름짐

관련한자 비만(肥滿), 비료(肥料), 비대(肥大)

인파로 빛 색 7급/제부수

人(사람 인)+巴(꼬리 파), 많은 인파(人巴, 人波 : 수많은 사람)로 빛이 나는 스타 회의

▶초록색 草綠色 : 파랑과 노랑의 중간색

관련한자 색채(色彩), 회색(灰色), 염색체(染色體)

실색하며 끊을 절 4급/糸 6획

남자친구의 엉뚱한 행동으로 실색(糸色, 失色 : 놀라서 얼굴빛이 달라짐)하여 연인관계를 끊음 회의

▶절규 絕叫 : 있는 힘을 다하여 애타게 부르짖음

관련한자 근절(根絕), 거절(拒絕), 절대적(絕對的)

입꼬리 고을 읍 7급/제부수

절로 입꼬리(口巴)가 올라가 미소가 지어지는 고을 회의

▶도읍 都邑 : ① 한 나라의 수도. 서울 ② 좀 작은 도회지(都會地 : 도시)

관련한자 읍내(邑內), 정읍시(井邑市)

고을의 내가 막힐 옹 2급/邑 3획

무분별한 쓰레기 투기로 고을(邑)의 내(川 : 내 천)가 막힘 회의

▶채옹 蔡邕 : 중국 후한 말의 학자. 자는 백개(伯喈). 수학 · 천문 · 서도 · 음악 등에 뛰어났음

관련한자 옹목(邕穆), *우문옹(宇文邕)

몸 기 활 궁 3급/제부수

己(몸 기), 몸(己)에 활(弓)을 메고 사냥함 상형

▶양궁 洋弓 : 서양식 활. 그 활로 겨루는 경기

관련한자 *궁수(弓手), *궁술대회(弓術大會)

窮

혈신궁 **다할 · 궁할** 궁 4급/穴 10획

穴(굴 혈)+身(몸 신)+弓(활 궁), 궁한 신궁(身弓, 神弓 : 활을 매우 잘 쏘는 사람) 혈(穴 : 사람이름)은 활(弓)쏘기에 최선을 다함

▶궁벽 窮僻 : 외따로 떨어져 구석지고 몹시 으슥함

관련한자 추궁(追窮), 궁리(窮理), 곤궁(困窮), 궁극적(窮極的), 무궁화(無窮花)

引

조상할 조 **끌** 인 4급/弓 1획

弔(조상할 조), 같이 조상하러(弔) 가자고 손잡고 끌어(引)당김 회의

▶견인 牽引 : 끌어당김

관련한자 인상(引上), 인수(引受), 유인(誘引), 할인(割引)

夷

큰 활 **오랑캐** 이 3급/大 3획

큰 활(大弓)도 잘 쏘는 동쪽의 오랑캐(중국에서 우리 민족을 동이족(東夷族)이라 불렀음) 회의

▶동이족 東夷族 : 동쪽 오랑캐. 중국이 동쪽 나라의 이민족(異民族)을 낮잡아 일컫던 말

관련한자 이적(夷狄), 만이(蠻夷)

弼

백쌍활을 **도울** 필 2급/弓 9획

弜(강할 강), 적을 대적하여 일백(百) 쌍활(弜) 활시위 당기는 것을 도움

▶보필 輔弼 : 윗사람의 일을 도움

관련한자 *광필(光弼), *필성(弼成)

내 활은 **클** 홍 3급/弓 2획

내(厶)가 가지고 있는 활(弓)은 아주 큼

▶홍보 弘報 : 널리 알림

관련한자 *홍문관(弘文館), *홍익인간(弘益人間)

홍수로 물 깊을 홍 2급/水 5획

弘(클 홍)+氵(물 수), 홍수(弘氵, 洪水 : 비가 많이 와서 강이나 개천에 갑자기 크 게 불어난 물)로 물이 깊어짐

▶심홍 深泓 : 매우 깊은 못

관련한자 홍수(泓水), 홍징(泓澄)

弔

끌 인 조상할 조 3급/弓 1획

引(끌 인), 같이 조상하러(弔) 가자고 손잡고 끌어(引)당김 회의

▶경조사 慶弔事 : 경사스러운 일과 불행한 일

관련한자 조의금(弔意金), 조문객(弔問客)

弟

차례 제 아우 제 8급/弓 4획

第(차례 제), 다음은 아우(弟) 차례(第) 상형

▶형제 兄弟 : 형과 아우

관련한자 제자(弟子), 제수(弟嫂), 사제(師弟)

아우 제 차례 제 6급/竹 5획

弟(아우 제), 다음은 아우(弟) 차례(第)

▶급제 及第 : ① 과거에 합격함 ② 시험에 합격함

관련한자 제일(第一), 제삼자(第三者), 장원급제(壯元及第)

弱

강할 강 약할 약 6급/弓 7획

弜(강할 강), 강함(弜)의 반의어는 약함(弱) 상형

▶쇠약 衰弱 : 힘이 쇠하고 약함

관련한자 취약(脆弱), 연약(軟弱), 미약(微弱)

물에 약해 **빠질** 닉 2급/水 10획

물(氵)에 약해(弱) 헤엄치지 못하고 빠짐

▶ 익사 溺死 : 물에 빠져 죽음

관련한자 탐닉(耽溺), *몰닉(沒溺)

10진법 七 묶음

개가 이미 **범할** 범 4급/犬 2획

巳(병부 절, 이미 이), 개(犭)가 이미(巳) 사람을 물어 범함

▶ 절도범 竊盜犯 : 남의 재물을 훔치는 범죄 또는 저지른 사람

관련한자 범죄(犯罪), 침범(侵犯), 범칙금(犯則金)

죽 거절하며 **법** 범 4급/竹 9획

범행 제의를 죽(竹)~ 거절(車巳, 拒絶 : 남의 제의나 요구, 금품 등을 받아들이지 않고 물리침)하며 법을 잘 지킴

▶ 범주 範疇 : 동일한 성질을 가진 부류나 범위

관련한자 모범(模範), 범위(範圍), 규범(規範)

물이 이미 **넘칠** 범 1급/水 2획

물(氵)이 이미(巳) 넘침

▶ 범람 氾濫 : ① 물이 넘쳐 흐름 ② 바람직하지 못한 것들이 크게 나돎

관련한자 *범일(氾溢), *범람호(氾濫湖)

풀물이 **성(姓)** 범 2급/艸 5획

시퍼런 풀물(艹氵, 풀물 : 풀에서 나오는 퍼런 물)이(㔾 : 병부 절, 이미 이) 범씨의 흰옷에 물듦

▶범포호 范浦湖 : 함경남도 영흥군 동쪽에 있는 호수

관련한자 용범(鎔范), 금성범(錦城范)

참고 範(법 범)의 간체자(簡體字)

기슭에 이미 **액** 액 3급/厂 2획

㔾(병부 절, 이미 이), 이미(㔾) 기슭(厂)에 액운이 들어 식물이 다 말라 죽음 회의

▶액운 厄運 : 고난을 당할 운수

관련한자 *재액(災厄), *초미지액(焦眉之厄)

危

사람이 액운으로 **위태할** 위 4급/卩 4획

사람(人)에게 액(厄)운이 들어 위태함 회의

▶위태 危殆 : 마음을 놓을 수 없을 만큼 위험함

관련한자 위기(危機), 위험(危險), 위급(危急)

08 10진법 八 묶음

→人→大→夭→天→矢
→夫→失→夫
→乂→又→夂→久→ク

여덟 팔 8급/제부수

네 손가락씩 두 손을 편 모양 지사

▶팔삭동 八朔童 : 임신한 지 여덟 달 만에 낳은 아이

관련한자 팔방미인(八方美人), 팔도강산(八道江山)

팔 마늘을 **공평할** 공 6급/八 2획

여덟(八) 개의 마늘(厶)을 각각 공평하게 나누어 줌 회의

▶공모 公募 : 널리 공개하여 모집함

관련한자 공평(公平), 공식(公式), 공무원(公務員), 공공장소(公共場所)

목공의 **소나무** 송 4급/木 4획

목공(木公, 木工 : 나무로 물건을 만드는 일을 업으로 하는 사람)의 재료로 쓰이는 소나무

▶송충 松蟲 : 송충이(솔나방의 애벌레)

관련한자 송진(松津), 낙엽송(落葉松)

공평한 말로 **송사할** 송 3급/言 4획

양자에 공평한(公) 말(言)로 송사함

▶소송 訴訟 : ① 재판을 걺 ② 고소

관련한자 송사(訟事) = 소송(訴訟), *쟁송(爭訟)

공평한 머리를 **기릴 · 칭송할** 송 4급/頁 4획

공평한(公) 우두머리(頁)를 기리고 칭송함

▶찬송 讚頌 : 미덕을 기리고 칭찬함

관련한자 칭송(稱頌), *게송(偈頌)

공우 **늙은이** 옹 3급/羽 4획

公(공평할 공)+羽(깃 우), 공우(公羽 : 사람이름)는 자식들에게 공평한(公) 늙은이

▶노옹 老翁 : 늙은 남자의 존칭

관련한자 *가옹(家翁), *새옹지마(塞翁之馬)

팔도로 **나눌** 분 6급/刀 2획

八(여덟 팔)+刀(칼 도), 조선시대에 우리나라를 팔도(八刀, 八道 : 우리나라 전체를 이르는 말)로 나눔 회의

▶분석 分析 : 복잡한 것을 논리적으로 해명함

관련한자 충분(充分), 분명(分明), 분열(分裂), 대부분(大部分)

쌀을 나눈 **가루** 분 4급/米 4획

쌀(米)을 잘게 나눈(分) 쌀가루

▶분진 粉塵 : 티끌(티와 먼지)

관련한자 분말(粉末), 분필(粉筆), 분유(粉乳), 분홍색(粉紅色)

실이 나눠져 **어지러울** 분 3급/糸 4획

실(糸)뭉치가 풀려서 여기저기 나눠져(分) 어지러움

▶ 분규 紛糾 : 일이 뒤얽혀 말썽이 많고 시끄러움

관련한자 분란(紛亂), 분쟁(紛爭), 분실(紛失)

풀을 나눈 **향기** 분 2급/艸 4획

풀(艹)을 베어 나누니(分) 향기가 짙어짐

▶ 분황사 芬皇寺 : 경상북도 경주시 구황동에 있는 절. 원효(元曉)가 화엄경소(華嚴經疏)를 쓴 명찰(名刹)

관련한자 *분방(芬芳)

재산이 나눠져 **가난할** 빈 4급/貝 4획

집 재산(貝)이 이쪽저쪽으로 소비되고 나눠져(分) 가난해짐

▶ 빈천 貧賤 : 가난하고 천함

관련한자 빈곤(貧困), 빈혈(貧血), 빈부(貧富), 빈약(貧弱)

면일자일분 **적을** 과 3급/宀 11획

宀(집 면)+一(한 일)+自(스스로 자)+一(한 일)+分(나눌 분), 면일(宀一 : 사람이름)이와 자일(自一 : 사람이름)이의 식사 분량(分量 : 수량의 많고 적음이나 부피의 크고 작은 정도)은 적은 편임

▶ 과묵 寡默 : 말수가 적고 침착함

관련한자 과부(寡婦), 독과점(獨寡占)

818그릇 **더할** 익 4급/皿 5획

추가 모임 참석자 818(八一八)명 그릇(皿)을 더함 회의

▶ 이익 利益 : 정신적, 물질적으로 이롭고 보탬이 되는 것

관련한자 유익(有益), 빈익빈(貧益貧), *홍익인간(弘益人間)

쇠를 더한 무게이름 일 2급/金 10획

저울에 쇠(金)를 더해(益) 잰 무게 이름

▶만일 萬鎰 : 많은 값

01

10진법 入 묶음

사람 인 8급/제부수

허리를 굽히고 서 있는 사람을 옆에서 본 모양을 본뜸 상형

▶위인 偉人 : 뛰어나고 위대한 사람

관련한자 개인(個人), 인류(人類), 인권(人權)

들 입 7급/제부수

위로부터 하나의 물건이 내려와 그것이 아래쪽으로 들어갈수록 양분(兩分)되어 크게 벌어지는 모양 지사

▶입궐 入闕 : 대궐 안으로 들어감

관련한자 수입(輸入), 수입(收入), 도입(導入), 구입(購入)

사인으로 써 이 5급/人 3획

厶(사사 사), 사인(厶人, sign : 서명하다)으로써 확인을 표시함 회의

▶이전 以前 : 지금보다 앞선 시기

관련한자 이상(以上), 이후(以後), 이래(以來), 이외(以外)

사람으로써 닮을 사 3급/人 5획

사람(亻)으로써(以) 훌륭한 성인을 닮고자 함

▶ 사이비 似而非 : 겉으로는 비슷하나 본질은 완전히 다른 가짜

관련한자 유사(類似), 흡사(恰似), 근사치(近似値)

옥인삼 보배 진 4급/玉 5획

玉(구슬 옥) + 人(사람 인) + 彡(터럭 삼), 귀한 옥(玉)과 비싼 인삼(人彡, 人蔘)은 보배임

▶ 진품 珍品 : 진귀한 물품

관련한자 진귀(珍貴), 진풍경(珍風景), 산해진미(山海珍味), 진수성찬(珍羞盛饌)

언인삼 진찰할 진 2급/言 5획

言(말씀 언) + 人(사람 인) + 彡(터럭 삼), 언(言, 언 : 차갑고 단단하게 굳음) 인삼(人彡, 人蔘)을 먹고 배탈나 진찰함

▶ 진맥 診脈 : 손목의 맥박을 짚어 병을 진찰하는 일

관련한자 진단(診斷), 진찰(診察), 진료(診療)

삼사인삼 참여할 참 / 석 삼 5급/厶 9획

厶(사사 사) + 人(사람 인) + 彡(터럭 삼), 삼사(厽 : 사람이름)는 인삼(人彡, 人蔘 : 강장제로 귀중히 여기는 두릅나뭇과의 여러해살이풀)을 먹으며 석달을 준비해 씨름 대회에 참가함 지사

▶ 참여 參與 : 참가하여 관여함

관련한자 참가(參加), 참배(參拜), 참석(參席), *삼성(參星)

참여한 풀인 **삼** 삼 2급/艸 11획

보약의 대열에 참여(參)하는 풀(艹)인 삼

▶삼계탕 蔘鷄湯 : 어린 햇닭에 인삼, 대추, 찹쌀 등을 넣어서 고아 만드는 보양 음식

관련한자 산삼(山蔘), 인삼(人蔘), 홍삼(紅蔘)

참여한 마음은 **참혹할** 참 3급/心 11획

전쟁에 참여(參)한 마음(忄)은 참혹함

▶처참 悽慘 : 몸서리칠 정도로 슬프고 끔찍함

관련한자 참혹(慘酷), 참담(慘憺), 비참(悲慘)

하여금 령 **이제** 금 6급/人 2획

令(하여금 령), 그로 하여금(令) 이제(今)는 결단을 내리게 해야 함 회의

▶금석 今昔 : 지금과 옛날

관련한자 지금(只今), 금주(今週), *금석지감(今昔之感)

쌍옥을 이제 **거문고** 금 3급/玉 8획

玨(쌍옥 각, 쌍옥 곡), 아끼던 쌍옥(玨)을 이제(今)는 거문고에 달아 꾸밈 상형

▶금슬 琴瑟 : ① 거문고와 비파 ② 부부 사이의 정

관련한자 가야금(伽倻琴), *금슬지락(琴瑟之樂)

입으로 이제 **읊을** 음 3급/口 4획

입(口)으로 이제(今) 시를 한 구절 읊음

▶신음 呻吟 : 병이나 고통으로 앓는 소리를 냄

관련한자 *음미(吟味), *음객(吟客), *음풍영월(吟風詠月)

이제 입에 **머금을** 함 3급/口 4획

이제(今) 입(口)에 맛있는 포도를 머금음

▶포함 包含 : 사물이나 현상에 함께 넣음

관련한자 함축(含蓄), 함량(含量)

이제 마음의 **생각** 념 5급/心 4획

이제(今) 마음(心)에 품고 있던 생각을 펼쳐야 할 때

▶개념 槪念 : 사물 현상에 대한 일반적인 지식

관련한자 염려(念慮), 이념(理念), 신념(信念)

이제 제물을 **탐낼** 탐 3급/貝 4획

재물에 욕심이 없었다가 갖은 고생을 하고 나서야 이제(今) 재물(貝)을 탐냄

▶탐욕 貪慾 : 지나치게 탐하는 욕심

관련한자 식탐(食貪), 탐관오리(貪官汚吏), *소탐대실(小貪大失)

부금을 이르니 **그늘** 음 4급/阜 8획

侌(그늘 음, 침묵할 암), 이달의 주택 부금[阝今, 賦金 : 부과금(매기어 물리는 돈)]을 이르니(云 : 이를 운) 얼굴에 그늘(侌)이 짐

▶음력 陰曆 : 태음력(달이 지구를 한 바퀴 도는 시간을 기준으로 만든 역법)

관련한자 음양(陰陽), 음모(陰謀), 음흉(陰凶)

참고 책력(冊曆) : 해와 달의 운행이나 월식, 일식, 절기 등을 적어 놓은 책

식구의 **곳집** 창 3급/人 8획

食(밥 식, 먹을 식)＋口(입 구), 우리집 식구(食口)의 곳집, 한 짝의 문이 달린 곡물 창고의 모양을 본뜸 상형

▶창고 倉庫 : 물건을 저장하거나 보관하는 공간

관련한자 *영창(營倉), 곡창지대(穀倉地帶)

물 곳집 큰바다 창 2급/水 10획

물(氵)의 곳집(倉)인 큰 바다

▶창해 滄海 : 넓고 큰 바다

관련한자 *창파(滄波), *창랑(滄浪), *창해일속(滄海一粟)

곳집 칼로 비롯할 창 4급/刀 10획

곳집(倉)에 칼(刂)이 갑자기 없어짐으로 비롯하여 옆집 사람을 의심함

▶거창 巨創 : 사물이 엄청나게 큰 것

관련한자 창출(創出), 창업(創業), 창조(創造), 창의력(創意力)

곳집 풀이 푸를 창 3급/艸 10획

곳집(倉)에 저장된 곡식(艹)이 푸름

▶울창 鬱蒼 : 큰 나무들이 빽빽하게 우거져 푸름

관련한자 창공(蒼空), 창백(蒼白), 창천(蒼天)

떠날 리 새 금 3급/内 8획

离(떠날 리, 산신 리, 도깨비 치), 철에 따라 사람(人)을 떠나는(离) 철새(禽)

▶금수 禽獸 : ① 날짐승과 길짐승, 즉 모든 짐승 ② 추잡하고 나쁜 행실을 하는 사람을 비유

관련한자 *가금(家禽), *맹금류(猛禽類)

문감경사새 떠날 리 4급/隹 11획

文(글월 문)+凵(입벌릴 감)+冂(멀 경)+厶(사사 사)+隹(새 추), 문감(文凵 : 사람 이름) 경사(冂厶, 警査 : 경찰 공무원 계급의 하나)의 반려 새(隹)가 죽어서 떠남

▶거리 距離 : 서로 떨어진 길이

관련한자 이탈(離脫), 분리(分離), 이별(離別), 괴리(乖離)

사람 한입 **합할** 합 6급/口 3획

잔칫상 준비에 사람(人) 한입(一口) 분을 합해 여유있게 더 준비함 회의

▶ 조합 組合 : 여럿을 모아 한 덩어리가 되게 함

관련한자 종합(綜合), 연합(聯合), 통합(統合), 결합(結合)

拾

손을 합해 **주울** 습 / **열** 십 3급/手 6획

두 손(扌)을 합(合)해 떨어진 무거운 물건 열 개를 주움

▶ 습득 拾得 : 물건을 주워서 얻음

관련한자 수습(收拾), *외면수습(外面收拾)

給

실을 합해 **줄** 급 5급/糸 6획

실(糸) 뭉치를 합(合)해서 줌

▶ 공급 供給 : 필요에 따라 물품을 제공함

관련한자 급여(給與), 지급(支給), 급식(給食)

죽 합해 **대답** 답 7급/竹 6획

여러 사람의 의견을 죽(竹)~ 합해(合) 대답함

▶ 답변 答辯 : 질문이나 요구에 응하여 대답함

관련한자 문답(問答), 응답(應答), 보답(報答)

땅에 풀을 합해 **탑** 탑 3급/土 10획

가을에 벼를 수확하고 땅(土)에 풀(艹)을 합해(合) 탑 쌓듯이 높게 쌓음

▶ 사령탑 司令塔 : 군함이나 항공 기지에서 지휘할 수 있도록 높게 만든 탑

관련한자 다보탑(多寶塔), 상아탑(象牙塔)

합구쌍인 다 · 여러 첨 1급/人 11획

合(합할 합)+口(입 구)+人(사람 인), 합구(合口 : 입맞춤)하는 한쌍인(人人) 부부가 다 행복해 함 회의

▶첨원 僉員 : 여러분

관련한자 *첨위(僉位), *첨존(僉尊), *첨원(僉員)

사람이 다 검소할 검 4급/人 13획

여러 사람(亻)이 다(僉) 검소함

▶검소 儉素 : 사치하지 않고 수수함

관련한자 *검년(儉年), *근검절약(勤儉節約)

나무를 다 검사할 검 4급/木 13획

목재를 찾기 위해 여러 나무(木)를 다(僉) 검사함

▶검토 檢討 : 사실이나 내용을 분석하여 따져 봄

관련한자 검사(檢査), 검증(檢證), 점검(點檢), 검색(檢索)

다 칼 검 3급/刀 13획

칼(刂)날이 양쪽에 다(僉) 있는 검

▶보검 寶劍 : 보배로운 칼

관련한자 검객(劍客), 검도(劍道), *구밀복검(口蜜腹劍)

언덕이 다 험할 험 4급/阜 13획

언덕(阝)이 다(僉) 바위로 되어 있어 험함

▶모험 冒險 : 위험을 무릅쓰고 하는 일

관련한자 위험(危險), 보험(保險), 탐험(探險)

말을 다 시험 험 4급/馬 13획

경주마를 가리기 위해 말(馬)을 다(僉) 시험함

▶시험 試驗 : ① 재능이나 실력을 검사하고 평가함 ② 사물의 성질이나 기능을 실제로 증험(證驗)하여 봄

관련한자 경험(經驗), 실험(實驗), 체험(體驗)

팔인구 골 곡 3급/제부수

八(여덟 팔)+人(사람 인)+口(입 구), 깊은 산골짜기에 팔인구(八人口 : 8사람)가 삶 회의

▶계곡 溪谷 : 물이 흐르는 골짜기

관련한자 *율곡(栗谷), *협곡(峽谷), *진퇴유곡(進退維谷)

골짜기 물로 목욕할 욕 5급/水 7획

골짜기(谷) 물(氵)로 목욕함

▶삼림욕 森林浴 : 병 치료나 건강을 위하여 숲에서 산책하거나 숲 기운을 쐬는 일

관련한자 좌욕(坐浴), 목욕탕(沐浴湯), 해수욕(海水浴)

골짜기에서 하품을 하고자 할 욕 3급/欠 7획

골짜기(谷)에서 갑자기 졸려 하품(欠)을 하고자 함

▶욕구 欲求 : 무엇을 얻고자 하거나 하고자 하는 바람

관련한자 의욕(意欲), 욕망(欲望), *욕속부달(欲速不達)

욕심 욕심 욕 3급/心 11획

欲(하고자 할 욕)+心(마음 심), 분수에 넘치게 무엇을 하고자 하는(欲) 마음(心)이 욕심(欲心, 慾心 : 분수에 넘치게 무엇을 탐내거나 누리고자 하는 마음) 회의

▶탐욕 貪慾 : 지나치게 탐하는 욕심

관련한자 욕심(慾心), 식욕(食慾), 과욕(過慾)

골짜기 사람들의 **풍속** 속 4급/人 7획

골짜기(谷)에 사는 사람(亻)들의 풍속 회의

▶속담 俗談 : 예로부터 민간에 전하여 오는 격언

관련한자 민속(民俗), 풍속(風俗), 속세(俗世)

옷이 골져 **넉넉할** 유 3급/衣 7획

전통 한복(衤)은 골(谷)이 많이 져서 넉넉함

▶여유 餘裕 : ① 넉넉하고 남음이 있음 ② 성급하지 않고 너그럽게 생각하는 마음

관련한자 *풍유(豊裕) 부유층(富裕層), 여유만만(餘裕滿滿)

곡면인 **얼굴** 용 4급/宀 7획

자연스런 곡면(谷宀, 曲面 : 굽어 휘어진 면)인 얼굴

▶용서 容恕 : 죄나 잘못에 대하여 벌을 주지 않고 너그럽게 보아줌

관련한자 용모(容貌), 내용(內容), 허용(許容)

수용하여 **녹을** 용 2급/水 10획

氵(물 수)+容(얼굴 용), 얼음이 열을 수용(氵容, 受容 : 어떠한 것을 받아들임)하여 녹음

▶용융 溶融 : 녹아서 섞임

관련한자 용해(溶解), 용매(溶媒), 수용액(水溶液)

옥의 얼굴인 **패옥소리** 용 2급/玉 10획

패옥(玉)의 얼굴(容)은 패옥소리

용화되어 **녹을** 용 2급/火 10획

容(얼굴 용)+火(불 화), 쇳덩이가 불에 용화(容火, 鎔化 : 열에 녹아서 모양이 변함)되어 녹음

▶ 용융 熔融 : 고체에 열을 가했을 때 액체로 되는 현상

관련한자 용암(熔巖)

쇠 얼굴을 **쇠녹일** 용 2급/金 10획

얼굴(容)을 가리는 쇠(金)로 된 투구를 쇠녹임

▶ 용광로 鎔鑛爐 : 쇠붙이나 광석을 녹이는 가마

관련한자 용암(鎔巖), 용융점(鎔融點)

복멱일팔인눈 **슬기** 예 2급/目 9획

卜(점 복)+冖(덮을 멱)+一(한 일)+八(여덟 팔)+人(사람 인)+目(눈 목), 복멱일(卜冖一 : 사람이름)은 팔인(八人 : 8명)의 눈(目)을 가진 것처럼 슬기로움 회의

▶ 예지 睿智 : ① 지혜롭고 밝은 마음과 생각 ② 인식하는 능력

관련한자 *총예(聰睿), *총명예지(聰明睿智)

슬기가 물처럼 **깊을** 준 2급/水 14획

슬기(睿)로움이 바닷물(氵)처럼 깊음 회의

▶ 준지 濬池 : 깊은 못, 바다

관련한자 *준천(濬川), *준원(濬源)

슬기로운 옥 **구슬** 선 2급/玉 14획

무엇이든 뜻하는 대로 만들어 낼 수있는 여의주는 슬기로운(睿) 옥(玉)구슬

▶ 선원록 璿源錄 : 조선시대, 왕실의 족보

관련한자 선판(璿板) : 현판(懸板)

이제 금 **하여금** 령 5급/人 3획

今(이제 금), 그로 하여금(令) 이제(今)는 결단을 내리게 해야 함 회의

▶ 체포령 逮捕令 : 체포하라는 명령

관련한자 명령(命令), 사령관(司令官), 시행령(施行令)

옥으로 하여금 **옥소리** 령 2급/玉 5획

옥(玉)으로 하여금(令) 옥소리를 내게 함

▶ 영롱 玲瓏 : ① 광채가 찬란함 ② 금옥(金玉)이 울리는 소리가 맑고 산뜻함

관련한자 *영롱장(玲瓏墻), *오색영롱(五色玲瓏)

비로 하여금 **떨어질 · 영(數字)** 령 3급/雨 5획

비(雨)로 하여금(令) 하늘에서 물이 떨어짐

▶ 영하 零下 : 섭씨 0℃ 이하인 상태

관련한자 영점(零點), 영세민(零細民)

머리로 하여금 **거느릴** 령 5급/頁 5획

우두머리(頁)로 하여금(令) 부하를 거느림

▶ 점령 占領 : 무력으로 어떤 지역이나 건물 등을 차지함

관련한자 영역(領域), 횡령(橫領), 영수증(領收證), 대통령(大統領)

산이 거느린 **고개** 령 3급/山 14획

산(山)이 거느린(領) 고개

▶ 미시령 彌矢嶺 : 강원도 인제군과 고성군 사이에 있는 고개. 높이는 825.7미터

관련한자 영남(嶺南), 대관령(大關嶺), 진부령(陳富嶺), 추풍령(秋風嶺)

얼음으로 하여금 찰 랭 5급/冫 5획

냉면은 육수를 얼음(冫)으로 하여금(令) 차게 함

▶ 냉동 冷凍 : 차갑게 하여 얼림

관련한자 냉철(冷徹), 냉각(冷却), 냉정(冷情), 냉방(冷房)

하품 흠 1급/제부수

사람(人)이 크게 입을 벌리고 하품(欠)하는 모양을 본뜸 상형

▶ 흠결 欠缺 : 일정한 수효에서 부족함이 생김

관련한자 *흠석(欠席), *무흠(無欠), *의사흠결(意思欠缺)

김흠 공경할 흠 2급/欠 8획

김흠(金欠, 金欽 : 김흠씨 한자이름)이라는 사람을 공경함

▶ 흠모 欽慕 : 공경하며 사모함

관련한자 *흠선(欽羨), *흠앙(欽仰)

입으로 하품하듯 불 취 3급/口 4획

하품(欠)하듯이 입(口)을 크게 벌려 붊 회의

▶ 고취 鼓吹 : ① 북을 치고 피리를 붊 ② 용기를 북돋움 ③ 의견이나 사상을 열렬히 주장하여 불어넣음

관련한자 *취타(吹打), *취주악기(吹奏樂器)

하품하며 불 땔 취 2급/火 4획

졸려 하품(欠)하며 장작불(火)을 땜

▶ 자취 自炊 : 손수 밥을 지어 먹으면서 생활함

관련한자 취사병(炊事兵), 자취생(自炊生)

차의 흠이 **연할** 연 3급/車 4획

다행히 교통사고 난 차(車)의 흠(欠)집이 연함

▶유연 柔軟 : 부드럽고 연함

관련한자 연약(軟弱), 연골(軟骨), 연분홍(軟粉紅)

먹고 하품이나 **마실** 음 6급/食 4획

배불리 먹고(食) 식곤증(食困症)으로 하품(欠)이 나서 커피를 마심

▶폭음 暴飮 : 술을 한꺼번에 많이 마심

관련한자 과음(過飮), 미음(米飮), 음료수(飮料水)

침 연 **버금** 차 4급/欠 2획

㳄(침 연), 너무 배가 고파 먹고 싶은 음식이 생각나고 버금(次) 입에 침(㳄)이 고임 회의

▶누차 屢次 : 여러 차례

관련한자 차례(次例), 차원(次元), 점차(漸次), 차세대(次世代)

차녀의 **모양** 자 4급/女 6획

次(버금 차)+女(계집 녀), 차녀(次女 : 둘째 딸)의 예쁜 모양

▶자세 姿勢 : 사물을 대하는 마음가짐이나 태도

관련한자 자태(姿態), 웅자(雄姿), *빙자옥질(氷姿玉質)

버금 마음은 **마음대로 · 방자할** 자 3급/心 6획

올바른 주된 마음 뒤로 따라다니는 버금(次) 마음은 마음대로 하고픈 방자한 마음(心)

▶방자 放恣 : 삼가는 태도가 없이 건방짐

관련한자 *자행(恣行), *자의적(恣意的), 오만방자(傲慢放恣)

버금가는 조개는 **재물** 자 4급/貝 6획

옛날에 금에 버금(次)가는 재물인 조개(貝)

▶ 자재 資材 : 기본이 되는 재료

관련한자 투자(投資), 자료(資料), 자본(資本), 자격증(資格證)

말로 버금 입구를 **물을** 자 2급/言 9획

咨(물을 자), 지하철 역사 안에서 말(言)로 위에 백화점이 있는지 묻고 버금(次) 몇 번 출입구(口)로 나가면 되는지 물음(咨)

▶ 자문 諮問 : 일을 효율적이고 바르게 처리하기 위해 그 분야에 전문적인 지식을 가진 사람에게 의견을 물음

관련한자 *자의(諮議), *자순(諮詢)

침흘리는 그릇 **도둑** 도 4급/皿 7획

㳄(침 연), 그릇 위의 맛있는 음식을 보고 침(㳄) 흘리며 그릇(皿)을 훔치는 도둑 회의

▶ 절도범 竊盜犯 : 남의 재물을 훔치는 범죄

관련한자 도용(盜用), 도청(盜聽), 강도(强盜)

날로 바른 **이(斯) · 옳을** 시 4급/日 5획

날(日)로 바르고(正) 옳게 행동하는 이 사람 회의

▶ 역시 亦是 : ① 생각하였던 대로 ② 또한

관련한자 시비(是非), 혹시(或是), 필시(必是)

이 흙으로 **둑** 제 3급/土 9획

이(是) 흙(土)으로 쌓은 둑

▶ 방파제 防波堤 : 파도를 막기 위하여 항만에 쌓은 둑

관련한자 *제방(堤防), *제궤의혈(堤潰蟻穴)

이 손으로 끌 제 4급/手 9획

이(是) 손(扌)으로 옳게(是) 끎

▶제휴 提携 : 공동의 목적을 위해 서로 도움

관련한자 제공(提供), 제시(提示), 제안(提案)

題

이 머리로 제목 제 6급/頁 9획

이(是) 머리(頁)로 글을 쓰고 제목을 생각함 회의

▶과제 課題 : 부과된 일. 해결해야 할 문제

관련한자 제목(題目), 숙제(宿題), 문제(問題)

이 물은 물맑을 식 2급/水 9획

이(是) 물(氵)은 옳게(是) 관리하여 물 맑음

▶김정식 金廷湜 : 민요조의 서정시를 다수 창작한 우리나라의 시인. 1922년 《개벽》에 대표작 〈진달래꽃〉을 발표. '김소월(金素月)'의 본명

관련한자 *식식(湜湜)

토지에서 달릴 주 4급/제부수

토지(土止, 土地 : 경지, 주택 등으로 사용하는 지면)에서 신나게 달림 회의

▶분주 奔走 : 매우 바쁘게 뛰어다님

관련한자 질주(疾走), 도주(逃走), 경주(競走)

도끼 들고 달려 넘을 월 3급/走 5획

도끼(戉 : 도끼 월)를 들고 달리며(走) 장애물을 뛰어넘음

▶탁월 卓越 : 월등하게 뛰어남

관련한자 초월(超越), 추월(追越), 월등(越等), 우월감(優越感)

두 사람이 달리는 무리 도 4급/彳 7획

무리 속에서 절친한 두 사람(彳)이 함께 말을 타고 달림(走)

▶ 화랑도 花郎徒 : 신라 때 화랑의 무리

관련한자 신도(信徒), 도보(徒步), *무위도식(無爲徒食)

정면으로 정할 정 6급/宀 5획

사진 찍을 방향을 정면(正宀, 正面 : 똑바로 마주 보이는 면)으로 정함

▶ 긍정 肯定 : 옳다고 인정함

관련한자 결정(決定), 인정(認定), 안정(安定), 확정(確定)

입지에 발 족 7급/제부수

공장입지(口止, 立地 : 인간이 경제 활동을 하기 위하여 선택하는 장소)를 발로 밟으며 살펴봄, 무릎에서 발(足)끝까지의 모양을 본뜸 상형

▶ 삼족오 三足烏 : 해 속에서 산다는 세 발 가진 까마귀

관련한자 부족(不足), 만족(滿足), 족쇄(足鎖)

사람이 발을 재촉할 촉 3급/人 7획

사람(亻)이 발(足)걸음을 재촉함

▶ 판촉 販促 : 소비 욕구를 자극함으로써 판매가 늘도록 하는 활동

관련한자 촉구(促求), 촉진(促進), 독촉(督促)

손발을 잡을 착 3급/手 7획

손발(手足)을 꼼짝 못 하게 잡음

▶ 포착 捕捉 : ① 꼭 붙잡음 ② 요점이나 요령을 얻음

관련한자 *활착(活捉), *금착(擒捉)

앉을 좌 **무당** 무 1급/工 4획

坐(앉을 좌), 무당(巫)이 신당(神堂 : 신령을 모셔 놓은 집)에 앉아(坐) 점을 침 상형

▶무당 巫堂 : 귀신을 섬겨 길흉을 점치고 굿을 하는 것을 업으로 하는 여자

관련한자 무속(巫俗), *무녀(巫女), *무격(巫覡)

우삼구 무당은 **신령** 령 3급/雨 16획

霝(비올 령, 신령 령), 우삼구(雨口口口 : 사람이름) 무당(巫)의 신점은 신령(霝)스럽게 잘 맞음

▶유령 幽靈 : 죽은 사람의 혼령

관련한자 영혼(靈魂), 영감(靈感), 산신령(山神靈)

토쌍인회 **아낄** 색 1급/口 10획

土(흙 토)+人(사람 인)+回(돌아올 회), 토쌍인회(土人人回 : 모임이름) 모임은 흙(土)을 아낌 회의

▶인색 吝嗇 : 재물을 지나치게 아낌

관련한자 *인색한(吝嗇漢)

아끼는 흙 **담** 장 3급/土 13획

난방비를 아끼려고(嗇) 흙(土)으로 담을 쌓음

▶목판장 木板墻 : 널빤지로 둘러친 울타리

관련한자 *노류장화(路柳墻花)

두사람이 땅에 **앉을** 좌 3급/土 4획

从(좇을 종), 두 사람(从)이 땅(土) 위에 자리를 깔고 앉아 즐겁게 대화를 나눔 회의

▶좌선 坐禪 : 고요히 앉아서 참선(參禪) 함

관련한자 좌시(坐視), *좌초(坐礁), *결가부좌(結跏趺坐)

집에 앉을 **자리** 좌 4급/广 7획

집(广) 안에 앉을(坐) 자리

▶ 좌우명 座右銘 : 늘 자리 옆에 갖추어 두고 생활의 지침으로 삼는 말이나 문구

관련한자 좌석(座席), 계좌이체(計座移替)

두종열 **마칠** 졸 5급/十 6획

亠(돼지해머리 두)+从(좇을 종)+十(열 십), 두종열(亠从十 : 사람이름)은 군복무를 마침 회의

▶ 졸도 卒倒 : 갑자기 정신을 잃고 쓰러짐

관련한자 졸업(卒業), 병졸(兵卒), 뇌졸중(腦卒症)

술 마치고 **취할** 취 3급/酉 8획

술(酒)자리를 마치고(卒)나니 그제서야 취함

▶ 마취 痲醉 : 약물을 이용하여 얼마 동안 의식이나 감각을 잃게 함

관련한자 도취(陶醉), 심취(心醉), 취객(醉客)

졸팔새 **섞일** 잡 4급/隹 10획

卒(마칠 졸)+八(여덟 팔)+隹(새 추), 졸팔(卒八 : 사람이름)의 반려 새(隹)가 비둘기 떼와 섞여 놂

▶ 잡곡 雜穀 : 쌀 이외의 모든 곡식. 보리, 밀, 콩, 조 등

관련한자 복잡(複雜), 잡지(雜誌), 추잡(醜雜)

산에 낀 **골짜기** 협 2급/山 7획

산(山) 사이에 끼어(夾 : 낄 협)있는 골짜기

▶ 해협 海峽 : 육지와 육지 사이에 끼어 있는 좁고 긴 바다

관련한자 협곡(峽谷), 산협(山峽), 심협(深峽)

언덕에 끼어 **좁을** 협 / **땅이름** 합 2급/阜 7획

陜(땅이름 섬), 언덕(阝)에 끼어(夾) 길이 좁음

▶ 합천 陜川 : 경상남도 합천군에 있는 읍. 명소로 함벽루(涵碧樓)가 있음

관련한자 협곡(陜谷), 협착(陜窄)

좁을 협 **땅이름** 섬 2급/阜 7획

陜(좁을 협 / 땅이름 합), 우리 동네의 땅이름이 '섬'(陝)인 곳은 좁음(陜)

▶ 섬서성 陝西省 : '산시성(중국 중서부에 있는 성)'의 잘못

십삼인 **올** 래 7급/人 6획

十(열 십)+人(사람 인), 열(十)세 사람(人)이 옴, 보리 모양을 본뜸 상형

▶ 유래 由來 : 말미암아 일어나거나 전하여 온 내력

관련한자 미래(未來), 초래(招來), 거래(去來)

올 풀은 **명아주** 래 2급/艸 8획

선물로 올(來) 풀(艹)은 명아주

▶ 봉래산 蓬萊山 : 봄에는 금강산(金剛山), 여름에는 봉래산, 가을에는 풍악산(楓嶽山), 겨울에는 개골산(皆骨山)이라고 함

관련한자 동래구(東萊區)

뒤져 올 **보리** 맥 3급/제부수

배고픈 보릿고개를 지나 뒤져(夂) 올(來) 보리 수확 회의

▶ 맥주 麥酒 : 엿기름에 홉(hop)을 넣어 발효시킨 술

관련한자 맥반석(麥飯石), *맥아당(麥芽糖), *맥수지탄(麥秀之嘆)

두 사람 쌍인지 **좇을** 종 4급/彳 8획

从(좇을 종), 두 사람(彳)이 한쌍인(从)지(止) 아닌지 뒤를 좇음

▶ 추종 追從 : 남의 뒤를 따라서 좇음

관련한자 복종(服從), 시종(侍從), 종속(從屬), 종업원(從業員)

縱

실로 좇은 **세로** 종 3급/糸 11획

날실(糸)은 세로 방향으로 좇은(從) 실

▶ 종횡 縱橫 : 가로와 세로

관련한자 *방종(放縱), 조종사(操縱士), *종횡무진(縱橫無盡)

십오인 **우산** 산 2급/人 10획

십오인(十人人人人人)이 똑같은 우산을 씀 상형

▶ 양산 陽傘 : 햇볕을 가리기 위하여 쓰는, 우산같이 만든 물건

관련한자 우산(雨傘), 낙하산(落下傘)

지사인일감 **이** 치 4급/제부수

止(그칠 지) + 人(사람 인) + 一(한 일) + 凵(입벌릴 감), 치과의사 지사인(止从从 : 사람이름)의 일감(一凵, 일감 : 일할 거리)은 환자들의 이를 치료하는 것임

▶ 순치 脣齒 : 입술과 이

관련한자 치아(齒牙), 치과(齒科), 충치(蟲齒), *순망치한(脣亡齒寒)

불 화 8급/제부수

불(火)이 활활 타고 있는 모양을 본뜸 상형

▶ 화요일 火曜日 : 월요일의 다음

관련한자 화재(火災), 화염병(火焰瓶), 소화기(消火器)

해와 불이 **빛날** 경 2급/火 4획

햇(日)빛과 불(火)빛이 빛남 회의

▶한경 寒炅 : 병을 앓을 때 한기(寒氣)와 열기(熱氣)가 번갈아 일어남

꺼질 멸 **재** 회 4급/火 2획

灭(꺼질 멸), 불이 꺼지고(灭) 재(灰)만 남음 회의

▶석회암 石灰巖 : 탄산칼슘을 주성분으로 하는 퇴적암

관련한자 회색(灰色), *석회수(石灰水)

산에 재와 **숯** 탄 5급/火 5획

산(山)에 불타고 남은 재(灰)와 숯 회의

▶연탄 煉炭 : 무연탄 가루를 주원료로 만든 원통형의 고체 연료. 흔히 공기구멍이 뚫려 있음

관련한자 석탄(石炭), 이산화탄소(二酸化炭素)

벼화 **가을** 추 7급/禾 4획

禾(벼 화)+火(불 화). 벼(禾)가 불(火)에 타듯 익는 가을 회의

▶추호 秋毫 : 가을철에 털을 갈아서 가늘어진 짐승의 털이란 뜻으로, 가을 털끝만큼 매우 조금을 비유

관련한자 추석(秋夕), 입추(立秋), *중추가절(仲秋佳節)

가을 나무 **가래** 추 2급/木 9획

가을(秋) 추수 후 흙을 파서 갈아엎거나 퍼내는 데 쓰는 나무(木)인 가래

▶성추 省楸 : 성묘

관련한자 *송추(松楸)

참고 가래 : 흙을 파서 갈아엎거나 퍼내는 데 쓰는 기구

가을의 마음은 **근심** 수 3급/心 9획

가을(秋)의 마음(心)은 수확 및 추운 겨울나기 걱정으로 근심이 가득함

▶ 우수 憂愁 : 근심

관련한자 수심(愁心), *향수병(鄕愁病)

불꽃 개 **불꽃** 염 3급/火 4획

炏(불꽃 개), 불(火) 위에 타오르는 불(火)꽃 회의

▶ 비염 鼻炎 : 콧속의 점막에 생기는 염증

관련한자 폐렴(肺炎), 폭염(暴炎), 염증(炎症)

물불꽃이 **맑을** 담 3급/水 8획

분수대의 물(氵)불꽃(炎)이 맑음

▶ 아담 雅淡 : 고상하고 산뜻함

관련한자 담백(淡白), 냉담(冷淡), 농담(濃淡)

불꽃 **말씀** 담 5급/言 8획

불꽃(炎)처럼 피어 오르는 말씀(言)

▶ 속담 俗談 : 예로부터 민간에 전하여 오는 격언

관련한자 회담(會談), 덕담(德談), 농담(弄談), 간담회(懇談會)

나무의 등불처럼 **영화** 영 4급/木 10획

나무(木)의 등불(熒 : 등불 형)처럼 밝은 영화를 누림

▶ 허영 虛榮 : 자기 분수에 어울리지 않게 겉만 화려하게 꾸밈

관련한자 번영(繁榮), 영광(榮光), 영예(榮譽), 영화(榮華)

등불같은 법칙으로 **경영할** 영 4급/火 13획

呂(법칙 려), 등불(𤇾)을 밝히듯이 올바르게 법칙(呂)에 맞게 경영함

▶경영진 經營陣 : 회사의 경영을 책임지고 있는 사람들

관련한자 운영(運營), 영업(營業), 영양사(營養士)

瑩

등불에 옥이 **밝을** 형 / **옥돌** 영 2급/玉 10획

등불(𤇾)에 비춰진 옥(玉)돌이 밝게 옥빛이 남

▶최영 崔瑩 : 고려 말기의 명장 · 재상. 친원파(親元派)로서 1388년에 팔도(八道) 도통사가 되어 명나라를 치러 출정하였으나 이성계의 환군으로 실패하고 후에 그에게 피살되었음

관련한자 *미형(未瑩)

밝은 물은 **물맑을** 형 2급/水 15획

瑩(밝을 영, 옥돌 영), 깊숙히 밝게(瑩) 잘 보이는 물(氵)은 물맑은 상태

관련한자 강형(江瀅)

등불같은 벌레 **반딧불** 형 3급/虫 10획

배면 끝이 등불(𤇾)처럼 빛나는 반딧불(虫)

▶형광등 螢光燈 : 안쪽 벽에 형광 물질을 바른 방전등

관련한자 *형설지공(螢雪之功)

등불에 힘써 **일할** 로 5급/力 10획

𤇾(등불 형), 집안을 위해 밤에도 등불(𤇾)을 밝히고 힘(力)써 일함

▶노사 勞使 : 노동자와 사용자

관련한자 위로(慰勞), 피로(疲勞), 공로(功勞), 노동(勞動)

등진 하늘은 **북방 · 천간** 계 3급/癶 4획

癶(등질 발), 등진(癶) 하늘(天)은 북방 하늘 회의

▶ 계해 癸亥 : 육십갑자(六十甲子)의 마지막인 60째

관련한자 계기(癸期), 계좌(癸坐), 계방(癸方)

손으로 천간을 **헤아릴** 규 2급/手 9획

손(扌)으로 천간(癸)을 헤아림

▶ 우규 右揆 : 우의정(右議政)을 달리 이르는 말

관련한자 *단규(端揆), *좌규(左揆)

콩을 등지고 **오를** 등 7급/癶 7획

농사꾼이 콩(豆)농사를 등지고(癶) 산에 오름 회의

▶ 등교 登校 : 학생이 학교에 감

관련한자 등장(登場), 등록(登錄), 등산(登山), 등재(登載)

등불 **등** 등 4급/火 12획

등불(登火, 燈불 : 등에 켠 불)을 밝힌 등

▶ 형광등 螢光燈 : 안쪽 벽에 형광 물질을 바른 방전등

관련한자 등유(燈油), 가로등(街路燈), 신호등(信號燈)

오른 고을의 **나라 이름** 등 2급/邑 12획

오른(登)(발전한) 고을(阝)의 나라 이름은? '등'

▶ 등소평 鄧小平 : 중국의 정치가

관련한자 *등림(鄧林)

오를 말은 **증거** 증 4급/言 12획

수사하여 사실로 인정돼 입으로 올라(登)갈 말(言)은 증거

▶증거 證據 : 증명할 수 있는 근거

관련한자 검증(檢證), 증언(證言), 보증(保證), 자격증(資格證)

등진 궁수 **필** 발 6급/癶 7획

활을 등진(癶) 궁수(弓殳, 弓手 : 활 쏘는 일을 맡아 하는 군사)가 사냥한 짐승을 잡아 핌

▶발아 發芽 : 씨앗에서 싹이 틈

관련한자 발표(發表), 개발(開發), 발전(發展), 발휘(發揮)

핀 집을 **폐할 · 버릴** 폐 3급/广 12획

집(广) 안에 곰팡이 및 잡초가 피어(發) 폐해 버림

▶철폐 撤廢 : 철거하여 폐지함

관련한자 폐지(廢止), 폐허(廢墟), 폐기물(廢棄物), 황폐화(荒廢化)

인일문은 터럭으로 **닦을** 수 4급/人 8획

攸[바(所) 유], 인일문(人丨攵 : 사람이름)이 할 바(攸)는 먼지를 빗자루(彡)로 닦아내는 것임

▶수선 修繕 : 낡은 물건을 손보아 고침

관련한자 수정(修正), 수리(修理), 연수(硏修), 수도(修道)

할 바가 마음에서 **멀** 유 3급/心 7획

앞으로 해야 할 바(攸)가 마음(心)에서 원하는 바와 멂

▶유유 悠悠 : ① 아득하게 먼 모양 ② 한가한 모양

관련한자 *유연(悠然), *유구(悠久), *유유자적(悠悠自適)

할 바는 나무 **가지** 조 4급/木 7획

오늘 해야 할 바(攸)는 나무(木)의 가지치기

▶ 조항 條項 : 법률이나 규정의 조목이나 항목

관련한자 조약(條約), 철조망(鐵條網), 부조리(不條理), 무조건(無條件)

微

두인산일궤문 **작을** 미 3급/彳 10획

彳(두인 변) + 山(뫼 산) + 一(한 일) + 几(안석 궤) + 攵(등글월 문), 두인산(彳山 : 산이름)에 있는 일궤문(一几攵 : 문이름)은 아주 작음

▶ 기미 幾微 : 낌새(일이 되어 가는 형편을 알아차릴 수 있는 눈치)

관련한자 미묘(微妙), 미소(微笑), 미생물(微生物), 현미경(顯微鏡)

작은 왕이 **부를** 징 3급/彳 12획

체구가 작은(微 : 작을 미) 왕(王)이 체구가 거대한 장군을 부름 회의

▶ 징후 徵候 : 겉으로 나타나는 조짐

관련한자 상징(象徵), 특징(特徵), 과징금(課徵金)

불러 마음을 **징계할** 징 3급/心 15획

상사가 부하를 불러(徵) 마음(心)을 뉘우치도록 징계함

▶ 징역 懲役 : 죄인을 교도소에 일정 기간 가두고 노동을 시키는 형벌

관련한자 응징(膺懲), 징벌(懲罰), 징계(懲戒), *권선징악(勸善懲惡)

미사 **아름다울** 휘 2급/彳 14획

미사(微糸, 美辭 : 아름답게 표현된 말)는 아름답게 표현된 말, 미사여구(美辭麗句 : 아름다운 말로 듣기 좋게 꾸민 글귀)

▶ 휘장 徽章 : 신분이나 직무, 명예 등을 나타내는 띠, 리본, 배지 등의 표지

관련한자 *휘호(徽號), *휘음(徽音)

두인오지절 거느릴 어 3급/彳 8획

彳(두인 변)+午(낮 오)+止(그칠 지)+卩(병부 절), 스님 두인(彳 : 두사람)은 오지절(午止卩 : 절이름)을 거느림 회의

▶제어 制御 : ① 통제하여 다스림 ② 기계나 설비 등을 목적에 알맞도록 조절함

관련한자 어명(御命), *암행어사(暗行御史)

10진법 八 묶음

어른 장 큰 대 8급/제부수

丈(어른 장), 큰(大) 어른(丈) 상형

▶대한 大旱 : 큰 가뭄

관련한자 대학(大學), 최대(最大), 대한민국(大韓民國)

개 견 클 태 6급/大 1획

犬(개 견), 송아지만큼 클(太) 개(犬)인 "세인트 버나드" 지사

▶강태공 姜太公 : 중국 주나라 초기의 정치가

관련한자 태양(太陽), 태극기(太極旗), 태평양(太平洋)

작고 큰 뾰족할 첨 3급/小 3획

위는 작고(小) 아래가 큰(大) 뾰족함 회의

▶첨단 尖端 : ① 물건의 뾰족한 끝 ② 시대의 사조, 학문, 유행 등의 맨 앞장

관련한자 *첨예(尖銳), *도첨(刀尖)

풀날데(대) 없을 막 3급/艸 7획

艹(풀 초) + 日(날 일) + 大(큰 대), 이곳은 풀날데(대)(艹日大)가 없음 회의

▶ 막강 莫强 : 힘이 더 할 수 없이 셈

관련한자 막대(莫大), 막중(莫重), *막무가내(莫無可奈)

漠

물이 막 넓을 막 3급/水 11획

홍수로 물(氵)이 넘쳐 막(莫) 넓어짐

▶ 망막 茫漠 : 넓고 멀음. 아득함

관련한자 막연(漠然), 사막(沙漠)

膜

막달에 꺼풀 · 막 막 2급/肉 11획

막달(莫月, 막달 : 아이를 낳을 달)에 해산한 아기의 꺼풀을 벗김

▶ 망막 網膜 : 시신경의 세포가 막 모양으로 층을 이룬 투명하고 얇은 막

관련한자 고막(鼓膜), 횡격막(橫膈膜), 세포막(細胞膜)

막건 장막 막 3급/巾 11획

莫(없을 막) + 巾(수건 건), 햇볕을 가리기 위해 기둥을 세우고 천막을 막(莫) 건(巾) 장막

▶ 장막 帳幕 : 볕 또는 비를 막고 둘러치는 막

관련한자 자막(字幕), 천막(天幕), 현수막(懸垂幕), 개막식(開幕式)

模

나무로 막 본뜰 모 4급/木 11획

나무(木)를 깎아 동물 모형을 막(莫) 본떠 만듦

▶ 모방 模倣 : 다른 것을 본뜨거나 본받음

관련한자 규모(規模), 모양(模樣), 모범(模範), *애매모호(曖昧模糊)

謨

막말은 꾀 모 2급/言 11획

연기하는 막말(莫言, 막말 : 나오는 대로 함부로 하거나 속되게 말함)은 꾀의 수단임

▶다모객 多謨客 : 꾀가 많거나 꾀를 잘 부리는 사람

관련한자 *수모자(首謨者)

募

막 힘을 모을 · 뽑을 모 3급/力 11획

막(莫)~ 힘(力)을 모아 나무를 뽑음

▶공모 公募 : 널리 공개하여 모집함

관련한자 모집(募集), 응모(應募), 모금(募金)

暮

막 해가 저물 모 3급/日 11획

지금 막(莫, 막 : 이제 금방) 해(日)가 저묾 회의

▶일모 日暮 : 날이 저묾

관련한자 *단모(旦暮), *조삼모사(朝三暮四)

慕

막심하게 그릴 모 3급/心 11획

사랑하는 사람이 떠나가 막심(莫忄, 莫甚 : 후회, 피해, 고생 등이 더할 나위 없이 심함)하게 그리움

▶흠모 欽慕 : 공경하며 사모함

관련한자 사모(思慕), 연모(戀慕), 추모제(追慕祭)

墓

막 흙 무덤 묘 4급/土 11획

막(莫) 흙(土) 무덤을 도굴(盜掘 : 고분이나 묘지를 허가 없이 몰래 파냄)함

▶묘비 墓碑 : 무덤 앞에 세우는 비석

관련한자 성묘(省墓), 묘지(墓地), 공동묘지(共同墓地)

손으로 빛나게 **바꿀** 환 3급/手 9획

奐(빛날 환), 낡은 집을 손(扌)으로 잘 고쳐 바꿨더니 빛남(奐)

▶호환 互換 : 서로 교환함

관련한자 교환(交換), 환율(換率), 변환(變換), 전환점(轉換點)

불이 **빛날** 환 2급/火 9획

불(火)빛이 빛남(奐)

▶민영환 閔泳煥 : 조선 고종 때의 충신(문신)

관련한자 수입환(輸入煥)

물을 터놓기로 **결단할** 결 5급/水 4획

夬(터놓을 쾌), 댐물(氵)을 터놓기(夬)로 결단함

▶판결 判決 : 법원이 법률에 따라 판단하는 재판

관련한자 해결(解決), 결정(決定), 결산(決算), 결심(決心)

장군이 터져 **이지러질** 결 4급/缶 4획

장군(缶) 한쪽이 터져(夬) 모양이 이지러짐

▶결함 缺陷 : 흠이 되는 부분

관련한자 결핍(缺乏), 결여(缺如), 결석(缺席), 결례(缺禮)

말을 터놓고 **이별할** 결 3급/言 4획

좋아하는 여자와 어렵게 말(言)을 터놓고(夬) 바로 이별함

▶결별 訣別 : ① 기약 없는 이별 ② 관계나 교제를 영원히 끊음

관련한자 비결(秘訣), 영결식(永訣式)

마음을 터놓으니 쾌할 쾌 4급/心 4획

서로 마음(忄)을 터놓고(夬) 대화하니 기분이 유쾌함

▶ 쾌청 快晴 : 하늘이 상쾌하도록 맑게 갬

관련한자 흔쾌(欣快), 상쾌(爽快), 쾌락(快樂), 통쾌(痛快)

입 큰 성(姓) 오 2급/口 4획

입(口)이 큰(大) 오씨 아저씨 회의

▶ 오월 吳越 : 중국 춘추전국시대(春秋戰國時代)의 오(吳)나라와 월(越)나라

관련한자 *오월동주(吳越同舟)

오씨 여자가 즐길 오 3급/女 7획

오(吳)씨인 여자(女)가 쇼핑하며 즐김

▶ 오락 娛樂 : 기분을 즐겁게 하는 일

관련한자 *오유(娛遊), *희오(喜娛)

말로 오씨를 그르칠 오 4급/言 7획

유언(言)비어로 모함해 오(吳)씨를 그르침

▶ 착오 錯誤 : 착각을 하여 잘못함

관련한자 오류(誤謬), 오해(誤解), 오차(誤差), 시행착오(施行錯誤)

터놓을 쾌 가운데 앙 3급/大 2획

夬(터놓을 쾌), 물이 흐르도록 둑 가운데(央)를 터놓음(夬) 회의

▶ 진앙지 震央地 : ① 사건을 야기한 근원을 비유 ② 지진이 발생한 진원 바로 위의 지표면

관련한자 중앙(中央)

죽음 가운데인 **재앙** 앙 3급/歹 5획

재앙으로 죽음(歹 : 살 바른 뼈 알) 가운데(央)에 놓임

▶ 재앙 災殃 : ① 뜻하지 않게 생긴 불행한 변고 ② 천재지변으로 인한 불행한 사고

관련한자 *앙화(殃禍), *앙급지어(殃及池魚)

해가 가운데를 **비칠** 영 4급/日 5획

해(日)가 방 한가운데(央)를 비침

▶ 반영 反映 : ① 빛이 반사하여 비침 ② 다른 것에 영향을 받아 어떤 현상이 나타남

관련한자 영화(映畵), 상영(上映), 동영상(動映像)

풀 가운데 **꽃부리** 영 6급/艸 5획

풀(艹) 가운데(央) 줄기로 솟아 자란 꽃부리

▶ 영재 英才 : 탁월한 재주. 또는 그런 재주를 가진 사람

관련한자 영웅(英雄), 영어(英語), 영국(英國)

꽃부리 **옥빛** 영 2급/玉 9획

꽃부리(英) 모양의 옥(玉)에서 나는 옥빛

▶ 적영 赤瑛 : 붉은 옥

관련한자 남영(藍瑛), 적영(赤瑛)

해가 꽃부리를 **비칠** 영 2급/日 9획

해(日)가 꽃부리(英)를 비침

관련한자 *영발(暎發)

참고 映(비칠 영)의 속자(俗字)

점 큰 **개** 견 4급/제부수

점(丶)이 큰(大) 개, 개의 옆모양을 본뜸 상형

▶광견병 狂犬病 : 개나 야생의 육식동물에게서 볼 수 있는, 바이러스 질환

관련한자 충견(忠犬), 애견(愛犬), 맹견(猛犬), 경찰견(警察犬)

사람 옆에 개가 **엎드릴** 복 4급/人 4획

사람(亻) 옆에 개(犬)가 엎드림 회의

▶매복 埋伏 : 상대편의 동태를 살피거나 불시에 습격하기 위해 적당한 곳에 몰래 숨어 있음

관련한자 기복(起伏), 항복(降伏), 잠복(潛伏)

쌍개로 언 **옥** 옥 3급/犬 11획

감옥을 아주 사나운 쌍개(犭犬)가 지켜서 언(言) 분위기 회의

▶탈옥수 脫獄囚 : 탈옥한 죄수

관련한자 감옥(監獄), 지옥(地獄)

월개화 **그럴** 연 7급/火 8획

月(달 월)+犬(개 견)+灬(불 화), 월개화(月犬灬 : 그림이름)의 달(月), 개(犬), 불(灬) 그림은 실제처럼 그럴듯 함 회의

▶숙연 肅然 : 고요하고 엄숙함

관련한자 자연(自然), 당연(當然), 우연(偶然), 과연(果然)

그렇게 불에 **탈** 연 4급/火 12획

화재로 집이 그렇게(然) 빨리 불(火)에 탐

▶연소 燃燒 : 불에 탐

관련한자 연료(燃料), 가연물(可燃物), 내연기관(內燃機關)

엄해월개 **싫어할** 염 2급/厂 12획

厂(기슭 엄)+日(날 일)+月(달 월)+犬(개 견), 월개(月犬 : 사람이름)가 매우 엄해(厂日) 제자들이 싫어함

▶ 염세 厭世 : 인생과 세상의 일을 암담하고 괴로운 것으로 여겨 싫어함

관련한자 *염증(厭症), *염오(厭惡), *병불염사(兵不厭詐)

싫어해 땅에 **누를** 압 4급/土 14획

싫어하는(厭) 바퀴벌레를 땅(土)에다 대고 발로 밟아 누름

▶ 압권 壓卷 : ① 여러 책 가운데 제일 잘 된 책 ② 여럿 가운데 가장 뛰어난 것

관련한자 압력(壓力), 압축(壓縮), 압박(壓迫), 억압(抑壓)

횃불 든 사람은 **동료** 료 3급/人 12획

尞(횃불 료), 업무상 횃불(尞)을 들고 밝혀주는 사람(亻)은 동료

▶ 동료 同僚 : 같은 직장이나 같은 부문에서 함께 일하는 사람

관련한자 관료(官僚), 각료(閣僚), 당료(黨僚)

횃불이 착 **멀** 료 2급/辵 12획

밤길에 횃불 들고 가는 사람을 보니 사람은 안 보이고 횃불(尞)만 착(辶) 멀어짐

▶ 요동시 遼東豕 : 견문이 넓지 못한 사람이 신기하게 여기고 떠드는 것이 알고 보면 별 것 아닌 흔한 것인 경우

관련한자 *요원(遼遠)

횃불처럼 **병고칠** 료 2급/疒 12획

횃불(尞)로 어둠을 밝히듯이 병(疒)을 고침

▶ 의료계 醫療界 : 병을 치료하는 일에 종사하는 사람들의 사회

관련한자 치료(治療), 진료(診療), 요양원(療養院)

03

夭

10진법 入 묶음

夭

하늘 천 **일찍 죽을** 요 1급/大 1획

天(하늘 천), 애석하게도 일찍 죽어(夭) 하늘(天)나라로 감 상형

▶요절 夭折 : 젊은 나이에 일찍 죽음

관련한자 *요사(夭死), *요서(夭逝)

요녀는 **요사할** 요 2급/女 4획

夭(일찍 죽을 요)+女(계집 녀), 요녀(夭女, 妖女 : 요사스러운 계집)는 요사한 여자

▶요사 妖邪 : 요망하고 간사함

관련한자 요괴(妖怪), 요술(妖術), 요망(妖妄)

요 물로 **기름질** 옥 2급/水 4획

가뭄이 들었지만 논은 요(夭) 물(氵)로 다시 기름짐

▶비옥 肥沃 : 땅이 기름짐

관련한자 옥토(沃土), *문전옥답(門前沃畓)

요 대나무 **웃음** 소 4급/竹 4획

요(夭) 대나무(竹) 숲에서 들리는 웃음소리는 대나무가 바람에 흔들리는 소리

▶폭소 爆笑 : 갑자기 세차게 터져 나오는 웃음

관련한자 미소(微笑), 담소(談笑), 조소(嘲笑), *박장대소(拍掌大笑)

수요심 더할 첨 3급/水 8획

氵(물 수)+夭(일찍 죽을 요)+⺗(마음 심), 忝(더럽힐 첨), 쇼핑 중에 마음에 드는 물건을 보자 수요(氵夭, 需要 : 어떤 재화를 일정한 가격으로 사려고 하는 욕구)하고픈 마음(⺗)이 더해짐

▶ 첨가 添加 : 더하여 덧붙이거나 보탬

관련한자 첨부(添附), 첨삭(添削), *금상첨화(錦上添花)

요 입으로 삼킬 탄 1급/口 4획

요(夭 : 일찍 죽을 요) 입(口)으로 쓴 한약을 삼킴

▶ 탄토 呑吐 : 삼키는 일과 뱉는 일

관련한자 *감탄고토(甘呑苦吐)

높을 고 높을 교 1급/口 9획

高(높을 고), 높고(高) 높은(喬) 백두산은 2,750m

▶ 교목 喬木 : 줄기가 곧고 굵으며, 높이 자라는 나무. 소나무 · 향나무 등. 큰키나무

관련한자 *교악(喬嶽), *교답미(喬答彌)

높은 사람에 더부살이 교 2급/人 12획

높은(喬) 사람(亻) 집에서 더부살이 함

▶ 교포 僑胞 : 외국에 살고 있는 동포

관련한자 교민(僑民), *화교(華僑), *한교(韓僑)

높은 나무 다리 교 5급/木 12획

양쪽에 높게(喬) 걸쳐놓은 나무(木)다리

▶ 교량 橋梁 : 시내나 강을 사람이나 차량이 건널 수 있게 만든 다리

관련한자 육교(陸橋), *판교(板橋), 오작교(烏鵲橋), *연륙교(連陸橋)

화살 높이를 바로잡을 교 3급/矢 12획

활을 쏠 때 화살(矢 : 화살 시) 높이(喬)와 각도를 맞추어 바로잡음

▶ 교도소 矯導所 : 죄인을 가두어 두는 곳

관련한자 교정(矯正), *교각살우(矯角殺牛)

04

10진법 入 묶음

지아비 부 하늘 천 7급/大 1획

夫(지아비 부), 옛날에는 지아비(夫)를 높은 하늘(天)처럼 생각하고 모심 회의

▶ 인내천 人乃天 : 사람이 곧 하늘이라는 천도교의 기본 사상

관련한자 천지(天地), *지천명(知天命)

해뜬 하늘 호 2급/日 4획

하늘(天) 위에 해(日)가 떠 있음

▶ 호천 昊天 : 넓고 큰 하늘

관련한자 *창호(蒼昊), *호천망극(昊天罔極)

팔천착 보낼 송 4급/辵 6획

八(여덟 팔)+天(하늘 천)+辶(쉬엄쉬엄 갈 착), 팔천(八天 : 사람이름)을 착(辶) 심부름 보냄 회의

▶ 수송 輸送 : 기차, 항공기, 배, 자동차 등의 운송 수단으로, 사람이나 짐을 실어 보냄

관련한자 방송(放送), 운송(運送), 송별회(送別會)

05

矢

10진법 八 묶음

失

잃을 실 **화살** 시 3급/제부수

失(잃을 실), 숲속에서 사냥하며 빗맞힌 화살(矢)을 못 찾고 잃어버림(失) 상형

▶ 미시령 彌矢嶺 : 강원도 인제군과 고성군 사이에 있는 고개

관련한자 *궁시(弓矢), *효시(嚆矢)

雉

화살 맞은 새 **꿩** 치 2급/隹 5획

화살(矢)을 쏘아 잡은 새(隹)는 꿩

▶ 치악산 雉岳山 : 강원도 원주시 횡성군 및 영월군에 걸쳐 있는 산

관련한자 *치토(雉兔), *춘치자명(春雉自鳴)

疾

화살 맞은 **병** 질 3급/疒 5획

화살(矢)에 맞아 생긴 병(疒)

▶ 괴질 怪疾 : ① 원인을 알 수 없는 괴상한 돌림병 ② 콜레라

관련한자 질환(疾患), 질주(疾走), 고질병(痼疾病), *질풍노도(疾風怒濤)

知

시구로 **알** 지 5급/矢 3획

矢(화살 시)+口(입 구), 시구(矢口, 始球 : 구기 경기의 대회가 시작되었음을 알리기 위하여 처음으로 공을 던지는 일)로 운동신경을 앎 회의

▶ 지식 知識 : 알고 있는 내용이나 정보

관련한자 지능(知能), 인지(認知), 미지수(未知數)

智

지해 슬기 · 지혜 지 4급/日 8획

知(알 지)+日(날 일), 지해(知日 : 사람이름)는 슬기롭고 지혜로움

▶ 지혜 智慧 : 사물의 이치를 빨리 깨닫고 현명하게 처리하는 정신적 능력

관련한자 지리산(智異山), 지덕체(智德體), *인의예지신(仁義禮智信)

矣

내 화살 어조사 의 3급/矢 2획

厶(사사 사)+矢(화살 시), 내(厶)가 쏜 화살(矢)이 날아가서 끝은 과녁을 맞추고 멈추듯이 문장 끝에 써서 단정(斷定) 또는 과거를 나타냄

▶ 여의도 汝矣島 : 서울특별시 영등포구에 속하는, 한강에 있는 섬

관련한자 *전의(前矣), *만사휴의(萬事休矣)

내 화살의 흙 티끌 애 2급/土 7획

내(厶) 화살(矢)에 묻어 있는 흙(土) 티끌

▶ 진애 塵埃 : 티끌과 먼지

관련한자 *애급(埃及), *오애(汚埃), 출애급기(出埃及記), *폐진애증(肺塵埃症)

그 화살 든 사람은 제후 후 3급/人 7획

화살(矢)을 들고 있는 멋진 (그) 사람(亻)은 제후

▶ 제후 諸侯 : 봉건시대, 영토를 가지고 그 영 내의 백성을 다스리던 사람

관련한자 *만리후(萬里侯), *왕후장상(王侯將相)

제후입 목구멍 후 2급/口 9획

제후(侯)의 입(口) 속에 있는 목구멍

▶ 후두염 喉頭炎 : 후두[인두(咽頭)와 기관(氣管) 사이의 부분]에 생기는 염증

관련한자 인후염(咽喉炎), 이비인후과(耳鼻咽喉科)

제후가 꿰뚫은 기후 후 4급/人 8획

제후(侯)가 기후의 변화를 꿰뚫음(丨)

▶ 징후 徵候 : 겉으로 나타나는 조짐

관련한자 기후(氣候), 절후(節候), 후보자(候補者), 증후군(症候群)

10진법 八 묶음

하늘 천 지아비 부 7급/大 1획

天(하늘 천), 옛날에는 지아비(夫)를 높은 하늘(天)처럼 생각하고 모심 회의

▶ 청소부 淸掃夫 : 청소를 직업으로 하는 남자

관련한자 부부(夫婦), 공부(工夫), 농부(農夫)

손으로 지아비를 도울 부 3급/手 4획

지어미가 손(扌)으로 지아비(夫)를 도움

▶ 부조 扶助 : 잔칫집이나 상가 등 남의 큰일에 돈이나 물건을 보내 도와줌. 또는 그 돈이나 물건

관련한자 부양(扶養), *상부상조(相扶相助)

規

지아비가 볼 법 규 5급/見 4획

지아비(夫)가 세상 살아감에 있어 바르게 보아야(見) 할 법규 회의

▶ 규격 規格 : ① 규정에 들어맞는 격식 ② 제품이나 재료의 품질, 모양, 크기, 성능 등의 일정한 표준

관련한자 규범(規範), 규칙(規則), 규율(規律), 규모(規模)

부부왈 **바꿀** 체 3급/日 8획

부부(夫夫, 夫婦 : 남편과 아내)가 말(曰)하길 낡은 가전을 바꾸자고 함

▶ 대체 代替 : 다른 것으로 대신함

관련한자 교체(交替), 계좌이체(計座移替)

팔부는 칼로 **문서** 권 4급/刀 6획

팔부(八夫 : 사람이름)는 인쇄하고 칼(刀)로 자르며 문서를 제본함

▶ 항공권 航空券 : 항공기에 탑승할 수 있는 증표

관련한자 복권(福券), 여권(旅券), 상품권(商品券)

팔부의 손 **주먹** 권 3급/手 6획

팔부(八夫 : 사람이름)의 손(手)주먹

▶ 권총 拳銃 : 한 손으로 다룰 수 있는 짧고 작은 총

관련한자 권투(拳鬪), 권법(拳法), 태권도(跆拳道)

팔부는 이미 **책** 권 4급/卩 6획

팔부(八夫 : 사람이름)는 이미(㔾 : 병부 절, 이미 이) 많은 책을 읽은 상태

▶ 압권 壓卷 : ① 여러 책 가운데 제일 잘된 책 ② 여럿 가운데 가상 뛰어난 것

관련한자 *권두언(卷頭言), *장권지(長卷紙), *수불석권(手不釋卷)

책을 에워싼 **우리(牢)** 권 2급/口 8획

책(卷)을 에워싼(口) 우리는 책장

▶ 수도권 首都圈 : 수도를 중심으로 이루어진 대도시권

관련한자 야권(野圈), 대기권(大氣圈), 상위권(上位圈)

아대절착 **옮길** 천 3급/辵 12획

襾(덮을 아)+大(큰 대)+卩(병부 절)+辶(쉬엄쉬엄 갈 착), 이사로 인해 다니던 절을 가까운 아대절(襾大卩 : 절이름)로 착(辶) 옮김

▶ 변천사 變遷史 : 시간의 흐름에 따라 바뀌어 변한 역사

관련한자 *개과천선(改過遷善)

나의 말을 **베낄** 등 2급/言 10획

朕(나 짐), 저 양반이 지금 하는 말은 나(朕)의 말(言)을 베낀 것임

▶ 등본 謄本 : 문서의 원본 내용을 전부 그대로 베낀 서류

관련한자 *등초(謄抄), 등사기(謄寫機)

나는 말에 **오를** 등 3급/馬 10획

지금 나(朕)는 말(馬)에 오름

▶ 급등 急騰 : 물가나 시세가 갑자기 오름

관련한자 폭등(暴騰), 비등점(沸騰點), 물가앙등(物價昂騰)

초월팔부물 **등나무** 등 2급/艸 15획

艹(풀 초)+月(달 월)+八(여덟 팔)+夫(지아비 부)+水(물 수), 초월(艹月 : 사람이름)이와 팔부(八夫 : 사람이름)는 등나무에 물(水)을 줌

▶ 갈등 葛藤 : 칡과 등나무가 서로 얽히는 것과 같이, 개인이나 집단 사이에 목표나 이해관계가 달라 서로 충돌함

관련한자 *장춘등(長春藤), *원앙등(鴛鴦藤)

勝

나는 힘써 **이길** 승 6급/力 10획

이번 게임에서 나(朕)는 힘(力)써 이김

▶ 승패 勝敗 : 승리와 패배

관련한자 승리(勝利), 승부(勝負), *백전백승(百戰百勝)

07

失

10진법 入 묶음

失

화살 시 **잃을** 실 6급/大 2획

矢(화살 시), 숲속에서 사냥하며 빗맞힌 화살(矢)을 못 찾고 잃어버림(失)

▶ 실연 失戀 : 연애에 실패함

관련한자 실패(失敗), 손실(損失), 상실(喪失), *소탐대실(小貪大失)

벼 잃을 **차례** 질 3급/禾 5획

벼 도둑이 맨 앞집부터 순서대로 들어와 벼(禾) 잃을(失) 차례가 됨

▶ 질서 秩序 : 순조롭게 이루어지게 하는 사물의 순서나 차례

관련한자 *봉질(俸秩), *질차(秩次)

08

10진법 入 묶음

3인물은 **클** 태 3급/水 5획

세(三) 인물(人水, 人物 : 생김새나 됨됨이로 본 사람)은 역사적으로 큰 인물로 평가 받음

▶ 태평 泰平 / 太平 : 몸이나 마음 또는 집안이 평안함

관련한자 *태국(泰國), *태연(泰然), *진합태산(塵合泰山)

3인의 벼는 **성(姓)** 진 2급/禾 5획

동생 삼인(三人)에게 벼(禾)를 수확하여 나눠주는 4형제 중 장남인 진씨

▶ 진시황 秦始皇 : 시황제(중국 진나라의 제1대 황제)

관련한자 선진(先秦), 진귀(秦龜), 서진(西秦)

3인은 하늘에 **아뢸** 주 3급/大 6획

삼인(三人)이 하늘(天)의 천신께 제물을 차리고 풍년에 대한 감사한 마음을 아룀 회의

▶ 반주 伴奏 : 노래나 주요 악기의 연주를 보조하는 연주

관련한자 연주(演奏), 협주곡(協奏曲), 간주곡(間奏曲)

3인을 11번 **받들** 봉 5급/大 5획

삼인(三人)을 열한(十一) 번 큰 선물로 받듦 회의

▶ 봉사 奉仕 : 국가나 사회 또는 남을 위하여 헌신적으로 일함

관련한자 신봉(信奉), 봉양(奉養), *멸사봉공(滅私奉公)

사람을 받들고 **녹(祿)** 봉 2급/人 8획

공무원이 국민(亻)을 받들고(奉) 녹을 받음

▶ 녹봉 祿俸 : 옛날, 나라에서 벼슬아치들에게 주던 곡식이나 돈

관련한자 연봉(年俸), 박봉(薄俸), 봉급(俸給), *호봉(號俸)

3인은 날로 **봄** 춘 7급/日 5획

삼인(三人)은 날(日)로 회춘(回春 : 도로 젊어짐)하여 피부가 좋아짐 회의

▶ 입춘 立春 : 봄이 시작한다는 날

관련한자 회춘(回春), 청춘(靑春), 춘곤증(春困症), *입춘대길(立春大吉)

椿

봄나무 **참죽나무** 춘 2급/木 9획

뿌리껍질, 잎, 줄기 등 봄(春)에 채취해서 한약재로 쓰는 참죽나무(木)

▶춘부장 椿府丈 : 남의 아버지를 높여 이르는 말

관련한자 *대춘지수(大椿之壽)

참고 참죽나무 : 낙엽 활엽 교목

09

10진법 八 묶음

글월 문 7급/제부수

사람 몸에 ×모양의 문신(文身)을 한 모양을 본뜸 상형

▶사문 斯文 : 유교의 도의(道義)나 또는 문화

관련한자 문장(文章), 문자(文字), *문방사우(文房四友), *사문난적(斯文亂賊)

글에 **물이름** 문 2급/水 4획

글(文) 속에서 '물이름 문'(汶) 한자를 봄

▶문산 汶山 : 경기도 파주시의 한 읍. 임진강(臨津江)에 접한 평야 지대로 농업이 성함

관련한자 문수(汶水)

실로 글 **무늬** 문 3급/糸 4획

실(糸)로 수놓은 글월(文)무늬

▶연화문 蓮花紋 : 연꽃 모양의 무늬

관련한자 지문(指紋), *파문(波紋)

무늬 문 어지러울 · 문란할 문 2급/糸 4획

紊(무늬 문), 어지러운(紊) 무늬(紋)로 된 도배지

▶ 문란 紊亂 : 도덕, 질서, 규범 등이 어지러움

관련한자 *풍기문란(風紀紊亂)

화할 민 하늘 민 2급/日 4획

旼(화할 민), 화창(和暢 : 맑고 따뜻함)한 하늘(旻)은 화함(旼, 和하다: 따뜻하고 부드럽다)

▶ 민천 旻天 : ① 사천(四天) : 사철의 하늘. 곧 봄의 창천(蒼天), 여름의 호천(昊天), 가을의 민천(旻天), 겨울의 상천(上天)의 하나. 가을 하늘 ② 어진 하늘

관련한자 *창민(蒼旻), *구민(九旻)

하늘 민 화할 민 2급/日 4획

旻(하늘 민), 화창(和暢 : 맑고 따뜻함)한 하늘(旻)은 화함(旼, 和하다: 따뜻하고 부드럽다)

▶ 이의민 李義旼 : 고려 명종 때의 무신(?~1196). 경대승이 죽은 후 무신 최고 집권자가 되었음

글 옥은 아름다운 돌 민 2급/玉 4획

좋은 글월(文)이 새겨진 옥(玉)은 아름다운 돌

▶ 민(문)배유 玟坏釉 : 자기(瓷器)의 겉에 발라 윤을 내고 물이 스며들지 않게 하는, 유리 성질의 가루

문에 글 쓴 성(姓) 민 2급/門 4획

봄을 맞아 문(門)에 입춘대길(文)을 써붙인 민씨

▶ 민영환 閔泳煥 : 조선 고종 때의 충신. 문신

관련한자 민비(閔妃), *민애왕(閔哀王)

민심에 민망할 민 3급/心 12획

閔(성 민)+忄(마음 심), 정치를 잘못하여 민심(閔忄, 民心 : 백성의 마음)에 민망함

▶연민 憐憫 : 불쌍하고 가엾게 여김

관련한자 민망(憫惘), *민민(憫憫)

사귈 교 **아비** 부 8급/제부수

交(사귈 교), 낯선 사람들과도 잘 사귀는(交) 아비(父) 회의

▶조부 祖父 : 할아버지

관련한자 부모(父母), 사부(師父), 부친(父親)

아비의 쇠 **가마** 부 2급/金 2획

아버지(父)께서 만드신 쇠(金)가마

▶부산 釜山 : 경상남도 동남부에 있는 광역시

관련한자 *경부선(京釜線), *부중지어(釜中之魚)

아비 부 **사귈** 교 6급/亠 4획

父(아비 부), 낯선 사람들과도 잘 사귀는(交) 아비(父) 상형

▶교섭 交涉 : 일을 이루기 위하여 서로 의논함

관련한자 교환(交換), 교통(交通), 교차로(交叉路)

교목은 **학교** 교 8급/木 6획

交(사귈 교)+木(나무 목), 교목(交木, 校木 : 어떤 학교를 상징하는 나무)은 그 학교를 상징하는 나무임

▶등교 登校 : 학생이 학교에 감

관련한자 학교(學校), 교복(校服), 교감(校監)

교실에서 목맬 교 2급/糸 6획

交(사귈 교)+糸(실 사), 교실(交糸, 敎室 : 학생들이 수업하는 방)에서 꿈을 향해 목맬 각오로 열심히 공부함

▶ 교수형 絞首刑 : 목을 옭아매어 죽이는 형벌

관련한자 *교살(絞殺)

사귀며 차를 견줄 · 비교할 교 3급/車 6획

친구와 사귀며(交) 내 차(車)와 친구 차(車)의 성능을 견주고 비교함

▶ 비교 比較 : 둘 이상의 것을 견주어 공통점, 차이점, 우열 등을 살핌

관련한자 일교차(日較差), *장단상교(長短相較)

사귐을 고을의 들 교 3급/邑 6획

남녀가 사귐(交)을 고을(阝)의 들에서 약속함

▶ 교외 郊外 : 도시 둘레의 들이나 논밭이 비교적 많은 곳

관련한자 근교(近郊), *강교(江郊)

글월과 사귐을 본받을 효 5급/攴 6획

글월(攵)과 사귀며(交) 열심히 공부하여 장원급제(壯元及第)함을 본받음

▶ 무효 無效 : 보람이나 효과가 없음

관련한자 효과(效果), 효율(效率), *백약무효(百藥無效)

벨 풀은 쑥 애 2급/艸 2획

약재로 뜸 뜨는 데 사용하기 위해 벨(乂 : 벨 예) 풀(艹)은 쑥

▶ 봉애 蓬艾 : 쑥(국화과의 여러해살이풀)

관련한자 *애년(艾年), *기애(耆艾)

끌 예 **고칠** 경 / **다시** 갱 4급/日 3획

曳(끌 예), 마음을 끌어(曳)당겨 잘못을 고침(更) 회의

▶변경 變更 : 바꾸어 새롭게 고침

관련한자 갱신/경신(更新), 갱생(更生), 갱년기(更年期)

고쳐 돌처럼 **굳을** 경 3급/石 7획

냉동고를 고쳐(更) 얼음이 돌(石)처럼 딱딱하게 굳음

▶간경화 肝硬化 : 간장에 질환이 생겨 딱딱하게 굳는 것

관련한자 강경책(强硬策), 경직성(硬直性)

사람이 고쳐 **편할** 편 7급/人 7획

사람(亻)이 불편한 점을 고쳐(更) 편해짐 회의

▶편의 便宜 : 편하고 좋은 것

관련한자 편리(便利), 형편(形便), 편지(便紙), 남편(男便), 우편(郵便)

참고 변소(便 : 똥오줌변, 所) : 대소변을 보는 곳

큰 대 **어른** 장 3급/一 2획

大(큰 대), 큰(大) 어른(丈) 회의

▶졸장부 拙丈夫 : 도량이 좁고 졸렬한 남자

관련한자 대장부(大丈夫), *노인장(老人丈)

사기 사 **벼슬아치 · 관리** 리 3급/口 3획

史(사기 사), 사기(史)를 기록하는 벼슬아치(吏) 회의

▶관리 官吏 : 관직에 있는 사람

관련한자 *감리(監吏), *이두(吏讀), *탐관오리(貪官汚吏)

관리인으로 **하여금 · 부릴** 사 6급/人 6획

건물 관리(吏)인(亻)으로 하여금 일을 부림

▶ 노사 勞使 : 노동자와 사용자

관련한자 사용(使用), 구사(驅使), 대사관(大使館), *백의천사(白衣天使)

관리 리 **사기(史記)** 사 5급/口 2획

吏(벼슬아치 리, 관리 리), 사기(史)를 기록하는 벼슬아치(吏) 회의

▶ 변천사 變遷史 : 시간의 흐름에 따라 바뀌어 변한 역사

관련한자 역사(歷史), 국사(國史), 세계사(世界史)

엑스감은 **흉할** 흉 5급/凵 2획

乂(다섯 오), 인사평가에서 행동거지가 흉해 엑스(乂)감(凵 : 입 벌릴 감) 지사

▶ 길흉 吉凶 : 운수의 좋음과 나쁨

관련한자 흉기(凶器/兇器), 흉년(凶年), 음흉(陰凶), *길흉화복(吉凶禍福)

흉해 싼 **오랑캐** 흉 2급/勹 4획

화상입은 얼굴이 흉해(凶) 붕대로 싼(勹 : 쌀 포) 오랑캐

▶ 흉노 匈奴 : 기원전 4세기 말에서 기원 후 1세기까지 몽골 고원과 동투르키스탄 일대를 지배하여 번영했던 유목 기마 민족

관련한자 *흉아리(匈牙利)

오랑캐 몸의 **가슴** 흉 3급/肉 6획

오랑캐(匈)의 가슴(月)

▶ 흉부 胸部 : 가슴 부분

관련한자 흉상(胸像), 흉골(胸骨)

오목도 **절** 찰 2급/刀 6획

㐅(다섯 오)+木(나무 목)+刂(칼 도), 杀(죽일 살, 매암 도는 모양 설, 내릴 쇄), 친구따라 오목(㐅木 : 사람이름)도(刂) 절에 자주 감

▶사찰 寺刹 : 절(승려가 불상을 모시고 불도를 닦으며 교법을 펴는 집)

관련한자 *찰나(刹那), *고찰(古刹)

오목점수 **죽일** 살 / **빠를** 쇄 4급/殳 7획

㐅(다섯 오)+木(나무 목)+丶(점 주)+殳(몽둥이 수), 오목(㐅木 : 사람이름)이 게임에서 얻은 점수(丶殳, 點數 : 성적을 나타내는 숫자)는 적을 재빠르게 죽여서 얻은 것임

▶학살 虐殺 : 참혹하게 마구 죽임

관련한자 *상쇄(相殺), *쇄도(殺到), 살해(殺害), 피살(被殺), 살균(殺菌)

亠팔경엑스포 **너** 이 1급/爻 10획

亠+八(여덟 팔)+冂(멀 경)+㐅(다섯 오), 우팔경(亠八冂 : 사람이름)엑스포(㐅㐅㐅㐅)라 불릴 만큼 너가 이번 엑스포의 주인공이야~~ 상형

▶이여 爾汝 : 너나들이(너니 나니 하면서 서로 허물없이 트고 지내는 사이)

관련한자 *우이(偶爾), *출이반이(出爾反爾)

너의 활은 **미륵 · 오랠** 미 2급/弓 14획

너(爾)의 활(弓)은 오래되었음

▶미륵불 彌勒佛 : 석가모니불에 이어 중생을 구제한다는 미래의 부처

관련한자 *미봉책(彌縫策)

계집 녀 8급/제부수

여자(女)가 두 손을 앞으로 모으고 무릎을 굽히고 앉은 모양을 본뜸 상형

▶웅녀 熊女 : 단군 신화에 나오는 단군의 어머니. 처음에 곰으로 있다가 쑥과 마늘을 먹고 사람이 되어 환웅과 혼인하여 단군을 낳았다고 함

관련한자 여자(女子), 소녀(少女), 처녀(處女), 선녀(仙女)

수녀는 너 여 3급/水 5획

여기 수녀가 있다는데 수녀(氵女, 修女 : 독신으로 수도하는 여자)는 너여~~

▶ 여의도 汝矣島 : 서울특별시 영등포구에 속하는, 한강에 있는 섬

관련한자 *여등(汝等), *여배(汝輩)

세 여자와 간음할 간 3급/女 6획

한 남자가 세 여자(女)와 사귀며 간음함 회의

▶ 간음 姦淫 : 부부가 아닌 남녀가 성관계를 맺음

관련한자 *강간죄(强姦罪), *간통죄(姦通罪)

여자 입 같을 여 4급/女 3획

여자(女) 입(口)처럼 말수가 많음

▶ 여의주 如意珠 : 용의 턱 아래에 있는 영묘(靈妙)한 구슬

관련한자 여전(如前), 혹여(或如), 여하(如何), 결여(缺如), 여차(如此)

같은 마음으로 용서할 서 3급/心 6획

부부는 서로 같은(如) 마음(心)으로 자식의 실수를 용서함

▶ 용서 容恕 : 죄나 잘못에 대하여 벌을 주지 않고 너그럽게 보아줌

관련한자 *관서(寬恕), *긍서(矜恕)

여자는 집을 편안 안 7급/宀 3획

여자(女)는 집(宀)안을 편안하게 살림함 회의

▶ 안녕 安寧 : 아무 탈이나 걱정이 없이 편안함

관련한자 안전(安全), 편안(便安), 안심(安心)

편안한 나무 **책상** 안 5급/木 6획

편안(安)한 나무(木)책상

▶ 안내양 案內孃 : 손님을 안내하는 젊은 여성

관련한자 방안(方案), 제안(提案), 개정안(改正案), 답안지(答案紙)

편안한 날 **잔치** 연 3급/宀 7획

집에서 편안한(安) 날(日)에 잔치를 엶

▶ 축하연 祝賀宴 : 축하하는 잔치

관련한자 회갑연(回甲宴), *피로연(披露宴)

말 무 **어미** 모 8급/毋 1획

毋(말 무), 나의 생각과 잘 맞는 분은 어머니(母) 말고(毋) 아버지임 상형

▶ 현모 賢母 : 어진 어머니

관련한자 부모(父母), 모교(母校), 이모(姨母), *현모양처(賢母良妻)

푸를 청 **독** 독 4급/毋 4획

靑(푸를 청), 푸른(靑)색을 띤 독(毒)사 회의

▶ 독사 毒蛇 : 이빨에 독액 분비선을 갖는 뱀의 총칭. 살무사, 코브라 등

관련한자 혹독(酷毒), 독감(毒感), 지독(至毒), 식중독(食中毒)

어미란 사람은 **매양** 매 7급/毋 3획

어머니(母)란 사람(人)은 매양 자식을 생각함 회의

▶ 매번 每番 : ① 번번이(매 때마다) ② 각각의 차례

관련한자 매일(每日), 매주(每週), 매사(每事)

梅

나무는 매양 **매화** 매 3급/木 7획

매양(每) 아끼는 나무(木)는 매화

▶ 매란 梅蘭 : 매화와 난초

관련한자 매실(梅實), *설중매(雪中梅), *매란국죽(梅蘭菊竹)

悔

마음을 매양 **뉘우칠** 회 3급/心 7획

마음(忄)으로 잘못을 매양(每) 뉘우침

▶ 회개 悔改 : 잘못을 뉘우치고 고침

관련한자 참회(懺悔), 후회(後悔), *후회막급(後悔莫及)

侮

사람을 매양 **업신여길** 모 3급/人 7획

매양(每) 사람(亻)을 낮추어 보고 업신여김

▶ 수모 受侮 : 남에게 모욕을 당함

관련한자 모욕(侮辱), 모멸(侮蔑)

물이 매양 **바다** 해 7급/水 7획

강물(氵)이 매양(每) 큰 바다로 흐름

▶ 해적 海賊 : 바다 위에서 배를 습격하여 재물을 빼앗는 강도

관련한자 해양(海洋), 해외(海外), *상전벽해(桑田碧海)

매양 침이 **민첩할** 민 3급/攴 7획

옛날에 칼을 만들때 매양(每) 여러 차례 담금질을 하며 망치로 민첩하게 내려침(攵)

▶ 예민 銳敏 : 감각, 행동, 재치 등이 날카롭고 민첩함

관련한자 민첩(敏捷), 민감(敏感), *눌언민행(訥言敏行)

민첩하게 실로 번성할 번 3급/糸 11획

민첩하게(敏) 실(糸)로 수놓아 사업이 번성함

▶빈번 頻繁 : 일이 매우 잦음

관련한자 번성(繁盛), 번창(繁昌), 번식(繁殖), 번영(繁榮)

10진법 入 묶음

갈래 차 또 우 3급/제부수

叉(갈래 차), 또(又) 양 갈래로 땋은 갈래(叉)머리를 함 상형

▶우왈 又曰 : 또 말하기를

관련한자 *우황(又況), *우중지(又重之), *일신우일신(日新又日新)

또또또 나무는 뽕나무 상 3급/木 6획

叒(땅 이름 약), 누에를 기르기 위해 또또또(又又又) 따는 뽕나무(木)잎, 뽕나무(桒) 모양을 본뜸 상형

▶상벽 桑碧 : 상전벽해(桑田碧海) : 뽕나무밭이 변하여 푸른 바다가 된다는 뜻으로, 세상일의 변천이 심함을 비유적으로 이르는 말

관련한자 *상실(桑實), *상근백피(桑根白皮)

여우 종 노 3급/女 2획

女(계집 녀)+又(또 우), 여우(女又, 여우 : 갯과의 포유류)인 여자 종 회의

▶노비 奴婢 : 사내종과 계집종

관련한자 노예(奴隸), 매국노(賣國奴), *수전노(守錢奴)

努

종이 힘쓸 노 4급/力 5획

종(奴)이 집안 허드렛일에 힘(力)씀

▶노력 努力 : 목적을 이루기 위하여 몸과 마음을 다하여 애를 씀

관련한자 *노목(努目), *노육(努肉)

종의 마음은 성낼 노 4급/心 5획

어렵고 힘든 일을 시킨다고 종(奴)이 마음(心)속으로 성냄

▶분노 憤怒 : 분개하여 몹시 성을 냄

관련한자 노기(怒氣), *희로애락(喜怒哀樂), *질풍노도(疾風怒濤)

칠 복 지탱할 지 4급/제부수

攴(칠 복), 집을 철거할 때 지탱하는(支) 기둥을 쳐(攴) 부숨 회의

▶지주 支柱 : ① 무엇을 버티는 기둥 ② 정신적으로 든든히 받쳐 주는 사람이나 힘

관련한자 지탱(支撑), 지원(支援), 지지(支持), 지배(支配)

나무가 지탱하는 가지 지 3급/木 4획

나무(木)는 많은 나무가지(支)를 지탱함

▶지엽적 枝葉的 : 본질적이거나 중요하지 않고 부차적인 것

관련한자 전지(剪枝), *금지옥엽(金枝玉葉)

산지에 갈림길 기 2급/山 4획

山(메 산)+支(지탱할 지), 산지(山支, 山地 : 산이 많은 지대)에 갈림길이 많음

▶분기점 分岐點 : 갈라지는 지점이나 시기

관련한자 기로(岐路), *다기망양(多岐亡羊)

技

손으로 지탱하는 재주 기 5급/手 4획

손(扌)으로 지탱하는(支) 재주인 물구나무서기

▶연기 演技 : 배우가 배역의 인물, 성격, 행동 등을 표현해 내는 일

관련한자 기술(技術), 경기(競技), 특기(特技), 묘기(妙技)

隻

새가 또 외짝 척 2급/隹 2획

수컷이 죽어 암컷 새(隹) 한 마리가 또(又) 외짝이 되었음 회의

▶척수 隻手 : ① 외손(한쪽 손) ② 몹시 외로움

관련한자 *척신(隻身), *척각(隻脚), *척수공권(隻手空拳)

雙

두 새가 또 두 · 쌍 쌍 3급/隹 10획

두 마리 새(隹隹)가 또(又) 쌍을 이룸 회의

▶쌍안경 雙眼鏡 : 두 눈으로 볼 수 있게 만든 망원경

관련한자 쌍방(雙方), 쌍벽(雙璧), 쌍곡선(雙曲線)

假

빌린 사람이 거짓 가 4급/人 9획

돈을 빌린(叚 : 빌릴 가) 사람(亻)이 거짓으로 갚는다고 말함

▶가불 假拂 : ① 정해진 기일 이전에 미리 앞당겨 받음, ② 봉급을 정한 날짜 전에 일부 또는 전부를 받음

관련한자 가량(假量), 가식(假飾), 가발(假髮), 가처분(假處分)

날을 빌려 틈 · 겨를 가 4급/日 9획

바쁜 가운데 날(日)을 빌려(叚) 틈을 내어 잠깐의 한가한 여유를 가짐

▶병가 病暇 : 병으로 말미암아 얻는 휴가(休暇)

관련한자 한가(閑暇), 여가(餘暇), 휴가비(休暇費)

돌이킬 반 **벗** 우 5급/又 2획

反(돌이킬 반), 옛날에 절친한 벗(友)을 돌이켜(反) 생각함 회의

▶ 붕우 朋友 : 마음이 서로 통하여 가깝게 사귀는 사람

관련한자 우정(友情), 우애(友愛), 우호적(友好的), *붕우유신(朋友有信)

손으로 조일우 **도울** 원 4급/手 9획

무거운 물건을 들어서 힘들어하는 친구 조일우(爫一友 : 사람이름)가 보여 이에(爰 : 이에 원) 손(扌)으로 같이 들어 주며 도움

▶ 성원 聲援 : 소리를 질러 응원함

관련한자 지원(支援), 응원(應援), 원조(援助), 후원자(後援者)

계집 원 **계집** 원 2급/女 9획

여자(女)는 곧(爰) 계집

▶ 원비 媛妃 : 미녀(美女)

관련한자 *재원(才媛), *영원(令媛)

이에 옥 **구슬** 원 2급/玉 9획

좋은 옥돌이 생겨 이에(爰) 옥(玉)구슬을 만듦

▶ 안옥원 安玉瑗 : 생몰(生沒) 연대(年代) 미상(未詳)으로 해동시선(海東詩選)에 규수(閨秀)라고만 소개되어 있음

이에 해로 **따뜻할** 난 4급/日 9획

봄에 날씨가 맑아 이에(爰) 해(日)로 따뜻해짐

▶ 온난 溫暖 : 날씨가 따뜻함

관련한자 난방(暖房), 벽난로(壁暖爐), *난의포식(暖衣飽食)

이에 실뀀이 **느릴** 완 3급/糸 9획

눈이 나빠져 이에(爰) 바늘에 실(糸)뀀이 느려짐

▶완충 緩衝 : 충돌을 완화시킴

관련한자 완화(緩和), 이완(弛緩), 완행열차(緩行列車)

皮

돌이킬 반 **가죽** 피 3급/제부수

反(돌이킬 반, 돌아올 반), 옛날에 아꼈던 고급 가죽(皮)지갑을 돌이켜(反) 생각함

회의

▶양피 羊皮 : 양의 가죽

관련한자 피부(皮膚), 모피(毛皮), *호사유피(虎死留皮)

彼

두 사람 가죽은 **저** 피 3급/彳 5획

두 사람(彳)이 벗긴 저 가죽(皮)

▶피차 彼此 : ① 저것과 이것 ② 서로

관련한자 어차피(於此彼), *지피지기(知彼知己)

가죽옷을 **입을** 피 3급/衣 5획

겨울에 멋지게 가죽(皮)옷(衤)을 입음

▶피동사 被動詞 : 주어가 남의 동작이나 행동을 입게 됨을 나타내는 동사, '잡히다', '먹히다' 등

관련한자 피해(被害), 피랍(被拉), 피살(被殺), 피의자(被疑者)

병으로 가죽은 **피곤할** 피 4급/疒 5획

병(疒)으로 인해 살가죽(皮)이 지쳐 보이는 피곤한 증상

▶피폐 疲弊 : 지치고 쇠약해짐

관련한자 피로(疲勞), 피곤(疲困)

가죽에 물결 파 4급/水 5획

가죽(皮)에 물결(氵)모양의 무늬가 있음

▶ 방파제 防波堤 : 파도를 막기 위하여 항만에 쌓은 둑

관련한자 파동(波動), 여파(餘波), 파도(波濤), 풍파(風波)

坡

가죽을 흙 언덕 파 2급/土 5획

가죽(皮) 한 장을 흙(土)언덕에서 주움

▶ 파주 坡州 : 경기도의 북서부에 있는 시. 농업과 축산업이 활발하며, 명승지로 입석 불상, 지석묘군, 공릉(恭陵), 임진각 등이 있음

관련한자 송파구(松坡區), *홍난파(洪蘭坡)

돌과 가죽으로 깨뜨릴 파 4급/石 5획

단단한 돌(石)을 던지고 가죽(皮)으로 채찍질하면서 물건을 깨뜨림

▶ 파편 破片 : 깨어지거나 부서진 조각

관련한자 파탄(破綻), 파괴(破壞), 돌파(突破), 폭파(爆破)

머리 가죽은 자못 파 3급/頁 5획

머리(頁 : 머리 혈) 가죽(皮)은 자못 두꺼움

▶ 파다 頗多 : 아주 많음

관련한자 편파적(偏頗的)

참고 자못 : 생각보다 매우

또 우 갈래 차 1급/叉 1획

叉(또 우), 또(叉) 양 갈래로 땋은 갈래(叉)머리를 함 지사

▶ 교차 交叉 : 둘 이상의 것이 한곳에서 서로 맞닿거나 엇갈림

관련한자 *삼차(三叉), *차로(叉路)

말이 벼룩으로 떠들 소 3급/馬 10획

말(馬)이 벼룩(蚤 : 벼룩 조)으로 날뛰어 떠들썩함

▶소음 騷音 : 시끄러운 소리

관련한자 소란(騷亂), 소동(騷動), *소인묵객(騷人墨客)

10진법 八 묶음

뒤져오는 얼음은 겨울 동 7급/冫 3획

夂(뒤져 올 치, 뒤져 올 종), 사계절 중에 제일 뒤져오고(夂) 얼음(冫)이 어는 겨울

▶동계 冬季 : 겨울의 계절

관련한자 동지(冬至), 동면(冬眠), 춘하추동(春夏秋冬), *엄동설한(嚴冬雪寒)

실로 겨울을 마칠 종 5급/糸 5획

실(糸)로 스웨터를 짜면서 겨울(冬)을 보내며 한해를 마침

▶종료 終了 : 일을 마침

관련한자 종말(終末), 최종(最終), *종지부(終止符), *시종일관(始終一貫)

이름 명 각각 각 6급/口 3획

名(이름 명), 동료들 이름(名)이 모두 제각각(各)임 회의

▶각종 各種 : 여러 종류

관련한자 각자(各自), 각각(各各), 각별(各別), *각자도생(各自圖生)

문이 각각인 집 각 3급/門 6획

대문(門)이 각각(各)인 다세대 집

▶ 규장각 奎章閣 : 역대 임금의 글, 보감 등을 관리하던 도서관

관련한자 종각(鐘閣), *사상누각(沙上樓閣)

실을 각각 이을 · 얽을 락 3급/糸 6획

각각(各)의 실(糸)을 이음

▶ 연락 連絡 : 서로 소식을 주고받고 하는 일

관련한자 맥락(脈絡), *경락(經絡)

각각 물이름 락 2급/水 6획

서로 각각(各)인 물(氵)이름

▶ 낙동강 洛東江 : 영남지방 전역을 유역권으로 하며, 태백산의 못 황지(潢池)를 원류로 하여 남해로 흐르는 강

관련한자 가락국(駕洛國), 낙산사(洛山寺)

풀물이 각각 떨어질 락 5급/艸 9획

풀(艹)잎에 맺힌 이슬(氵)이 각각(各) 떨어짐

▶ 타락 墮落 : 올바른 길에서 벗어나 잘못된 길로 빠짐

관련한자 추락(墜落), 누락(漏落), 당락(當落), 폭락(暴落), 낙엽(落葉)

밭이 각각 간략할 · 약할 략 4급/田 6획

각각(各)의 밭(田)은 간략한 □ 모양으로 그리 넓지 않은 땅

▶ 간략 簡略 : 손쉽고 간단함

관련한자 전략(戰略), 생략(省略), 약자(略字), 대략(大略)

나무를 각각 **격식** 격 5급/木 6획

나무(木)를 각각(各) 격식에 맞게 가공하여 목재로 씀

▶규격 規格 : ① 규정에 들어맞는 격식 ② 제품이나 재료의 품질, 모양, 크기, 성능 등의 일정한 표준

관련한자 가격(價格), 자격(資格), 엄격(嚴格), 성격(性格)

발각된 **길** 로 6급/足 6획

도둑이 숨겼던 지하 통로길이 발각(足各, 發覺 : 숨기던 것이 드러남)됨 회의

▶종로 鍾路 : 서울의 종각이 있는 네 거리

관련한자 도로(道路), 노선(路線), 통로(通路), 가로수(街路樹)

길조 **해오라기 · 백로** 로 2급/鳥 13획

길조(路鳥, 吉鳥 : 복되고 좋은 일이 있을 것을 미리 알려 주는 새)인 백로

▶백로 白鷺 : 왜가릿과의 새 가운데 몸빛이 흰색인 새를 통틀어 이르는 말

관련한자 *노질(鷺質), 노량진(鷺梁津)

빗길 **이슬** 로 3급/雨 13획

雨(비 우)+路(길 로), 빗(雨)길(路)은 이슬이 무수히 떨어지는 것처럼 보임

▶토로 吐露 : 속마음을 죄다 드러내어서 말함

관련한자 노출(露出), 폭로(暴露), 노골적(露骨的), 노숙자(露宿者)

집에 각각의 **손** 객 5급/宀 6획

집(宀)에 찾아온 각각(各)의 손님

▶자객 刺客 : 사람을 몰래 죽이는 일을 전문으로 하는 사람

관련한자 고객(顧客), 객체(客體), 승객(乘客), 객관적(客觀的)

손님 머리의 이마 액 4급/頁 9획

손님(客) 중 머리(頁)의 이마가 더 넓게 보이는 탁발(托鉢) 스님

▶ 잔액 殘額 : 쓰고 남은 액수

관련한자 금액(金額), 총액(總額), 거액(巨額), 액면(額面), *액자(額子)

蜂

끌 벌레는 벌 봉 3급/虫 7획

양봉업자(養蜂業者 : 꿀을 얻기 위하여 벌을 기르는 일을 전문으로 하는 사람)가 끌(夆 : 끌 봉) 벌레(虫)는 꿀벌

▶ 봉기 蜂起 : 벌떼처럼 떼 지어 세차게 일어남

관련한자 *양봉(養蜂), *밀봉(蜜蜂)

峯

산으로 끌 봉우리 봉 3급/山 7획

사람들을 산(山)으로 끌(夆) 전망이 멋진 봉우리

▶ 비로봉 毘盧峯 : 금강산의 최고봉, 1,638미터

관련한자 도봉산(道峯山), 최고봉(最高峯)

치봉을 착 만날 봉 3급/辵 7획

치봉(夂丰 : 사람이름)을 꿀맛 나는 식당으로 끌어(夆) 착(辶) 만남

▶ 봉착 逢着 : 어떤 처지나 상태에 부닥침

관련한자 상봉(相逢), 봉변(逢變)

실을 만나 꿰맬 봉 2급/糸 11획

바늘은 실(糸)을 만나(逢) 꿰맴

▶ 재봉 裁縫 : 옷을 만드는 일. 바느질

관련한자 봉합(縫合), *미봉책(彌縫策), *천의무봉(天衣無縫)

만난 풀은 쑥 봉 2급/艸 11획

산길에서 자주 만난(逢) 풀(艹)은 쑥

▶봉래산 蓬萊山 : 봄에는 금강산(金剛山), 여름에는 봉래산(蓬萊山), 가을에는 풍악산(楓嶽山), 겨울에는 개골산(皆骨山)이라고 함

관련한자 봉문(蓬門), *봉도(蓬島)

降

언덕에 내릴 강 / 항복할 항 4급/阜 6획

夅(내릴 강), 헬기에 탄 적군이 언덕(阝)에 내려(夅) 항복함

▶상강 霜降 : 24절기 가운데 열여덟째 절기

관련한자 *항복(降伏/降服), 하강(下降), 승강기(昇降機), 강우량(降雨量)

부치일생 높을 륭 3급/阜 9획

阝(언덕 부)+夂(뒤져올 치)+一(한 일)+生(날 생), 부치(阝夂 : 사람이름)의 일생(一生)을 높이 평가함

▶융성 隆盛 : 크고 기운차게 일어남

관련한자 융기(隆起), *융흥(隆興)

회복된 몸은 배 복 3급/肉 9획

复(회복할 복, 다시 부), 출산 후 회복한(复) 몸(月)인 배

▶복근 腹筋 : 배 근육

관련한자 복통(腹痛), 공복(空腹), 복부(腹部), 할복(割腹)

의복을 겹칠 복 4급/衣 9획

衤(옷 의)+复(회복할 복, 다시 부), 추위로 의복(衤复, 衣服 : 옷)을 겹쳐 입음

▶복제 複製 : 본디의 것과 똑같이 만듦

관련한자 복잡(複雜), 중복(重複), 복합(複合), 복사기(複寫機)

馥

회복된 **향기** 복 2급/香 9획

향기를 다시 뿌려 회복된(复) 향기(香)

▶복욱 馥郁 : 풍기는 향기가 그윽함

관련한자 *복복(馥馥)

참고 성할(盛-) : 기운이나 세력이 한창 왕성함

復

두 사람이 **회복할** 복 / **다시** 부 4급/彳 9획

复(회복할 복, 다시 부), 두 사람(彳)의 좋은 관계가 다시 회복(复)됨

▶복귀 復歸 : 원래 자리나 상태로 되돌아감

관련한자 부흥(復興), 부활(復活), 반복(反復), 복구(復舊), 왕복(往復)

덮고 **다시** 복 / **덮을** 부 3급/襾 12획

한 일을 덮어(襾) 엎고 다시(復) 하게 함

▶복개 覆蓋 : ① 뚜껑 또는 덮개 ② 더러워진 하천에 덮개 구조물을 씌워 겉으로 드러나지 않도록 함

관련한자 *부개(覆蓋), *전복(顚覆), *피복선(被覆線)

주검을 다시 **밟을** 리 3급/尸 12획

주검(尸)(훌륭한 사람)의 이력을 다시(復) 밟아 봄 회의

▶이력 履歷 : 지금까지 학업, 직업 등의 경력

관련한자 이행(履行), 이수(履修), *여리박빙(如履薄氷)

두 사람이 요치 **뒤** 후 7급/彳 6획

두 사람(彳)이 요치(幺夊 : 사람이름) 뒤를 따라감 회의

▶산후 産後 : 아이를 낳은 뒤

관련한자 이후(以後), 오후(午後), 후퇴(後退), 후유증(後遺症)

두인석불 밤 야 6급/夕 5획

亠(돼지해머리 두)+亻(사람 인)+夕(저녁 석)+乀(파임 불), 두인(亠亻 : 사람이름)은 석불(夕乀, 石佛 : 돌로 만든 불상)께 밤마다 정성을 드림

▶주야 晝夜 : 밤과 낮

관련한자 철야(徹夜), 심야(深夜), 야간(夜間), 야광(夜光)

밤에 물은 진 액 4급/水 8획

약효가 좋은 약초 진액을 밤(夜)에도 물(氵)처럼 자주 마심

▶혈액 血液 : 피

관련한자 액체(液體), 액정(液晶), 용액(溶液)

12

10진법 入 묶음

뒤져올 치 오랠 구 3급/丿 2획

夂(뒤져올 치), 경쟁에서 오랜(久) 시간 동안 뒤져옴(夂) 지사

▶영구 永久 : 길고 오램

관련한자 지구력(持久力), 항구적(恒久的), 내구성(耐久性)

오래된 옥돌 구 2급/玉 3획

오래(久)된 옥(玉)돌

▶九(아홉 구)와 동자(同字)

관련한자 경구(瓊玖)

참고 옥돌 : 옥이 들어 있는 돌. 또는 가공하지 아니한 천연의 옥

夕

10진법 八 묶음

많을 다 저녁 석 7급/제부수

多(많을 다), 많은 사람들이 저녁(夕)에 많이(多) 먹고 비만이 됨, 달 모양을 본뜸 상형

▶ 조석 朝夕 : 아침과 저녁

관련한자 추석(秋夕), 칠석(七夕), 석양(夕陽), 석간지(夕刊紙)

초망멱석 꿈 몽 3급/夕 11획

艹(풀 초)+罒(그물 망)+冖(덮을 멱)+夕(저녁 석), 초망(艹罒 : 사람이름)과 멱석(冖夕 : 사람이름)은 저녁에 좋은 꿈을 꿈

▶ 태몽 胎夢 : 아이 밸 것을 암시하는 꿈

관련한자 악몽(惡夢), 길몽(吉夢), *비몽사몽(非夢似夢)

각각 각 이름 명 7급/口 3획

各(각각 각), 동료들 이름(名)이 모두 제각각(各)임 회의

▶ 명예 名譽 : 세상에서 훌륭하다고 인정받는 평판이나 이름

관련한자 유명(有名), 명절(名節), 명칭(名稱), 성명(姓名)

쇠에 이름을 새길 명 3급/金 6획

쇠(金)로 된 명패에 이름(名)을 새김

▶ 좌우명 座右銘 : 늘 자리 옆에 갖추어 두고 생활의 지침으로 삼는 말이나 문구

관련한자 명심(銘心), 감명(感銘), *각골명심(刻骨銘心)

저녁 석 **많을** 다 6급/夕 3획

夕(저녁 석), 많은 사람들이 저녁(夕)에 많이(多) 먹고 비만이 됨 회의

▶파다 頗多 : 아주 많음

관련한자 다행(多幸), 다양(多様), 과다(過多), 다급(多急)

벼를 많이 **옮길** 이 4급/禾 6획

가을에 벼를 많이 수확하여 벼(禾)를 많이(多) 곳간으로 옮김

▶이식 移植 : ① 식물을 옮겨 심음 ② 신체의 환부를 베어내고 건전한 부분을 떼어다 붙이는 일

관련한자 이동(移動), 이사(移徙), 이앙기(移秧機)

누워 뒹굴어 마음은 **원망할** 원 4급/心 5획

夗(누워 뒹굴 원), 남편이 직장 없이 집에서 누워 뒹굴어(夗) 아내의 마음(心)은 원망함

▶원한 怨恨 : 원통하고 한되는 생각

관련한자 원망(怨望), 원수(怨讐), *철천지원수(徹天之怨讐)

풀에 누워 뒹구는 **나라동산** 원 2급/艸 5획

풀(++)밭에서 누워 뒹굴(夗)며 노는 나라동산

▶녹야원 鹿野苑 : 석가가 처음으로 다섯 비구들에게 실법한 인도에 있던 동산

관련한자 *선원(仙苑)

어그러진 나무같은 **하왕이름** 걸 2급/木 6획

어그러진(舛 : 어그러질 천, 잡될 준) 나무(木)와 같이 잡된(舛) 짓을 많이 한 하왕이름 걸 회의

▶걸주 桀紂 : 중국 하나라의 걸왕과 은나라의 주왕. 천하의 폭군을 비유

관련한자 *걸걸(桀桀), *걸견폐요(桀犬吠堯)

걸인은 뛰어날 걸 4급/人 10획

桀(하왕이름 걸)+亻(사람 인), 걸인(桀亻, 傑人 : 뛰어난 사람)은 뛰어난 사람

▶ 준걸 俊傑 : 재주와 슬기가 매우 뛰어남

관련한자 걸작(傑作), *영웅호걸(英雄豪傑), *녹림호걸(綠林豪傑)

조멱천 순임금 순 2급/舛 6획

爫(손톱 조)+冖(덮을 멱)+舛(어그러질 천, 잡될 준), 조멱천(爫冖舛 : 사람이름)은 순임금을 존경함 회의

▶ 요순 堯舜 : 고대 중국의 요임금과 순임금

관련한자 이순신(李舜臣), *요순시대(堯舜時代)

순임금은 눈깜짝일 순 3급/目 12획

아주 놀라운 소식을 듣고 깜짝 놀란 듯이 순임금(舜)은 순간 눈(目)깜짝임

▶ 순식간 瞬息間 : 눈을 깜짝하거나 숨을 한 번 쉴 만한 극히 짧은 동안

관련한자 순발력(瞬發力), 일순간(一瞬間)

언덕에 미천한 이웃 린 3급/阜 12획

舛(어그러질 천, 잡될 준), 언덕(阝)에서 미천(米舛, 微賤 : 하찮고 천함)한 신분을 한탄하는 이웃사람

▶ 인근 隣近 : 이웃한 가까운 곳

관련한자 인접(隣接), 근린공원(近隣公園), *덕불고필유린(德不孤必有隣)

참고 도깨비불 : 까닭 없이 저절로 일어나는 불

녹미천 기린 린 2급/鹿 12획

鹿(사슴 록)+米(쌀 미)+舛(어그러질 천, 잡될 준), 기린이 키작은 사슴(鹿)을 내려다보며 미천(米舛, 微賤 : 하찮고 천함)하게 봄

▶ 기린 麒麟 : ① 기린과의 포유류 ② 성인이 이 세상에 나올 징조로 나타난다고 하는 상상 속의 짐승

관련한자 *기린아(麒麟兒)

미천해 마음은 **불쌍히 여길** 련 3급/心 12획

미천(米舛, 微賤 : 하찮고 천함)한 신분을 한탄하는 이웃을 본 마음(忄)은 불쌍히 여김

▶ 연민 憐憫 : 불쌍하고 가엾게 여김

관련한자 가련(可憐), 애련(哀憐), *동병상련(同病相憐)

알을 또 먹는 **밥** 찬 2급/食 7획

歺(살 바른 뼈 알), 명란젓의 알(歺)과 함께 또(又) 먹는(食) 밥

▶ 만찬회 晩餐會 : 저녁식사를 겸하여 베푸는 잔치

관련한자 오찬(午餐), 조찬(朝餐), *풍찬노숙(風餐露宿)

화알또미 **빛날** 찬 2급/火 13획

火(불 화)+歺(살 바른 뼈 알)+又(또 우)+米(쌀 미), 화알(火歺 : 사람이름)과 또미(又米 : 사람이름)는 공을 세워 불(火)처럼 빛남

▶ 찬란 燦爛 : ① 빛이 눈부시게 아름다움 ② 훌륭하고 빛남

관련한자 *찬연(燦然), *휘황찬란(輝煌燦爛)

옥알또미 **옥빛** 찬 2급/玉 13획

玉(구슬 옥)+歺(살 바른 뼈 알)+又(또 우)+米(쌀 미), 옥알(玉歺 : 사람이름)과 또미(又米 : 사람이름)는 옥빛 한복을 입음

▶ 최찬 璀璨 : 빛이 번쩍거려서 찬란함

관련한자 찬찬(璨璨)

달장군은 손을 **흔들** 요 3급/手 10획

달장군(月缶 : 장군이름)은 손(扌)을 흔들며 멀리 떠남

▶ 요람 搖籃 : 젖먹이를 태우고 흔들어 놀게 하거나 잠재우는 물건

관련한자 요동(搖動), 요란(搖亂), *요지부동(搖之不動)

언달장군 **노래** 요 4급/言 10획

언달장군(言月缶 : 장군이름)은 노래를 잘 부름

▶ 가요 歌謠 : ① 대중가요 ② 악가(樂歌)나 민요

관련한자 민요(民謠), 동요(童謠)

달장군은 착 **멀** 요 3급/辵 10획

달장군(月缶 : 장군이름)은 착(⻌) 멀리 떠남

▶ 요원 遙遠 : 아득히 멂

관련한자 *소요(逍遙), *요배(遙拜), *전도요원(前途遙遠)

09 10진법 九 묶음

九 → 乙 → 几

→ 𠃍 → 勹 → 与 → 冂 → 巾

→ 罒 → 冊 → 丹 → 月 → 甪

九

아홉 구 8급/乙 1획

다섯 손가락을 위로 펴고 나머지 손의 네 손가락을 옆으로 편 모양 지사

▶ 구만리 九萬里 : 아득하게 먼 거리

관련한자 *구우일모(九牛一毛)

究

9혈을 **연구할** 구 4급/穴 2획

九(아홉 구)+穴(굴 혈). 인체의 구혈(九穴 : 사람의 몸에 있는 아홉 개의 구멍)에 대해 연구함

▶ 연구 硏究 : 깊이 조사하고 생각하여 이치나 진리를 밝힘

관련한자 탐구(探究), *궁구(窮究)

아홉 구 **둥글** 환 3급/丶 2획

九(아홉 구). 아홉(九) 개의 둥근(丸) 옥구슬 지사

▶ 포환 砲丸 : 대포의 탄알

관련한자 탄환(彈丸), 환약(丸藥), *청심환(淸心丸)

軌

아홉 차의 **바퀴자국** 궤 3급/車 2획

아홉차(九車)의 바퀴자국

▶궤도 軌道 : ① 차나 행성이 지나다니는 길 ② 물체가 움직이는 경로

관련한자 궤적(軌迹), *거동궤서동문(車同軌書同文)

旭

9일 **아침해** 욱 2급/日 2획

9일(九日)의 아침해가 화창하게 뜸

▶욱일 旭日 : 아침에 떠오르는 밝은 해

관련한자 *욱광(旭光), *욱일승천(旭日昇天)

抛

손으로 아홉 번 힘써 **던질** 포 2급/手 4획

손(扌)으로 아홉(九) 번 힘(力)써 던지기 연습함

▶포기 抛棄 : 하던 일을 중도에 그만두어 버림

관련한자 포물선(抛物線)

물구나무에 **물들** 염 3급/木 5획

물구나무(氵九木)서기 운동 캠페인으로 사회가 물들어 감 회의

▶오염 汚染 : 더럽게 물듦

관련한자 감염(感染), 염색체(染色體), 전염병(傳染病)

01

乙

10진법 九 묶음

乙

새 을 3급/제부수

새(乙) 모양을 본뜸 상형

▶을유 乙酉 : 60갑자의 스물두째로, 천간(天干)이 '을'이고 지지(地支)가 '유'인 간지

관련한자 *갑남을녀(甲男乙女), *을유해방(乙酉解放)

기운 기 **빌** 걸 3급/乙 2획

气(기운 기)의 본자, 거지가 배고프고 기운(气)이 없어 먹을 것을 달라고 빎(乞) 가차

▶애걸 哀乞 : 소원을 들어 달라고 애처롭게 빎

관련한자 걸식(乞食), 구걸(求乞), 걸인(乞人), *애걸복걸(哀乞伏乞)

돌새 **이름** 돌 2급/乙 5획

石(돌 석)+乙(새 을), 이름이 '돌새(石乙)'

▶손돌풍 孫乭風 : 고려 때 손돌이라는 뱃사공이 임금을 태우고 항행하다가 임금에게 억울하게 죽음을 당하여 음력 10월 20일경에 부는 매섭고 추운 바람

관련한자 돌석(乭石), 갑돌(甲乭)

참고 우리나라 한자

갈 지 3급/丿 3획

대지에서 풀이 자라는 모양을 본뜸 상형

▶거지반 居之半 : 거의 절반

관련한자 *당지자(當之者), *무아지경(無我之境)

지초 지초 지 2급/艸 4획

之(갈 지)+艹(풀 초), 식물도감에서 분류해보니 다년생 풀(艹)로 갈(之) 지초

▶ 영지 靈芝 : 불로초과의 버섯

관련한자 *지초(芝草), *난지도(蘭芝島), *지란지교(芝蘭之交)

물기는 김 기 5급/水 4획

气(기운 기, 보낼 희, 빌 걸), 주방 천장의 물기(氵气, 물氣 : 축축한 물의 기운)는 주전자의 물 끓는 김

▶ 기적 汽笛 : 기차나 배에서 증기를 내뿜는 힘으로 경적 소리를 내는 장치

관련한자 기차(汽車), 기압계(汽壓計)

쌀의 기운 기 7급/气 6획

쌀(米)밥을 먹고 기운(气)을 얻음

▶ 호기 浩氣 : 호연지기(浩然之氣, ① 사람의 마음에 차 있는 너르고 크고 올바른 기운 ② 하늘과 땅 사이를 가득 채울 만큼 넓고 큰 당당한 기상)

관련한자 기후(氣候), 기온(氣溫), 용기(勇氣), 인기(人氣), 분위기(雰圍氣)

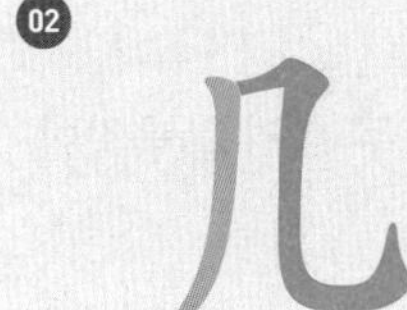

10진법 九 묶음

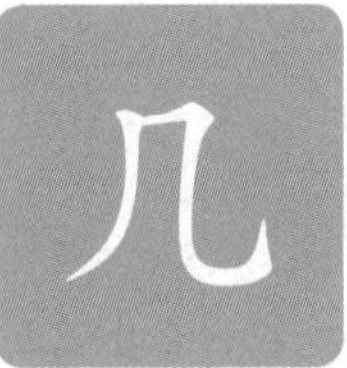

무릇 범 안석 궤 1급/제부수

凡(무릇 범), 옛날에는 글 읽다 피곤하면 무릇(凡) 안석(几)에 기대어 쉼 상형

▶ 철궤연 撤几筵 : 삼년상을 마친 뒤에 신주를 사당에 모시고 빈소를 거두어 치움

관련한자 *서궤(書几)

참고 안석(案席) : 벽에 세워 놓고 앉을 때 몸을 기대는 방석

안석에 기대어 밥을 **주릴** 기 3급/食 2획

밥(食)을 주리며 안석(几)에 기대어 앉아 있음

▶기아 飢餓 : 굶주림

관련한자 기근(飢饉), *요기(療飢)

안석 궤 **무릇** 범 3급/几 1획

几(안석 궤), 옛날에는 글 읽다 피곤하면 무릇(凡) 안석(几)에 기대어 쉼 상형

▶비범 非凡 : 보통 수준보다 훨씬 뛰어남

관련한자 평범(平凡), 범상(凡常), 예의범절(禮儀凡節)

물은 무릇 **넓을** 범 2급/水 3획

물(氵)은 골짜기, 시내, 강, 바다로 무릇(凡) 넓어짐

▶범람 氾濫 : ① 물이 넘쳐 흐름 ② 바람직하지 못한 것들이 크게 나돎

관련한자 *범칭(汎稱), *범국민적(汎國民的)

머리는 안석보다 **높을** 항 2급/亠 2획

안석(几)에 기대고 앉으면 머리(亠)는 안석보다 높음, 사람의 두 다리를 움직이지 못하게 묶어 놓은 모습을 본뜸 상형

▶항룡 亢龍 : 하늘에 오른 용이란 말로 썩 높은 지위를 뜻함

관련한자 *항진(亢進), *항비(亢鼻)

물이 높고 **넓을** 항 2급/水 4획

폭우로 한강의 물(氵)이 높고(亢) 넓어짐

▶항해 沆瀣 : ① 해기(海氣) ② 한밤중의 이슬 기운

관련한자 항개(沆漑)

抗

손 높이를 **겨룰** 항 4급/手 4획

손(扌)을 들고 높이(亢)를 겨룸

▶ 저항 抵抗 : 어떤 힘이나 조건에 굽히지 않고 거역하거나 버팀

관련한자 항의(抗議), 대항(對抗), 반항(反抗), 항쟁(抗爭)

航

높은 **배** 항 4급/舟 4획

배(舟) 높이가 높음(亢)

▶ 항공권 航空券 : 항공기에 탑승할 수 있는 증표

관련한자 항해(航海), 운항(運航), 항로(航路)

坑

땅이 높은 **구덩이** 갱 2급/土 4획

흙을 깊게 파서 만든 구덩이 안에서 보면 땅(土)이 높아(亢) 보임

▶ 갱유 坑儒 : 중국의 진시황제가 수많은 유생을 구덩이에 파묻어 죽인 사건

관련한자 갱목(坑木), 갱도(坑道), 분서갱유(焚書坑儒)

늪에 **물 따라갈 · 따를** 연 3급/水 5획

㕣(산속의 늪 연, 공평할 공), 물(氵)을 따라가보니 산속의 늪(㕣)에 이름

▶ 연안 沿岸 : 강이나 호수 또는 바닷가를 따라서 잇닿아 있는 땅

관련한자 *연혁(沿革), 연해어업(沿海漁業)

늪에 쇠와 **납** 연 4급/金 5획

산속의 늪(㕣)에서 쇠(金)와 납을 발견함

▶ 연필 鉛筆 : 흑연과 점토를 재료로 심(心)을 나무판 속에 넣어 만든 필기도구

관련한자 아연(亞鉛), 흑연(黑鉛)

船

늪에 배 선 5급/舟 5획

산속의 늪(㕣)에 떠 있는 배(舟)

▶선박 船舶 : 배

관련한자 어선(漁船), 선원(船員), 우주선(宇宙船), 조선소(造船所)

役

두 사람을 몽둥이로 **부릴** 역 3급/彳 4획

殳(몽둥이 수), 두 사람(彳)을 몽둥이(殳)로 부림 회의

▶징역 懲役 : 죄인을 교도소에 일정 기간 가두고 노동을 시키는 형벌

관련한자 역할(役割), 용역(用役), 현역(現役), 주역(主役)

몽둥이병인 **전염병** 역 3급/疒 4획

몽둥이(殳)로 쳐서 해하듯이 많은 사람을 해하는 전염병(疒)

▶홍역 紅疫 : 얼굴과 몸에 좁쌀 같은 발진(發疹)이 돋는 어린이의 돌림병

관련한자 면역(免疫), 역신(疫神), 역질(疫疾)

손으로 몽둥이를 **던질** 투 4급/手 4획

영화 속의 패싸움에서 손(扌)으로 몽둥이(殳)를 던지는 액션

▶투표 投票 : 선거 또는 안건의 가부를 결정할 때, 표에 의사를 표시하여 지정된 곳에 냄

관련한자 투자(投資), 투입(投入), *이란투석(以卵投石)

말로 몽둥이를 **베풀** 설 4급/言 4획

도망가는 도둑을 보고 어서 이 몽둥이 들고 도둑을 쫓으라고 말(言)로 몽둥이(殳)를 베풂 회의

▶시설 施設 : 도구, 기계, 장치 등을 베풀어 설비함

관련한자 설치(設置), 건설(建設), 설립(設立), 설계(設計)

殷

신수 훤한 은나라 은 2급/殳 6획

身(몸 신)+殳(몽둥이 수), 신수(身殳, 身手 : 사람의 겉모양)가 훤한 은나라 사람들

▶ 은감 殷鑑 : 은(殷)은 전대의 하(夏)가 멸망한 것을 교훈으로 삼으란 뜻으로 거울삼아 경계하여야 할 전례를 이르는 말

관련한자 *은감불원(殷鑑不遠)

毁

구공수 헐 훼 3급/殳 9획

臼(절구 구)+工(장인 공)+殳(몽둥이 수), 구공수(臼工殳 : 사람이름)는 집이 오래되어 헐고 새로 지음

▶ 훼손 毁損 : ① 체면이나 명예를 손상함 ② 헐거나 깨뜨리어 못 쓰게 만듦

관련한자 훼방(毁謗), 명예훼손(名譽毁損)

긴 몽둥이로 층계 단 4급/殳 5획

힘이 들어 긴(長) 몽둥이(殳)로 짚으며 층계를 오름

▶ 계단 階段 : 건물이나 비탈에 만든 층층대

관련한자 수단(手段), 일단락(一段落), 다단계(多段階), 구구단(九九段)

쇠층계를 쇠불릴 단 2급/金 9획

金(쇠 금)+段(층계 단), 쇠(金)를 불려 쇠층계(段)를 만듦

▶ 단련 鍛鍊 : ① 쇠붙이를 불에 달군 후 두드려서 단단하게 함 ② 반복하여 익숙하게 됨 ③ 몸과 마음을 굳세게 함

관련한자 단조품(鍛造品)

배에 몽둥이는 가지 · 일반 반 3급/舟 4획

해적을 대비해서 배(舟)에 몽둥이(殳)나 창(殳)을 준비하는 것은 일반적임 회의

▶ 전반적 全般的 : 일이나 부문에서 전체에 걸치는 것

관련한자 제반(諸般), 만반(萬般), 일반적(一般的)

搬

손으로 일반적으로 **옮길** 반 2급/手 10획

가벼운 물건은 손(扌)으로 일반(般)적으로 옮김

▶운반 運搬 : 물건을 옮겨 나름

관련한자 반입(搬入), 반출(搬出), 반송(搬送)

盤

일반 그릇의 **소반** 반 3급/皿 10획

소박한 밥상인 일반(般) 그릇(皿)의 소반

▶선반 旋盤 : 금속 재료를 회전시켜서 바이트로 깎아 내는 공작 기계

관련한자 *소반(小盤), 음반(音盤), 기반(基盤), 골반(骨盤), 나침반(羅針盤)

穀

사멱한벼수 **곡식** 곡 4급/禾 10획

士(선비 사)+冖(덮을 멱)+一(한 일)+禾(벼 화)+殳(몽둥이 수), 사멱[士冖 : 호(號 : 본명 이외에 쓰는 이름)] 한벼수(一禾殳 : 사람이름)는 곡식 농사를 지음

▶잡곡 雜穀 : 쌀 이외의 모든 곡식(보리, 밀, 콩, 조 등)

관련한자 곡식(穀食), 오곡반(五穀飯), 곡창지대(穀倉地帶)

사시일수귀 **소리** 성 4급/耳 11획

士(선비 사)+尸(주검 시)+1+殳(몽둥이 수)+耳(귀 이), 사시(士尸 : 사람이름)와 일수(1殳 : 사람이름)는 귀로 칭찬 소리를 들음 회의

▶성원 聲援 : 소리를 질러 응원함

관련한자 함성(喊聲), 명성(名聲), 음성(音聲), 확성기(擴聲器)

성향이 **꽃다울** 형 2급/香 11획

殸(소리 성)+香(향기 향), 그녀의 성향(殸香, 性向 : 성질에 따른 경향)은 꽃다움

▶형향 馨香 : 꽃다운 향내나 좋은 냄새

관련한자 *형기(馨氣), *형향(馨香)

차감수손 **칠** 격 4급/手 13획

車(수레 차)+凵(입 벌릴 감)+殳(몽둥이 수)+手(손 수), 차감수(車凵殳 : 사람 이름)는 손(手)으로 손벽을 침

▶ 타격 打擊 : ① 때리어 침 ② 손해나 손실을 봄

관련한자 충격(衝擊), 공격(攻擊), 목격(目擊), 습격(襲擊)

차감수실 **맬** 계 3급/糸 13획

車(수레 차)+凵(입 벌릴 감)+殳(몽둥이 수)+糸(실 사), 차감수(車凵殳 : 사람 이름)는 실(糸)로 매듭을 맴

▶ 연계 聯繫 : 일이나 사람과 관련하여 관계를 맺음

관련한자 *계류(繫留)

물에 몽둥이가 **빠질** 몰 3급/水 4획

사냥하다가 물(氵)에 몽둥이(殳 : 몽둥이 수)가 빠짐

▶ 함몰 咸沒 : 모조리 다 죽음

관련한자 몰두(沒頭), 매몰(埋沒), 몰락(沒落), 몰입(沒入)

안석에 한 마리 새 **봉새** 봉 3급/鳥 3획

안석(几)에 수놓은 새(鳥) 한(一) 마리는 봉새

▶ 봉황 鳳凰 : 중국의 전설에 나오는 상상의 새

관련한자 봉새(鳳새) = 봉황(鳳凰), 봉선화(鳳仙花), *용미봉탕(龍味鳳湯)

궤별충 **바람** 풍 6급/제부수

几(안석 궤)+丿(삐침 별)+虫(벌레 충), 궤별충(几丿虫 : 벌레이름)은 안석(几)에 앉아 있다가 바람에 날아감 회의

▶ 병풍 屛風 : 바람을 막거나 무엇을 가리기 위하여, 또는 장식용으로 방 안에 둘러치는 물건

관련한자 풍속(風俗), 풍경(風景), 돌풍(突風)

나무는 바람에 단풍 풍 3급/木 9획

나무(木)는 가을바람(風)에 단풍잎이 떨어짐

▶ 단풍 丹楓 : 늦가을에 식물의 잎이 적색, 황색, 갈색으로 변하는 현상

관련한자 *풍악산(楓嶽山)

10진법 九 묶음

刀

힘 력 칼 도 3급/제부수

力(힘 력), 칼(刀)을 힘(力)껏 휘두름 상형

▶ 묘금도 卯金刀 : 성으로 쓰이는 유(劉)자의 파자(破字)

관련한자 은장도(銀粧刀), 면도기(面刀器)

初

의도가 처음 초 5급/刀 5획

공부를 열심히 하려는 의도(衤刀, 意圖 : 무엇을 하려고 꾀함)가 처음~ 회의

▶ 최초 最初 : 맨 처음

관련한자 초보(初步), 시초(始初), 초등학생(初等學生)

召

칼을 입으로 부를 소 3급/口 2획

수호를 서기 위해 입(口)으로 칼(刀)을 가져오라고 부름 회의

▶ 소환 召喚 : 검찰 등에서 사건의 혐의자나 참고인 등을 조사하기 위하여 불러들임

관련한자 소집(召集), *원화소복(遠禍召福)

沼

부른 물가는 못 소 2급/水 5획

데이트 장소로 부른(召) 물(氵)가는 못

▶ 소택지 沼澤地 : 늪과 연못으로 둘러싸인 습한 땅

관련한자 *호소(湖沼), *소지(沼池)

紹

실을 불러 이을 소 2급/糸 5획

실(糸)을 가져오라고 불러서(召) 이음

▶ 소개 紹介 : ① 두 사람 사이에 들어서 어떤 일을 어울리게 함 ② 모르는 두 사람을 잘 알도록 관계를 맺어 줌 ③ 잘 알려지지 않은 것을 설명하여 알려 줌

관련한자 *소복(紹復), *계소(繼紹)

邵

부른 고을은 땅이름 · 성(姓) 소 2급/邑 5획

친구를 불러(召) 만난 고을(阝)의 땅이름은 '소'

▶ 소강절 邵康節 : 중국 송(宋)나라 때의 유학자. 도가의 도서선천상수의 학을 배워 신비적인 수리 학설을 세웠음. 저서로는 황극경세서(皇極經世書)

관련한자 소강(邵江), 소옹(邵雍)

부른 날은 밝을 소 3급/日 5획

친구를 불러(召) 만난 날(日)은 햇빛이 밝은 날

▶ 소상 昭詳 : 분명하고 자세함

관련한자 소양강(昭陽江), *소상분명(昭詳分明)

밝은 불이 비칠 조 3급/火 9획

昭(밝을 소, 비출 조), 불(灬)빛이 밝게 비침(昭)

▶ 일조권 日照權 : 태양 광선을 확보할 수 있는 권리

관련한자 조명(照明), 대조적(對照的), *전조등(前照燈)

招

손으로 **부를** 초 4급/手 5획

손(扌)으로 오라고 부름(召)

▶ 초빙 招聘 : ① 예를 갖추어 남을 맞아들임 ② 초대함

관련한자 초청(招請), 초대(招待), *자초(自招)

超

불러서 달려 **뛰어넘을** 초 3급/走 5획

불렀더니(召) 달려서(走) 뛰어넘어 옴

▶ 초대형 超大型 : 아주 큰 것

관련한자 초월(超越), 초과(超過), 초능력(超能力), 초음파(超音波)

留

토끼가 밭에 **머무를** 류 4급/田 5획

무성한(卯) 밭(田)에 토끼(卯 : 토끼 묘)가 머물러 풀을 뜯어먹음

▶ 압류 押留 : 채무자의 특정 재산에 대한 처분이 제한되는 강제 집행

관련한자 체류(滯留), 보류(保留), 만류(挽留), *유학생(留學生)

죽일 · 묘금도 류 2급/刀 13획

묘금도(卯金刀) : 劉의 파자

▶ 유비 劉備 : 중국 삼국시대 촉한(蜀漢)의 제1대 황제(161~223). 관우, 장비 등과 의형제를 맺고 황건적을 토벌하여 벼슬에 올랐음

관련한자 유방(劉邦), 조유(曹劉)

토끼조개로 **무역할** 무 3급/貝 5획

조개(貝)로 토끼(卯) 모양의 장신구를 만들어 무역함

▶ 무역 貿易 : 지역과 지역 사이에(특히 국제 간에) 물건을 사고파는 행위

관련한자 *무래(貿來), *무매(貿買)

재계할 재 **가지런할** 제 3급/제부수

齋(재계할 재), 재계하다(齋戒하다 : 몸과 마음을 깨끗이 하다), 제사지내며 식구 모두가 목욕재계(齋)하고 가지런하게(齊) 서서 절함 상형

▶ 제창 齊唱 : 다같이 큰 소리로 외침

관련한자 *일제(一齊), *수신제가(修身齊家)

濟

물을 가지런히 **건널** 제 4급/水 14획

물(氵)을 가지런히(齊) 줄지어 건넘

▶ 구제 救濟 : 어려움에 빠진 사람을 구하여 줌

관련한자 경제(經濟), 결제(決濟), 제주도(濟州島)

칼로 가지런히 **약제** 제 2급/刀 14획

칼(刂)로 가지런하게(齊) 약제를 자름

▶ 방향제 芳香劑 : 좋은 향을 가지고 있는 약제

관련한자 항생제(抗生劑), 표백제(漂白劑), 진통제(鎭痛劑), 방부제(防腐劑)

칼 도 **칼날** 인 2급/刀 1획

刀(칼 도), 숫돌에 칼(刀)을 갈자 무딘 칼날(刃)이 날카로워짐 지사

▶ 도인 刀刃 : ① 칼날 ② 칼의 총칭

관련한자 *백인(白刃), *병인(兵刃)

칼날을 마음으로 **참을** 인 3급/心 3획

강도가 칼날(刃)로 위협했으나 마음(心)으로 잘 참아 넘김

▶ 인내 忍耐 : 어려움을 참고 견딤

관련한자 *잔인무도(殘忍無道), *은인자중(隱忍自重)

말을 참아 알(知) 인 4급/言 7획

말(言)을 참고(忍) 끝까지 들어 진실을 알게 됨

▶ 미확인 未確認 : 아직 확인되지 않음

관련한자 인정(認定), 시인(是認), 인식(認識), 묵인(默認)

물들 염 들보 · 돌다리 량 3급/木 7획

染(물들 염), 비가 새어 물든(染) 들보(梁)

▶ 교량 橋梁 : 시내나 강을 사람이나 차량이 건널 수 있게 만든 다리

관련한자 *척량골(脊梁骨), *양상군자(梁上君子)

나무 들보 량 2급/木 11획

나무(木)인 들보(梁)

▶ 동량 棟樑 : ① 마룻대와 들보 ② 기둥이 될 만한 인물(人物)

관련한자 *대량(大樑), *상량식(上樑式)

나라 방 어찌 나 3급/邑 4획

邦(나라 방), '방'나라(邦)는 어찌(那)나 이리도 발전이 느릴까?

▶ 찰나 刹那 : 일이나 현상이 이루어지는 바로 그때, 지극히 짧은 시간

관련한자 *나락(那落), *서나벌(徐那伐)

예쁜 고을의 나라 방 3급/邑 4획

세계적으로 이름난 예쁜(丰 : 예쁠 봉) 고을(⻏ : 고을 읍)의 나라 "방"

▶ 만방 萬邦 : 세계의 모든 나라

관련한자 연방(聯邦), 이방인(異邦人), 우방국(友邦國)

깃 우 3급/제부수

새의 두 날개(羽)의 모양을 본뜸 상형

▶관우 關羽 : 중국 삼국시대, 촉한의 장수, 자는 운장

관련한자 *우화등선(羽化登仙), *궁상각치우(宮商角徵羽)

깃 세우고 **도울** 익 2급/羽 5획

어미새가 새끼를 보호하기 위해 깃(羽)을 세우고(立) 도움

▶익대 翊戴 : 정성스럽게 모심

관련한자 *익성(翊成), *익대공신(翊戴功臣)

참고 일(首荷) : 머리 위에 올려 놓음

깃이 다른 **날개** 익 3급/羽 11획

암수가 날개를 각기 서로 하나씩만 가져 색다른(異 : 다를 이) 날개(羽)를 가진 비익조(比翼鳥)

▶우익 右翼 : ① 오른쪽 날개 ② 보수적 당파

관련한자 *우익수(右翼手), *비익조(比翼鳥)

월깃인삼 **아교** 교 2급/肉 11획

月(달 월)+羽(깃 우)+人(사람 인)+彡(터럭 삼), 월깃(月羽 : 사람이름)과 인삼(人彡 : 사람이름)이는 나무상자를 아교로 단단히 붙여 만듦

▶아교 阿膠 : 쇠가죽, 힘줄, 뼈 등을 끈끈하도록 진하게 고아서 말린 접착제

관련한자 *교착(膠着), *교칠지교(膠漆之交)

언깃인삼 **그르칠** 류 2급/言 11획

言(말씀 언)+羽(깃 우)+人(사람 인)+彡(터럭 삼), 언깃(言羽 : 사람이름)과 인삼(人彡 : 사람이름)이는 말을 잘못하여 일을 그릇침

▶오류 誤謬 : 그릇되어 이치에 어긋남

관련한자 *과류(過謬), *노어지류(魯魚之謬)

햇빛에 꿩이 **빛날** 요 5급/日 14획

翟(꿩 적, 고을 이름 책), 햇(日)빛이 꿩(翟)깃에 비쳐 빛남

▶화요일 火曜日 : 월요일의 다음

관련한자 *요백(曜魄)

耀

꿩이 **빛날** 요 2급/羽 14획

깃에 빛(光)을 받아 꿩(翟)이 빛남

▶영요 榮耀 : 영광(榮光)

관련한자 *광요(光耀), *요도성(耀渡星), *영요영화(榮耀榮華)

꿩이 물로 **씻을** 탁 3급/水 14획

꿩(翟)이 물(氵)로 깃을 씻음

▶세탁 洗濯 : 빨래

관련한자 *탁족회(濯足會), *탁어우(濯魚雨)

꿩이 발로 **뛸** 약 3급/足 14획

꿩(翟)이 발(足)로 뜀

▶도약 跳躍 : ① 몸을 위로 솟구쳐 뛰는 것 ② 더 높은 단계로 발전하는 것을 비유

관련한자 활약(活躍), *환호작약(歡呼雀躍)

칼 도 **힘** 력 7급/제부수

刀(칼 도), 칼(刀)을 힘(力)껏 휘두름 상형

▶노력 努力 : 목적을 이루기 위하여 몸과 마음을 다하여 애를 씀

관련한자 세력(勢力), 압력(壓力), 능력(能力), 협력(協力)

肋

달력에 **갈빗대** 륵 1급/肉 2획

달력(月力, 달曆 : 1년 가운데 달, 날, 요일 등을 날짜에 따라 적어 놓은 것)의 갈빗대 표시는 사고로 금이 간 갈빗대 치료하는 날

▶ 계륵 鷄肋 : 닭의 갈빗대. 먹기에는 너무 맛이 없고 버리기에는 아까워 이러지도 저러지도 못하는 형편

관련한자 *늑골(肋骨), 늑막염(肋膜炎)

筋

죽 달력에 **힘줄** 근 4급/竹 6획

죽(竹) ~ 달력(月力)에 헬스클럽 가는 날은 힘줄을 그려 놓음 회의

▶ 복근 腹筋 : 배 근육

관련한자 근육(筋肉), 철근(鐵筋), 이두박근(二頭膊筋), *불수의근(不隨意筋)

協

10명이 힘을 합해 **화할** 협 4급/十 6획

劦(합할 협), 열(十)명이 힘(力)을 합해(劦) 화합함 회의

▶ 타협 妥協 : 서로 양보하여 협의함

관련한자 협상(協商), 협의(協議), 협조(協助), 협약(協約)

힘을 합해 몸을 **위협할** 협 3급/肉 6획

힘(力)을 합해(劦) 강도의 몸(月)을 위협함

▶ 위협 威脅 : 힘으로 으르고 협박(脅迫)함

관련한자 협박(脅迫), *협탈(脅奪)

04 勹

10진법 九 묶음

勺

쌀 포 구기 작 1급/勹 1획

勹(쌀 포), 술을 싸서(勹) 푸는 용기인 구기(勺) 상형

▶ 작수 勺水 : 한 모금의 물

관련한자 *용작(龍勺), *은작(銀勺), *작수불입(勺水不入)

참고 구기 : 술이나 기름 등을 풀 때에 쓰는 자루가 달린 용기

酌

구기로 술 부을 · 잔질할 작 3급/酉 3획

구기(勺)로 술(酒)을 떠서 사발에 부음

▶ 수작 酬酌 : 술잔을 서로 주고받는다는 뜻에서 ① 말을 서로 주고받음 ② 엉큼한 속셈이나 속보이는 짓을 얕잡아 이르는 말

관련한자 짐작(斟酌), 대작(對酌), 무작정(無酌定), *정상참작(情狀參酌)

杓

나무구기 북두자루 표 2급/木 3획

木(나무 목)+勺(구기 작), 나무(木)로 만든 구기(勺)의 손잡이 모양이 북두자루와 같음

▶ 누표 漏杓 : 석자(철사를 그물처럼 엮어서 바가지 모양으로 만들어 긴 손잡이를 단 조리기구)

관련한자 *작자(杓子), *표정선(杓庭扇)

참고 북두자루 : 북두칠성의 자루 부분

的

백작의 과녁 적 5급/白 3획

白(흰 백)+勺(구기 작), 백작(白勺, 伯爵 : 다섯 등급으로 나눈 귀족의 작위 가운데 셋째 작위)이 명중시킨 과녁

▶ 목적 目的 : 이루려고 하는 일이나 방향

관련한자 표적(標的), 적극적(積極的), 긍정적(肯定的), 지속적(持續的)

約

실로 구기를 맺을 약 5급/糸 3획

걸어 놓기 위해 구기(勺) 손잡이 뒷부분 구멍에 실(糸)로 고리모양을 맺음

▶ 가약 佳約 : 부부가 되기로 한 약속

관련한자 약속(約束), 계약(契約), 절약(節約), 요약(要約), *백년가약(百年佳約)

釣

쇠구기로 낚을 · 낚시 조 2급/金 3획

구기(勺) 모양처럼 쇠(金)를 굽혀 만든 낚시 바늘로 물고기를 낚음

▶ 조어장 釣魚場 : 일정한 요금을 낸 사람에게 고기를 잡도록 한 곳

관련한자 *이하조리(以蝦釣鯉)

흙이 고를 균 4급/土 4획

匀(고를 균, 나눌 윤), 모를 심기 위해 논의 흙(土)을 고르게(匀) 함

▶ 균형 均衡 : 치우침이 없이 고름

관련한자 평균(平均), 균등(均等), 균일(均一)

말(禁) 물 3급/勹 2획

칼로 무언가 자르는 모양을 본뜸 상형

▶ 물론 勿論 : 더 말할 것도 없음

관련한자 물망초(勿忘草), *내물왕(奈勿王), *물실호기(勿失好機)

우물에 물건 물 7급/牛 4획

牛(소 우)+勿(말 물), 우물(牛勿, 우물 : 물을 얻기 위하여 땅을 파고 물이 괴게 만든 곳)에 물건이 빠짐

▶ 물건 物件 : 일정한 형체를 갖춘 모든 물질적 대상

관련한자 인물(人物), 물질(物質), 선물(膳物), *견물생심(見物生心)

말 마음이 **갑자기** 홀 3급/心 4획

일을 열심히 하다가 말(勿) 마음(心)이 갑자기 일어남

▶소홀 疏忽 : 정성이나 조심하는 마음이 부족함

관련한자 홀연(忽然), *홀현홀몰(忽顯忽沒)

易

볕 양 **바꿀** 역 / **쉬울** 이 4급/日 4획

昜(볕 양, 쉬울 이), 어려운 삶이 햇볕(昜)이 비추 듯이 좋게 바뀜(易) 상형

▶무역 貿易 : 지역과 지역 사이에(특히 국제간에) 물건을 사고파는 행위

관련한자 용이(容易), 안이(安易), 난이도(難易度), *역지사지(易地思之)

賜

돈을 바꿔 **줄** 사 3급/貝 8획

미국 돈을 한국 돈(貝)으로 바꿔(易) 줌

▶사약 賜藥 : 임금이 죽을 죄를 지은 신하에게 독약을 내림

관련한자 하사금(下賜金), 선사품(膳賜品)

錫

쇠와 바꾼 **주석** 석 2급/金 8획

물물교환으로 쇠(金)와 주석을 바꿈(易)

▶주석 朱錫 : ① 놋쇠 ② 은백색의 고체 금속으로, 연성과 전성이 크며 녹슬지 않음. 기호는 Sn

관련한자 *석박(錫箔), *석혼식(錫婚式)

언덕의 **볕** 양 6급/阜 9획

昜(볕 양, 쉬울 이), 언덕(阝)의 햇볕(昜)

▶양산 陽傘 : 햇볕을 가리기 위하여 쓰는, 우산같이 만든 물건

관련한자 양력(陽曆), 태양(太陽), 음양(陰陽), 석양(夕陽)

揚

별에 손으로 날릴 양 3급/手 9획

햇볕(昜)이 비추는 맑은 날 손(扌)으로 연을 날림 회의

▶ 억양 抑揚 : ① 혹은 억누르고 혹은 찬양함 ② 소리의 높낮이와 강약

관련한자 찬양(讚揚), 게양(揭揚), 선양(宣揚), *입신양명(立身揚名)

楊

별에 나무 버들 양 3급/木 9획

햇볕(昜)에 잘 자라는 잎가지가 길게 늘어진 버드나무(木)

▶ 양귀비 楊貴妃 : ① 양귀비과의 한해살이풀 ② 중국 당나라 현종의 왕비

관련한자 *수양(垂楊)

별에 땅 마당 장 7급/土 9획

햇볕(昜)이 잘 들어오는 땅(土)인 마당에 채소를 심음

▶ 현장 現場 : ① 일이 생긴 곳 ② 사물이 현재 있는 곳

관련한자 시장(市場), 직장(職場), 등장(登場), *만장일치(滿場一致)

별에 고기 창자 장 4급/肉 9획

뜨거운 햇볕(昜) 같은 불에 익고 있는 고기(月)는 창자

▶ 맹장 盲腸 : 큰 창자의 위 끝으로 작은 창자에 이어진 곳에 있는 주머니 모양의 위창자관

관련한자 위장약(胃腸藥), 대장균(大腸菌), *구절양장(九折羊腸)

별에 물 끓을 탕 3급/水 9획

뜨거운 햇볕(昜)에 물(氵)이 끓는 것처럼 온도가 높게 올라감

▶ 삼계탕 蔘鷄湯 : 어린 햇닭에 인삼, 대추, 찹쌀 등을 넣어서 고아 만드는 보양 음식

관련한자 재탕(再湯), 온탕(溫湯), 목욕탕(沐浴湯)

볕이 펼쳐져 **화창할** 창 3급/日 10획

따뜻한 햇볕(昜)이 펼쳐진(申 : 펼 신) 화창한 봄 날씨

▶화창 和暢 : 날씨가 바람이 온화하고 맑음

관련한자 *유창(流暢), *만화방창(萬化方暢)

傷

사람 인양은 **다칠** 상 4급/人 11획

사람(亻)을 인양(人昜, 引揚 : 끌어서 높은 곳으로 옮김)하는 것은 다쳐서 임

▶상처 傷處 : 몸, 또는 심리적으로 아픔을 받은 자취

관련한자 손상(損傷), 부상(負傷), 동상(凍傷), 사상자(死傷者)

고기 **돼지** 돈 3급/豕 4획

豕(돼지 시), 돼기고기(豕月) 회의

▶돈육 豚肉 : 돼지고기(식용으로 하는 돼지의 고기)

관련한자 *양돈(養豚), *강돈(江豚)

돼지를 착 **쫓을** 축 3급/辵 7획

사냥꾼이 멧돼지(豕)를 착(辶) 쫓음 회의

▶각축 角逐 : 서로 이기려고 다투며 덤벼듦

관련한자 축출(逐出), 각축전(角逐戰), 구축함(驅逐艦)

돼지 **집** 가 7급/宀 7획

'복돼지(豕)'처럼 집(宀)안에 '福'이 가득하기를 바람 회의

▶가옥 家屋 : 사람이 사는 집

관련한자 가정(家庭), 국가(國家), 전문가(專門家), *가화만사성(家和萬事成)

풀로 덮어 일시 어두울 몽 3급/艸 10획

冡(덮어쓸 몽, 무덤 총), 풀(艹)로 덮어(冖) 일시(一豕, 一時 : 한때) 어두움

▶ 계몽 啓蒙 : 어린아이나 몽매한 사람을 깨우침

관련한자 몽고반점(蒙古斑點), *무지몽매(無知蒙昧)

8돼지가 착 드디어 수 3급/辵 9획

㒸(드디어 수, 따를 수, 해 세), 여덟(八) 마리 돼지(豕) 무리가 드디어 착(辶) 목적지에 도달함

▶ 완수 完遂 : 뜻한 바를 완전히 달성함

관련한자 *수행(遂行), 미수범(未遂犯)

언덕에 8돼지 무리 대 4급/阜 9획

언덕(阝)에 여덟(八) 마리 돼지(豕)가 무리를 이룸 회의

▶ 제대 除隊 : 현역 군인이 만기 또는 그 밖의 사유로 군대 복무가 해제됨

관련한자 군대(軍隊), 부대(部隊), 기동대(機動隊), 원정대(遠征隊)

푸를 록 인연 연 4급/糸 9획

綠(푸를 록), 푸른(綠) 바다와 인연(緣)이 깊은 어부

▶ 인연 因緣 : 사람들 사이에 맺어지는 관계

관련한자 사연(事緣), 연고(緣故), 혈연(血緣), *천생연분(天生緣分)

돼지 시 코끼리 상 4급/豕 5획

豕(돼지 시), 아이들이 돼지(豕) 코와 코끼리(象) 코 모양을 흉내내며 즐겁게 놂 상형

▶ 상아 象牙 : 코끼리의 위턱에서 나온 어금니

관련한자 대상(對象), 상징(象徵), *인상(印象), 기상청(氣象廳)

사람이 코끼리 **모양** 상 3급/人 12획

사람(亻)이 손으로 코끼리(象) 코 모양을 하며 놂

▶초상화 肖像畫 : 사람의 얼굴이나 모습을 그린 그림

관련한자 상상(想像), 동상(銅像), 동영상(動映像)

옥돼지로 **다듬을** 탁 2급/玉 8획

豖(발 얽은 돼지의 걸음 축, 발 얽은 돼지의 걸음 촉, 돼지 시), 옥(玉)을 돼지(豖) 모양으로 쪼아 다듬음

▶탁마 琢磨 : 옥 따위를 갈고 닦음

관련한자 *조탁(彫琢), *절차탁마(切磋琢磨)

열흘 순 **글귀** 구 4급/口 2획

旬(열흘 순), 열흘(旬) 동안 입(口)을 싼(勹) 글귀. 하늘 천~ 땅 지~ 검을 현~ 누를 황~

▶구절 句節 : ① 구(句)와 절(節) ② 한 토막의 말이나 글

관련한자 고구려(高句麗), *구두점(句讀點), *구구절절(句句節節)

손에 글귀를 **잡을** 구 3급/手 5획

손(扌)에 글귀(句)를 잡고 열심히 공부함

▶구속 拘束 : 행동이나 의사의 자유를 제한하거나 속박함

관련한자 구치소(拘置所), 구속영장(拘束令狀)

글귀에 **개** 구 3급/犬 5획

글귀(句)에 보이는 '개 구'(狗) 한자

▶당구 堂狗 : 서당에서 기르는 개

관련한자 *구육(狗肉), *구미초(狗尾草), *당구풍월(堂狗風月)

苟

풀이름 순 **진실로 · 구차할** 구 3급/艸 5획

荀(풀이름 순), 진실로(苟) 구차한(苟) 풀이름 순(荀)

▶ 구차 苟且 : ① 몹시 가난하고 궁색함 ② 말이나 행동이 떳떳하거나 버젓하지 못함

관련한자 *간구(艱苟), *구명도생(苟命圖生)

敬

진실하게 치니 **공경** 경 5급/攴 9획

진실한(苟) 마음으로 회초리를 들어 치며(攵) 훈계하니 공경함 회의

▶ 경외 敬畏 : 공경하고 두려워함

관련한자 존경(尊敬), 공경(恭敬), 경건(敬虔), 경로당(敬老堂)

儆

사람을 공경하며 **경계할** 경 2급/人 13획

공경(敬)하는 사람(亻)을 조심하며 경계함

▶ 경경 儆儆 : 경계하여 조심하는 모양

관련한자 경계(儆戒), 경비(儆備)

공경하는 말을 **깨우칠** 경 4급/言 13획

공경(敬)하는 말(言)을 깨우침

▶ 경계 警戒 : 긴장하며 조심함

관련한자 경찰(警察), 경고(警告), 경비(警備), 경호(警護)

驚

경마로 **놀랄** 경 4급/馬 13획

敬(공경 경)+馬(말 마), 경마(敬馬,競馬 : 일정한 거리를 기수가 말을 타고 달리며 빠르기를 겨루는 경기)로 거액을 벌어 사람들이 놀람

▶ 경이 驚異 : 놀랍고 이상함

관련한자 경악(驚愕), *경칩(驚蟄)

包

밸을 쌀(裹) 포 4급/勹 3획

뱀(巳 : 뱀 사)을 잡아 자루에 쌂(勹) 회의

▶포함 包含 : 사물이나 현상에 함께 넣음

관련한자 포장(包裝), 포용(包容), 포위(包圍), 포괄적(包括的)

抱

손으로 싸 안을 포 3급/手 5획

손(扌)으로 감싸(包) 안음

▶포옹 抱擁 : 품에 껴안음

관련한자 *포부(抱負), *회포(懷抱)

胞

몸을 싼 세포 포 4급/肉 5획

몸(月)을 세세히 감싸고(包) 있는 세포

▶교포 僑胞 : 외국에 살고 있는 동포

관련한자 세포(細胞), 동포(同胞)

砲

돌을 싼 대포 포 4급/石 5획

옛날에 돌(石)을 싸서(包) 쏘는 대포

▶포환 砲丸 : 대포의 탄알

관련한자 대포(大砲), 포병(砲兵), 박격포(迫擊砲), 곡사포(曲射砲)

飽

싸먹고 배부를 포 3급/食 5획

많은 양의 고기를 상추에 싸(包)먹고(食) 배부름

▶포만감 飽滿感 : 넘치도록 가득 차 있는 느낌

관련한자 포식(飽食), *난의포식(暖衣飽食)

쌀 물고기는 **절인 물고기** 포 2급/魚 5획

포장지에 쌀(包) 물고기(魚)는 절인 물고기

▶ 전포 全鮑 : 전복과에 속한 조개

관련한자 *포척(鮑尺), *관포지교(管鮑之交)

旬

날을 싸서 **열흘** 순 3급/日 2획

10일(日)씩 싸서(勹) 묶어 열흘이라고 함 회의

▶ 칠순 七旬 : 나이 70세

관련한자 *중순(中旬), *삼순구식(三旬九食)

洵

물이 열흘 **참으로** 순 2급/水 6획

물(氵)이 열흘(旬) 동안 참으로 맑음

▶ 소순 蘇洵 : 중국 북송의 문인(1009~1060). 자는 명윤(明允). 호는 노천(老泉)

관련한자 순미(洵美), 순체(洵涕)

珣

옥이름 순 **옥이름** 순 2급/玉 6획

열흘(旬) 동안 정성껏 깎아 만든 옥(玉) 이름은? '순(旬)'

관련한자 이순(李珣)

殉

알이 열흘 **따라 죽을** 순 3급/歹 6획

갑자기 물이 오염되어 양식하는 물고기 알(歹)이 열흘(旬)간 모두 따라 죽음

▶ 순장 殉葬 : 지배층 사람이 죽었을 때 아내나 신하 또는 종들을 함께 매장하던 고대 장례 풍속

관련한자 *순교(殉敎), *순국열사(殉國烈士)

荀

진실로 구 **풀이름** 순 2급/艸 6획

苟(진실로 구), 진실로(苟) 구차한(苟) 풀이름 순(荀)

▶순자 荀子 : 중국 전국시대, 조(趙)나라의 사상가. 예의를 가치 기준으로 인간의 성질을 교정할 것을 주장하고 맹자의 성선설(性善說)에 대하여 성악설(性惡說)을 주장

관련한자 *접순(椄荀), *송순(松荀)

鞠

가죽을 움켜쥐고 **성(姓) · 국문할** 국 2급/革 8획

匊(움킬 국), 가죽(革)으로 된 채찍을 움켜쥐고(匊) 국문함

▶국문 鞠問 : 임금이 중대한 죄인을 국청(鞠廳)에서 신문(訊問)하던 일

관련한자 *국자(鞠子), *국양(鞠養), *삼성국문(三省鞠問)

菊

움켜쥔 풀은 **국화** 국 3급/艸 8획

조문으로 움켜쥐고(匊) 있는 식물(艹)은 국화

▶국화 菊花 : 국화과의 여러해살이풀

관련한자 국화전(菊花煎), *십일지국(十日之菊)

언덕의 **질그릇** 도 3급/阜 8획

언덕(阝)의 가마에 구워 질그릇(匋 : 질그릇 도)을 만듦

▶도예 陶藝 : 도자기 공예

관련한자 도자기(陶瓷器), *자아도취(自我陶醉)

갈수록 **목마를** 갈 3급/水 9획

曷(어찌 갈), 나이가 들어 갈수록(曷氵록, 갈수록 : 시간이 지나가거나 일이 계속 될수록 점점 더) 사랑에 목마름

▶고갈 枯渴 : 물이 말라서 없어짐

관련한자 갈망(渴望), 갈구(渴求), 갈증(渴症), *갈이천정(渴而穿井)

가죽에 어찌 오랑캐이름 갈 2급/革 9획

가죽(革)에 어찌(曷) 오랑캐 이름 '갈'이 새겨져 있나?

▶ 말갈 靺鞨 : 중국 수나라 · 당나라 때에 둥베이(東北) 지방에서 한반도 북부에 거주한 퉁구스계의 여러 민족

葛

갈풀과 칡 갈 2급/艸 9획

갈풀(曷++, 갈풀 : 볏과의 여러해살이풀)과 칡을 캠

▶ 갈등 葛藤 : 칡과 등나무가 서로 얽히는 것과 같이, 개인이나 집단 사이에 목표나 이해관계가 달라 서로 충돌함

관련한자 *갈근(葛根), *제갈량(諸葛亮)

손을 어찌 높이들 · 걸(掛) 게 2급/手 9획

손(扌)을 어찌(曷) 그렇게 높이 들어 걸까?

▶ 게재 揭載 : 신문, 잡지 등에 글이나 그림을 실음

관련한자 게양(揭揚), 게시판(揭示板)

말을 어찌하며 뵐 알 3급/言 9획

윗분을 뵈어서 말(言)을 어찌(曷)할지를 생각함

▶ 배알 拜謁 : 지위가 높거나 존경하는 사람을 찾아가 뵘

관련한자 알현(謁見), *내알(內謁)

그물로 싼 벌레 나라이름 촉 2급/虫 7획

촉나라에서 아주 큰 벌레(虫)를 많이 잡아 그물(罒)에 싸(勹)놓음 회의

▶ 망촉 望蜀 : 한 가지 소망을 이루고 나서 다시 그 밖의 것을 바람

관련한자 *옥촉서(玉蜀黍), *촉혼조(蜀魂鳥), *득롱망촉(得隴望蜀)

화촉 **촛불** 촉 3급/火 13획

火(불 화)+蜀(나라이름 촉), 화촉(火蜀, 華燭 : 빛깔을 들인 밀초, 흔히 혼례의 식에 씀)을 밝힌 촛불

▶화촉 華燭 : 밀랍으로 만들어 색깔을 들인 초. 흔히 결혼식에 사용함

관련한자 *촉대(燭臺), *동방화촉(洞房華燭)

촉각은 **닿을** 촉 3급/角 13획

촉각(蜀角, 觸覺 : 물체가 피부에 닿아서 느껴지는 감각)은 물체가 피부에 닿아서 느껴지는 감각

▶접촉 接觸 : 서로 만나거나 교섭함

관련한자 촉각(觸覺), 촉매(觸媒), 감촉(感觸), *일촉즉발(一觸卽發)

촉나라 물이 **흐릴** 탁 3급/水 13획

촉나라(蜀) 물(氵) 중에 일부는 오염되어 아주 흐림

▶혼탁 混濁 : ① 불순물이 섞이어 맑지 않고 흐림 ② 사회적 현상이 어지럽고 흐림

관련한자 청탁(淸濁), 탁주(濁酒), 둔탁(鈍濁), *일어탁수(一魚濁水)

촉나라 개가 **홀로** 독 5급/犬 13획

촉(蜀)나라는 많은 유기견(犭 : 큰개 견)이 홀로 돌아다님

▶유독 唯獨 : 오직 홀로

관련한자 독도(獨島), 독일(獨逸), 단독(單獨), 독점(獨占)

요 촉나라에 **붙일** 속 4급/尸 18획

尿(오줌 뇨), 요(尿, 요 : '이'를 낮잡아 이르거나 귀엽게 이르는 말) 촉(蜀)나라에 붙어 삶

▶예속 隷屬 : 남의 지배 아래 매어 있음

관련한자 소속(所屬), 금속(金屬), 직속(直屬), 속성(屬性)

芻

포초포초 꼴 추 1급/艸 4획

勹(쌀 포)+屮(풀 초), 포초(勹屮 : 사람이름)! 포초! 빨리 꼴(말이나 소에게 먹이는 풀)을 베어 소에게 먹여 상형

▶반추 反芻 : ① 소나 염소가 한 번 삼킨 먹이를 다시 입속으로 되올려 씹어서 삼키는 일. 되새김질 ② 지나간 일을 되풀이하여 기억하고 음미함

관련한자 *반추동물(反芻動物)

참고 꼴 : 말이나 소에게 먹이는 풀

鄒

꼴 고을 추나라 추 2급/邑 10획

고을(阝)에 꼴(芻)이 많은 추나라

▶추로 鄒魯 : 공자는 노(魯)나라의 사람이고, 맹자는 추(鄒)나라의 사람. 공맹(孔孟)을 가리키는 말

관련한자 *추로학(鄒魯學), *추로지향(鄒魯之鄕)

꼴 가지고 달려 달아날 추 2급/走 10획

달려가(走 : 달릴 주) 꼴(芻)을 가지고 달아남

▶추세 趨勢 : 일정한 방향으로 나가는 힘

관련한자 *귀추(歸趨), *추배(趨拜)

05

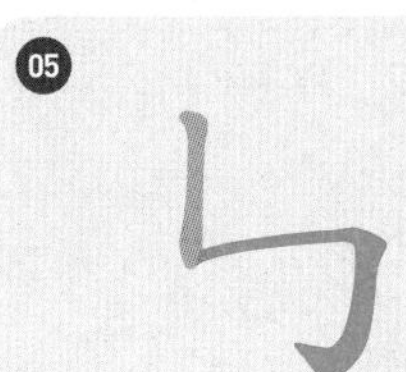

10진법 九 묶음

말 마 5급/제부수

말(馬)의 옆모양을 본뜸 상형

▶마이산 馬耳山 : 전라북도 진안군 남쪽에 있는 산

관련한자 출마(出馬), 기마(騎馬), 경마(競馬), 마력(馬力)

죽마로 **도타울** 독 3급/竹 10획

어릴 때부터 가까이 죽마(竹馬)를 같이 타고 놀면서 정이 도타운 친구(竹馬故友)

▶돈독 敦篤 : 도탑고 성실함

관련한자 독실(篤實), 독신자(篤信者)

참고 죽마고우(竹馬故友) : 대나무 말을 타고 놀던 옛 친구, 어릴 때부터 가까이 지내며 자란 친구

새 조 **까마귀** 오 3급/火 6획

鳥(새 조), 까마귀(烏)는 온몸이 검은 새(鳥) 상형

▶삼족오 三足烏 : 해 속에서 산다는 세 발 가진 까마귀

관련한자 오죽헌(烏竹軒), 오작교(烏鵲橋)

까마귀 입이 **슬플** 오 3급/口 10획

까마귀(烏)가 입(口)으로 지저귀며 슬피 욺

▶오열 嗚咽 : 설움에 복받쳐 목메어 욺

관련한자 *오호(嗚呼), *오읍(嗚泣)

까마귀 오 **새** 조 4급/제부수

烏(까마귀 오), 까마귀(烏)는 온몸이 검은 새(鳥) 상형

▶조류 鳥類 : ① 새무리 ② 조강(鳥綱)의 척추동물

관련한자 백조(白鳥), 조감도(鳥瞰圖), 조류독감(鳥類毒感), *조족지혈(鳥足之血)

새 입이 **울** 명 4급/鳥 3획

새(鳥)가 입(口)으로 즐겁게 지저귀며 욺 회의

▶비명 悲鳴 : ① 슬피 욺 ② 위급하거나 몹시 두려움을 느낄 때 지르는 외마디 소리

관련한자 자명종(自鳴鐘), *고장난명(孤掌難鳴)

산새의 **섬** 도 5급/山 7획

산새(山鳥, 山새 : 산에서 사는 새를 통틀어 이르는 말)가 많은 섬

▶ 여의도 汝矣島 : 서울특별시 영등포구에 속하는 한강에 있는 섬

관련한자 독도(獨島), 한반도(韓半島), 울릉도(鬱陵島)

焉

바른 새가 **어찌** 언 3급/火 7획

평소에 조용하고 바른(正) 새(鳥)가 어찌 오늘은 계속 시끄럽게 울까? 상형

▶ 어언간 於焉間 : 알지 못하는 사이에 어느덧

관련한자 *결언(缺焉), *언감생심(焉敢生心)

薦

초록새 **천거할** 천 3급/艸 13획

屮(풀 초)+鹿(사슴 록)+隹(새 추), 별명이 초록새(++廌隹)인 인재를 천거함 회의

▶ 천거 薦擧 : 인재를 어떤 자리에 추천함

관련한자 추천서(推薦書), *모수자천(毛遂自薦)

참고 해태 : 시비와 선악을 판단하여 안다고 하는 상상의 동물

공교 **공교할** 교 3급/工 2획

工(장인 공)+丂(공교할 교), 장인(工)이 손재주의 솜씨나 재치가 있고 교묘해서 공교(工丂, 工巧 : 솜씨나 꾀가 재치있고 교묘함)함

▶ 교묘 巧妙 : 재주가 재치 있게 약삭빠르고 묘함

관련한자 기교(奇巧), 정교(精巧), *공교(工巧), *교언영색(巧言令色)

聘

이유교 **부를** 빙 3급/耳 7획

耳(귀 이)+由(말미암을 유)+丂(공교할 교), 이유교(耳由丂 : 사람이름)를 여기로 오게 부름

▶ 초빙 招聘 : ① 예를 갖추어 남을 맞아들임 ② 초대함

관련한자 *빙모(聘母), *빙가(聘家)

참고 재다 : 참을성이 모자라 입놀림이 가벼움

목교구 또 하나 **다할 · 극진할** 극 4급/木 8획

나무로 된 목(木)교구(丂口, 教具 : 학습에 사용되는 도구)인 지시봉을 또(又) 하나(一) 다해(부러져) 새로 장만함

▶망극 罔極 : 임금이나 부모의 은혜가 너무 커서 갚을 길이 없음

관련한자 극심(極甚), 극진(極盡), 궁극적(窮極的), 적극적(積極的), 소극적(消極的)

자랑할 과 **어조사** 혜 3급/八 2획

夸(자랑할 과), 여덟(八)번 공교롭게(丂 : 공교할 교) 복권에 당첨됨 상형

▶혜야 兮也 : 어조사로 윗말을 완화하고 아래의 말을 강조하는 뜻으로 쓰임. 也(야)가 붙을 때는 종결의 뜻

관련한자 낙혜(樂兮), 실혜가(實兮歌)

말로 대일교 **자랑할** 과 3급/言 6획

夸(자랑할 과), 말(言)로 대일교(大一丂 : 다리이름) 튼튼하다고 자랑함

▶과장 誇張 : 사실보다 크게 부풀려서 나타냄

관련한자 과시(誇示), *과대망상(誇大妄想)

수일교 **더러울** 오 3급/水 3획

氵(물 수)+一(한 일)+丂(공교할 교), 열심히 일한 수일교(氵一丂 : 사람이름) 작업복은 더러움

▶오염 汚染 : 더럽게 물듦

관련한자 오물(汚物), *오명(汚名), *탐관오리(貪官汚吏)

미칠 급 **이에** 내 3급/丿 1획

及(미칠 급), 훌륭한 책을 만들어 이에(乃) 많은 사람들에게 좋은 영향을 미침(及) 지사

▶인내천 人乃天 : 사람이 곧 하늘이라는 천도교의 기본 사상

관련한자 *내후(乃後), *종내(終乃)

盈

이에 또 그릇이 찰 영 2급/皿 4획

음식을 다 먹고 이에(乃) 또(又) 그릇(皿)을 채움

▶ 영월 盈月 : 둥근 달

관련한자 영덕군(盈德郡), *영만(盈滿), *영월즉식(月盈則食)

攜

손에 새를 이에 이끌 휴 3급/手 10획

먹이를 주며 손(扌)으로 새(隹)를 이에(乃) 이끔

▶ 제휴 提攜 : 공동의 목적을 위해 서로 도움

관련한자 휴대품(攜帶品), 기술제휴(技術提攜)

벼는 이에 빼어날 수 4급/禾 2획

벼(禾)는 여러 곡식 중 주식(主食)이라는 점에서 이에(乃) 빼어남 회의

▶ 수려 秀麗 : 경치나 용모가 빼어나게 아름다움

관련한자 우수(優秀), 준수(俊秀), *맥수지탄(麥秀之嘆)

빼어난 말로 꾈 유 3급/言 7획

빼어난(秀) 말(言)로 꾀어 유혹함

▶ 권유 勸誘 : 일을 권하여 하도록 함

관련한자 유도(誘導), 유혹(誘惑), 유괴범(誘拐犯)

빼어남에 착 사무칠 투 3급/辵 7획

심신의 빼어남(秀)에 착(辶) 사무침

▶ 침투 浸透 : 사상이나 현상이 깊이 스며들어 퍼짐

관련한자 투명색(透明色), 삼투압(滲透壓), 투과력(透過力)

이에 내 **미칠** 급 3급/又 2획

乃(이에 내), 훌륭한 책을 만들어 이에(乃) 많은 사람들에게 좋은 영향을 미침(及) 회의

▶급제 及第 : ① 과거에 합격함 ② 시험에 합격함

관련한자 언급(言及), 보급(普及), 급기야(及其也), *과유불급(過猶不及)

실이 미치는 **등급** 급 6급/糸 4획

실(糸)의 품질이 미치는(及) 등급

▶등급 等級 : 높고 낮음이나 좋고 나쁨 차이를 여러 층으로 구분한 단계

관련한자 계급(階級), 고급(高級), 직급(職級)

입에 미쳐 **마실** 흡 4급/口 4획

공기가 입(口)에 미쳐(及) 들이마심

▶심호흡 深呼吸 : 깊이 쉬는 숨

관련한자 흡수(吸收), 흡연(吸煙), 흡인력(吸引力), 흡혈귀(吸血鬼)

06

10진법 九 묶음

남녘 병 **안** 내 7급/入 2획

丙(남녘 병), 남향집의 남녘(丙) 안(內)쪽에 있는 정원 회의

▶내시 內侍 : 임금의 시중을 드는 벼슬아치

관련한자 내용(內容), 내부(內部), 국내(國內), 안내(案內)

納

실내로 **들일** 납 4급/糸 4획

실내(糸內, 室內 : 집 또는 건물의 안)로 손님을 맞아들임

▶ 납부 納付 : 세금이나 공과금을 관계 기관에 냄

관련한자 납득(納得), 납품(納品), 반납(返納), 헌납(獻納)

芮

안에 풀은 **성(姓)** 예 2급/艸 4획

식물을 좋아해 집 안(內)에 난초(++)를 키우는 예씨

▶ 예예 芮芮 : ① 유연(柔然) : 몽골 지방에 자리 잡고 살던 고대의 유목 민족 ② 풀이나 싹이 나서 뾰족뾰족하게 자라는 모양

관련한자 *석용예(石龍芮)

안내인 **고기** 육 4급/제부수

맛있는 고기를 안내하는 안내인(內人, 案內人 : 안내하는 일을 맡아 하는 사람) 상형

▶ 돈육 豚肉 : 돼지고기(식용으로 하는 돼지의 고기)

관련한자 근육(筋肉), 육포(肉脯), 육체(肉體), 정육점(精肉店)

안 내 **남녘** 병 3급/一 4획

內(안 내), 남향집의 남녘(丙) 안(內)쪽에 있는 정원 상형

▶ 병진 丙辰 : 육십갑자(六十甲子)의 쉰세째

관련한자 *병자호란(丙子胡亂)

남녘 해가 **밝을** 병 2급/日 5획

남쪽(丙)에 뜬 해(日)가 밝음(丙)

관련한자 *이병규(李昞圭)

남녘 해가 **밝을** 병 2급/日 5획

남쪽(丙)에 뜬 해(日)가 밝음(丙)

▶昞(밝을 병)과 동자(同字)

炳

남녘 **불꽃** 병 2급/火 5획

남녘(丙)에 불(火)꽃이 밝게 빛남

▶시절병 時節炳 : 때에 따라 유행하는 상한(傷寒 : 추위로 인하여 생기는 병의 총칭. 감기, 급성열병, 폐렴 등)이나 전염성 질환

관련한자 *병연(炳然)

柄

남녘 나무 **자루** 병 2급/木 5획

남녘(丙)에서 자란 나무(木)로 만든 도끼의 자루

▶두병 斗柄 : 북두칠성의 국자 모양 가운데, 자루에 해당하는 자리에 있는 세 개의 별

관련한자 *정병(政柄), *유병(有柄)

참고 말 : 곡식이나 가루, 액체 등의 분량을 되는 데 쓰이는 그릇. 한 말은 열 되

남녘 **병** 병 6급/疒 5획

남쪽(丙)에서 전염병(疒)이 유행함

▶병가 病暇 : 병으로 말미암아 얻는 휴가

관련한자 병원(病院), 질병(疾病), 고질병(痼疾病), *무병장수(無病長壽)

07

10진법 九 묶음

수건 건 1급/제부수

수건(冂)을 줄(丨)에 건 모양을 본뜸 상형

▶ 수건 手巾 : 얼굴이나 몸을 닦기 위하여 만든 천 조각

관련한자 *두건(頭巾), *황건적(黃巾賊)

刷

시건도 **인쇄할** 쇄 3급/刀 6획

시건(尸巾, 施鍵 : 잠금장치)장치도(刂) 인쇄하여 광고함

▶ 인쇄 印刷 : 잉크를 사용하여 판면에 그려져 있는 글이나 그림을 종이나 천에 박아 냄

관련한자 *쇄신(刷新), *견본쇄(見本刷)

두건 쓰고 **저자** 시 7급/巾 2획

亠(돼지해머리 두), 두건(亠巾, 頭巾 : 남자 상제가 상중에 머리에 쓰는, 베로 만든 쓰개)을 쓰고 저자를 지나가는 상주 회의

▶ 시청 市廳 : 시의 행정 사무를 담당하는 관청

관련한자 도시(都市), 시민(市民), *문전성시(門前成市)

저자에 여자는 **손위누이** 자 4급/女 5획

저자(市)에서 물건을 사고 있는 저 여자(女)는 손위누이

▶ 자매 姉妹 : 여자끼리의 동기(同氣). 즉, 손위누이인 언니와 손아래누이인 아우를 말함

관련한자 *자형(姉兄)

肺

저자에 고기는 허파 폐 3급/肉 4획

저자(巿)에 내다 판 고기(月)는 허파

▶ 폐질환 肺疾患 : 폐에 생기는 여러 가지 병

관련한자 폐렴(肺炎), 심폐(心肺), 폐활량(肺活量)

帶

스물인 멱건 띠 대 4급/巾 8획

올해 스물(卄)인(儿) 멱건(冖巾 : 사람이름)은 머리에 띠를 둘러매고 대학 입시 시험을 준비함 상형

▶ 혁대 革帶 : 가죽으로 만든 띠

관련한자 휴대(携帶), 공감대(共感帶), 아열대(亞熱帶), 사각지대(死角地帶)

滯

물이 띠로 막힐 체 3급/水 11획

흐르는 물(氵)이 띠(帶) 모양의 댐에 막힘

▶ 침체 沈滯 : 발전하지 못하고 제자리에 머묾

관련한자 연체(延滯), 정체(停滯), 체류(滯留), 체납(滯納)

해진건 화폐 폐 3급/巾 12획

敝(해질 폐), 오래 사용하여 해진(敝) 건(巾) 화폐 중의 지폐

▶ 화폐 貨幣 : 상품 교환의 매개체. 돈

관련한자 지폐(紙幣), *폐백(幣帛)

해진걸 받드는 폐단 · 해질 폐 3급/廾 12획

새것보다 해진(敝) 걸 최고라고 받드는(廾 : 받들 공) 폐단

▶ 피폐 疲弊 : 지치고 쇠약해짐

관련한자 폐해(弊害), 폐단(弊端), 폐습(弊習)

풀이 해져 **덮을** 폐 3급/艸 12획

풀(艹)이 많이 해진(敝) 부분을 흙으로 덮고 묻음

▶ 차폐 遮蔽 : 가려 막고 덮음

관련한자 은폐(隱蔽), 엄폐(掩蔽)

두 량 **비** 우 5급/제부수

兩(두 량), 올해는 두(兩) 번씩이나 폭우(雨)로 인하여 주민들이 물난리를 겪음 상형

▶ 호우 豪雨 : 줄기차게 내리는 큰비

관련한자 우산(雨傘), 폭풍우(暴風雨), 강우량(降雨量), 측우기(測雨器)

비계 **눈** 설 6급/雨 3획

雨(비 우)+彐(돼지머리 계), 비계[雨彐 : 별명(살이 많이 찐 상태)]는 눈 내리는 것을 아주 좋아함 회의

▶ 설경 雪景 : 눈이 내리거나 쌓인 경치

관련한자 폭설(暴雪), 설악산(雪嶽山), 설중매(雪中梅), *엄동설한(嚴冬雪寒)

비오는 밭에 **우레** 뢰 3급/雨 5획

비(雨)오는 밭(田)에 우레가 침

▶ 피뢰침 避雷針 : 벼락의 피해를 막기 위하여 건물 따위의 꼭대기에 세우는 금속 막대

관련한자 뇌성(雷聲), 지뢰(地雷), 어뢰(魚雷)

우레 뢰 **번개** 전 7급/雨 5획

雷(우레 뢰), 우레(雷)는 뇌성과 번개(電)를 동반하는 대기 중의 방전 현상 회의

▶ 정전 停電 : 공급되던 전기가 끊어짐

관련한자 전기(電氣), 전화(電話), 발전기(發電機), 건전지(乾電池)

비 우 두 량 4급/入 6획

雨(비 우), 올해는 두(兩) 번씩이나 폭우(雨)로 인하여 주민들이 물난리를 겪음 상형

▶양측 兩側 : ① 두 편 ② 양쪽의 측면

관련한자 양면(兩面), 양반(兩班), 양서류(兩棲類)

두 수레 량 2급/車 8획

두(兩) 수레(車)를 끌고 감

▶차량 車輛 : 도로나 선로 위를 달리는 모든 차

관련한자 차량세(車輛稅)

물풀두 찰 만 4급/水 11획

연못에 연꽃두 피고 물풀(氵艹, 물풀 : 물속이나 물가에 자라는 풀)두(兩) 가득 참

▶포만감 飽滿感 : 넘치도록 가득 차 있는 느낌

관련한자 만족(滿足), 미만(未滿), 비만(肥滿), 만료(滿了)

10진법 九 묶음

낯 면 말이을 이 3급/제부수

面(낯 면), 상대방의 낯(面)을 살피며 길게 말이음(而) 상형

▶사이비 似而非 : 겉으로는 비슷하나 본질은 완전히 다른 가짜

관련한자 *이립(而立), *연이(然而)

한 마디 말 이으며 견딜 내 3급/而 3획

순간 화가 치밀어 오르지만 속으로 참고 견디어 한 마디(寸) 말을 이을 때(而) 부드럽게 표현함 회의

▶ 인내 忍耐 : 어려움을 참고 견딤

관련한자 감내(堪耐), 내구성(耐久性), 내마모성(耐磨耗性)

물 끝에 여울 단 2급/水 9획

耑(끝 단, 오로지 전), 강물(氵)을 따라가 보니 끝(耑)에 여울물이 흐름

▶ 단수 湍水 : 소용돌이치는 물

관련한자 *현단(懸湍)

참고 여울 : 강이나 바다의 바닥이 얕거나 폭이 좁아 물살이 세게 흐르는 곳

설 끝 단 4급/立 9획

키가 아주 커서 줄을 설 때 맨 끝(耑)에 섬(立)

▶ 첨단 尖端 : ① 물건의 뾰족한 끝 ② 시대의 사조, 학문, 유행 등의 맨 앞장

관련한자 *단서(端緖), 발단(發端), 극단적(極端的), 단말기(端末機)

끝에 옥이 상서 서 2급/玉 9획

판매용 여러 옥 중에 특히 저 끝(耑)에 있는 옥(玉)이 상서롭게 보임

▶ 상서 祥瑞 : 복되고 길한 일이 일어날 조짐

관련한자 *서기(瑞氣), *서광(瑞光)

비로 말 이으며 쓰일 · 쓸 수 3급/雨 6획

곧 비(雨) 올 거라고 말 이으며(而) 이 우산이 잘 쓰일 거라 말함 회의

▶ 군수품 軍需品 : 군대에서 쓰는 물품

관련한자 수요자(需要者), 성수기(盛需期), 비수기(非需期)

쓸 사람 **선비** 유 4급/人 14획

임금이 덕과 학식을 갖춘 사람(亻)인 선비를 등용해 씀(需)

▶갱유 坑儒 : 중국의 진시황제가 수많은 유생을 구덩이에 파묻어 죽인 사건

관련한자 유교(儒敎), 유학(儒學), 분서갱유(焚書坑儒)

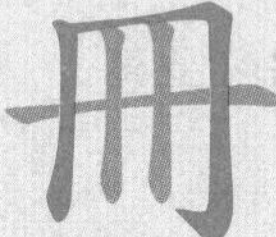

10진법 九 묶음

그릇 명 **책** 책 4급/冂 3획

皿(그릇 명), 요리책(冊)을 보고 그릇(皿)을 꺼내어 실습함 상형

▶책상 冊床 : 책을 읽거나 글씨를 쓰는 데 받치고 쓰는 상

관련한자 역사책(歷史冊), 만화책(漫畫冊), 잡지책(雜誌冊), 소설책(小說冊)

인륜 **인륜** 륜 3급/人 8획

亻(사람 인)+侖(생각할 륜, 둥글 륜), 사람(亻)이 서로를 생각하여(侖) 차례(侖)를 지키는 인(亻)륜

▶오륜 五倫 : 유교에서, 사람으로서 지켜야 하는 다섯 가지의 윤리

관련한자 윤리(倫理), 인륜(人倫), 패륜아(悖倫兒), 삼강오륜(三綱五倫)

차의 둥근 **바퀴** 륜 4급/車 8획

차(車)의 둥근(侖) 바퀴

▶오륜기 五輪旗 : 올림픽을 상징하는 기. 흰 바탕에 청, 황, 흑, 녹, 적색의 오대주를 상징한 원을 그린 기

관련한자 윤곽(輪廓), 윤회(輪廻)

둥근 **산이름** 륜 2급/山 8획

고을의 산(山)마루가 둥근(侖) 산 이름은? '륜'

▶곤륜산 崑崙山 : 중국 전설상의 높은 산. 중국의 서쪽에 있으며, 전국시대 말기부터는 서왕모가 살며 불사의 물이 흐른다고 믿어졌음

관련한자 *나파륜(拿破崙)

말로 둥긂을 **논할** 론 4급/言 8획

옛날에 친구들과 지구 둥긂(侖)에 대해 말(言)로 논함

▶물론 勿論 : 더 말할 것도 없음

관련한자 논란(論難), 여론(輿論), 논의(論議), 이론(理論), 토론(討論)

어깨 견 **작을** 편 2급/戶 5획

肩(어깨 견), 어깨(肩)가 작음(扁) 회의

▶편도선 扁桃腺 : 사람의 입 속 양쪽 구석에 하나씩 있는, 타원형으로 생긴 림프샘

관련한자 편평(扁平), 편주(扁舟), 편어(扁魚)

참고 지게문 : 마루와 방 사이의 문이나 부엌의 바깥문

작은 사람은 **치우칠** 편 3급/人 9획

그릇이 작은(扁) 사람(亻)은 공정치 못하고 한쪽으로 치우침

▶편견 偏見 : 공정하지 못하고 한쪽으로 치우친 생각이나 견해

관련한자 편애(偏愛), 편중(偏重), 편파적(偏頗的), 편두통(偏頭痛)

실로 작게 **엮을** 편 3급/糸 9획

실(糸)로 작게(扁) 물건을 엮음

▶위편 韋編 : 책을 꿰어 매는 가죽끈

관련한자 개편(改編), 편집(編輯), 편찬(編纂), *위편삼절(韋編三絕)

작아서 착 **두루** 편 3급/辵 9획

고을이 작아서(扁) 착(辶) 빠르게 두루 돎

▶보편 普遍 : 두루 널리 미침

관련한자 *편재(遍在), *독서백편의자현(讀書百遍義自見)

篇

죽 작은 **책** 편 4급/竹 9획

죽(竹) 작은(扁) 책을 모음

▶단편 短篇 : 짤막하게 지은 글

관련한자 옥편(玉篇), 예고편(豫告篇), 장편소설(長篇小說)

피 혈 **그릇** 명 1급/제부수

血(피 혈), 그릇(皿) 안에 피(血)가 가득한 꿈은 재물 얻음을 암시함 상형

▶기명 器皿 : 집안 살림살이에 쓰이는 여러 가지 기구

관련한자 *슬명(膝皿), *유리기명(琉璃器皿)

자명한 **맏** 맹 3급/子 5획

子(아들 자)+皿(그릇 명), 저 사람은 누가봐도 자명(子皿, 自明 : 설명하지 않아도 알만큼 명백함)한 맏아들

▶맹중계 孟仲季 : 형제자매의 맏이와 둘째, 셋째를 아우르는 말

관련한자 맹자(孟子), *맹모삼천지교(孟母三遷之敎)

맹견은 **사나울** 맹 3급/犬 8획

맹견(孟犭, 猛犬 : 몹시 사나운 개)은 몹시 사나움

▶맹호 猛虎 : 사나운 범

관련한자 맹렬(猛烈), 맹수(猛獸), 용맹(勇猛), 맹독성(猛毒性), *맹호출림(猛虎出林)

그릇 명 **피** 혈 4급/제부수

皿(그릇 명), 그릇(皿) 안에 피(血)가 가득한 꿈은 재물 얻음을 암시함 상형

▶ 혈액 血液 : 피

관련한자 헌혈(獻血), 빈혈(貧血), 혈관(血管), 고혈압(高血壓)

피에 **무리** 중 4급/血 6획

乑(무리 중), 핏(血)속에 수많은 적혈구 무리(乑) 회의

▶ 군중 群衆 : 한곳에 모인 많은 사람

관련한자 대중(大衆), 관중(觀衆), 중생(衆生), 공중도덕(公衆道德)

10진법 九 묶음

배 주 **붉을** 단 3급/丶 3획

舟(배 주), 붉은(丹) 색의 배(舟) 지사

▶ 단풍 丹楓 : 늦가을에 식물의 잎이 적색, 황색, 갈색으로 변하는 현상

관련한자 단장(丹粧), *단청(丹靑)

붉을 단 **배** 주 3급/제부수

丹(붉을 단), 붉은(丹) 색의 배(舟) 상형

▶ 방주 方舟 : 네모진 모양의 배

관련한자 *편주(片舟), *오월동주(吳越同舟)

11

月

10진법 九 묶음

月

달 월 8급/제부수

초승달(月) 모양을 본뜸 상형

▶ 세월 歲月 : 흘러가는 시간

관련한자 월급(月給), 매월(每月), *일취월장(日就月將)

明

해와 달이 **밝을** 명 6급/日 4획

낮에는 해(日) 밤에는 달(月)이 하늘에 떠서 밝음 회의

▶ 총명 聰明 : 영리하고 기억력이 좋으며 재주가 있음

관련한자 설명(說明), 투명(透明), 분명(分明), 현명(賢明)

盟

일월에 그릇놓고 **맹세** 맹 3급/皿 8획

일월(日月 : 해와 달을 아울러 이르는 말)에 정화수(井華水 : 이른 새벽에 긴 우물물) 한 그릇(皿) 놓고 맹세함

▶ 맹세 盟誓 : 일정한 약속이나 목표를 꼭 실천하겠다고 다짐함

관련한자 동맹(同盟), 연맹(聯盟), 가맹점(加盟店), *금석맹약(金石盟約)

참고 본딧말 : 맹서(盟誓)

絹

실로 구월에 **비단** 견 3급/糸 7획

비단실(糸)로 구월(口月, 九月 : 아홉째 달)에 비단을 짬

▶ 견직물 絹織物 : 명주실로 짠 피륙. 비단

관련한자 *견사(絹絲)

참고 장구벌레 : 모기의 애벌레

두사월 기를 육 7급/肉 4획

亠(돼지해머리 두)+厶(사사 사)+月(달 월), 두사월(亠厶月 : 사람이름)은 반려견을 기름 회의

▶ 사육 飼育 : 짐승을 먹여 기름

관련한자 교육(敎育), 양육(養育), 체육(體育)

澈

수육문 맑을 철 2급/水 12획

氵(물 수)+育(기를 육)+攵(등글월 문), 수육문(氵育攵 : 사람이름) 마음은 물(氵)처럼 맑음

▶ 징철 澄澈 : 속이 들여다보이도록 맑음

관련한자 *형철(瑩澈)

두인육문 통할 철 3급/彳 12획

彳(두인 변)+育(기를 육)+攵(등글월 문), 두인(彳 : 두사람)과 육문(育攵 : 사람이름)은 마음이 잘 통함 회의

▶ 철저 徹底 : 속속들이 꿰뚫어 미치어 밑바닥까지 빈틈이나 부족함이 없음

관련한자 철야(徹夜), 관철(貫徹), 냉철(冷徹), 투철(透徹)

손육문 거둘 철 2급/手 12획

扌(손 수)+育(기를 육)+攵(등글월 문), 손육문(扌育攵 : 사람이름)은 손(扌)으로 집 안의 쓰레기를 거두며 깨끗이 청소함

▶ 철폐 撤廢 : 철거하여 폐지함

관련한자 철수(撤收), 철회(撤回), 철거(撤去), *불철주야(不撤晝夜)

달달한 벗 붕 3급/月 4획

사탕을 먹어 달달(月月, 달달하다 : 꿀이나 설탕의 맛과 같이 달다)한 벗 상형

▶ 붕우 朋友 : 마음이 서로 통하여 가깝게 사귀는 사람

관련한자 *가붕(佳朋), *동붕(同朋), *붕우유신(朋友有信)

鵬

벗인 새 붕 2급/鳥 8획

집에서 기르는 새(鳥)와 벗(朋)처럼 친하게 지냄

▶붕정 鵬程 : 한 번에 9만 리를 난다는 상상의 붕새가 날아갈 길. 가야 할 멀고 먼 길

관련한자 *대붕(大鵬), *붕조(鵬鳥), *붕정만리(鵬程萬里)

崩

벗인 산이 무너질 붕 3급/山 8획

벗(朋)처럼 느껴지는 친근한 산(山)이 폭우로 산비탈이 무너짐

▶붕괴 崩壞 : 무너지고 깨어짐

관련한자 *붕어(崩御), *붕성지통(崩城之痛)

12

10진법 九 묶음

甫

쓸 용 클 보 2급/用 2획

用(쓸 용), 장차 크게(甫) 쓰일(用) 인물 회의

▶졸보 拙甫 : 재주가 없고 옹졸한 사람을 얕잡아 이르는 말

관련한자 *보전(甫田), *주보(酒甫)

참고 졸(拙)할 : 재주가 없고 옹졸함

補

큰 옷을 기울 보 3급/衣 7획

큰(甫) 옷(衤)이 해져서 기움

▶보좌관 補佐官 : 상관을 돕는 관리

관련한자 보완(補完), 보충(補充), 후보자(候補者)

輔

큰 차로 도울 보 2급/車 7획

큰(甫) 수레(車)로 이사를 도움

▶보필 輔弼 : 윗사람의 일을 도움

관련한자 *사보(師輔), *보국안민(輔國安民)

捕

손으로 큰 걸 잡을 포 3급/手 7획

손(扌)으로 수박 여러 개 중에 아주 큰(甫) 걸 잡음

▶포착 捕捉 : ① 꼭 붙잡음 ② 요점이나 요령을 얻음

관련한자 체포(逮捕), 포로(捕虜), 포획(捕獲), 포도대장(捕盜大將)

浦

큰 물 개(水邊) 포 3급/水 7획

큰(甫) 물(氵)가인 개(강이나 내에 바닷물이 드나드는 곳)

▶삼천포 三千浦 : 경상남도에 있었던 시, 1995년 5월 사천군과 합쳐져 사천시로 개편

관련한자 마포대교(麻浦大橋), 김포공항(金浦空港)

김포에 펼 · 가게 포 2급/金 7획

김포(金甫, 金浦 : 경기도 서부, 한강 하구에 있는 시)에 금가게를 폄

▶점포 店鋪 : 가게, 상점

관련한자 *지물포(紙物鋪), *전당포(典當鋪)

크게 싸서 길 포 1급/勹 7획

땅을 양팔로 크게(甫) 싼(勹) 자세로 김

▶포복 匍匐 : 땅바닥에 배를 대고 김

관련한자 *포구(匍球)

葡

기는 풀 **포도** 포 2급/艸 9획

기어(匍)가는 덩굴줄기(艹)를 가진 포도

▶ 포도 葡萄 : 포도나무의 열매

관련한자 건포도(乾葡萄), 청포도(靑葡萄), *백포도주(白葡萄酒)

십보촌 **넓을** 박 4급/十 10획

尃(펼 부, 퍼질 포), 십보촌(十甫寸 : 촌이름)은 논밭이 넓게 펼쳐진 촌

▶ 해박 該博 : 여러 방면으로 학식이 넓음

관련한자 박사(博士), 도박(賭博), 박애(博愛), 박물관(博物館), *박학다식(博學多識)

풀을 펴니 **엷을** 박 3급/艸 13획

溥(펼 부, 넓을 보, 물 모양 박), 풀(艹)잎을 펴니(溥) 엷음

▶ 천박 淺薄 : 학문이나 생각이 얕음

관련한자 박봉(薄俸), 희박(稀薄), 야박(野薄)

죽 편 **문서** 부 3급/竹 13획

溥(펼 부, 넓을 보, 물 모양 박), 죽(竹)~ 펴서(溥) 본 문서

▶ 기록부 記錄簿 : 내용을 기록하여 두는 장부

관련한자 장부(帳簿), 가계부(家計簿), 출석부(出席簿)

편 사람은 **스승** 부 2급/人 10획

가르침을 편(尃) 사람(亻)은 스승

▶ 사부 師傅 : 스승

관련한자 *부육(傅育), *부분(傅粉)

敷

큰 걸 놓고 **펼** 부 2급/攴 11획

이장(里長 : 마을을 대표하여 일을 맡아보는 사람)의 업적 중 큰(甫 : 클 보) 걸 놓고(放) 이야기장을 폄

▶부지 敷地 : 건축물이나 도로에 쓰이는 땅

관련한자 *부연(敷衍), *부설(敷設), *고수부지(高水敷地)

用

클 보 **쓸** 용 6급/제부수

甫(클 보), 장차 크게(甫) 쓰일(用) 인물 상형

▶용도 用途 : 쓰이는 방식. 또는 쓰이는 곳

관련한자 고용(雇用), 사용(使用), 적용(適用), 이용(利用), 비용(費用)

備

인초 기슭용 **갖출** 비 4급/人 10획

인초(亻++, 藺草 : 골풀)가 많은 기슭(厂)에서 인초 캘 용(用)으로 호미를 갖춤

▶겸비 兼備 : 두 가지 이상을 함께 갖추고 있음

관련한자 준비(準備), 대비(對備), 설비(設備), 장비(裝備), *유비무환(有備無患)

길이 착 **통할** 통 6급/辵 7획

막혔던 길(甬 : 길 용)이 착(辶) 통함

▶형통 亨通 : 일이 뜻대로 잘되어 감

관련한자 통과(通過), 유통(流通), 교통(交通), 보통(普通)

솟는 병으로 **아플** 통 4급/疒 7획

피부에 염증이 솟아(甬) 아픈 병(疒) → 종기(腫氣 : 피부가 곪아 고름이 차는 질환)

▶통곡 痛哭 : 소리를 높여 슬피 욺

관련한자 고통(苦痛), 통증(痛症), 애통(哀痛), 진통제(鎭痛劑)

말이 솟게 욀 송 3급/言 7획

말(言)이 솟게(甬) 크게 소리내어 욈

▶낭송 朗誦 : 글을 소리 내어 외거나 읽음

관련한자 암송(暗誦), 독송(讀誦), *우이송경(牛耳誦經)

勇

힘이 솟아 날랠 용 6급/力 7획

힘(力)이 솟아(甬) 날램

▶용감 勇敢 : 용기가 있으며 씩씩하고 기운참

관련한자 용기(勇氣), 용맹(勇猛), 용사(勇士)

당나라 당 떳떳할 용 3급/广 8획

唐(당나라 당), 여행 간 당나라(唐)에서 당황하지 않고 떳떳하게(庸) 행동함 회의

▶중용 中庸 : 치우침이나 과부족이 없이 떳떳하며 알맞은 상태나 정도

관련한자 *용렬(庸劣), *범용(凡庸)

사람이 떳떳하게 품팔 용 2급/人 11획

비록 가난한 사람(亻)이지만 정직하게 일함으로써 떳떳하게(庸) 품팖

▶고용 雇傭 : 삯을 받고 남의 일을 해 줌

관련한자 *용객(傭客), *일용임(日傭賃)

떳떳한 쇠북 용 2급/金 11획

쇠(金)북을 만든 김씨가 떳떳해(庸) 함

▶정약용 丁若鏞 : 조선 말기의 학자. 호는 다산(茶山). 실학을 집대성. 저서에 목민심서(牧民心書)

관련한자 용고(鏞鼓)

角

길 용 **뿔** 각 6급/제부수

甬(길 용), 골목길(甬)에 떨어져 있는 사슴뿔(角) 상형

▶ 각축 角逐 : 서로 이기려고 다투며 덤벼듦

관련한자 직각(直角), *총각(總角), 각도기(角度器), 사각형(四角形), *교각살우(矯角殺牛)

解

소뿔도 **풀** 해 4급/角 6획

牛(소 우)+角(뿔 각)+刀(칼 도), 소뿔도(牛角刀) 칼로 잘라 풀고 해부함 회의

▶ 양해 諒解 : 사정을 잘 헤아려 너그러이 받아들임

관련한자 해결(解決), 이해(理解), 해방(解放), *결자해지(結者解之)

周

입을 써서 **두루** 주 4급/口 5획

입(口)을 써서(用) 두루 말함 회의

▶ 주위 周圍 : 어떤 곳을 중심으로 하여 가까운 곳

관련한자 주변(周邊), 주파수(周波數)

두루 착 **주일** 주 5급/辵 8획

주일마다 두루두루(周) 착(辶) 감

▶ 주말 週末 : 한 주일의 끝, 주로 토요일과 일요일을 이름

관련한자 매주(每週), 격주(隔週), 주기적(週期的), 주간지(週刊誌)

말이 두루 **고를** 조 5급/言 8획

말(言)을 두루(周) 고르게 함

▶ 조정 調整 : 기준이나 실정에 맞게 정돈함

관련한자 강조(强調), 조사(調査), 조절(調節), 조화(調和), 조미료(調味料)

두루 햇살을 새길 조 2급/彡 8획

토기에 두루(周) 햇살(彡)무늬를 새김

▶조각 彫刻 : 재료를 새기거나 깎아서 입체 형상을 만듦

관련한자 *조탁(彫琢), 목조품(木彫品)

임금이 멀리 두 재 5급/冂 4획

임금(王)이 멀(冂)리 두 번 행차함 회의

▶재림 再臨 : 다시 옴

관련한자 재개(再開), 재차(再次), 재활용(再活用), 재검토(再檢討)

벼조경토 일컬을 칭 4급/禾 9획

禾(벼 화)+爫(손톱 조)+冂(멀 경)+土(흙 토), 벼(禾)와 조(爫, 조 : 볏과의 한해살이풀)의 씨를 경토(冂土, 耕土 : 농사를 짓기에 알맞은 땅)에 뿌리라고 일컬음

▶존칭 尊稱 : 존경하여 높여 부르는 명칭

관련한자 명칭(名稱), 칭찬(稱讚), 칭호(稱號), 총칭(總稱)

10 10진법 十 묶음

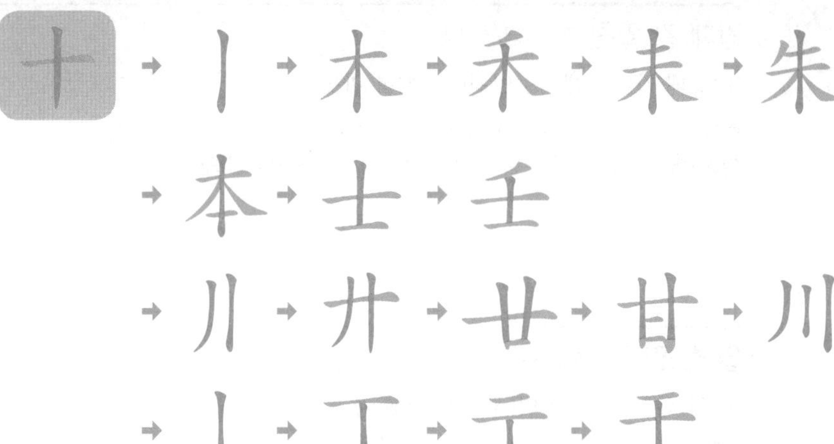

열 십 8급/제부수

두 손을 엇갈리게 하여 합친 모양 지사

▶ 이십 貳十 : 스물

관련한자 시월(十月), 십장생(十長生), *십시일반(十匙一飯)

計

말로 열을 셀 계 6급/言 2획

말(言)로 일부터 열(十)까지 셈 회의

▶ 계산 計算 : ① 수량을 헤아림 ② 이해득실을 따짐

관련한자 계획(計劃), 통계(統計), 합계(合計), 온도계(溫度計)

針

열쇠로 바늘 침 4급/金 2획

열쇠(十金, 열쇠 : 자물쇠를 여는 쇠붙이)가 없어 바늘로 시도함

▶ 피뢰침 避雷針 : 벼락의 피해를 막기 위하여 건물 따위의 꼭대기에 세우는 금속 막대

관련한자 방침(方針), 지침(指針), 침엽수(針葉樹)

방패 간 일천 천 7급/十 1획

干(방패 간), 방패(干) 일천(千) 개를 만듦

▶천근 千斤 : ① 백 근의 열 갑절 ② 몸이 무거움을 비유

관련한자 천자문(千字文), *일사천리(一瀉千里), *천근만근(千斤萬斤)

열 십 말 두 4급/제부수

十(열 십), 얼음(冫) 열(十) 말(斗) 상형

▶북두 北斗 : 북두칠성(北斗七星)

관련한자 *두둔(斗頓), *두주불사(斗酒不辭)

벼두 과목 과 6급/禾 4획

농업대학교에서 벼두(禾斗) 과목으로 정할지 생각해 봄

▶기계과 機械科 : 대학에서 기계 공학을 전공하는 학과

관련한자 과목(科目), 과거(科擧), 과학(科學), 교과서(敎科書)

쌀두 헤아릴 료 5급/斗 6획

쌀두(米斗) 양을 말(斗)로 헤아림 회의

▶과태료 過怠料 : 공법상의 의무 이행을 태만히 한 사람에게 벌로 물게 하는 돈

관련한자 요금(料金), 재료(材料), 자료(資料), 연료(燃料)

01

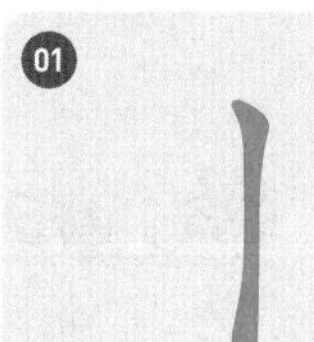

10진법 十 묶음

점 복 3급/제부수

거북의 등껍데기를 불에 구울 때 갈라진 금 모양을 본뜸 상형

▶복채 卜債 : 점을 쳐 준 값으로 점쟁이에게 주는 돈

관련한자 길복(吉卜), *매복자(賣卜者)

저녁에 점을 **바깥** 외 8급/夕 2획

저녁(夕 : 저녁 석)에 별점(卜)을 바깥에서 봄

▶교외 郊外 : 도시 둘레의 들이나 논밭이 비교적 많은 곳

관련한자 해외(海外), 제외(除外), 외모(外貌), *문외한(門外漢)

편지 찰 **성** 박 6급/木 2획

札(편지 찰), 박(朴)씨인 그녀에게 연애편지(札)를 씀

▶순박 淳朴 : 순수하고 꾸밈이 없음

관련한자 *후박(厚朴), 소박성(素朴性)

점치러 달려가 **다다를 · 갈** 부 3급/走 2획

점(卜) 치러 달려(走)가 다다름

▶부임 赴任 : 임명이나 발령을 받아 근무할 곳으로 감

관련한자 *부원(赴援), *부구(赴救)

02

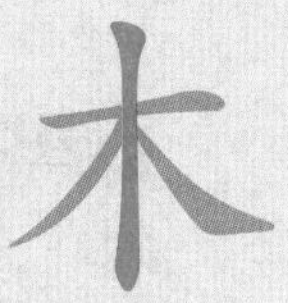

10진법 + 묶음

木

근본 본 **나무** 목 8급/제부수

本(근본 본), 나무(木)의 근본(本)은 뿌리(一) 상형

▶ 목판장 木板墻 : 널빤지로 둘러친 울타리

관련한자 초목(草木), 수목원(樹木園), 식목일(植木日)

沐

목수가 **머리 감을** 목 2급/水 4획

목수(木氵, 木手 : 나무로 집을 짓거나 여러 가지 물건을 만드는 일을 전문으로 하는 사람)가 깨끗이 머리를 감음

▶ 목욕 沐浴 : 머리를 감으며 몸을 씻는 일

관련한자 *목발(沐髮), *즐풍목우(櫛風沐雨)

枚

나무를 쳐서 **낱** 매 2급/木 4획

나무(木)를 도끼로 쳐서(攵) 낱개로 쪼갬

▶ 매수 枚數 : 종이나 유리와 같이 장으로 세는 물건의 수

관련한자 *일매(一枚), *매거(枚擧)

나무집에 **성** 송 2급/宀 4획

나무(木)로 지은 집(宀)인 전통 한옥에서 살고 있는 송씨 회의

▶ 남송 南宋 : 북송(北宋)이 금(金)나라에게 밀려 휘종의 아들인 고종(高宗)이 남쪽으로 내려가 항주에 도읍하여 세운 나라

관련한자 *송양지인(宋襄之仁)

집에 나무 **상** 상 4급/广 4획

집(广)에 나무(木)로 된 상

▶책상 册床 : 책을 읽거나 글씨를 쓰는 데 받치고 쓰는 상

관련한자 침상(寢床), 주안상(酒案床), 임상실험(臨床實驗)

에워싸인 나무는 **곤할** 곤 4급/口 4획

사방으로 에워싸인(囗 : 에워쌀 위) 나무(木)는 곤한 상태임 회의

▶곤욕 困辱 : 참기 힘든 심한 모욕

관련한자 피곤(疲困), 곤란(困難), 빈곤(貧困)

참고 곤(困)하다 : 기운 없이 나른함

수풀 림 **수풀** 삼 3급/木 8획

林(수풀 림), 수풀(林)에 나무(木)가 더해진 수풀(森) 회의

▶삼림욕 森林浴 : 병 치료나 건강을 위하여 숲에서 산책하거나 숲 기운을 쐬는 일

관련한자 *삼라만상(森羅萬象)

사람이 나무에서 **쉴** 휴 7급/人 4획

사람(亻)이 나무(木) 옆에서 그늘에 누워 편하게 쉼 회의

▶휴게실 休憩室 : 잠깐 쉬게 베풀어 놓은 방

관련한자 휴가(休暇), 휴식(休息), 연휴(連休)

쉴 때 불이 **아름다울** 휴 2급/火 6획

쉴(休) 때 모닥불(灬)이 새삼 아름답게 보임

▶김휴 金烋 : 조선 중기의 문인. 호는 경와(敬窩). 초야에 묻혀 학문에만 힘씀. 저서에 경와집, 해동문헌총록

나무로 불땜이 **뛰어날** 걸 2급/木 4획

아궁이에 나무(木)를 넣고 불(灬)땜이 뛰어남

참고 傑(뛰어날 걸)의 속자(俗字)

나무눈을 **서로** 상 5급/目 4획

봄나들이에 나무눈(木目, 나무눈 : 봄에 나뭇가지에 싹이 나는 보풀보풀한 부분)을 서로 신기하게 살펴봄 회의

▶상생 相生 : 오행설(五行說)에서, 금(金)은 수(水)를, 수(水)는 목(木)을, 목(木)은 화(火)를, 화(火)는 토(土)를, 토(土)는 금(金)을 생하여 줌

관련한자 상대(相對), 상봉(相逢), 상속인(相續人)

서로 마음으로 **생각** 상 4급/心 9획

서로(相) 마음(心)으로 잘 되었으면 하고 생각함

▶구상 構想 : 일을 어떠한 계획으로 하겠다고 하는 생각

관련한자 예상(豫想), 상상(想像), 감상(感想), 사상(思想)

箱

서로 대나무 **상자** 상 2급/竹 9획

서로(相) 대나무(竹)로 만든 상자를 선호함

▶상자 箱子 : 나무 · 대 · 종이로 만든 네모 난 그릇

관련한자 *약상(藥箱), *백엽상(百葉箱)

비상인 **서리** 상 3급/雨 9획

雨(비 우)+相(서로 상), 연이은 찬 서리로 농작물에 비상(雨相, 非常 : 뜻밖의 긴급한 사태)

▶상강 霜降 : 24절기 가운데 열여덟째 절기

관련한자 *비상(砒霜), *설상가상(雪上加霜)

살구 행 **어리석을** 매 1급/口 4획

杏(살구 행), 살구(杏)와 모양이 비슷한 복숭아를 구별 못하는 어리석음(呆) 상형

▶ 치매 癡呆 : 대뇌 신경 세포의 손상으로 지능, 의지, 기억 등이 지속적으로 상실되는 병

관련한자 매매(呆呆)

사람이 어리석어 **지킬** 보 4급/人 7획

사람(亻)이 매우 어리석어(呆) 불안하여 주변에서 지킴 회의

▶ 보관 保管 : 물건을 맡아서 관리함

관련한자 보호(保護), 안보(安保), 확보(確保), 보험(保險)

참고 대롱 : 가느다랗고 속이 빈 통대의 토막

동녘 동 **묶을** 속 5급/木 3획

東(동녘 동), 동녘(東)에 생선을 말리려고 여러 마리 묶어(束)서 걸어 놓음 회의

▶ 구속 拘束 : 행동이나 의사의 자유를 제한하거나 속박함

관련한자 약속(約束), 속박(束縛), 단속(團束), *속수무책(束手無策)

묶음이 착 **빠를** 속 6급/辵 7획

어느덧 묶음(束)이 착(辶) 빨라짐

▶ 초속 秒速 : 1초 동안의 속도

관련한자 신속(迅速), 속도(速度), 고속도로(高速道路), *욕속부달(欲速不達)

묶어 지고 **의뢰할** 뢰 3급/貝 9획

負(질 부), 돈다발을 묶어(束) 지고(負) 가서 수술을 의뢰함

▶ 의뢰 依賴 : 남에게 의지하거나 부탁함

관련한자 신뢰(信賴), *무뢰한(無賴漢)

가시처럼 칼로 **찌를** 자(척) 3급/刀 6획

朿(가시 자, 묶을 속, 약속할 속), 가시(朿)로 찌르듯이 칼(刂)로 찌름

▶자객 刺客 : 사람을 몰래 죽이는 일을 전문으로 하는 사람

관련한자 *수라(水剌 : 수라 라), *척살(刺殺), 자극(刺戟), 풍자(諷刺), *수라상(水剌床)

죽 가시 **꾀** 책 3급/竹 6획

죽(竹) 뾰족한 가시(朿)를 이용하는 꾀가 생각남

▶부양책 浮揚策 : 가라앉은 것을 떠오르게 하는 대책

관련한자 정책(政策), 대책(對策), 해결책(解決策), 산책로(散策路)

가리려고 불에 **달굴** 련 2급/火 9획

柬(가릴 간, 간략할 간), 불(火)에 달구어 불순물을 가림(柬)

▶연탄 煉炭 : 무연탄 가루를 주원료로 만든 원통형의 고체 연료. 흔히 공기구멍이 뚫려 있음

관련한자 *연약(煉藥), *연와(煉瓦)

실 가림을 **익힐** 련 5급/糸 9획

좋은 실(糸) 가림(柬)을 익힘

▶연습 練習 : 학문이나 기예를 익숙하도록 되풀이하여 익힘

관련한자 훈련(訓練), *미련(未練), 연병장(練兵場)

쇠를 가리려고 **쇠불릴 · 단련할** 련 3급/金 9획

쇠(金)를 불에 달구어 불순물을 가리는(柬) 것을 단련함

▶단련 鍛鍊 : ① 쇠붙이를 불에 달군 후 두드려서 단단하게 함 ② 반복하여 익숙하게 됨 ③ 몸과 마음을 굳세게 함

관련한자 노련(老鍊), 제련소(製鍊所), 숙련공(熟鍊工)

불을 가로막아 빛날 란 2급/火 17획

闌(가로막을 란), 소방관은 불(火) 번짐을 가로막아서(闌) 빛남

▶ 찬란 燦爛 : ① 빛이 눈부시게 아름다움 ② 훌륭하고 빛남

관련한자 현란(絢爛), *능수능란(能手能爛)

나무로 가로막은 난간 란 3급/木 17획

마루 가장자리를 나무(木)로 가로막아(闌) 만든 난간 회의

▶ 난간 欄杆 : 층계, 다리, 마루 가장자리에 일정한 높이로 막아 세우는 구조물 = 난간(欄干)

관련한자 *공란(空欄), 기입란(記入欄), 비고란(備考欄)

난초 난초 란 3급/艸 17획

闌(가로막을 란)＋艹(풀 초), 난초(闌艹, 蘭草 : 난초과의 식물을 통틀어 이르는 말)의 자태가 가는 길을 가로막음(闌)

▶ 매란 梅蘭 : 매화와 난초

관련한자 난초(蘭草), 불란서(佛蘭西), 고란초(皐蘭草), *매란국죽(梅蘭菊竹)

묶을 속 동녘 동 8급/木 4획

束(묶을 속), 동녘(東)에 생선을 말리려고 여러 마리 묶어(束)서 걸어 놓음 상형

▶ 동이족 東夷族 : 동쪽 오랑캐. 중국이 동쪽 나라의 이민족(異民族)을 낮잡아 일컫던 말

관련한자 동해(東海), 동양(東洋), 동남아(東南亞)

동녘에 얼 동 3급/冫 8획

동녘(東)에 얼음(冫)이 많이 얾

▶ 냉동 冷凍 : 차갑게 하여 얼림

관련한자 동결(凍結), 동상(凍傷), 해동(解凍), *동족방뇨(凍足放尿)

동녘 나무로 **마룻대** 동 2급/木 8획

동녘(東) 나무(木)로 마룻대를 만듦

▶ 동량 棟樑 : 기둥과 들보를 아울러 이르는 말

관련한자 병동(病棟), *법동(法棟), *동량지재(棟梁之材)

동부에 **베풀 · 묵을** 진 3급/阜 8획

東(동녘 동)+阝(언덕 부), 수해를 입은 동부(東阝, 東部: 어떤지역의 동쪽 부분)지역에 각처에서 구호품을 보내 온정을 베풂

▶ 진술 陳述 : 일이나 상황에 대하여 자세하게 말함

관련한자 진열(陳列), 진부(陳腐), *신진대사(新陳代謝)

뻗칠 긍 **수레** 거(차) 7급/제부수

亘(뻗칠 긍), 수레(車)에 손을 뻗쳐(亘) 짐을 내림 상형

▶ 차량 車輛 : 도로나 선로 위를 달리는 모든 차

관련한자 기차(汽車), 자동차(自動車), 견인차(牽引車), 주차장(駐車場)

언덕에 차로 **진칠** 진 4급/阜 7획

언덕(阝)에 수많은 차(車)로 진을 침 회의

▶ 경영진 經營陣 : 회사의 경영을 책임지고 있는 사람들

관련한자 진영(陣營), 진통(陣痛), *배수진(背水陣)

차에 구이를 **모을** 집 2급/車 9획

트럭(車)에 여러 구이(車耳, 구이 : 고기나 생선에 양념을 하여 구운 음식)를 모아 팖

▶ 편집 編輯 : 여러 가지 자료를 수집하여 책이나 신문 등을 엮음

관련한자 특집(特輯), *수집(蒐輯)

집의 차를 **곳집** 고 4급/广 7획

우리집(广)의 차(車)를 주차하는 공간인 곳집 회의

▶창고 倉庫 : 물건을 저장하거나 보관하는 공간

관련한자 재고(在庫), 금고(金庫), 냉장고(冷藏庫)

차의 도끼로 **벨** 참 2급/斤 7획

수레(車)에 실린 도끼(斤)로 나무를 벰 회의

▶참수형 斬首刑 : 목을 베어 죽임

관련한자 참신(斬新), 참형(斬刑)

벨 마음이 **부끄러울** 참 3급/心 11획

베어(斬) 없애버리고 싶은 마음(心)이 부끄러움

▶괴참 愧慙 : 몹시 부끄러워함

관련한자 *참회(慙悔)

참고 참회(懺悔) : ① 잘못을 깨달아 뉘우쳐 고침 ② 하느님 앞에 뉘우쳐 고백하는 일

베어 물이 **점점** 점 3급/水 11획

소나무를 도끼로 베었더니(斬) 송진(氵)이 점점 흘러나옴

▶점진적 漸進的 : 점차 앞으로 나아가는

관련한자 점점(漸漸), 점차(漸次), 점증(漸增)

베는 날은 **잠깐** 잠 3급/日 11획

수풀 보호를 위해 나무를 베는(斬) 날(日)을 잠깐 허락함

▶잠시 暫時 : 짧은 시간

관련한자 잠간(暫間), *잠정(暫定)

차를 착 이을 련 4급/辵 7획

거래한다고 짐수레(車)를 착(辶) 연이어 이동함 회의

▶연락 連絡 : 서로 소식을 주고받고 하는 일

관련한자 연결(連結), 연속(連續), 연휴(連休)

물에 이어지는 잔물결 련 2급/水 11획

바람 때문에 물(氵) 위에 계속 이어지는(連) 잔물결

▶세련 細漣 : 잔물결(자잘하게 이는 물결)

관련한자 *연파(漣波), *청련(淸漣)

풀에 이어진 연꽃 련 3급/艸 11획

연못에서 풀(艹)잎에 이어져(連) 피어난 연꽃

▶연화문 蓮花紋 : 연꽃 모양의 무늬

관련한자 연근(蓮根), 목련(木蓮), 자목련(紫木蓮)

차를 덮은 군사 군 8급/車 2획

나무와 풀로 덮어(冖) 감춘 수레(車)를 몰고 다니는 군사 회의

▶군수품 軍需品 : 군대에서 쓰는 물품

관련한자 국군(國軍), 군대(軍隊), 장군(將軍)

손으로 군사를 휘두를 휘 4급/手 9획

손(扌)을 휘두르며 군사(軍)를 지휘함 회의

▶총지휘 總指揮 : 전체를 총괄하여 하는 지휘

관련한자 발휘(發揮), 휘발유(揮發油)

군사가 **빛날** 휘 3급/車 8획

군사(軍)의 대원들이 승리하여 빛(光)처럼 빛남

▶ 휘요 輝耀 : 밝게 빛남

관련한자 휘석(輝石), 휘도(輝度), *휘황찬란(輝煌燦爛)

군사가 착 **옮길** 운 6급/辵 9획

군사(軍)가 진을 착(辶) 옮김

▶ 액운 厄運 : 고난을 당할 운수

관련한자 운동(運動), 운영(運營), 행운(幸運), 운명(運命)

촌에서 **오로지** 전 4급/寸 8획

叀(오로지 전), 촌(寸)에서 오로지(叀) 농사에 전념함

▶ 전담 專擔 : 일을 전문적으로 담당

관련한자 전용(專用), 전공(專攻), 전념(專念), 전문가(專門家)

사람이 오로지 **전할** 전 5급/人 11획

사람(亻)이 오로지(專) 자신의 뜻을 전함

▶ 전파 傳播 : 전하여 널리 퍼뜨림

관련한자 전달(傳達), 선전(宣傳), 유전자(遺傳子), 전염병(傳染病)

차가 오로지 **구를** 전 4급/車 11획

수레(車)가 오로지(專) 한곳으로 구름

▶ 회전축 回轉軸 : 회전 운동의 중심이 되는 축

관련한자 전환(轉換), 이전(移轉), 운전(運轉)

오로지 에워싸 **둥글** 단 5급/口 11획

오로지(專) 에워싸(口) 둥글게 만듦

▶재단 財團 : 일정한 목적을 위하여 돈을 출연(出捐)하여 구성한 집단

관련한자 단체(團體), 집단(集團), 단지(團地), 단결(團結)

오로지 마음은 **은혜** 혜 4급/心 8획

오로지(叀) 마음(心)은 부모님 은혜를 생각함 회의

▶은혜 恩惠 : 자연이나 남에게서 받는 고마운 혜택

관련한자 혜택(惠澤), 특혜(特惠)

수풀 삼 **수풀** 림 7급/木 4획

森(수풀 삼), 수풀(林)에 나무(木)가 더해진 수풀(森) 회의

▶무림 茂林 : 나무가 울창하게 우거진 숲

관련한자 삼림(森林), 밀림(密林), 임업(林業), *주지육림(酒池肉林)

수풀에 햇살이 **빛날** 빈 2급/彡 8획

수풀(林)에 햇살(彡 : 터럭 삼, 햇살이 비치는 모양)이 빛남 회의

▶빈빈 彬彬 : 문조와 바탕이 잘 갖추어져 훌륭함

관련한자 *빈울(彬蔚), *문질빈빈(文質彬彬)

수풀에 보이는 **금할** 금 4급/示 8획

수풀(林)에 보이는(示) 불조심 금지 표지판

▶금기 禁忌 : ① 꺼려서 싫어함 ② 부정(不淨)한 것에 대한 접촉을 신앙적인 차원에서 금하는 풍습

관련한자 금지(禁止), 금연(禁煙), 감금(監禁)

수풀에 짝은 초나라 초 2급/木 9획

수풀(林)에 있는 내짝(疋 : 짝 필, 발 소)은 초나라 사람

▶고초 苦楚 : 괴로움과 어려움

관련한자 *간초(艱楚), *초패왕(楚霸王), *사면초가(四面楚歌)

초석인 주춧돌 초 3급/石 13획

楚(초나라 초)+石(돌 석), 초석(楚石, 礎石 : 기둥 밑에 기초로 받쳐 놓은 돌)인 주춧돌

▶기초 基礎 : 사물의 기본이 되는 토대

관련한자 *초석(礎石), *주초(柱礎)

임장군이 덮어 창삼이 답답할 울 2급/鬯 19획

林(수풀 림)+缶(장군 부)+冖(덮을 멱)+鬯(술이름 창)+彡(터럭 삼), 임장군(林缶 : 임씨 장군)이 창삼(鬯彡 : 사람이름)에게 두꺼운 담요를 덮어(冖) 답답해 함

▶울창 鬱蒼 : 큰 나무들이 빽빽하게 우거져 푸름

관련한자 억울(抑鬱), 우울(憂鬱), 울적(鬱寂)

분별할 변 쌀 미 6급/제부수

釆(분별할 변), 벼 이삭의 낟알을 본뜸, 좋은 쌀(米) 분별하기(釆)가 어려움 상형

▶현미 玄米 : 벼의 겉껍질만 벗겨 낸 쌀. 색이 누르스름함

관련한자 백미(白米), 미음(米飮), *공양미(供養米)

쌀에 착 미혹할 미 3급/辵 6획

배가 고프니 쌀(米)에 착(辶) 미혹됨

▶혼미 昏迷 : 의식이 흐림

관련한자 미혹(迷惑), 미로(迷路), 미신(迷信), 미궁(迷宮)

차조로 착 **펼** 술 3급/辵 5획

朮(차조 출), 귀농하여 차조(朮)를 심고 길러 뜻을 착(辶) 펼침

▶진술 陳述 : 일이나 상황에 대하여 자세하게 말함

관련한자 서술(敍述), 논술(論述), 기술(記述)

참고 차조 : 찰기가 있는 조

다니며 차조로 **재주** 술 6급/行 5획

차조(朮)를 넓게 펼쳐 심으며 다니는(行) 재주

▶무술 武術 : 검술, 궁술, 창술, 승마술 등 무도(武道)에서 연마하는 기술

관련한자 미술(美術), 예술(藝術), 기술(技術)

참고 호반(虎班) = 무반(武班) : 무관(武官)의 반열

저릴 마 **삼** 마 3급/제부수

痲(저릴 마), 삼(麻) 재배로 열심히 일하다 보니 다리가 저림(痲) 회의

▶마섬유 麻纖維 : 삼실(삼 껍질에서 뽑아낸 실)

관련한자 마대(麻袋), 대마초(大麻草), 마포구(麻浦區)

삼 마 **저릴** 마 2급/疒 8획

麻(삼 마), 삼(麻) 재배로 열심히 일하다 보니 다리가 저림(痲)

▶마취 痲醉 : 약물을 이용하여 얼마 동안 의식이나 감각을 잃게 함

관련한자 마비(痲痺), 마약(痲藥)

삼을 손으로 **문지를** 마 2급/手 11획

삼(麻)을 손(手)으로 문지르고 비벼 삼실을 만듦

▶마천루 摩天樓 : 하늘을 찌를 듯이 높은 고층 건물

관련한자 마찰(摩擦), 안마(按摩), *무마(撫摩)

삼을 돌에 갈 마 3급/石 11획

삼(麻)을 숫돌(石)에 갈아 껍질을 벗김

▶ 마모 磨耗 : 마찰로 닳아 없어짐

관련한자 연마(研磨), 마멸(磨滅), *절차탁마(切磋琢磨)

마귀 마귀 마 2급/鬼 11획

麻(삼 마)＋鬼(귀신 귀), 삼(麻)실처럼 요사스러운 긴 머리를 한 귀신(鬼)인 마귀(麻鬼, 魔鬼 : 요사스럽고 못된 잡귀를 통틀어 이르는 말)

▶ 마귀 魔鬼 : 요사스러운 잡귀, 천사장이 타락하여 된 초자연적 존재

관련한자 마법사(魔法師), *호사다마(好事多魔)

03

10진법 十 묶음

벼 화 3급/제부수

木(나무 목), 벼(禾)의 이삭이 축 늘어진 모양을 본뜸 상형

▶ 화묘 禾苗 : 옮겨 심기 위하여 기른 벼의 싹

관련한자 *화서(禾黍), *화곡(禾穀)

알 지 화할 화 6급/口 5획

知(알 지), 가정의 화(和)목(和睦 : 서로 뜻이 맞고 정다움)이 중요한 거 알지(知)

▶ 화창 和暢 : 날씨가 바람이 온화하고 맑음

관련한자 평화(平和), 완화(緩和), 화해(和解), 화목(和睦)

벼를 사사(私事) 사 4급/禾 2획

벼(禾)를 개개인이 각각 사사(厶)롭게 농사를 지음

▶사생활 私生活 : 개인의 사사로운 생활

관련한자 사립(私立), 사복(私服), *멸사봉공(滅私奉公)

秉

벼를 손으로 잡을 병 2급/禾 3획

벼(禾)를 손(彐)으로 잡고 심음 회의

▶병권 秉權 : 권력을 잡음

관련한자 *병촉(秉燭), *병월(秉鉞)

菌

초위벼 버섯 균 3급/艸 8획

艹(풀 초)+囗(에워쌀 위)+禾(벼 화), 초위벼(艹囗禾 : 사람이름)는 버섯을 아주 좋아함

▶세균 細菌 : 분열에 의해서 번식하는 가장 미세한 최하등의 단세포 식물

관련한자 살균(殺菌), 병균(病菌), 멸균(滅菌)

참고 곳집 : 곳간(庫間)으로 지은 집

화백소삼 화목할 목 2급/禾 11획

소삼(小彡) 화백(禾白, 畫伯 : '화가'를 높여 이르는 말)은 화목함

▶이목 怡穆 : 즐거워하고 화목함

관련한자 *낙락목목(落落穆穆)

벼도 이로울 리 6급/刀 5획

禾(벼 화)+刂(칼 도), 다른 음식물처럼 벼도(禾刂) 이로움 회의

▶이익 利益 : 정신적, 물질적으로 이롭고 보탬이 되는 것

관련한자 승리(勝利), 권리(權利), 이득(利得), *견리사의(見利思義)

이로운 나무 **배** 리 3급/木 7획

여러 가지로 이로운(利) 나무(木)인 배

▶ 이화 梨花 : 배나무의 꽃

관련한자 *봉리(鳳梨), *오비이락(烏飛梨落), *이화학당(梨花學堂)

벼를 여자에게 **맡길** 위 4급/女 5획

벼(禾)를 여자(女)에게 맡기면 부엌에서 밥을 지음 회의

▶ 위탁 委託 : 남에게 부탁하여 맡김

관련한자 위원(委員), 위임(委任)

맡긴 귀신은 **나라이름** 위 2급/鬼 8획

가족의 안위(安危)를 맡긴(委) 귀신(鬼)은 위나라 사람

▶ 위무제 魏武帝 : 조조[曹操 : 중국 후한 말의 승상으로 위(魏)의 시조]

관련한자 위궐(魏闕), 상위(象魏)

맡긴 사람은 **왜나라** 왜 2급/人 8획

물품보관함에 물건을 맡긴(委) 사람(亻)은 왜나라 사람

▶ 왜구 倭寇 : 13~16세기경 일본 해적

관련한자 왜군(倭軍), *임진왜란(壬辰倭亂)

해마다 **책력** 력 3급/日 12획

厤(책력 력), 회사에서 해(日)마다 책력(厤)을 만들어 연초에 직원들에게 나눠 줌

▶ 음력 陰曆 : 태음력(달이 지구를 한 바퀴 도는 시간을 기준으로 만든 역법)

관련한자 *책력(冊曆), *만세력(萬歲曆)

그친 책력은 **지날** 력 5급/止 12획

출판을 그친(止) 책력(厤)은 그 해를 지나서임

▶이력 履歷 : 지금까지 학업, 직업 등의 경력

관련한자 역사(歷史), 경력(經歷), 학력(學歷)

분별한 밭 **차례** 번 6급/田 7획

따로 분별한(釆 : 분별할 변) 밭(田)에 상추를 심을 차례 상형

▶매번 每番 : ① 번번이(매 때마다) ② 각각의 차례

관련한자 번호(番號), 번지(番地), 당번(當番), 순번(順番)

비번에 **번역할** 번 3급/飛 12획

飛(날 비)+番(차례 번), 한문을 비번(飛番, 非番 : 당번을 설 차례가 아님)에 번역함

▶번역 飜譯 : 언어로 된 글을 다른 언어의 글로 바꿈

관련한자 *번복(飜覆), *번문(飜文)

물이 차례로 **넘칠** 번 / **성(姓)** 반 2급/水 12획

물(氵)이 차례(番)로 넘침

▶반남박 潘南朴 : 시조(始祖) 박응주(朴應珠)는 신라 왕족의 후예로 고려 시대에 반남호장(潘南戶長)을 역임했음

관련한자 번목(潘沐), 반악(潘岳)

돌을 차례로 **반계(磻溪)** 반(번) 2급/石 12획

돌(石)을 차례(番)로 반계로 옮김

▶반계 磻溪 : 섬서성(陝西省)의 동남쪽으로 흘러 위수(渭水)로 흘러드는 강. 강태공이 낚시질을 하였다고 함

관련한자 *반계이윤(磻溪伊尹)

손으로 차례로 뿌릴 파 3급/手 12획

손(扌)으로 씨앗을 차례(番)로 뿌려 심음

▶ 전파 傳播 : 전하여 널리 퍼뜨림

관련한자 파종(播種), *파다(播多)

집을 차례로 살필 심 3급/宀 12획

집(宀)안 일을 순리대로 차근차근 차례(番)로 살핌 회의

▶ 심사 審査 : 조사하여 등급이나 당락을 결정함

관련한자 심판(審判), *배심원(陪審員)

살핀 즙낼 · 물이름 심 2급/水 15획

살핀(審) 물(氵)은 물이름이 '심'

▶ 심순 瀋脣 : 견순(繭脣 : 입술이 오그라져 마음대로 입을 벌리지 못하게 되는 급성병. 주로 유아에게 발병)

관련한자 심양(瀋陽), 심주(瀋州)

별경변대 깊을 오 1급/大 10획

丿(삐침 별)＋冂(멀 경)＋釆(분별할 변)＋大(큰 대), 별경(丿冂 : 사람이름)과 변대(釆大 : 사람이름)는 속이 깊음

▶ 심오 深奧 : 사상이나 이론 등이 깊이가 있고 오묘(奧妙)함

관련한자 오묘(奧妙), *오지(奧地)

땅 깊은 물가 오 2급/土 13획

땅(土)이 깊게(奧) 파인 물가

▶ 오지리 墺地利 : '오스트리아(유럽 중부에 있는 공화국)'의 음역어

관련한자 *오국(墺國)

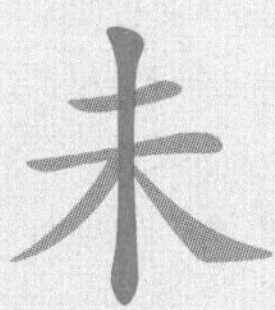

04

10진법 + 묶음

未

끝 말 아닐 미 4급/木 1획

末(끝 말), 이것은 끝(末)이 아닌(未) 새로운 시작 상형

▶미확인 未確認 : 아직 확인되지 않음

관련한자 미래(未來), 미숙(未熟), 미흡(未洽), 미달(未達)

味

구미 당기는 맛 미 4급/口 5획

口(입 구)+未(아닐 미), 구미(口未, 口味 : 입맛)가 당기는 맛

▶감미료 甘味料 : 설탕, 물엿, 과당, 사카린 등 단맛을 내는 조미료

관련한자 의미(意味), 흥미(興味), 취미(趣味), 미각(味覺)

妹

미녀 누이 매 4급/女 5획

未(아닐 미)+女(계집 녀), 미녀(未女, 美女 : 얼굴이 아름다운 여자)인 누이

▶자매 姉妹 : 여자끼리의 동기(同氣). 즉, 손위누이인 언니와 손아래누이인 아우를 말함

관련한자 남매(男妹), 형제자매(兄弟姉妹), 자매결연(姉妹結緣)

魅

귀신은 아니 매혹할 매 2급/鬼 5획

귀신(鬼)은 무서워서 매혹하지 아니함(未)

▶매혹 魅惑 : 매력(魅力)으로 남의 마음을 사로잡음

관련한자 매력(魅力), 매료(魅了)

아닐 미 **끝** 말 5급/木 1획

末(끝 말), 이것은 끝(末)이 아닌(未) 새로운 시작 지사

▶ 주말 週末 : 한 주일의 끝, 주로 토요일과 일요일을 이름

관련한자 연말(年末), 분말(粉末), 시말서(始末書), 기말시험(期末試驗)

가죽 끝에 **말갈** 말 2급/革 5획

가죽(革) 제품 끝(末)에 상표 '말갈'이 찍혀 있음

▶ 말갈 靺鞨 : 중국 수나라 · 당나라 때에 둥베이(東北) 지방에서 한반도 북부에 거주한 퉁구스계의 여러 민족

05

10진법 十 묶음

아닐 미 **붉을** 주 4급/木 2획

未(아닐 미), 술이 세어 과음해도 붉은(朱) 얼굴이 아님(未) 지사

▶ 주석 朱錫 : ① 놋쇠 ② 은백색의 고체 금속으로, 연성과 전성이 크며 녹슬지 않음. 기호는 Sn

관련한자 인주(印朱), 주황색(朱黃色), 자주색(紫朱色)

붉은 옥 **구슬** 주 3급/玉 6획

붉은(朱) 옥(玉) 구슬

▶ 여의주 如意珠 : 용의 턱 아래에 있는 영묘(靈妙)한 구슬

관련한자 진주(眞珠/珍珠), 주판(珠板), 백팔염주(百八念珠)

붉은 나무 **그루** 주 3급/木 6획

붉은(朱) 단풍나무(木) 한 그루

▶기대주 期待株 : 능히 해낼 수 있다고 기대할 만한 사람

관련한자 주식(株式), 주가(株價), 주주(株主)

붉은 **물가** 수 2급/水 6획

저녁노을에 붉게(朱) 물든 물(氵)가

▶수사학 洙泗學 : '유학'을 달리 이르는 말. 공자가 산둥성에 있는 수수(洙水)와 사수(泗水) 사이에서 제자들을 모아 가르친 데서 유래

관련한자 수수(洙水), 수태산(洙泰山)

알이 붉어 **다를** 수 3급/歹 6획

자몽은 낱알(歹 : 살 바른 뼈 알)이 껍질과 다르게 붉은(朱)색

▶특수강 特殊鋼 : 보통 강철을 더하여 세고 질기게 만든 강철

관련한자 *수상(殊常)

붉은 쇠 **저울눈** 수 2급/金 6획

붉은(朱) 쇠(金)바늘이 저울눈을 가리킴

▶오수전 五銖錢 : 중국 한무제(漢武帝) 때 쓰던 동전. 무게가 5수(銖)이며, '五銖'의 문자를 넣었음

관련한자 수분(銖分), 수량(銖兩)

10진법 十 묶음

나무 목 **근본** 본 6급/木 1획

木(나무 목), 나무(木)의 근본(本)은 뿌리(一) 지사

▶ 초본 抄本 : 원본에서 필요한 부분만을 발췌하여 등사(謄寫)한 문서

관련한자 기본(基本), 근본(根本), 자본(資本), 본질(本質)

근본 쇠 **바리때** 발 2급/金 5획

스님이 근본(本 : 본성)을 찾는 데 쓰이는 놋쇠(金)는 바리때

▶ 탁발승 托鉢僧 : 경문을 외면서 집집마다 다니며 보시를 받는 승려

관련한자 *사발(沙鉢)

참고 바리때 : 승려의 공양 그릇

10진법 十 묶음

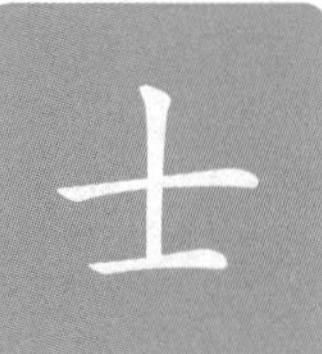

흙 토 **선비** 사 5급/제부수

土(흙 토), 토기(土器 : 흙으로 만든 그릇)를 잘 빚는 선비(士) 회의

▶ 석사모 碩士帽 : 석사 학위를 받을 때 쓰는 모자

관련한자 박사(博士), 변호사(辯護士), 기능사(技能士), 영양사(營養士)

인사를 섬길 사 5급/人 3획

亻(사람 인)+士(선비 사), 유명인사(亻士 : 사회적 지위가 높거나 사회적 활동이 많은 사람)를 가까이에서 섬김

▶봉사 奉仕 : 국가나 사회 또는 남을 위하여 헌신적으로 일함

관련한자 *출사(出仕), *사퇴(仕退)

志

선비 마음의 뜻 지 4급/心 3획

선비(士)의 마음(心)속의 큰 뜻

▶지조 志操 : 원칙과 신념을 끝까지 지키는 꿋꿋한 의지나 기개

관련한자 의지(意志), 동지(同志), 지망생(志望生)

말뜻을 기록할 지 4급/言 7획

상대방의 말(言)을 듣고 말뜻(志)을 살피고 잊지 않으려고 기록함

▶주간지 週刊誌 : 한 주일에 한 번씩 발행하는 잡지

관련한자 잡지(雜誌), 월간지(月刊誌)

吉

선비 입이 길할 길 5급/口 3획

선비(士)의 입(口)에서 나온 덕담이 길함 회의

▶길흉 吉凶 : 운수의 좋음과 나쁨

관련한자 길조(吉兆), 길몽(吉夢), 길흉화복(吉凶禍福), 입춘대길(立春大吉)

실로 길하게 맺을 결 5급/糸 6획

뜨개실(糸)로 길하게(吉) 계약을 맺음

▶결과 結果 : ① 원인으로 인한 결말 ② 열매를 맺음

관련한자 결국(結局), 체결(締結), 연결(連結), 결혼(結婚)

밝을 · 쌍길(吉) 철 2급/口 9획

吉(길할 길), '吉' 자를 거듭하여 '쌍길 철' 육서 無

▶김상철 金尙喆 : 조선 후기의 말기(1712~1791). 호는 화서(華西). 영의정을 지냈음. 《동국문헌비고》, 《신묘중광록(辛卯重光錄)》을 편찬

관련한자 *나철(羅喆)

참고 哲(밝을 철)의 속자(俗字)

길한 ㅛ구로 **기쁠** 희 4급/口 9획

吉(길할 길)+ㅛ+口(입 구), 행복하고 길한(吉) 일을 요구(ㅛ口)해 기쁨 회의

▶희열 喜悅 : 기쁘고 즐거움

관련한자 희비(喜悲), 환희(歡喜), *희노애락(喜怒哀樂)

기쁜 여자는 **아름다울** 희 2급/女 12획

여자(女)가 화장으로 아름다워져 기뻐(喜)함

▶희유 嬉遊 : 즐겁게 놂

관련한자 *희유(嬉遊), *오희(娛嬉), *희유곡(嬉遊曲)

기쁨이 보이는 **복(福)** 희 2급/示 12획

신(神)께 복을 받아 기뻐하는(喜) 모습이 보임(示)

▶신희 新禧 : 새해의 복

관련한자 *홍희(鴻禧), *축희년(祝禧宴), *공하신희(恭賀新禧)

기뻐 불처럼 **빛날** 희 2급/火 12획

기쁨(喜)에 찬 얼굴이 불(灬)빛처럼 빛남

▶주희 朱熹 : 송(宋)나라 때에 시작된 新儒學(신유학)인 宋學(송학)의 대성자

관련한자 희미(熹微)

마음은 기뻐할 희 2급/心 12획

좋은 일에 마음(心)은 기뻐함(喜) 회의

▶홍명희 洪命憙 : 민족 운동의 지도자 역할을 한 우리나라의 소설가. 대하 역사 소설 《임꺽정》의 저자

길멱지 대 대 3급/至 8획

吉(길할 길)+冖(덮을 멱)+至(이를 지), 길멱지(吉冖至 : 사람이름)는 무대에 서는 것을 좋아함

▶청와대 靑瓦臺 : 서울 경복궁 뒤 북악산 기슭에 있는 우리나라 대통령 관저(官邸)

관련한자 무대(舞臺), 천문대(天文臺), 진열대(陳列臺)

사일공일구촌 목숨 수 3급/士 11획

士(선비 사)+一(한 일)+工(장인 공)+一(한 일)+口(입 구)+寸(마디 촌), 사일(士一 : 사람이름)과 공일(工一 : 사람이름) 형제의 구촌(口寸, 九寸) 친척이 나라를 위하여 목숨을 바침

▶수명 壽命 : 생물의 생존 기간

관련한자 무병장수(無病長壽), 만수무강(萬壽無疆)

전수한 이랑 주 2급/田 14획

田(밭 전)+壽(목숨 수), 이랑 만드는 기술을 전수(田壽, 傳授 : 기술이나 지식을 전하여 줌)함

▶범주 範疇 : 동일한 성질을 가진 부류나 범위

관련한자 *전주(田疇), *황주(荒疇)

참고 이랑 : 갈아 놓은 밭의 한 두둑과 한 고랑을 아울러 이름

목숨걸고 쇠불릴 주 3급/金 14획

金(쇠 금)+壽(목숨 수), 대장장이가 쇠(金)를 불리며 명검 만드는 데 목숨(壽)을 걺

▶주조 鑄造 : 녹인 쇠붙이를 거푸집에 부어 물건을 만듦

관련한자 주물(鑄物), 주철(鑄鐵)

목숨에 불빛이 **비칠** 도 2급/火 14획

꺼져가는 목숨(壽)에 한 가닥 불(灬)빛이 비침

▶ 도육 燾育 : 잘 보호하여 기름

10진법 + 묶음

선비 사 **북방** 임 3급/土 1획

士(선비 사), 기골이 장대한 북방(壬) 선비(士) 상형

▶ 임신 壬申 : 육십갑자의 아홉째

관련한자 *임인(壬人), *임진왜란(壬辰倭亂)

妊

북방 여자가 **아이 밸** 임 2급/女 4획

북방(壬) 여자(女)가 아이를 뱀

▶ 회임 懷妊 : 임신(妊娠)

관련한자 불임(不妊), 피임법(避妊法)

任

북방 사람에게 **맡길** 임 5급/人 4획

북방(壬) 사람(亻)에게 일을 맡김

▶ 부임 赴任 : 임명이나 발령을 받아 근무할 곳으로 감

관련한자 취임(就任), 책임(責任), 임무(任務), 담임(擔任)

賃

맡길 돈 품삯 임 3급/貝 6획

일하고 받아 은행에 맡길(任) 돈(貝)은 품삯

▶임대 賃貸 : 돈을 받고 자기의 물건을 남에게 빌려 줌

관련한자 임금(賃金), 운임(運賃), 무임승차(無賃乘車)

聖

이구임 성인 성 4급/耳 7획

耳(귀 이)+口(입 구)+壬(북방 임), 이구임(耳口壬 : 사람이름)은 언행이 성인같음

▶성탄절 聖誕節 : 예수의 성탄을 축하하는 명절

관련한자 성인(聖人), 성현(聖賢), 성경(聖經)

물조임 음란할 음 3급/水 8획

氵(물 수)+㸒(가까이할 음), 술(氵)을 가까이(㸒)하여 취하면 음란해지기 쉬움

▶간음 姦淫 : 부부가 아닌 남녀가 성관계를 맺음

관련한자 음란(淫亂), 음탕(淫蕩), 간음죄(姦淫罪)

북방인 조정 정 3급/廴 4획

廴(길게 걸을 인), 위치가 북방(壬)인(廴) 조정

▶법정 法廷 : 재판하는 곳

관련한자 조정(朝廷), 궁정악(宮廷樂), 공판정(公判廷)

조정의 옥이름 정 2급/玉 7획

조정(廷)의 귀한 옥새의 옥(玉)이름은? '정'

▶옥정 玉珽 : 옥으로 만든 홀(笏)

참고 옥새 : 국가적 문서에 사용하던 임금의 도장

조정의 배 정 2급/舟 7획

한강에 조정(廷)의 배(舟)가 보임

▶ 함정 艦艇 : 크거나 작은 군사용 배를 통틀어 이르는 말. 군함, 구축함, 어뢰정 등

관련한자 구명정(救命艇), 경비정(警備艇)

조정 집 뜰 정 6급/广 7획

조정(廷)의 대궐(广 : 집 엄)에 있는 뜰

▶ 정원 庭園 : 집안의 뜰이나 꽃밭

관련한자 가정(家庭), 친정(親庭), 교정(校庭)

임 입에 드릴 정 2급/口 4획

壬(북방 임), 임(壬, 임 : 사모하는 사람)의 입(口)에 맛있는 음식을 넣어 드림

▶ 증정 贈呈 : 감사나 공로 등에 대한 성의나 인사의 표시로 어떤 대상에게 물건을 줌

관련한자 *진정(進呈), *배정(拜呈)

벼 드리는 한도 · 길(道) 정 4급/禾 7획

불우이웃에게 벼(禾)를 드리는(呈) 한도

▶ 과정 過程 : 일이 되어 가는 경로

관련한자 일정(日程), 정도(程度), 여정(旅程), 이정표(里程標)

09

川

10진법 + 묶음

介

11사람이 **낌** 개 3급/人 2획

동호회 모임에 열한 사람(11人)이 낌 회의

▶ 매개체 媒介體 : 양쪽의 중간에서 맺어 주는 것

관련한자 개입(介入), 소개(紹介), 중개인(仲介人)

낌 사람이 **클** 개 2급/人 4획

동호회 모임에 새로 낌(介) 사람(亻)은 키가 아주 큼

▶ 개천 价川 : 평안남도 개천군에 있는 읍

관련한자 *개천철산(价川鐵山)

밭에 낀 **지경** 계 6급/田 4획

밭(田)과 밭 사이에 끼어(介) 있는 지경

▶ 의료계 醫療界 : 병을 치료하는 일에 종사하는 사람들의 사회

관련한자 세계(世界), 한계(限界), 경계(境界)

벼밭에 8치 **피** 직 2급/禾 10획

벼밭(禾田)에 8치(八夂, 8치 : 한 치는 약 3.03cm) 정도되는 피가 자라고 있음

▶ 사직단 社稷壇 : 임금이 백성을 위해 토지의 신인 사와 곡식의 신인 직에게 제사를 지내던 제단

관련한자 직당(稷唐), 서직(黍稷)

참고 피 : 볏과의 한해살이풀

弗

11활이 아닐 · 말(勿) 불 2급/弓 2획

활(弓)이 11개가 아님 회의

▶ 미불 美弗 : 달러(dollar), 미국(美國) 돈

관련한자 불소(弗素), *불화(弗貨)

佛

사람이 아닌 부처 불 4급/人 5획

불도를 깨달은 성인으로 일반 사람(亻)이 아닌(弗) 부처

▶ 미륵불 彌勒佛 : 석가모니불에 이어 중생을 구제한다는 미래의 부처

관련한자 불교(佛敎), *공염불(空念佛)

拂

아닌 손을 떨칠 불 3급/手 5획

뇌물로 정직하지 아니한(弗) 손(扌)을 떨침

▶ 가불 假拂 : 정해진 기일 이전에 미리 앞당겨 받음, 봉급을 정한 날짜 전에 일부 또는 전부를 받음

관련한자 지불(支拂), 환불(換拂), 일시불(一時拂)

아닌 돈을 쓸 비 5급/貝 5획

써서는 안 되는(弗) 돈(貝)을 씀

▶ 유흥비 遊興費 : 흥겹게 노는 데 드는 비용

관련한자 소비(消費), 비용(費用), 낭비(浪費)

非

부추 구 아닐 비 4급/제부수

韭(부추 구), 이 풀은 부추(韭)와 닮아 보일 뿐 부추가 아님(非) 상형

▶ 비범 非凡 : 보통 수준보다 훨씬 뛰어남

관련한자 시비(是非), 비리(非理), 비난(非難), *비일비재(非一非再)

悲

아닌 마음은 **슬플** 비 4급/心 8획

좋지 않은(非) 마음(心)이 들어 슬픔

▶비명 悲鳴 : ① 슬피 욺 ② 위급하거나 몹시 두려움을 느낄 때 지르는 외마디 소리

관련한자 비극(悲劇), 자비(慈悲), 희비(喜悲), 비관적(悲觀的)

匪

아닌 상자 **비적** 비 2급/匚 8획

비적이 훔친, 옳은 것이 아닌(非) 상자(匚 : 상자 방)

▶공비 共匪 : 공산당의 유격대

관련한자 *비적(匪賊), *비도(匪徒)

俳

사람이 아닌 **배우** 배 2급/人 8획

사람(亻)이 아닌(非) 배우인 동물 배우들 예 벤지, 킹콩, 마음이…

▶배우 俳優 : 연극이나 영화에 출연하여 연기하는 사람

관련한자 *가배절(嘉俳節), *배해문(俳諧文)

아닌 손을 **밀칠** 배 3급/手 8획

뇌물로 정직하지 아니한(非) 손(扌)을 밀침

▶배척 排斥 : 반대하여 밀어내침

관련한자 배제(排除), 배출(排出), 배타(排他), 배설(排泄)

아닌 차 **무리** 배 3급/車 8획

좋은 차(車)가 아닌(非) 무리

▶모리배 謀利輩 : 온갖 수단과 방법으로 자신의 이익만을 꾀하는 사람. 또는 무리

관련한자 선배(先輩), 폭력배(暴力輩), 불량배(不良輩)

비옷 입은 **성(姓)** 배 2급/衣 8획

노란 비옷(非衣, 비옷 : 비가 올 때 비에 젖지 않게 덧입는 옷)을 입은 배씨 아저씨

▶ 배중손 裵仲孫 : 고려 원종 때의 무장. 삼별초의 수령으로, 야별초를 이끌고 몽고에 저항하여 왕온(王溫)을 임금으로 추대하였음

罪

그물이 아닌 **허물** 죄 5급/网 8획

뉘우친 허물은 더이상 인생의 그물(걸림돌)(罒)이 아님(非) 회의

▶ 경범죄 輕犯罪 : 죄질이 가벼운 죄

관련한자 죄송(罪悚), 사죄(謝罪), 면죄부(免罪符), 절도죄(竊盜罪)

卯

알 란 **토끼** 묘 3급/卩 3획

卵(알 란), 토끼(卯)는 알(卵)이 아니라 새끼를 낳음 상형

▶ 묘금도 卯金刀 : 성으로 쓰이는 유(劉)자의 파자(破字)

관련한자 *묘주(卯酒), *묘음(卯飮)

묘해 **별이름** 묘 2급/日 5획

卯(토끼 묘)+日(날 일), 별이름이 묘해(卯日)

▶ 묘성 昴星 : 이십팔수(二十八宿)의 열여덟째 별자리의 별들. 황소자리의 플레이아데스성단에서 가장 밝은 6~7개의 별로, 주성(主星)은 황소자리의 이타성

관련한자 묘수(昴宿), 묘성(昴星)

묘목 **버들** 류 4급/木 5획

이 묘목(卯木, 苗木 : 옮겨 심는 어린나무)은 버드나무

▶ 양류 楊柳 : 버드나뭇과에 속한 낙엽 교목을 통틀어 이르는 말

관련한자 유화(柳花), *화류가(花柳街)

卿

시골 향 **벼슬** 경 3급/卩 10획

鄕(시골 향), 시골(鄕)의 선비가 벼슬(卿)길에 오름 회의

▶추기경 樞機卿 : 교황 다음가는 성직

관련한자 경상(卿相), 공경(公卿), 구경(九卿)

참고 지도리 : 문짝을 문설주에 달아 여닫는 데 쓰는 쇠붙이

卵

토끼 묘 **알** 란 4급/卩 5획

卯(토끼 묘), 토끼(卯)는 알(卵)이 아니라 새끼를 낳음 상형

▶난소 卵巢 : 동물 암컷의 생식 기관. 난자를 만들어내며 여성 호르몬을 분비함

관련한자 계란(鷄卵), 난자(卵子), 산란(産卵), 수정란(受精卵), *누란지위(累卵之危)

사람이 나를 **우러를** 앙 3급/人 4획

사람(亻)들이 나(卬 : 나 앙)를 우러러 봄

▶신앙 信仰 : ① 믿고 받드는 일 ② 종교 생활에 의식적인 측면

관련한자 추앙(推仰), *앙망(仰望)

내 손으로 **누를** 억 3급/手 4획

내(卬) 손(扌)으로 도장(印)을 눌러 찍음 회의

▶억양 抑揚 : ① 혹은 억누르고 혹은 찬양함 ② 소리의 높낮이와 강약

관련한자 억제(抑制), 억울(抑鬱), 억압(抑壓), 억지력(抑止力)

나를 착 **맞을** 영 4급/辵 4획

나(卬)를 착(辶) 반갑게 맞음

▶환영 歡迎 : 기쁜 마음으로 반갑게 맞음

관련한자 영접(迎接), 영입(迎入), *송구영신(送舊迎新)

나 앙 **도장** 인 4급/卩 4획

卬(나 앙), 계약서에 나(卬)의 도장(印)을 찍음 회의

▶ 인쇄 印刷 : 잉크를 사용하여 판면에 그려져 있는 글이나 그림을 종이나 천에 박아 냄

관련한자 낙인(烙印), 인상(印象), 날인(捺印), *인도(印度)

구절로 **두드릴** 고 1급/口 2획

성경 한 구절(口卩, 句節 : 한 토막의 말이나 글)에 감동을 받아 교회의 문을 두드림

▶ 고두 叩頭 : 경의(敬意)를 나타내려고 머리를 조아림

관련한자 *고배(叩拜), *고문(叩門), *고두사죄(叩頭謝罪)

사람이 한구절에 **목숨** 명 7급/口 5획

사람(人)이 교리의 한(一) 구절(口卩, 句節 : 한 토막의 말이나 글)에 믿음을 가지고 목숨까지 바침 회의

▶ 수명 壽命 : 생물의 생존 기간

관련한자 생명(生命), 운명(運命), 명령(命令), 숙명(宿命), 치명적(致命的)

니 입은 **부르짖을** 규 3급/口 2획

丩(얽힐 구), 구속감에 니(丩) 입(口)은 자유를 부르짖음

▶ 절규 絶叫 : 있는 힘을 다하여 애타게 부르짖음

관련한자 규성(叫聲), 대규(大叫), *아비규환(阿鼻叫喚)

니 실이 **얽힐** 규 3급/糸 2획

니(丩) 실(糸)이 막 얽혀 있음

▶ 분규 紛糾 : 일이 뒤얽혀 말썽이 많고 시끄러움

관련한자 규명(糾明), 규탄(糾彈), 규합(糾合)

니가 쳐 **거둘** 수 4급/攴 2획

가을에 니(丩)가 낫으로 벼를 쳐(攵) 거둠

▶수확 收穫 : 일에 대한 성과

관련한자 철수(撤收), 수습(收拾), 압수(押收), 회수(回收)

뉘 선비인지 **장할** 장 4급/士 4획

爿(나무 조각 장), 뉘(爿)신지 선비(士)가 슬기롭고 용맹하며 장함

▶장정 壯丁 : ① 젊고 건장한 남자 ② 군역에 소집된 남자

관련한자 장담(壯談), 웅장(雄壯), 굉장(宏壯), *노익장(老益壯)

참고 고무래 : 곡식, 밭의 흙을 고르거나 아궁이의 재를 긁어모으는 데에 쓰는 '丁' 자 모양의 기구

장하게 옷으로 **꾸밀** 장 4급/衣 7획

장하게(壯) 옷(衣)으로 꾸밈

▶도장 塗裝 : 부식을 막고 모양을 내기 위해 칠감을 물건의 겉면에 칠하거나 바름

관련한자 장치(裝置), 장비(裝備), 포장(包裝), 장식품(裝飾品)

莊

풀이 장하고 **씩씩할** 장 3급/艸 7획

풀(艹)이 장하고(壯) 씩씩하게 자람

▶장엄 莊嚴 : 웅장하며 위엄 있고 엄숙함

관련한자 산장(山莊), *별장(別莊), *장중(莊重)

뉘 개의 **형상** 상 / **문서** 장 4급/犬 4획

뉘(爿) 개(犬)의 형상을 목판에 새겨 인쇄하여 문서화함

▶표창장 表彰狀 : 표창을 하는 내용을 적은 상장

관련한자 상태(狀態), 상황(狀況), 증상(症狀), 청첩장(請牒狀)

뉘가 달촌에 장수 장 4급/寸 8획

뉘(爿)가 달촌(月寸)에 유명한 장수지~~

▶ 장수 將帥 : 군사를 거느리는 우두머리

관련한자 장래(將來), 장차(將次), 장군(將軍), 장교(將校)

獎

대장을 장려할 장 4급/大 11획

힘이 센 나에게 동네 골목대장(大將 : 한 무리의 우두머리)을 장려함

▶ 장려 獎勵 : 좋은 일에 힘쓰도록 북돋아 줌

관련한자 권장(勸獎), 장학금(獎學金)

蔣

풀장에 성(姓) 장 2급/艸 11획

풀장(++將, pool場 : 수영하면서 놀거나 수영 경기를 할 수 있는 곳)에서 즐겁게 헤엄치는 '장'씨 아저씨

▶ 장영실 蔣英實 : 조선 세종 때의 과학자. 간의 · 혼천의 등의 천체 관측기와 세계 최초의 우량계인 측우기를 만듦

관련한자 장개석(蔣介石)

풀에 뉘신지 창을 감출 장 3급/艸 14획

풀(++)에 뉘신(뉘臣)지 성급히 창(戈)을 감춤

▶ 저장 貯藏 : 물건이나 재화를 모아서 간수함

관련한자 냉장고(冷藏庫), 소장품(所藏品), 무진장(無盡藏), 매장량(埋藏量)

臟

몸에 감춘 오장 장 3급/肉 18획

몸(月)속에 안전하게 감춰진(藏) 오장

▶ 신장 腎臟 : 콩팥

관련한자 *오장(五臟)

片

조각 편 3급/제부수

(爿 → 180° 회전 → 片), 나무를 두 쪽 낸 그 오른쪽 조각 모양을 본뜸 상형

▶ 파편 破片 : 깨어지거나 부서진 조각

관련한자 편육(片肉), 아편(阿片), *일편단심(一片丹心)

鼎

눈뉘편 솥 정 2급/제부수

目(눈 목) + 뉘 + 片(조각 편), 눈(目)은 뉘편(뉘片)을 보고 있지? 밥 할 때 냄비편이 아니고 솥편이라 솥을 봄 상형

▶ 정현 鼎鉉 : 세발솥의 손잡이

관련한자 *정담(鼎談), *석정(石鼎)

참고 솥귀 : 솥의 운두(그릇이나 신의 둘레나 둘레의 높이) 위로 두 귀처럼 삐죽이 돋은 부분

10

10진법 + 묶음

사공의 고깔 변 2급/廾 2획

厶(사사 사, 마늘 모) + 廾(받들 공, 스물 입), 뱃사공(厶廾, 沙工 : 배를 부리는 일을 직업으로 하는 사람)이 고깔을 쓰고 노를 저음 회의

▶ 무변 武弁 : ① 중국 주나라 때, 무관들이 쓰던 관(冠)의 하나 ② 무관(武官)

관련한자 *변한(弁韓), 돌이변(突而弁)

왕처럼 받들며 희롱할 롱 3급/廾 4획

왕(王)처럼 받들며(廾) 희롱함 회의

▶ 희롱 戲弄 : 말이나 행동으로 실없이 놀림

관련한자 농담(弄談), 조롱(嘲弄), 우롱(愚弄), 재롱(才弄)

升

날 비 되 승 2급/十 2획

飛(날 비), 쌀을 되(升)로 퍼 담는데 쌀가루가 날(飛)림 상형

▶두승 斗升 : ① 마되(말과 되) ② 사물을 헤아리는 기준

관련한자 *상승(上升), *승문고(升聞鼓), *승두지리(升斗之利)

참고 말 : 곡식이나 가루, 액체 등의 분량을 되는 데 쓰이는 그릇. 한 말은 열 되

昇

해가 오를 승 3급/日 4획

아침 해(日)가 떠오름(升)

▶승강기 昇降機 : 동력을 이용하여 사람이나 짐을 아래위로 실어나르는 장치

관련한자 승진(昇進), 급상승(急上昇), *욱일승천(旭日昇天)

飛

되 승 날 비 4급/제부수

升(되 승), 쌀을 되(升)로 퍼 담는데 쌀가루가 날(飛)림 상형

▶비상 飛上 : 높이 날아오름

관련한자 비행기(飛行機), 비약적(飛躍的), *비상천(飛上天), *혼비백산(魂飛魄散)

열 풀 훼 1급/十 3획

풀(++) 열(十) 포기 육서 無

▶화훼 花卉 : 화초(花草 : 꽃이 피는 풀과 나무 또는 꽃이 없더라도 관상용이 되는 모든 식물)

관련한자 *방훼(芳卉), *훼복(卉服)

奔

큰 풀로 달릴 분 3급/大 5획

숨기 위해 큰(大) 풀(卉) 쪽으로 달림 회의

▶분주 奔走 : 매우 바쁘게 뛰어다님

관련한자 *분망(奔忙), *동분서주(東奔西走)

토분은 **무덤** 분 3급/土 12획

土(흙 토)＋賁(클 분, 꾸밀 비, 땅 이름 륙), 흙으로 만든 무덤인 토분(土賁, 土墳 : 흙을 모아 쌓아서 임시로 간략히 만든 무덤)

▶고분 古墳 : 옛무덤

관련한자 분묘(墳墓), *봉분(封墳)

마음이 크게 **분할** 분 4급/心 12획

믿었던 친구에게 배신을 당해 마음(忄)이 크게(賁) 분함

▶분노 憤怒 : 분개하여 몹시 성을 냄

관련한자 분개(憤慨), 울분(鬱憤), 분통(憤痛)

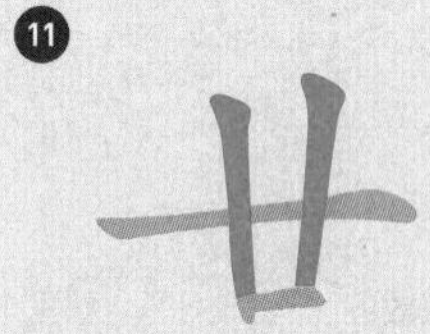

11 卅

10진법 + 묶음

인간 세 7급/一 4획

卅(서른 삽), 인간 세상의 한 세대는 30(卅)년 회의

▶염세 厭世 : 인생과 세상의 일을 암담하고 괴로운 것으로 여겨 싫어함

관련한자 세상(世上), 세계(世界), 세습(世襲), 반세기(半世紀)

인간은 돈 벌려고 **세놓을** 세 2급/貝 5획

인간(世)은 돈(貝) 벌려고 세를 놓고 매달 월셋값을 받음

▶방세 房貰 : 방을 빌린 대가로 내는 돈

관련한자 전세(傳貰), 월세(月貰), 세입자(貰入者)

엽충과 나비 접 3급/虫 9획

枼(나뭇잎 엽), 풀잎 위에 있는 엽충(枼虫, 葉蟲 : 잎벌레과에 속한 딱정벌레를 통틀어 이르는 말)과 나비의 애벌레

▶ 접영 蝶泳 : 두 손을 동시에 앞으로 뻗쳐 물을 아래로 끌어내리고 양다리를 모아 상하로 움직이며 발등으로 물을 치면서 나아가는 수영법

관련한자 백접(白蝶), *호접지몽(胡蝶之夢)

말엽에 염탐할 첩 2급/言 9획

조선 말엽(言枼, 末葉 : 어떠한 시대의 마지막 부분)에 개혁자들은 갑오개혁을 위하여 국정(國情 : 나라의 정세나 형편)을 염탐함

▶ 간첩 間諜 : 단체나 국가의 비밀을 몰래 탐지, 수집하여 대립 관계에 놓여 있는 단체나 국가에 제공하는 사람

관련한자 첩자(諜者), 첩보망(諜報網)

풀 잎 엽 5급/艸 9획

풀(艹)잎(枼)

▶ 지엽적 枝葉的 : 본질적이거나 중요하지 않고 부차적인 것

관련한자 낙엽(落葉), 엽서(葉書), 침엽수(針葉樹), 엽록소(葉綠素)

두사입목 버릴 기 3급/木 8획

亠(돼지해머리 두) + 厶(사사 사) + 廿(스물 입) + 木(나무 목), 두사(亠厶 : 사람이름)는 입목(廿木, 立木 : 땅 위에 서 있는 산나무)이 병충해로 죽자 뽑아서 버림 회의

▶ 포기 抛棄 : 하던 일을 중도에 그만두어 버림

관련한자 폐기(廢棄), 기권(棄權), 기각(棄却), 자포자기(自暴自棄)

진흙 근 가죽 혁 4급/제부수

堇(진흙 근), 가죽(革)잠바에 묻은 진흙(堇)을 닦음 상형

▶ 혁대 革帶 : 가죽으로 만든 띠

관련한자 개혁(改革), 혁명(革命), 혁신(革新)

霸

우혁월 **으뜸** 패 2급/襾 13획

이달(月)에 폭우(雨) 쏟아진 날 본 시험성적은 반에서 우혁월(雨革月 : 사람이름)이 으뜸임

▶패기 霸氣 : 어떤 어려운 일이라도 해내겠다는 의욕과 자신감

관련한자 패권(霸權), 제패(制霸), *초패왕(楚霸王)

僅

사람이 진흙에서 **겨우** 근 3급/人 11획

堇(진흙 근, 조금 근), 사람(亻)이 진흙(堇)탕에서 겨우 빠져 나옴

▶근소 僅少 : 얼마 되지 않을 만큼 아주 적음

관련한자 *근근(僅僅), *기사근생(幾死僅生)

진흙에 **아름다운 옥** 근 2급/玉 11획

진흙(堇)탕에 아름다운 옥(玉)을 떨어뜨림

▶하근 瑕瑾 : ① 흠. 단점. 결점(缺點) ② 부끄러움. 치욕

관련한자 *세근(細瑾)

진흙나무 **무궁화** 근 2급/木 11획

진흙(堇)으로 만든 무궁화나무(木)

▶근화 槿花 : 무궁화(無窮花). 우리나라의 국화

관련한자 *목근(木槿), *조근(朝槿), *근화일일(槿花一日)

말을 진흙처럼 **삼갈** 근 3급/言 11획

걸을 때 진흙(堇)땅을 멀리하는 것처럼 말(言)을 삼감

▶근신 謹愼 : ① 언행을 삼가고 조심함 ② 벌로 일정 기간 동안 출근이나 집무 활동을 하지 아니하고 말이나 행동을 삼감

관련한자 근조(謹弔), *근하신년(謹賀新年)

勤

근력으로 부지런할 근 4급/力 11획

근력(堇力, 筋力 : 근육의 힘)으로 힘쓰며 부지런하게 일함

▶ 근면 勤勉 : 부지런히 일하며 힘씀

관련한자 근무(勤務), 결근(缺勤), 개근상(皆勤賞), 근로자(勤勞者)

漢

물입구부 한수 · 한나라 한 7급/水 11획

氵(물 수)+廿(스물 입)+口(입 구)+夫(지아비 부), 한나라에 있는 황하강 물(氵) 입구부(廿口夫, 入口部 : 들어가는 통로 부분)

▶ 한자 漢字 : 표의 문자(表意文字)로 우리나라, 중국, 일본 등에서 쓰이고 있음

관련한자 *한수(漢水), 한라산(漢拏山), *문외한(門外漢)

입구부 흠에 탄식할 탄 4급/欠 11획

廿(스물 입), 수도배관 물 입구부(廿口夫, 入口部 : 들어가는 통로부)에 오염된 흠(欠 : 물건이 깨어지거나 상해서 긁힌 자리)이 보여 탄식함

▶ 개탄 慨歎 : 못마땅하거나 분하게 여기어 한탄함

관련한자 한탄(恨歎), 탄식(歎息), 감탄(感歎)

입구부 새는 어려울 난 4급/隹 11획

강가의 물 입구부(廿口夫, 入口部 : 들어가는 통로부)에 보이는 새(隹)는 날개를 다쳐 날기가 어려움

▶ 화난 禍難 : 재앙과 환난

관련한자 논란(論難), 재난(災難), 곤란(困難), 난이도(難易度)

灘

물입구부 새는 여울 탄 2급/水 19획

여울물(氵) 입구부(廿口夫, 入口部 : 들어가는 통로부)에 노니는 새(隹)가 있음

▶ 한탄강 漢灘江 : 강원도 임진강으로 흐르는 강

관련한자 사탄(沙灘), 청탄(淸灘), 신탄진(新灘津)

참고 여울 : 강이나 바다의 바닥이 얕거나 폭이 좁아 물살이 세게 흐르는 곳

12

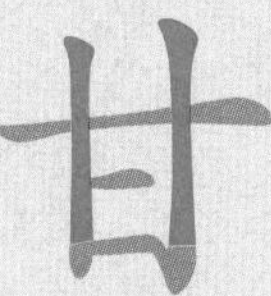

10진법 + 묶음

甘

달 감 4급/제부수

입속에 머금고 맛봄을 뜻함 지사

▶감미료 甘味料 : 설탕, 물엿, 과당, 사카린 등 단맛을 내는 조미료

관련한자 감수(甘受), 감초(甘草), *고진감래(苦盡甘來)

邯

어조사 야 조나라서울 한 / 사람이름 감 2급/邑 5획

耶(어조사 야), 감(甘)이 맛있기로 소문난 고을(⻏)은 조나라서울 한

▶한단몽 邯鄲夢 : 인생과 영화의 덧없음을 이르는 말

관련한자 *한단지몽(邯鄲之夢)

감나무는 아무 모 3급/木 5획

마을의 감나무(甘木, 감나무 : 감나뭇과의 낙엽 교목)는 아무나 따먹음

▶모씨 某氏 : '아무개'를 높여 이르는 말

관련한자 모종(某種), *모월모일(某月某日), *모야수야(某也誰也)

아무 말은 꾀 모 3급/言 9획

아무(某) 말(言)을 막 하는 것은 술 취한 척 하는 꾀임

▶모리배 謀利輩 : 온갖 수단과 방법으로 자신의 이익만을 꾀하는 사람. 또는 무리

관련한자 도모(圖謀), 음모(陰謀), 모면(謀免), 무모(無謀)

아무 여자나 **중매** 매 3급/女 9획

노총각이라고 아무(某) 여자(女)나 중매하면 안 됨

▶매개체 媒介體 : 양쪽의 중간에서 맺어 주는 것

관련한자 중매(仲媒), 촉매제(觸媒劑), 대중매체(大衆媒體)

13

10진법 + 묶음

고을 주 **내** 천 7급/제부수

州(고을 주), 고을(州)에 흐르는 냇(川)물, 물이 흐르는 내 모양을 본뜸 상형

▶산천 山川 : 산과 내라는 뜻으로, '자연'을 이르는 말

관련한자 하천(河川), 인천(仁川), 청계천(淸溪川), *산천초목(山川草木)

천금같은 **팔찌** 천 2급/金 3획

천금(川金, 千金 : 아주 귀중한 것을 비유함)같이 귀한 팔찌

▶완천 腕釧 : 팔찌(팔목에 끼는, 금 · 은 · 옥 · 백금 등으로 만든 고리 모양의 장식품)

관련한자 *보천(寶釧)

내 머리는 **순할** 순 5급/頁 3획

내(川) 머리(頁)는 냇물 흐르듯이 순해 잘 따름

▶순위 順位 : 차례를 나타내는 자리

관련한자 순서(順序), 순탄(順坦), 순리(順理), 순종(順從)

訓

말로 내를 **가르칠** 훈 6급/言 3획

수업시간에 선생님이 말(言)로 내 천(川)자를 가르침

▶훈장 訓長 : 선생을 예스럽게 이르는 말

관련한자 훈련(訓鍊), 교훈(敎訓), 가훈(家訓), 훈민정음(訓民正音)

내 천 **고을** 주 5급/巛 3획

川(내 천), 고을(州)에 흐르는 냇(川)물 상형

▶파주 坡州 : 경기도의 북서부에 있는 시. 농업과 축산업이 활발하며, 명승지로 입석 불상, 지석묘군, 공릉(恭陵), 임진각 등이 있음

관련한자 광주(光州), 경주(慶州), 제주도(濟州道)

고을의 **물가** 주 3급/水 6획

氵(물 수)+州(고을 주), 고을(州)에 흐르는 물(氵)가

▶호주 濠洲 : 오스트레일리아(오스트레일리아 대륙의 대부분을 차지하는, 영국 연방 내의 자치국)

관련한자 만주(滿洲), 삼각주(三角洲), *오대주(五大洲)

내가 착 **돌 · 순행할** 순 3급/巛 4획

巛(내 천), 고을의 냇(巛)물이 착(辶) 돌며 순행함

▶순회 巡廻 : 여러 곳을 돌아다님

관련한자 순찰(巡察), 교통순경(交通巡警)

천불난 **재앙** 재 5급/火 3획

재앙으로 인해 천불(巛火, 천불나다 : '속끓이다'의 경상북도 포항 지방의 사투리)남 회의

▶재앙 災殃 : ① 뜻하지 않게 생긴 불행한 변고 ② 천재지변으로 인한 불행한 사고

관련한자 재해(災害), 재난(災難), 이재민(罹災民)

惱

내신에 마음은 번뇌할 뇌 3급/心 9획

囟(정수리 신), 내신(巛囟, 內申 : 학업 성적, 품행 등을 적은 성적) 성적을 보고 마음(忄)에 번뇌가 일어남

▶번뇌 煩惱 : 마음이 시달려 괴로움

관련한자 고뇌(苦惱), *백팔번뇌(百八煩惱)

참고 정수리 : 머리의 최상부

腦

달마다 내신에 골 · 뇌수 뇌 3급/肉 9획

달(月)마다 내신(巛囟, 內申 : 학업 성적, 품행 등을 적은 성적) 성적 관리에 신경을 써서 골이 아픔

▶두뇌 頭腦 : 뇌

관련한자 *뇌수(腦髓)

총명해 귀밝을 총 3급/耳 11획

悤(바쁠 총, 총명할 총), 총명하여(悤) 귀(耳)가 밝음

▶총명 聰明 : 영리하고 기억력이 좋으며 재주가 있음

관련한자 총예(聰睿), *설총(薛聰)

총명해 실로 다(뫎) 총 4급/糸 11획

총명(悤)하여 실(糸)로 다 깔끔하게 바느질하여 마무리 함

▶총지휘 總指揮 : 전체를 총괄하여 하는 지휘

관련한자 총괄(總括), 총액(總額), 총망라(總網羅)

徑

두 사람은 물줄기따라 지름길 · 길 경 3급/彳 7획

巠(물줄기 경), 두 사람(彳)은 지름길인 물줄기(巠)를 따라감

▶반경 半徑 : 반지름

관련한자 직경(直徑), 첩경(捷徑)

실경을 **지날 · 글** 경 4급/糸 7획

아름다운 실경(糸巠, 實景 : 실제의 경치)을 보면서 지나가며 시 글귀를 떠올림

▶ 경위 經緯 : ① 직물의 날과 씨, 경도와 위도 ② 사건의 전말, 일의 내력

관련한자 경제(經濟), 경험(經驗), 신경(神經), 경영(經營), *우이독경(牛耳讀經)

경차는 **가벼울** 경 5급/車 7획

巠(물줄기 경)+車(수레 차), 소형차인 경차(巠車, 輕車 : 가벼운 차)는 가벼움

▶ 경범죄 輕犯罪 : 죄질이 가벼운 죄

관련한자 경솔(輕率), 경시(輕視), 경멸(輕蔑)

개가 목갈기를 물어 **사냥** 렵 3급/犬 15획

개(犭)가 사냥감 목갈기(巤 : 목갈기 렵)를 물어뜯으며 사냥함

▶ 밀렵 密獵 : 허가를 받지 않고 몰래 사냥함

관련한자 섭렵(涉獵), 엽총(獵銃), 수렵(狩獵), *엽기적(獵奇的)

들어와 한달 내로 **대답할** 유 2급/入 7획

빚쟁이가 채무자 집에 들어와(入) 한달 내(一月巜)로 다 갚는다고 대답함

▶ 윤유 允兪 : 윤허(允許 : 임금이 신하의 청을 허락함)

관련한자 *유음(兪音)

낫는 나무 **느릅나무** 유 2급/木 9획

느릅나무(木)의 껍질을 달여 먹고 병이 나음(兪)

▶ 유협전 楡莢錢 : 얇은 옛날 돈

관련한자 *유피(楡皮)

참고 꼬투리 : 콩과 식물의 열매가 들어 있는 껍질

발이 나아 넘을 유 2급/足 9획

아픈 발(足)이 나아(兪) 장애물을 넘음

▶ 유월 踰月 : 그 달의 그믐을 넘김

관련한자 *유한(踰限), *유월절(踰月節)

마음이 나을 유 3급/心 9획

확실한 대답(兪)을 듣고 마음(心)이 나아짐

▶ 유심 愈甚 : 더욱 심함

관련한자 *전유(痊愈)

참고 나을 : ① (남보다) 낫다. ② (병이) 낫다.

낫게 차로 보낼 수 3급/車 9획

병이 낫게(兪) 응급차(車)에 실어 병원에 보냄

▶ 수송 輸送 : 기차, 항공기, 배, 자동차 등의 운송수단으로, 사람이나 짐을 실어 보냄

관련한자 수출(輸出), 수입(輸入)

메 산 8급/제부수

산(山)의 봉우리가 뾰족뾰족하게 이어진 모양을 본뜸 상형

▶ 산천 山川 : 산과 내라는 뜻으로, '자연'을 이르는 말

관련한자 금강산(金剛山), *타산지석(他山之石)

산사람 신선 선 5급/人 3획

산(山)에서 도(道)에 통한 사람(亻)인 신선 회의

▶ 신선 神仙 : 선도(仙道)를 닦아서 도에 통한 사람. 선경(仙境)에 사는데 장생 불사한다고 함

관련한자 선녀(仙女), 선인장(仙人掌), *선자옥질(仙姿玉質)

쌍산 날(生) 출 7급/凵 3획

山(메 산), 쌍산(出 : 산이름)에서 태어나 출세함 상형

▶출판사 出版社 : 출판을 업으로 하는 회사

관련한자 출범(出帆), 수출(輸出), 창출(創出), 탈출(脫出)

수출에 졸할 졸 3급/手 5획

수출(扌出, 輸出 : 국내의 상품이나 기술을 외국으로 팔아 내보냄)에 옹졸한 사업가

▶졸장부 拙丈夫 : 도량이 좁고 졸렬한 남자

관련한자 졸렬(拙劣), 옹졸(壅拙), 졸작(拙作)

출시로 굽힐 굴 4급/尸 5획

出(날 출)+尸(주검 시), 우리 회사의 최신형 스마폰 출시(出尸, 出市 : 상품이 시중에 나옴)로 경쟁사가 굽힘

▶비굴 卑屈 : 용기가 없고 비겁하여 남에게 굽히기 쉬움

관련한자 굴복(屈伏), 굴욕(屈辱), *백절불굴(百折不屈)

손을 굽히고 팔 굴 2급/手 8획

손(扌)을 안으로 굽히고(屈) 땅을 팜

▶발굴 發掘 : ① 땅속에 파묻혀 있던 역사적 유물을 파냄 ② 알려지지 않거나 뛰어난 것을 찾아냄

관련한자 채굴(採掘), 도굴(盜掘), 굴착기(掘鑿機)

굽은 굴 굴 2급/穴 8획

동굴(穴) 안이 많이 굽음(屈)

▶동굴 洞窟 : 깊고 넓은 굴

관련한자 소굴(巢窟), 석굴암(石窟庵)

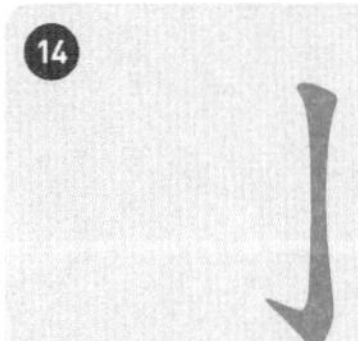

심방 변 **작을** 소 8급/제부수

忄(심방 변), 마음(忄)이 크지 않고 작은(小) 소인배(小人輩 : 마음 씀씀이가 좁고 간사한 사람) 회의

▶ 소첩 小妾 : 여자가 남편을 대하여 자기를 낮추어 가리키는 말

관련한자 축소(縮小), 최소한(最小限), 소규모(小規模), *적소성대(積小成大)

작을 소 **적을** 소 7급/小 1획

小(작을 소), 나이가 적고(少) 키가 작음(小) 회의

▶ 근소 僅少 : 얼마 되지 않을 만큼 아주 적음

관련한자 감소(減少), 다소(多少), 사소(些少), 청소년(靑少年), 남녀노소(男女老少)

손으로 적게 **뽑을** 초 3급/手 4획

손(扌)으로 적게(少) 뽑음

▶ 초본 抄本 : 원본에서 필요한 부분만을 발췌하여 등사(謄寫)한 문서

관련한자 *등초(謄抄), *호적초본(戶籍抄本)

벼가 적어 **분초** 초 3급/禾 4획

벼(禾)가 적어(少) 먹을 것이 부족하여 분초를 다투며 열심히 일함

▶ 초속 秒速 : 1초 동안의 속도

관련한자 분초(分秒), 초시계(秒時計)

물이 적은 **모래** 사 3급/水 4획

땡볕에 메말라 물(氵)이 적은(少) 모래사막

▶황사 黃沙 : 중국 황토 지대의 황토가 바람에 날려 온 하늘에 누렇게 끼는 현상

관련한자 사막(沙漠), 사기(沙器), 산사태(山沙汰), *사상누각(沙上樓閣)

소녀가 **묘할** 묘 4급/女 4획

少(적을 소)+女(계집 녀), 소녀(少女 : 완전히 성숙하지 아니한 어린 여자아이)의 손재주가 묘함

▶교묘 巧妙 : 재주가 재치 있게 약삭빠르고 묘함

관련한자 미묘(微妙), 기묘(奇妙), 묘기(妙技), 오묘(奧妙)

참고 공교(工巧) : 솜씨나 재치가 있고 교묘함

적은 힘으로 **못할** 렬 3급/力 4획

적은(少) 힘(力)으로는 무거운 것을 들지 못함 회의

▶우열 優劣 : 우수함과 열등함

관련한자 열악(劣惡), 비열(卑劣), 열등감(劣等感)

적은 눈으로 **살필** 성 / **덜** 생 6급/目 4획

적은(少) 눈(目)으로 살핌(적은 눈 → 적은 수의 사람) 회의

▶성찰 省察 : 자신의 일을 반성하며 깊이 살핌

관련한자 생략(省略), 반성(反省), 성묘(省墓)

작은 몸은 **닮을 · 같을** 초 3급/肉 3획

아버지를 닮은 작은(小) 몸(月)인 아들

▶초상화 肖像畫 : 사람의 얼굴이나 모습을 그린 그림

관련한자 *불초(不肖)

입이 닮은지 **망볼** 초 2급/口 7획

망볼 대상은 입술이 짙고 두꺼워서 먼저 입(口)이 닮은(肖)지 살핌

▶보초 步哨 : 경계 근무 등의 임무

관련한자 초소(哨所), *전초전(前哨戰)

消

물은 닮아 **사라질** 소 6급/水 7획

물(氵)은 닮아(肖) 합치면 사라지는 것 같음

▶소진 消盡 : 다 없어짐

관련한자 소멸(消滅), 소모(消耗), 소방차(消防車), 소비자(消費者), 소식통(消息通)

削

닮게 칼로 **깎을** 삭 3급/刀 7획

모양이 닮게(肖) 칼(刂)로 깎음

▶절삭기 切削機 : 자르거나 깎거나 하는 기계

관련한자 삭제(削除), 삭감(削減), 첨삭(添削), 연삭기(硏削機)

닮게 달리는 **나라** 조 2급/走 7획

선진국과 닮도록(肖) 열심히 달리는(走) 조나라

▶연조 燕趙 : 중국 전국시대에, 연과 조의 두 나라 땅을 아울러 이르던 말

관련한자 전조(前趙), 조광조(趙光祖)

김소패 **쇠사슬** 쇄 3급/金 10획

金(쇠 금)+小(작을 소)+貝(조개 패), 김소패(金小貝 : 사람이름)가 만든 쇠사슬

▶봉쇄 封鎖 : 봉하고 잠금

관련한자 폐쇄(閉鎖), 족쇄(足鎖), *쇄국(鎖國)

사람이 팔월에 **줄춤** 일 2급/人 6획

佾(떨릴 흘, 줄 춤 일), 사람(亻)이 팔(八) 월(月)에 줄 춤(佾)을 춤

▶ 일무 佾舞 : 문묘나 종묘 제례 때에, 여러 줄로 벌여 서서 추는 춤

관련한자 *팔일무(八佾舞)

얼음 빙 **물** 수 8급/제부수

氷(얼음 빙), 물(水)이 얼어 굳어진 물질(丶)인 얼음(氷) 상형

▶ 홍수 洪水 : 비가 많이 와서 강이나 개천에 갑자기 크게 불은 물. 큰물

관련한자 수준(水準), 수영(水泳), 호수(湖水), 강수량(降水量)

물 수 **얼음** 빙 5급/水 1획

水(물 수), 물(水)이 얼어 굳어진 물질(丶)인 얼음(氷) 회의

▶ 빙하 氷河 : 얼어붙은 강

관련한자 빙산(氷山), 빙석(氷石), *여리박빙(如履薄氷)

얼음 말을 **탈** 빙 / **성** 풍 2급/馬 2획

사진을 찍기위해 얼음(冫)말(馬)을 탐

▶ 빙하 馮河 : 황하를 걸어서 건넘. 무모한 용기

관련한자 *포호빙하(暴虎馮河)

물 수 **길** 영 6급/水 1획

水(물 수), 물(水)이 넓고 길게(永) 흐르는 큰 물줄기인 강 상형

▶ 영구 永久 : 길고 오램

관련한자 영원(永遠), 영결식(永訣式), *영세불망(永世不忘)

수영은 **헤엄칠** 영 3급/水 5획

氵(물 수)+永(길 영), 수영(氵永, 水泳 : 물속을 헤엄치는 일)은 물속을 헤엄치는 일

▶접영 蝶泳 : 두 손을 동시에 앞으로 뻗쳐 물을 아래로 끌어내리고 양다리를 모아 상하로 움직이며 발등으로 물을 치면서 나아가는 수영법

관련한자 수영(水泳), 배영(背泳), *유영장(遊泳場)

말로 길게 **읊을** 영 3급/言 5획

말(言)로 길게(永) 소리 내어 시가를 읊음

▶영가 詠歌 : ① 시가(時歌)를 읊음 ② 창가(唱歌)(갑오개혁 이후에 발생한 근대 음악 형식의 하나)

관련한자 *음영(吟詠), *송영(誦詠), *영가무도(詠歌舞蹈)

해길 **해길** 창 2급/日 5획

日(날 일)+永(길 영), 여름은 해(日)가 긺(永) 회의

한 물주를 **구할** 구 4급/水 2획

특허를 받고도 사업할 돈이 없어 도와줄 한(一) 물주(水丶, 物主 : 장사판에서 밑천을 대는 사람)를 구함 상형

▶욕구 欲求 : 무엇을 얻고자 하거나 하고자 하는 바람

관련한자 요구(要求), 촉구(促求), 청구(請求), 추구(追求), 갈구(渴求)

구한 옥은 **공** 구 6급/玉 7획

구한(求) 옥(玉)은 공처럼 둥긂

▶농구화 籠球靴 : 농구 경기를 할 때에 신는, 목이 긴 운동화

관련한자 지구(地球), 축구(蹴球), 탁구(卓球), 야구(野球)

구해 쳐서 **구원할** 구 5급/攴 7획

무기를 구해(求) 적을 쳐서(攵) 아군을 구원함

▶구제 救濟 : 어려움에 빠진 사람을 구하여 줌

관련한자 구출(救出), 구조(救助), 구급차(救急車)

보여 새긴 **녹** 록 3급/示 8획

彔(새길 록), 꿈에 조상신(神)이 녹으로 로또번호를 보여(示) 주어 머리에 새김(彔)

▶녹봉 祿俸 : 옛날, 나라에서 벼슬아치들에게 주던 곡식이나 돈

관련한자 *복록(福祿) *봉록(俸祿)

실록이 **푸를** 록 6급/糸 8획

실록[糸彔, 實錄 : 한 임금이 재위한 동안의 정령(政令)과 기타 사실을 적은 기록] 표지가 푸름

▶초록색 草綠色 : 파랑과 노랑의 중간색

관련한자 녹차(綠茶), 녹말(綠末), 상록수(常綠樹), 엽록소(葉綠素)

쇠에 새겨 **기록할** 록 4급/金 8획

쇠(金)에 새겨(彔) 기록함

▶기록부 記錄簿 : 내용을 기록하여 두는 장부

관련한자 등록(登錄), 녹음(錄音), 목록(目錄), 방명록(芳名錄)

기와 와 **서로** 호 3급/二 2획

瓦(기와 와), 기와(瓦)를 서로(互) 끼워 만든 기와집 지붕 상형

▶호환 互換 : 서로 교환함

관련한자 상호(相互), *상호부조(相互扶助)

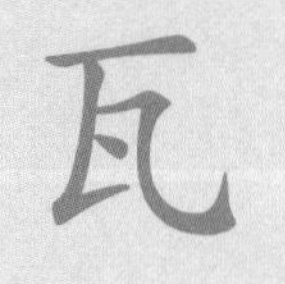

서로 호 기와 와 3급/제부수

互(서로 호), 기와(瓦)를 서로(互) 끼워 만든 기와집 지붕 상형

▶청와대 靑瓦臺 : 서울 경복궁 뒤 북악산 기슭에 있는 우리나라 대통령 관저(官邸)

관련한자 *와해(瓦解)

수목인물 옻 칠 3급/水 11획

桼(옻 칠), 매주 수(氵)요일, 목(木)요일에 나무가구에 옻칠하는 인물(人水, 人物 : 일정한 상황에서 어떤 역할을 하는 사람)

▶칠판 漆板 : 분필로 글씨를 쓸 수 있도록 검은 칠을 한 판

관련한자 칠기(漆器), 칠공예(漆工藝), *교칠지교(膠漆之交)

참고 옻 : 옻나무에서 나는 진

입력도 다를 · 나눌 별 6급/刀 5획

새로 산 팩스는 기존의 방법과 다르게 출력뿐만 아니라 입력도(口力刂, 入力도 : 문자나 숫자를 컴퓨터가 기억하게 하는 일도) 다름 회의

▶결별 訣別 : ① 기약 없는 이별 ② 관계나 교제를 영원히 끊음

관련한자 특별(特別), 차별(差別), 구별(區別), 변별력(辨別力)

ㅛ달도 앞 전 7급/刀 7획

요(ㅛ)번 달도(月刂) 경쟁에서 앞섬

▶이전 以前 : 지금보다 앞선 시기

관련한자 오전(午前), 여전(如前), 전진(前進)

망언도 벌할 벌 4급/网 9획

일본의 망언도(罒言刂, 妄言도 : 이치에 맞지 않고 망령되게 말함도) 벌해야 함 회의

▶벌칙 罰則 : 법규를 어긴 행위에 대한 처벌을 정하여 놓은 규칙

관련한자 처벌(處罰), 벌금(罰金), 형벌(刑罰)

列

알도 **벌릴** 렬 4급/刀 4획

歹(살 바른 뼈 알), 명란젓 알(歹)도(刂) 칼로 잘라 벌림

▶병렬 竝列 : 나란히 벌여 섬

관련한자 진열(陳列), 행렬(行列), 서열(序列), 나열(羅列)

열불나게 **매울** 렬 4급/火 6획

청양고추는 열불(列灬, 熱불 : 몹시 흥분하거나 화가 난 감정을 비유)나게 매움

▶격렬 激烈 : 말이나 행동이 세차고 사나움

관련한자 치열(熾烈), 맹렬(猛烈), 열녀(烈女), 열풍(烈風)

벌린 옷은 **찢어질** 렬 3급/衣 6획

확 벌린(列) 옷(衣)이 찢어짐

▶균열 龜裂 : 거북의 등에 있는 무늬처럼 갈라져 터짐

관련한자 분열(分裂), 파열(破裂), *사분오열(四分五裂)

사람이 벌린 **법식** 례 6급/人 6획

사람(亻)이 벌려(列) 놓은 법식

▶관례 慣例 : 늘 해 내려오는 전례(前例)

관련한자 차례(次例), 사례(事例), 예외(例外)

칼이 **이를** 도 5급/刀 6획

적의 칼(刂)이 몸에 이르자(至) 재빨리 피함

▶도달 到達 : 목적한 곳이나 수준에 다다름

관련한자 도착(到着), 쇄도(殺到), 도래(到來)

倒

사람이 이르러 **넘어질** 도 3급/人 8획

사람(亻)이 안타깝게 목적지에 다 이르러(到) 넘어짐

▶졸도 卒倒 : 갑자기 정신을 잃고 쓰러짐

관련한자 압도(壓倒), 도산(倒産), 타도(打倒)

制

우경도 **절제할** 제 4급/刀 6획

冂(멀 경), 금연캠페인으로 우경(牛冂 : 사람이름)도(刂) 흡연을 절제함 회의

▶제어 制御 : ① 통제하여 다스림 ② 기계나 설비 등을 목적에 알맞도록 조절함

관련한자 제한(制限), 규제(規制), 억제(抑制), 통제(統制)

절제하여 옷 **지을** 제 4급/衣 8획

절제하여(制) 옷(衣)을 한 벌만 지음

▶복제 複製 : 본디의 것과 똑같이 만듦

관련한자 제품(製品), 제조(製造), 제작(製作)

참고 마름질 : 옷감을 치수에 맞도록 재거나 자르는 일

아들 자 **마칠** 료 3급/亅 1획

子(아들 자), 옛분들은 계속 딸을 낳다가 마지막으로 아들(子)을 낳고 출산을 마칠(了) 상형

▶종료 終了 : 일을 마침

관련한자 완료(完了), 만료(滿了), 수료(修了), 매료(魅了)

세 번 **이을** 승 4급/手 4획

氶(이을 승, 나라 이름 증), 세(三) 번째 代를 이어 가업을 이어(氶)받음

▶계승 繼承 : 조상이나 선임자의 뒤를 이어받음

관련한자 승낙(承諾), 승인(承認), 전승(傳承)

일승한 **정승** 승 1급/一 5획

丞(이을 승, 나라 이름 증), 일승(一丞, 一勝 : 한 번 이김)한 정승 회의

▶정승 政丞 : 조선시대 때 의정부(議政府)의 영의정(領議政) · 좌의정(左議政) · 우의정(右議政)을 일컬었던 말

관련한자 *좌승상(左丞相), *수중승(水中丞)

풀을 김 오르게 **찔** 증 3급/艸 10획

烝(김 오를 증), 풀(艹)을 김이 오르게(烝) 삶아 찜

▶한증막 汗蒸幕 : 한증(汗蒸 : 높은 온도로 몸을 덥게 하여 땀을 내어서 병을 고침)을 하기 위하여 갖춘 시설

관련한자 증발(蒸發), 수증기(水蒸氣)

마칠 료 **아들** 자 7급/제부수

了(마칠 료), 옛분들은 계속 딸을 낳다가 마지막으로 아들(子)을 낳고 출산을 마침(了) 상형

▶낭자 娘子 : 처녀, 젊은 여자의 높임말

관련한자 자식(子息), 손자(孫子), 남자(男子), 골자(骨子)

집의 아들이 **글자** 자 7급/子 3획

집(宀)의 아들(子)이 글자를 열심히 씀

▶한자 漢字 : 표의문자(表意文字)로 우리나라, 중국, 일본 등에서 쓰이고 있음

관련한자 문자(文字), 숫자(數字), 약자(略字), 천자문(千字文)

참고 한수(漢水) : ① 큰 강 ② 한강(漢江) ③ 양자강(陽子江)의 지류

여자가 **좋을** 호 4급/女 3획

女(계집 녀)+子(아들 사), 남사는 예쁜 여사(女子)를 좋아함 회의

▶호황 好況 : 경기(景氣)가 좋음. 전반적으로 경제 활동이 활발한 상태

관련한자 선호(選好), 양호(良好), 호기심(好奇心), 우호적(友好的)

엄해자와 두터울 후 4급/厂 7획

厂(기슭 엄) + 日(날 일) + 子(아들 자), 㫗(두터울 후), 친구인 엄해자(厂日子 : 사람이름)와 우정이 두터움(㫗)

▶농후 濃厚 : ① 빛깔이 짙음 ② 경향이나 기색이 뚜렷함

관련한자 중후(重厚), 후대(厚待), *후안무치(厚顔無恥)

목자 오얏 · 성 리 6급/木 3획

木(나무 목)+子(아들 자), 목자[木子, 牧者 : 신자를 양(羊)에 비유하여, 신자의 신앙생활을 보살피는 성직자를 이름]인 이씨 아저씨

▶이이 李珥 : 조선 중기의 문신 · 학자, 호는 율곡(栗谷)

관련한자 이순신(李舜臣), *장삼이사(張三李四)

참고 오얏나무(자두나무)

오얏 리 계절 계 4급/子 5획

李(오얏 리), 오얏(李)나무(자두나무)의 열매(자두)가 익는 계절(季)은 여름 회의

▶동계 冬季 : 겨울의 계절

관련한자 계절(季節), 사계(四季), *백중숙계(伯仲叔季)

수십멱자력 바다이름 발 2급/水 9획

氵(물 수)+十(열 십)+冖(덮을 멱)+子(아들 자)+力(힘 력), 수십멱(氵十冖 : 사람이름)은 자력(子力, 自力 : 자기 스스로의 힘)으로 발해에 수출을 많이 함

▶발해 渤海 : 고구려의 유민 대조영(大祚榮)이 698년에 만주에 세운 나라. 고구려 유민(遺民)과 말갈족(靺鞨族)으로 이루어졌고, 건국 227년 만에 거란족의 침입으로 멸망했음

관련한자 붕발(繃渤), *명발(溟渤)

창 모 나 여 3급/亅 3획

矛(창 모), 나(予)의 멋진 창(矛) 상형

▶여왈 予曰 : 내게 말하기를

관련한자 *여탈(予奪)

내 집을 **펼** 서 2급/舌 6획

舍(집 사, 버릴 사, 벌여놓을 석), 열심히 노력하여 내(予) 집(舍)의 형편을 폄

▶서축 舒縮 : 신축(伸縮 : 늘고 줆)

관련한자 *급서(急舒), *서안(舒雁)

내 집 **차례** 서 5급/广 4획

이번에는 내(予) 집(广)에서 모일 차례

▶질서 秩序 : 순조롭게 이루어지게 하는 사물의 순서나 차례

관련한자 서열(序列), 순서(順序), *장유유서(長幼有序)

내 머리에 **맡길 · 미리** 예 2급/頁 4획

무엇을 하기 전에 나(予)의 머리(頁)에 미리 맡김

▶예금 預金 : 돈이나 금을 은행 등의 금융 기관에 맡김

관련한자 *예치(預置), *예탁(預託)

내 코끼리는 **미리** 예 4급/豕 9획

象(코끼리 상), 내(予) 코끼리(象)는 내가 올라 탈 것을 미리 눈치챔

▶유예 猶豫 : ① 망설임 ② 일의 실행을 뒤로 미룸

관련한자 예상(豫想), 예고(豫告), 예방(豫防), 예약(豫約)

내 마을의 **들(坪)** 야 6급/里 4획

내(予) 마을(里)의 들

▶야만인 野蠻人 : ① 미개하여 문화 수준이 낮은 사람 ② 교양이 없고 무례한 사람을 비유

관련한자 분야(分野), 야채(野菜), 야구(野球), 야외(野外)

나 여 **창** 모 2급/제부수

予(나 여), 나(予)의 멋진 창(矛) 상형

▶ 모순 矛盾 : '창과 방패'라는 뜻. 말이나 행동의 앞뒤가 서로 일치되지 아니함

관련한자 *과모(戈矛), *모극(矛戟)

창같은 풀 **띠** 모 2급/艸 5획

창(矛)처럼 길고 끝이 뾰족한 풀(⺾)인 띠

▶ 모옥 茅屋 : 띠풀로 엮은 집. 초가집

관련한자 *모초(茅草), *모사(茅舍), *수간모옥(數間茅屋)

참고 띠 : 포아풀과의 여러해살이풀

창나무는 **부드러울** 유 3급/木 5획

창(矛)을 만드는 재료로 쓰이는 나무(木)는 탄력있고 부드러움

▶ 유연 柔軟 : 부드럽고 연함

관련한자 유순(柔順), *외유내강(外柔內剛)

창문에 **힘쓸** 무 4급/力 9획

敄(힘쓸 무, 업신여길 모), 큰 창문(矛攵, 窓門 : 공기나 빛이 들어올 수 있도록 벽에 만들어 놓은 문)이 잘 열리지 않아 힘(力)을 많이 씀

▶ 의무 義務 : 반드시 해야 할 일

관련한자 근무(勤務), 임무(任務), 사무실(事務室), 공무원(公務員)

비창문력 **안개** 무 3급/雨 11획

雨(비 우) + 矛(창 모) + 攵(등글월 문) + 力(힘 력), 비창문(雨矛攵 : 사람이름)은 안개 속에서도 힘(力)써 일함

▶ 무산 霧散 : 안개가 걷히듯 흩어져 없어짐

관련한자 분무기(噴霧器), *오리무중(五里霧中)

비시마짝 **의심할** 의 4급/疋 9획

匕(비수 비)+矢(화살 시)+マ(마 : 가타가나)+疋(짝 필), 비시마(匕矢マ : 사람 이름)는 짝(疋)이 바람난 것 같아 의심함 회의

▶ 의구심 疑懼心 : 의심하고 두려워하는 마음

관련한자 의심(疑心), 의혹(疑惑), 혐의(嫌疑)

빙의되어 **엉길** 응 3급/冫 14획

빙의(冫疑, 憑依 : 영혼이 옮겨 붙음)되어 일이 순조롭지 못하고 엉김

▶ 응결핵 凝結核 : 증기가 물방울로 응결할 때에 그 중심이 되는 물질

관련한자 응고(凝固), 응집(凝集)

의석이 **거리낄** 애 2급/石 14획

아는 것이 많이 부족해 의석(疑石, 議席 : 회의하는 자리)이 거리낌

▶ 장애 障礙 : 가로막아서 거치적거려 지장이 됨

관련한자 *방애(妨礙), *애안(礙眼)

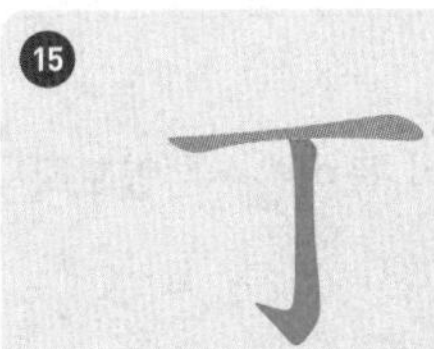

15 丁

10진법 + 묶음

고무래 · **장정** 정 4급/一 1획

못 모양을 본뜸 상형

▶ 장정 壯丁 : ① 젊고 건장한 남자 ② 군역에 소집된 남자

관련한자 병정(兵丁), 백정(白丁), *정녕(丁寧)

참고 고무래 : 곡식, 밭의 흙을 고르거나 아궁이의 재를 긁어모으는 '丁'자 모양의 기구

장정이 물가 정 2급/水 2획

장정(丁)이 물(氵)가에서 수영함

▶ 사정 沙汀 : 바닷가의 모래톱(모래사장)

관련한자 *노정(蘆汀), *정안(汀岸)

訂

말로 장정을 바로잡을 정 3급/言 2획

말(言)로 장정(丁)의 잘못을 바로잡음

▶ 정정 訂正 : 잘못을 고쳐서 바로잡음

관련한자 개정판(改訂版), 교정본(校訂本)

장정 머리의 정수리 정 3급/頁 2획

장정(丁) 머리(頁) 위의 정수리

▶ 정점 頂點 : 일이나 상황이 최고의 수준에 이른 상태

관련한자 정상(頂上), 절정(絕頂), *정문일침(頂門一鍼)

참고 정수리 : 머리 위의 숫구멍이 있는 자리

고정된 정자 정 3급/亠 7획

즐겁게 쉴 수 있도록 경치 좋은 곳에 고정(高丁, 固定 : 한 번 정한 대로 변경하지 아니함)된 정자

▶ 압구정 狎鷗亭 : '한명회'의 호

관련한자 정자(亭子), 노인정(老人亭)

참고 서울특별시 강남구 '압구정'동

사람이 정자에 머무를 정 5급/人 9획

사람(亻)이 정자(亭)에 머무름

▶ 정전 停電 : 공급되던 전기가 끊어짐

관련한자 정지(停止), 정체(停滯), 정거장(停車場)

장정 손으로 **칠** 타 5급/手 2획

장정(丁) 손(扌)으로 못(丁)을 쳐 박음

▶ 타격 打擊 : ① 때리어 침 ② 손해나 손실을 봄

관련한자 구타(毆打), 타박상(打撲傷), 반타작(半打作), 타악기(打樂器)

재물을 **쌓을** 저 5급/貝 5획

宁(쌓을 저), 장정(丁)이 열심히 일해 집(宀)안에 재물(貝)을 쌓음(宁)

▶ 저장 貯藏 : 물건이나 재화를 모아서 간수함

관련한자 저금(貯金), 저축(貯蓄), 저수지(貯水池)

면심명정 **편안** 녕 3급/宀 11획

宀(집 면)＋心(마음 심)＋皿(그릇 명)＋丁(장정 정), 면심(宀心 : 사람이름)과 명정(皿丁 : 사람이름)은 마음이 편안함 회의

▶ 안녕 安寧 : 아무 탈이나 걱정이 없이 편안함

관련한자 *정녕(丁寧), *수복강녕(壽福康寧)

장정 입은 **옳을** 가 5급/口 2획

젊은 장정(丁)의 입(口)에서 나온 진실된 말은 옳음 회의

▶ 가부 可否 : ① 옳고 그름 ② 찬성과 반대

관련한자 허가(許可), 가능(可能), 불가피(不可避)

옳은 나무 **가지** 가 2급/木 5획

옳게(可) 가르치기 위해 쓰는 나무(木)가지로 된 회초리

▶ 남가 南柯 : 남쪽으로 난 나뭇가지

관련한자 *부가(斧柯), *남가일몽(南柯一夢)

옳은 수레 · 사람이름 가 2급/車 5획

교통법규를 잘 지키며 옳게(可) 운전하는 차(車) 주인 가씨

▶ 맹가 孟軻 : 맹자(孟子)의 성명

관련한자 *가구(軻丘), *맹가돈소(孟軻敦素)

하품하듯 노래 가 7급/欠 10획

하품(欠)을 하듯이 입을 크게 벌리고 노래(哥 : 성씨, 노래 가)함

▶ 가요 歌謠 : ① 대중가요 ② 악가(樂歌)나 민요

관련한자 가수(歌手), 가곡(歌曲), 애국가(愛國歌), 가창력(歌唱力)

물가에 물 하 5급/水 5획

氵(물 하) + 可(옳을 가), 물가(氵可, 물가 : 물이 있는 곳의 가장자리)에 물이 출렁임

▶ 빙하 氷河 : 얼어붙은 강

관련한자 하천(河川), 황하(黃河), 은하수(銀河水)

옳은 사람이 어찌 하 3급/人 5획

옳은(可) 사람(亻)이 어찌 그런 행동을 …

▶ 내하 奈何 : 어찌함. 또는 어떠함

관련한자 하필(何必), *하등(何等)

풀을 어찌 멜 하 3급/艸 7획

여자가 풀(艹)을 어찌(何) 등에 멜까?

▶ 부하 負荷 : ① 짐을 짐 ② 전기를 띠게 하거나 기계의 힘을 내게 하는 부담

관련한자 하중(荷重), 하물(荷物), *적반하장(賊反荷杖)

옳은 언덕 아 3급/阜 5획

언덕(阝)을 오를 때는 옳다(可)고 할 때처럼 고개를 끄덕임

▶ 아교 阿膠 : 쇠가죽, 힘줄, 뼈 등을 끈끈하도록 진하게 고아서 말린 접착제

관련한자 아첨(阿諂), 아편(阿片), *아부(阿附), *곡학아세(曲學阿世)

크게 옳아 기특할 기 4급/大 5획

아이의 말이 크게(大) 옳아(可) 기특함

▶ 기적 奇跡 : 상식을 벗어난 기이하고 놀라운 일

관련한자 기묘(奇妙), 신기(神奇), 기발(奇拔), 기습적(奇襲的), *엽기적(獵奇的)

기이한 옥이름 기 2급/玉 8획

奇(기이할 기), 기이한(奇) 옥(玉)이름은? '기'

▶ 기뢰 琦賂 : 진귀한 보배

관련한자 *기행(琦行)

기특하게 말탈 기 3급/馬 8획

아들이 교육을 받고 기특하게(奇) 말(馬)을 잘 탐

▶ 기마병 騎馬兵 : 말을 타고 싸우는 병사

관련한자 기병대(騎兵隊), *기사도(騎士道)

집에 기특하게 부칠 기 4급/宀 8획

딸이 기특하게(奇) 집(宀)에 돈을 부침

▶ 기증 寄贈 : 돈이나 물품을 남을 위해 그냥 줌

관련한자 기여(寄與), 기부금(寄附金), 기숙사(寄宿舍), 기생충(寄生蟲)

재주 재 **마디** 촌 8급/제부수

才(재주 재), 말 재주(才)꾼의 재미있는 한마디(寸) 지사

▶ 사촌 四寸 : 어버이의 친형제 자매의 아들이나 딸

관련한자 외삼촌(外三寸), 고종사촌(姑從四寸)

村

나무촌 **마을** 촌 7급/木 3획

마을에 무성한 나무(木)가 많은 촌(寸)

▶ 강촌 江村 : 강가에 있는 마을

관련한자 농촌(農村), 촌락(村落), 판자촌(板子村), 지구촌(地球村)

討

촌말로 **칠** 토 4급/言 3획

촌말(寸言, 村말 : '시골말'의 방언)로 욕을 하며 침 회의

▶ 검토 檢討 : 사실이나 내용을 분석하여 따져 봄

관련한자 토론(討論), 토의(討議), 토벌(討伐), *난상토론(爛商討論)

守

집촌을 **지킬** 수 4급/宀 3획

집촌(宀寸, 集村 : 가옥들이 밀집하여 형성된 마을)에 도둑이 출몰하여 방범대원들이 지킴 회의

▶ 준수 遵守 : 그대로 좇아 지킴

관련한자 보수(保守), 수호(守護), 수비(守備), 수칙(守則), 고수(固守)

尋

계공구촌 **찾을** 심 3급/寸 9획

彐(돼지머리 계)＋工(장인 공)＋口(입 구)＋寸(마디 촌), 계공(彐工 : 사람이름)은 잃어버린 구촌(口寸, 九寸) 친척을 찾음 회의

▶ 심상 尋常 : 대수롭지 않고 예사로움

관련한자 *심방(尋訪), *심문(尋問)

촌사람이 줄 부 3급/人 3획

농촌에 놀러 온 도시 사람에게 촌(寸 : 마디 촌)사람(亻)이 맛보라고 찐 고구마를 줌

회의

▶납부 納付 : 세금이나 공과금을 관계 기관에 냄

관련한자 부탁(付託), 부착(付着), 발부(發付), 신신당부(申申當付)

附

부부가 붙을 부 3급/阜 5획

阝(언덕 부) + 付(줄 부), 잉꼬처럼 늘 붙어 다니는 부부(附付, 夫婦 : 결혼한 한 쌍의 남녀)

▶부수 附隨 : 주된 것이나 기본적인 것에 붙어서 따름

관련한자 부근(附近), 첨부(添附), 부록(附錄), 시한부(時限附), 기부금(寄附金)

符

죽 줄 부호 부 3급/竹 5획

산업표준심의회의 심의를 거친 제품에 죽(竹, 죽 : 동작이나 상태가 지속되는 모양)~ 줄(付) 부호는 "Ⓚ"마크

▶부호 符號 : 어떠한 뜻을 나타내기 위하여 정한 기호

관련한자 부적(符籍), *부합(符合), 면죄부(免罪符), *종지부(終止符)

집 줄 마을 부 4급/广 5획

서민들에게 임대아파트(广)를 만들어 집 줄(付) 계획을 세운 마을

▶명부 冥府 : 저승

관련한자 정부(政府), 사법부(司法府), *춘부장(春府丈)

마을의 고기가 썩을 부 3급/肉 8획

마을(府)의 고기(肉)가 오랫동안 방치되어 썩음

▶두부 豆腐 : 콩으로 만든 음식의 하나

관련한자 부패(腐敗), 진부(陳腐), 부식(腐蝕), 방부제(防腐劑)

시시촌 **벼슬** 위 2급/寸 8획

尸(주검 시)+示(보일 시)+寸(마디 촌), 시시촌(尸示寸, CC村 : 캠퍼스 커플이 많은 촌)을 잘 다스리는 벼슬아치

▶ 준위 准尉 : 준사관(準士官) 계급. 소위의 아래, 원사의 위

관련한자 대위(大尉), *부마도위(駙馬都尉)

참고 비준(批准) : 조약을 헌법상의 조약 체결권자가 최종적으로 확인 · 동의하는 절차

벼슬아치 마음을 **위로할** 위 4급/心 11획

좌천된 벼슬(尉)아치의 마음(心)을 위로함

▶ 위문 慰問 : 위로하기 위하여 문안하거나 방문함

관련한자 위로(慰勞), 위자료(慰藉料)

초시시촌 **고을이름** 울 2급/艸 11획

艹(풀 초)+尸(주검 시)+示(보일 시)+寸(마디 촌), 초시시촌(艹尸示寸 : 촌이름)에 있는 울고을

▶ 울산 蔚山 : 경상남도 동북쪽에 있는 광역시

관련한자 울진(蔚珍), 울연(蔚然), 빈울(彬蔚)

재방변 **재주** 재 6급/手 0획

扌(재방변才傍邊), 새싹이 돋아나는 모양을 나타낸 글자로 새싹이 자라나듯 사람의 능력도 클 수 있다는 데서 '재주'를 뜻함 **지사**

▶ 영재 英才 : 탁월한 재주. 또는 그런 재주를 가진 사람

관련한자 재능(才能), 천재(天才), 재질(才質)

재목 **재목** 재 5급/木 3획

才(재주 재)+木(나무 목), 건축물이나 가구 만드는 데 쓰이는 재목(才木, 材木 : 목조 건축물, 기구 등을 만드는 데 쓰이는 나무)

▶ 자재 資材 : 기본이 되는 재료

관련한자 재료(材料), 교재(教材), 목재(木材), 한약재(韓藥材)

재주로 **재물** 재 5급/貝 3획

재주(才)로 재물(貝)을 많이 모음

▶재단 財團 : 일정한 목적을 위하여 돈을 출연(出捐)하여 구성한 집단

관련한자 재벌(財閥), 재산(財産), 재물(財物), 재력가(財力家)

재주로 문 **닫을** 폐 4급/門 3획

음식 만드는 재주(才)가 좋아 주변의 경쟁 가게들이 문(門)을 닫음 회의

▶개폐 開閉 : 열고 닫음

관련한자 폐쇄(閉鎖), 밀폐(密閉), 폐막식(閉幕式)

16

10진법 + 묶음

두 사람은 일정대로 **다닐** 행 6급/제부수

두 사람(彳)은 일정(一丁, 日程 : 할 일의 계획을 날짜별로 짜 놓은 것)대로 다니며 여행함 회의

▶서행 徐行 : 사람이나 차가 천천히 감

관련한자 행위(行爲), 시행(施行), 진행(進行), 여행(旅行)

참고 자축거리다 : 다리에 힘이 없어 가볍게 다리를 절며 걷다.

수행으로 **넓을** 연 2급/行 3획

성실한 수행(氵行, 修行 : 행실, 학문, 기예 따위를 닦음)으로 마음이 넓음 회의

▶부연 敷衍 : ① 덧붙여 알기 쉽게 자세히 설명을 늘어놓음 ② 늘려서 널리 폄

관련한자 *만연(蔓衍), *반연(反衍)

衡

행각에 큰 **저울대** 형 3급/行 10획

상인의 행각(行角, 行脚 : 어떤 목적으로 여기저기 돌아다님)에 큰(大) 저울대를 항상 챙겨 다니며 물건의 무게를 수시로 잼

▶균형 均衡 : 치우침이 없이 고름

관련한자 *전형(銓衡), 형평성(衡平性)

示

둘이 작게 **보일** 시 5급/제부수

둘(二)이 작게(小) 보임, 제물을 차려 놓은 제단의 모양을 본뜸 상형

▶전시 展示 : ① 여러 가지 물건을 벌여서 보임 ② 책, 편지 등을 펼쳐서 봄

관련한자 지시(指示), 과시(誇示), 표시(表示), 게시판(揭示板)

視

보여 **볼** 시 4급/見 5획

'볼 시'(視) 한자가 보여(示) 봄(見)

▶중시 重視 : 중요시

관련한자 무시(無視), 감시(監視), 주시(注視), 시청자(視聽者)

보이는 땅에 **모일** 사 6급/示 3획

저기 보이는(示) 땅(土)에 농성으로 많은 사람들이 모임 회의

▶출판사 出版社 : 출판을 업으로 하는 회사

관련한자 회사(會社), 계열사(系列社), 제약회사(製藥會社)

대시하면 **어찌** 내 3급/大 5획

저 친구가 나에게 대시(大示, dash : 적극적으로 구애하다)하면 어찌하지~~

▶내하 奈何 : 어찌함. 또는 어떠함

관련한자 내물왕(奈勿王), *막무가내(莫無可奈)

초인빈 **차** 다(차) 3급/艸 6획

艹(풀 초)+人(사람 인)+朩(삼줄기껍질 빈), 초인빈(艹人朩 : 사람이름)은 차를 아주 좋아함

▶ 다반사 茶飯事 : 차 마시는 일이나 밥 먹는 일과 같이, 대수롭지 않은 일

관련한자 *차례(茶禮), 다과회(茶菓會)

보이는 집은 **마루** 종 4급/宀 5획

선조의 신(神)을 모시는 모습이 보이는(示) 집(宀)은 종갓집 회의

▶ 종묘 宗廟 : 역대 여러 임금의 위패를 모시는 왕실의 사당

관련한자 종교(宗敎), 종주국(宗主國), 세종대왕(世宗大王)

옥마루 **옥홀** 종 2급/玉 8획

玉(구슬 옥)+宗(마루 종), 마루(宗)처럼 최상의 옥(玉)으로 옥홀을 만듦

▶ 종쟁 琮琤 : ① 옥이나 돌이 부딪쳐 나는 소리 ② 맑은 샘물이 흐르는 소리

참고 옥홀(玉笏) : 제후가 조회할 때 천자가 지니던 옥으로 만든 홀

실종되어 **모을** 종 2급/糸 8획

糸(실 사)+宗(마루 종), 사람이 실종(糸宗, 失踪 : 간 곳이나 생사를 알 수 없게 사라짐)된 사건 현장에서 증거를 찾아 모음

▶ 종합반 綜合班 : 입시 학원에서, 여러 과목을 모두 맡아 가르쳐 주는 반

관련한자 *종핵(綜核)

산마루가 **높을** 숭 4급/山 8획

산마루(山宗)가 높음

▶ 숭상 崇尙 : 높이어 소중하게 여김

관련한자 숭배(崇拜), 숭례문(崇禮門)

고기가 또 보이는 **제사** 제 4급/示 6획

고기가(肉) 또(又) 보이는(示) 제사상 회의

▶제사 祭祀 : 신령이나 죽은 사람의 넋에게 음식을 차려 정성을 표하는 의식

관련한자 축제(祝祭), 제기(祭器), 기우제(祈雨祭), 영화제(映畫祭)

언덕제사 **즈음 · 가(邊)** 제 4급/阜 11획

언덕(阝)에서 제사(祭) 모실 즈음

▶국제 國際 : ① 나라와 나라 사이의 관계 ② 세계 여러 나라에 공통적인 것

관련한자 교제(交際), 실제적(實際的)

제초하는 **성** 채 2급/艸 11획

제사(祭)를 모실 때 먼저 묘소에서 제초(祭艹, 除草 : 잡초를 뽑아 없앰)하는 채씨

▶채만식 蔡萬植 : 풍자성(당시 지식인 사회의 고민과 약점을 풍자)이 짙은 작품을 많이 발표한 우리나라의 소설가

관련한자 *채동지(蔡同知)

집 제사를 **살필** 찰 4급/宀 11획

집(宀) 안의 제사(祭)를 살핌

▶성찰 省察 : 자신의 일을 반성하며 깊이 살핌

관련한자 관찰(觀察), 검찰(檢察), 통찰력(洞察力), 경찰관(警察官)

10진법 + 묶음

방패 간 어조사 우 3급/二 1획

干(방패 간), 활을 만드는 데 사용되는 틀(대막대기의 양쪽 끝을 고정시켜 중간을 굽힘) 모양을 본뜸 상형

▶우선 于先 : 무엇보다도 먼저

관련한자 *우금(于今), *지우금일(至于今日)

집 우 집 우 3급/宀 3획

宀(집 면) + 于(어조사 우), 큰(于) 집(宀)인 우주

▶우주 宇宙 : 무한한 시간과 만물을 포함하고 있는 끝없는 공간

관련한자 *범우(梵宇), *궁우(宮宇)

성 김 나 여 3급/人 5획

金(쇠 금, 성 김), 나(余)는 김(金)씨 상형

▶여등 余等 : 우리들

관련한자 *여월(余月), *여배(余輩)

餘

내 밥이 남을 여 4급/食 7획

내(余) 밥(飠)이 먹고 남음

▶여유 餘裕 : ① 넉넉하고 남음이 있음 ② 성급하지 않고 너그럽게 생각하는 마음

관련한자 여백(餘白), 여지(餘地), 여력(餘力), 여가(餘暇), 잉여금(剩餘金)

두 사람이 나에게 **천천할** 서 3급/彳 7획

두 사람(彳)이 나(余)에게 천천히 옴

▶ 서행 徐行 : 사람이나 차가 천천히 감

관련한자 *서서(徐徐), 서보(徐步), *서라벌(徐羅伐)

참고 항렬(行列) : 친족 집단 안에서, 세대 관계를 나타내는 서열

내가 쳐서 **펼** 서 3급/攴 7획

내(余)가 다듬이질로 옷감의 구김을 쳐서(攴) 폄

▶ 서사시 敍事詩 : 역사적 사건과 관련된 신화나 전설 또는 영웅의 사적 등을 서사적으로 읊은 장시

관련한자 서술(敍述), 자서전(自敍傳)

착 나의 **길** 도 3급/辵 7획

착(辶) 꿈을 향해 나(余)의 길을 감

▶ 용도 用途 : 쓰이는 방식. 또는 쓰이는 곳

관련한자 별도(別途), 도중(途中), 방도(方途), 중도금(中途金)

물여 흙 **칠할** 도 3급/土 10획

涂(칠할 도, 길 도), 개한테 물여(氵余, 물리다 : 상처가 날 만큼 이빨로 세게 눌림을 당함) 얼굴에 흙(土)칠 함

▶ 도장 塗裝 : 부식을 막고 모양을 내기 위해 칠감을 물건의 겉면에 칠하거나 바름

관련한자 도배(塗褙), 도료(塗料), *도벽사(塗壁師), *간뇌도지(肝腦塗地)

언덕의 나는 **덜** 제 4급/阜 7획

언덕(阝)의 나(余)는 자연과 함께 마음의 짐을 덞

▶ 제대 除隊 : 현역 군인이 만기 또는 그 밖의 사유로 군대 복무가 해제됨

관련한자 배제(排除), 제외(除外), 삭제(削除), 제거(除去), 면제(免除)

나두 비낄 사 3급/斗 7획

친구와 마찬가지로 나두(余斗) 비스듬히 비껴 서 있음

▶사선 斜線 : 비스듬하게 비껴 그은 줄. '빗금'

관련한자 경사(傾斜), *사양산업(斜陽産業)

나 여 쇠 금 / 성 김 8급/제부수

余(나 여), 나(余)는 김(金)씨

▶금괴 金塊 : 금덩이

관련한자 세금(稅金), 임금(賃金), 금융(金融), *견금여석(見金如石)

터럭 모 손 수 7급/제부수

毛(터럭 모), 유독 손(手)에 털(毛)이 많은 사람 상형

▶박수 拍手 : 두 손뼉을 마주 두드림

관련한자 수단(手段), 실수(失手), 수첩(手帖), 착수(着手), 수술(手術)

손을 눈으로 볼 간 4급/目 4획

여자친구의 예쁜 손(手)을 눈(目)으로 봄 회의

▶간호 看護 : 환자나 노약자를 보살펴 돌봄

관련한자 간판(看板), 간주(看做), 간파(看破), 간과(看過)

두 손 모아 절 배 4급/手 5획

두 손(手手)을 모으고 몸을 아래로 구부려서 절함 회의

▶배알 拜謁 : 지위가 높거나 존경하는 사람을 찾아가 뵘

관련한자 세배(歲拜), 참배(參拜), 숭배(崇拜)

손 수 **터럭** 모 4급/제부수

手(손 수), 유독 손(手)에 털(毛)이 많은 사람 상형

▶ 모발 毛髮 : 사람의 몸에 난 온갖 털. 머리카락

관련한자 모피(毛皮), 불모지(不毛地), 모세관(毛細管), 발모제(發毛劑)

참고 터럭 : 사람이나 길짐승의 몸에 난 길고 굵은 털

수ㅛ일 **드리울** 수 3급/土 5획

手(손 수)+ㅛ+一(한 일), 일기예보를 보니 이번 주 수요일(手ㅛ一)날 먹구름이 드리움

▶ 현수막 懸垂幕 : 선전문이나 구호문을 적어 매단 천

관련한자 수직선(垂直線), *솔선수범(率先垂範)

눈에 드리운 **졸음** 수 3급/目 8획

눈(目)에 드리운(垂) 졸음

▶ 수면 睡眠 : 잠을 잠

관련한자 *수벽(睡癖), *혼수상태(昏睡狀態)

고을에 드리운 **우편** 우 4급/邑 8획

고을(阝)에 드리워져(垂) 배달된 우편물 회의

▶ 우체국 郵遞局 : 전신, 우편, 소포, 체신 예금 등을 맡아봄

관련한자 우표(郵票), 우편배달(郵便配達)

초일초일십 **빛날** 화 4급/艸 8획

⺾(풀 초)+一(한 일)+⺾(풀 초)+一(한 일)+十(열 십), 초일(⺾一 : 사람이름)~ 초일은 10(十)번 시민상을 받아 빛남 회의

▶ 화촉 華燭 : 밀랍으로 만들어 색깔을 들인 초. 흔히 결혼식에 사용함

관련한자 화려(華麗), 영화(榮華), 호화(豪華), 축화혼(祝華婚)

여자가 빛나 탐스러울 화 2급/女 12획

여자(女)가 빛나게(華) 아름다워 탐스러움

樺

빛나는 나무 벗나무 · 자작나무 화 2급/木 12획

나무(木)색이 빛나게(華) 하얀 자작나무

▶ 화촉 樺燭 : 자작나무 껍질로 만든 초

관련한자 *백화(白樺), *화목(樺木), *화피전(樺皮廛)

참고 화촉(華燭) : 빛깔을 들인 밀초. 흔히 혼례 의식에 쓰임

불이 빛날 엽 2급/火 12획

불(火)꽃이 빛남(華)

▶ 엽엽 燁燁 : 빛나는 모양

관련한자 엽연(燁然)

전초일십 마칠 필 3급/田 6획

田(밭 전)+艹(풀 초)+一(한 일)+十(열 십), 전초일(田艹一 : 사람이름)은 강연 전에 10(十)번 예행연습을 마침 상형

▶ 필경 畢竟 : 끝장에 가서는, 결국에는

관련한자 완필(完畢), 필독(畢讀), 검사필(檢査畢)

관련한자 뜻풀이

ㄱ

- **가공인물(架空人物)** : 실존하지 않고 만들어 낸 인물
- **가구(軻丘)** : 공자와 맹자
- **가금(家禽)** : 집에서 기르는 날짐승
- **가담항설(街談巷說)** : ① 거리나 항간에 떠도는 소문 ② 세상 사람들 사이에 떠도는 이야기
- **가대(家垈)** : 집의 터전
- **가문(家門)** : 집안
- **가배절(嘉俳節)** : 추석날, 한가윗날
- **가붕(佳朋)** : 좋은 벗
- **가압(家鴨)** : 집오리
- **가옹(家翁)** : 집주인
- **가화만사성(家和萬事成)** : 집안이 화목하면 모든 일이 잘됨
- **가희(歌姬)** : 여자 가수를 우아스럽게 이르는 말
- **각고면려(刻苦勉勵)** : 고생을 무릅쓰고 부지런히 노력함
- **각골명심(刻骨銘心)** : 마음속 깊이 새겨 둠
- **각기병(脚氣病)** : 비타민 B의 부족으로 다리가 붓는 병
- **각신(恪愼)** : 조심함. 삼감
- **각응(角鷹)** : 매
- **각자도생(各自圖生)** : 사람은 제각기 살아갈 방법을 도모함
- **간구(艱苟)** : 가난하고 구차함
- **간뇌도지(肝腦塗地)** : ① 간과 뇌장을 땅에 쏟아냄 ② 나라를 위하여 목숨을 돌보지 않고 힘을 다함
- **간담상조(肝膽相照)** : 서로 마음을 터놓고 친밀히 사귐
- **간담회(懇談會)** : 정답게 서로 이야기를 나누는 모임
- **간상세포(杆狀細胞)** : 눈의 망막에 있는 막대 모양의 세포
- **간여(干與)** : 간섭하여 참여함
- **간장(肝臟)** : 간(肝)
- **간초(艱楚)** : 간난과 고초
- **간통죄(姦通罪)** : 배우자가 있는 사람이 배우자가 아닌 사람과 성적 관계를 맺어 성립하는 범죄
- **갈근(葛根)** : 칡의 뿌리
- **갈이천정(渴而穿井)** : 목이 말라야 비로소 샘을 팜 ① 일이 지나간 뒤에는 아무리 서둘러 봐도 아무 소용이 없음 ② 자기가 급해야 서둘러서 일을 함
- **감개무량(感慨無量)** : 그지없도록 마음속 깊이 스며드는 느낌
- **감과(甘瓜)** : 참외
- **감람(甘藍)** : 양배추
- **감률(甘栗)** : 단밤
- **감리(監吏)** : 감독하는 관리
- **감상(鑑賞)** : 예술 작품을 즐기고 평가함
- **감정(憾情)** : 원망하거나 성내는 마음
- **감조(減租)** : 조세를 줄임
- **감탄고토(甘呑苦吐)** : ① 달면 삼키고 쓰면 뱉음 ② 자신의 비위에 따라서 사리의 옳고 그름을 판단함
- **갑남을녀(甲男乙女)** : ① 갑이란 남자와 을이란 여자 ② 평범한 사람들
- **강간죄(强姦罪)** : 부녀자를 간음함으로써 성립하는 범죄
- **강건(康健)** : 기력이 튼튼함
- **강교(江郊)** : 강이 있는 교외
- **강돈(江豚)** : 돌고래
- **강부(岡阜)** : 언덕
- **개과천선(改過遷善)** : 지난날의 잘못을 고치어 착하게 됨
- **개기일식(皆旣日蝕)** : 태양이 달의 그림자에 완전히 가린 상태
- **개선장군(凱旋將軍)** : ① 싸움에서 이기고 돌아온 장군 ② 일에 성공하여 의기양양한 사람
- **개연성(蓋然性)** : 확실하지 않으나 아마 그럴 것이라고 생각되는 성질
- **개천철산(价川鐵山)** : 평안남도 개천군 중서면에 있는 철광산
- **거동궤서동문(車同軌書同文)** : 여러 지방의 수레의 너비를 같게 하고 글은 같은 글자를 쓰게 한다는 의미로 천하가 통일된 상태를 뜻함
- **거로가(去魯歌)** : 공자가 그의 조국인 노(魯)나라를 떠날 때 지은 노래
- **건곤일척(乾坤一擲)** : ① 하늘이냐 땅이냐를 한 번 던져서 결정 ② 운명을 걸고 단판걸이로 승부를 겨룸
- **걸걸(桀桀)** : 무성한 모양
- **걸견폐요(桀犬吠堯)** : 걸왕의 개가 요임금을 향하여 짖는다는 뜻으로, 곧 각자 자기의 주인에게 충성을 다한다는 의미
- **검년(儉年)** : 곡식이 잘 여물지 않아 소출이 적은 해
- **게송(偈頌)** : 부처의 공덕을 찬미하는 노래
- **격분(激奮)** : 몹시 흥분함
- **견갑이병(堅甲利兵)** : 견고한 갑옷과 날카로운 병기란 뜻으로 강한 군대를 비유
- **견과류(堅果類)** : 외피가 단단하고 식용 부위는 곡류나 두류처럼 떡잎으로 된 것으로 밤 · 호두 · 잣 등

- **견금여석(見金如石)** : 황금 보기를 돌같이 함 ① 지나친 욕심을 절제함 ② 대의를 위해서 부귀영화를 돌보지 않음
- **견리사의(見利思義)** : 눈앞의 이익을 보면 의리를 먼저 생각함
- **견물생심(見物生心)** : 물건을 보면 욕심이 생김
- **견별(甄別)** : 뚜렷하게 나눔
- **견본쇄(見本刷)** : 견본으로 사용하기 위한 인쇄
- **견사(絹絲)** : 누에고치에서 뽑은 명주실
- **견외(遣外)** : 외국에 내보냄
- **견잠(繭蠶)** : 고치를 지은 누에
- **견탁(甄擢)** : 살펴 뽑아 씀
- **결가부좌(結跏趺坐)** : 먼저 오른발을 왼편 넓적다리 위에 놓고, 왼발을 오른편 넓적다리 위에 놓고 앉음
- **결언(缺焉)** : 있어야 할 것이 없거나 모자람
- **결자해지(結者解之)** : 자기가 저지른 일은 자기가 해결하여야 함
- **겸양지덕(謙讓之德)** : 겸손하게 사양하는 미덕
- **경국지색(傾國之色)** : 임금이 혹하여 나라가 기울어져도 모를 정도의 미인
- **경단(瓊團)** : 찹쌀가루나 찰수수 따위의 가루를 반죽하여 밤톨만 한 크기로 동글동글하게 빚어 끓는 물에 삶아 낸 후 고물을 묻히거나 꿀이나 엿물을 바른 떡
- **경락(經絡)** : 전신의 기혈(氣血)을 운행하고 각 부분을 조절하는 통로
- **경복(庚伏)** : 여름 중(中) 가장 더울 때, 삼복(三伏)을 달리 일컫는 말
- **경부선(京釜線)** : 서울과 부산 사이에 운행되는 철도
- **경술국치(庚戌國恥)** : 국권피탈을 경술년에 당한 나라의 수치
- **경야(竟夜)** : 밤새도록
- **경일(頃日)** : 지난번
- **경조(景祚)** : 커다란 행복
- **경칩(驚蟄)** : 24절기의 하나. 양력 3월 5일경으로, 벌레가 겨울잠에서 깨어나는 때라고 함
- **경포(驚怖)** : 놀라고 두려워함
- **계기(契機)** : 일이 일어나거나 결정되는 근거
- **계류(繫留)** : 붙잡아 매어 놓음
- **계소(繼紹)** : 받아 계승함
- **계시(啓示)** : ① 깨우쳐 보여줌 ② 진리를 신(神)이 가르쳐 알게 함
- **계장(係長)** : 회사의 한 계의 책임자
- **계획(計劃/計畫)** : 앞으로 할 일의 절차, 방법, 규모 등을 미리 헤아려 구상함
- **고가도로(高架道路)** : 도회지의 교통의 혼잡을 완화시키기 위하여 지상에 높은 지대를 건설하여 도로를 만들고, 차량을 통행하게 하는 고속도로의 한 가지
- **고관대작(高官大爵)** : 지위가 높은 큰 벼슬자리
- **고두사죄(叩頭謝罪)** : 머리를 조아리며 잘못을 빎
- **고무적(鼓舞的)** : 용기와 의욕을 북돋아 주는 것
- **고문(叩門)** : 남을 찾아가서 문을 두드림
- **고문관(顧問官)** : ① 정부에서 고문(顧問)으로 쓰는 사람 ② 바보의 속어
- **고배(苦杯)** : ① 쓴 즙을 담은 잔 ② 쓰라린 경험
- **고배(叩拜)** : 무릎을 꿇고 절함
- **고사(告祀)** : 일, 또는 집안이 잘 되기를 바라며 지내는 제사
- **고수부지(高水敷地)** : 큰물이 날 때에만 물에 잠기는 강이나 시내의 터
- **고용(雇用)** : 삯을 주고 사람을 부림
- **고월(皐月)** : 음력 오월
- **고인(賈人)** : 장사하는 사람
- **고자(孤雌)** : 생식기관이 불완전한 남자
- **고장난명(孤掌難鳴)** : 외손뼉은 울릴 수 없음 ① 혼자서는 어떤 일을 이룰 수 없음 ② 상대 없이는 싸움이 일어나지 않음
- **고적대(鼓笛隊)** : 주로 행진에서 북과 피리들로만 이루어진 음악대
- **고진감래(苦盡甘來)** : 고생 끝에 즐거움이 옴
- **고찰(古刹)** : 옛 사찰
- **고첨(顧瞻)** : 두루 돌아봄
- **곡성(哭聲)** : 슬피 우는 소리
- **곡학아세(曲學阿世)** : 바른 길에서 벗어난 학문으로 세상 사람에게 아첨함
- **곤계(昆季)** : 형제(兄弟)
- **곤위(坤位)** : 부인(婦人)의 무덤이나 신주(神主)
- **곤제(昆弟)** : 형과 아우
- **곤태(困殆)** : 곤란하고 위태로움
- **골계가(滑稽家)** : 익살꾼
- **골동포(骨董鋪)** : 골동품을 파는 가게
- **공갈(恐喝)** : ① 공포심을 자아내게 하려고 을러서 무섭게 함 ② 거짓말
- **공교(工巧)** : 솜씨나 재치가 있고 교묘함

- 공란(空欄) : 지면(紙面)에 비어 있는 칸
- 공물(貢物) : 조정(朝廷)에 바치는 물건
- 공부(工夫) : 학문이나 기술을 닦는 일
- 공양미(供養米) : 부처에게 공양으로 바치는 쌀
- 공염불(空念佛) : 말만 앞세우고 실제가 없음
- 공유(恭惟) : 삼가 공경하고 생각함
- 공하신희(恭賀新禧) : 근하신년(謹賀新年 : 삼가 새해의 복을 비는 인사말)
- 공호(空濠) : 물이 없는 못
- 과공비례(過恭非禮) : 지나친 공손은 오히려 예의에 벗어남
- 과대망상(誇大妄想) : 턱없이 과장하여 엉뚱하게 생각함
- 과류(過謬) : 실수나 부주의 등으로 인한 잘못
- 과모(戈矛) : 창
- 과병(戈兵) : 무기
- 과순(戈盾) : 창과 방패
- 과외(課外) : 정해진 과정(課程) 이외에 하는 공부
- 과유불급(過猶不及) : 모든 사물이 정도를 지나치면 도리어 안한 것만 못함. 중용(中庸)
- 관계망상(關係妄想) : 근거 없는 일을 자기에게 관계 지으려는 망상
- 관대(寬待) : 너그럽게 대접함
- 관대(寬大) : 마음이 너그럽고 큼
- 관비(官婢) : 관가(官家)의 계집종
- 관서(寬恕) : 너그럽게 용서함
- 관시(串柿) : 곶감
- 관왕묘(關王廟) : 관우(關羽)의 영을 모신 사당
- 관창(寬敞) : 앞이 탁 트여 넓음
- 관포지교(管鮑之交) : 옛날 중국의 관중(管仲)과 포숙(鮑叔)처럼 우정이 아주 돈독한 친구 관계
- 광요(光耀) : ① 광채 ② 빛남
- 광필(光弼) : 크게 도움
- 괴려(乖戾) : 사리(事理)에 어그러져 온당하지 않음
- 괴산군(槐山郡) : 충청북도 중앙 동부에 위치한 군
- 교각살우(矯角殺牛) : 잘못된 점을 고치려다가 정도가 지나쳐 오히려 일을 그르침
- 교답미(喬答彌) : 석가(釋迦)의 숙모
- 교사(巧詐) : 교묘한 수단으로 남을 속임
- 교살(絞殺) : 목을 매어 죽임
- 교악(喬嶽) : 높은 산
- 교언영색(巧言令色) : 아첨하는 말과 알랑거리는 태도
- 교착(膠着) : 단단히 달라붙음
- 교칠지교(膠漆之交) : ① 아교와 옻의 사귐 ② 매우 친밀한 사귐
- 구경(究竟) : ① 궁극 ② 사리(事理)의 마지막
- 구구절절(句句節節) : 한 구절 한 구절마다
- 구두점(句讀點) : 글을 마치거나 쉴 때 찍는 마침표와 쉼표
- 구로(鷗鷺) : 갈매기와 해오라기
- 구마(臼磨) : 절구
- 구명도생(苟命圖生) : 구차스럽게 겨우 목숨만을 보전하며 부질없이 살아감
- 구미초(狗尾草) : 강아지풀
- 구민(九旻) : 맑게 갠 가을 하늘
- 구밀복검(口蜜腹劍) : 입으로는 달콤함을 말하나 뱃속에는 칼을 감추고 있다는 뜻으로 겉으로는 친절하나 마음속은 음흉함을 가리킴
- 구순(口脣) : ① 입과 입술 ② 입술
- 구아(歐亞) : 구라파(유럽)와 아시아
- 구우일모(九牛一毛) : 매우 많은 것 가운데 극히 적은 수
- 구육(狗肉) : 개고기
- 구은(九垠) : 천지(天地)의 끝. 구천의 끝
- 구절양장(九折羊腸) : ① 아홉 번 꺾어진 양의 창자 ② 꼬불꼬불한 험한 길 ③ 세상이 복잡하여 살아가기 어려움
- 구존(俱存) : 부모가 모두 살아 계심
- 구총(丘冢) : 무덤
- 구풍(歐風) : 서양식, 유럽식
- 국빈(國賓) : 나라의 손님으로 우대를 받는 외국 사람
- 국양(鞠養) : 양육
- 국자(鞠子) : 어린아이
- 국조(國祚) : 국운(國運)
- 국희(局戱) : 판을 차리고 마주 향(向)하여 하는 놀이를 뜻하는 말로 바둑 · 장기 같은 것
- 군계일학(群鷄一鶴) : 무리 지어 있는 닭 가운데 있는 한 마리의 학이란 뜻으로 여러 평범한 사람들 가운데 있는 뛰어난 한 사람을 비유
- 군수(郡守) : 군청의 으뜸 벼슬
- 굴신성(屈伸性) : 굽히고 펴고 하는 성질
- 궁구(窮究) : 속속들이 깊이 연구함
- 궁상각치우(宮商角徵羽) : 동양 음악의 오음(五音)
- 궁수(弓手) : 활을 쏘는 사람이나 군사
- 궁술대회(弓術大會) : 활쏘기 대회

- 궁시(弓矢) : 활과 화살
- 궁우(宮宇) : 궁궐
- 궁장(宮庄) : 궁전(宮田)
- 궁현(弓弦) : 활시위
- 권두언(卷頭言) : 책의 머리말
- 권선징악(勸善懲惡) : 착한 일을 권장하고 악한 일을 징계함
- 궐각(厥角) : 이마를 땅에 대고 절을 함
- 귀감(龜鑑) : 거울로 삼아 본받을 만한 모범
- 귀복(龜卜) : 거북점
- 귀추(歸趨) : 사람의 마음이나 사물의 돌아가는 형편
- 규방(閨房) : 안방
- 규복(圭復) : 남에게서 온 편지를 몇 번이나 되풀이해서 읽음
- 규애(閨愛) : 윗사람의 딸을 높여 이르는 말
- 규전(圭田) : ① 이등변삼각형으로 된 논밭 ② 수확물로 제사를 드리는 밭
- 근검절약(勤儉節約) : 부지런하고 알뜰하게 재물을 아낌
- 근근(僅僅) : 겨우
- 근묵자흑(近墨者黑) : ① 먹을 가까이하면 검어짐 ② 나쁜 사람을 가까이하면 그 버릇에 물들기 쉬움
- 근하신년(謹賀新年) : 삼가 새해를 축하한다는 인사말
- 근화일일(槿花一日) : ① 무궁화는 아침에 피었다가 저녁에 짐 ② 덧없는 영화(榮華)
- 금강찬(金剛鑽) : 금강사(金剛砂)의 다른 이름
- 금단(今旦) : 오늘 아침
- 금백(金帛) : 금과 비단
- 금상첨화(錦上添花) : ① 비단 위에 꽃을 더함 ② 좋은 일 위에 더 좋은 일이 더하여짐
- 금석맹약(金石盟約) : 쇠와 돌같이 굳게 맹세하여 맺은 약속
- 금석지감(今昔之感) : 지금과 옛날을 비교할 때 차이가 매우 심하여 느껴지는 감정
- 금수강산(錦繡江山) : 비단에 수를 놓은 것처럼 아름다운 산천을 뜻하는 말로 우리나라의 산천을 비유
- 금슬지락(琴瑟之樂) : 거문고와 비파의 조화로운 소리란 뜻으로 부부 사이의 다정하고 화목한 즐거움을 나타내는 말
- 금지옥엽(金枝玉葉) : ① 금 가지에 옥 잎사귀란 뜻으로 임금의 자손이나 집안을 가리킴 ② 귀한 자손
- 금착(擒捉) : 사로잡음
- 급서(急舒) : 급함과 완만함
- 긍각(兢恪) : 두려워하고 삼감
- 긍고(亘古) : 옛날에까지 걸침
- 긍구(兢懼) : 삼가고 두려워하는 것
- 긍서(矜恕) : 가엾게 여기어 용서함
- 기거(箕踞) : 두 다리를 뻗고 앉음
- 기근(畿近) : 경기도 부근
- 기년(耆年) : 예순 살이 넘은 나이
- 기린(騏驎) : 하루에 천 리를 달린다는 말
- 기린아(麒麟兒) : 슬기와 재주가 남달리 뛰어난 젊은이
- 기마(驥馬) : 천리마
- 기망(冀望) : 희망
- 기불(豈不) : 어찌 ~않으랴
- 기사(棋士) : 바둑이나 장기를 잘 두는 사람 또는 바둑을 직업으로 삼아 두는 사람
- 기사근생(幾死僅生) : 거의 죽을 뻔하다가 겨우 살아남
- 기사도(騎士道) : 중세 유럽에서, 기사로서 지켜야 했던 도덕
- 기석(棋石) : 바둑돌
- 기성(箕城) : 평양(平壤)의 옛 이름
- 기수(琪樹) : ① 옥처럼 아름다운 나무 ② 눈이 많이 쌓인 나무의 모양
- 기수(箕叟) : 늙은이
- 기애(耆艾) : 노인
- 기역(其亦) : 그 역시
- 기치(棋峙) : 죽 벌여 섬
- 기하학(幾何學) : 도형 및 공간의 성질에 대하여 연구하는 학문
- 기행(琦行) : 기이한 행동
- 기호학파(畿湖學派) : 성리학(性理學)의 한 파
- 기화요초(琪花瑤草) : 옥같이 고운 풀에 핀, 구슬같이 아름다운 꽃
- 기회(幾回) : 몇 번
- 길흉화복(吉凶禍福) : 사람의 운수(運數)

ㄴ

- 나락(那落) : ① 불교에서 지옥을 이르는 말 ② 벗어나기 어려운 절망적 상황
- 나전어(羅甸語) : 라틴어(Latin語)

• **나철(羅喆)** : 대종교의 초대 교주 · 독립운동가
• **나파륜(拿破崙)** : 나폴레옹
• **낙락목목(落落穆穆)** : 성격이 원만하여 모남이 없음
• **낙루(落淚)** : 눈물을 흘림
• **낙성대(落星垈)** : 서울특별시 관악구에 있는 강감찬 장군의 출생지
• **난무(亂舞)** : ① 어지럽게 마구 추는 춤 ② 옳지 않은 것이 함부로 나타남
• **난상토론(爛商討論)** : 낱낱이 들어 잘 토의함
• **난의포식(暖衣飽食)** : 옷을 따뜻이 입고 음식을 배부르게 먹는다는 뜻으로 의식 걱정이 없는 편한 생활을 가리킴
• **난지도(蘭芝島)** : 서울특별시 마포구 한강 하류에 있는 범람원(汎濫原)
• **난형난제(難兄難弟)** : 누가 더 낫다고 할 수 없을 정도로 서로 비슷함
• **남가일몽(南柯一夢)** : ① 남쪽으로 뻗은 나뭇가지 아래의 꿈 ② 덧없는 꿈이나 부귀영화
• **남부여대(男負女戴)** : ① 남자는 짐을 등에 지고, 여자는 짐을 머리에 임 ② 가난한 사람이나 재난을 당한 사람들이 살 곳을 찾아 이리저리 떠돌아다님
• **납북(拉北)** : 북쪽으로 납치해 감
• **낭가(娘家)** : 어머니의 친정
• **내동헌(内東軒)** : 지방 관아의 안채
• **내물왕(奈勿王)** : 신라(新羅) 열일곱째 임금
• **내알(内謁)** : 은밀히 뵘
• **내후(乃後)** : 자손(子孫)
• **노류장화(路柳墻花)** : 길가의 버들과 담 밑의 꽃은 누구나 쉽게 만지고 꺾을 수 있다는 의미로 기생(妓生)을 가리키는 말
• **노목(努目)** : 성을 내어 눈을 부라림
• **노생지몽(盧生之夢)** : 한때의 헛된 부귀영화
• **노양(老孃)** : 혼기(婚期)가 지난 여자
• **노어지류(魯魚之謬)** : 노(魯)와 어(魚)는 글자 모양이 비슷해 틀리기 쉽다는 뜻으로 글자를 잘못 쓰는 일을 말함
• **노육(努肉)** : 굳은살
• **노익장(老益壯)** : 늙었지만 의욕이나 기력은 점점 좋아짐
• **노인장(老人丈)** : 노인을 높여 이르는 말
• **노정(蘆汀)** : 갈대가 뒤덮인 물가
• **노질(駑質)** : 둔하고 미련한 성질
• **녹림호걸(綠林豪傑)** : 푸른 숲 속에 사는 호걸이란 뜻으로 불한당이나 화적을 이르는 말
• **농기계(農機械)** : 전쟁에 쓰이는 기구
• **농성(籠城)** : 데모대들의 시위
• **농장지경(弄璋之慶)** : 아들을 낳은 기쁨
• **뇌수(腦髓)** : 뇌, 뇌파(腦波), 뇌리(腦裏), 뇌진탕(腦震蕩)
• **누누이(屢屢-)** : 여러 번 반복함
• **누란지위(累卵之危)** : 알을 쌓아 놓은 듯한 매우 위태로운 형세
• **누회(屢回)** : 여러 차례, 누일(屢日)
• **눌언민행(訥言敏行)** : 말은 느려도 실제 행동은 재빠르고 능란함
• **늑골(肋骨)** : 갈비뼈
• **능수능란(能手能爛)** : 일에 익숙하고 솜씨가 좋음

ㄷ

• **다과회(茶菓會)** : 차와 과자 등을 베푸는 간단한 모임
• **다기망양(多岐亡羊)** : 두루 섭렵하기만 하고 전공이 없어 끝내 성취하지 못함
• **다비소(茶毘所)** : 화장터(火葬-)
• **다사다망(多事多忙)** : 일이 많아 몹시 바쁨
• **다전선고(多錢善賈)** : 밑천이 많은 사람이 장사도 잘함
• **단규(端揆)** : 우의정(右議政)
• **단모(旦暮)** : 아침 저녁
• **단목(檀木)** : 박달나무
• **단서(端緖)** : 어떤 일이나 사건을 풀어나갈 수 있는 실마리
• **단순호치(丹脣皓齒)** : 붉은 입술과 하얀 이라는 뜻으로 미인(美人)의 얼굴을 가리킴
• **단정학(丹頂鶴)** : 두루미
• **단청(丹靑)** : 집의 벽, 기둥, 천장 등에 여러 가지 빛깔로 그림과 무늬를 그림
• **단취력(團聚力)** : 단결력
• **담수(潭水)** : 깊은 못이나 늪의 물
• **답보(踏步)** : 제자리걸음
• **당구풍월(堂狗風月)** : 서당 개 3년에 풍월(風月)을 한다는 뜻으로 오래 보고 듣고 하면 자연히 할 줄 알게 된다는 의미
• **당지자(當之者)** : 그 일에 당한 사람
• **대기만성(大器晩成)** : 큰 그릇을 만드는 데는 시간이 오래 걸린다는 뜻으로, 크게 될 사람은 늦게 이루어짐
• **대대손손(代代孫孫)** : 대대로 이어오는 자손

- **대동여지도(大東輿地圖)** : 철종(哲宗) 12년에 김정호(金正浩)가 27년간 전국을 직접 답사한 후 작성
- **대량(大樑)** : 대들보
- **대만(臺灣)** : 중화민국(中華民國)의 속칭
- **대부도(大阜島)** : 경기도 서해의 남양 반도 서쪽의 섬
- **대붕(大鵬)** : 붕새
- **대오각성(大悟覺醒)** : 크게 깨달아서 번뇌, 의혹이 다 없어짐
- **대웅성(大熊星)** : 큰곰별
- **대응(大鷹)** : 큰말똥가리. 수릿과의 새
- **대저(大抵)** : 대체로 보아서
- **대처승(帶妻僧)** : 살림을 차리고 처와 가족을 거느린 승려
- **대춘지수(大椿之壽)** : 장수(長壽)
- **대판(大阪)** : 오오사카
- **대한불갈(大旱不渴)** : 샘, 내, 못 등이 물이 넉넉하여 아무리 가물어도 마르지 아니함
- **덕불고필유린(德不孤必有隣)** : 덕이 있으면 따르는 사람이 있으므로 외롭지 않음
- **도규술(刀圭術)** : 병이나 상처를 치료하는 기술
- **도망시(悼亡詩)** : 죽은 아내를 슬퍼해서 지은 시
- **도벽사(塗壁師)** : 도배를 전문으로 삼는 사람
- **도열병(稻熱病)** : 벼 종류에 많이 나는 병의 한 가지
- **도첨(刀尖)** : 칼의 끝
- **도출(挑出)** : 시비를 일으키거나 싸움을 돋움
- **독서백편의자현(讀書百遍義自見)** : 뜻이 어려운 글도 자꾸 되풀이하여 읽으면, 그 뜻을 스스로 깨우쳐 알게 됨
- **독야청청(獨也靑靑)** : 홀로 푸르다는 의미로 홀로 높은 절개를 지켜 늘 변함이 없음을 이르는 말
- **독일(獨逸)** : 중부 유럽을 차지하는 나라
- **돈덕(惇德)** : 도타운 덕행
- **돈오(頓悟)** : 갑자기 깨달음
- **돈의문(敦義門)** : 속칭(俗稱)은 서대문
- **돈혜(惇惠)** : 두터운 은혜
- **돈후(敦厚)** : ① 인정이 두터움 ② 친절하고 정중함
- **돌궐(突厥)** : 6세기 중엽 알타이 산맥 부근에서 일어나 약 2세기 동안 몽골 고원에서 중앙아시아에 걸친 지역을 지배한 터키계 유목 민족
- **동가홍상(同價紅裳)** : ① 같은 값이면 다홍치마 ② 같은 조건이라면 좀 더 낫고 편리한 것을 택함
- **동량지재(棟梁之材)** : 기둥과 들보로 쓸 만한 재목이라는 뜻으로, 한 집안이나 한 나라를 떠받치는 중대한 일을 맡을 만한 인재
- **동리(洞里)** : 마을
- **동방화촉(洞房華燭)** : ① 부인의 방에 촛불이 아름답게 비침 ② 신랑이 신부의 방에서 첫날밤을 지내는 일
- **동병상련(同病相憐)** : 같은 병을 앓는 사람끼리 서로 가엾게 여긴다는 뜻으로 어려운 처지에 있는 사람끼리 서로 가엾게 여김
- **동분서주(東奔西走)** : 동쪽으로 뛰고 서쪽으로 뜀. 사방으로 이리저리 몹시 바쁘게 돌아다님
- **동붕(同朋)** : 친구
- **동유(桐油)** : 유동의 씨에서 짜낸 건성의 기름
- **동정녀(童貞女)** : 남자와 성적 관계가 없는 처녀
- **동족방뇨(凍足放尿)** : 언 발에 오줌 누기. 잠시 동안만 효력이 있을 뿐 효력이 바로 사라짐
- **두건(頭巾)** : 남자 상제(喪制)가 상중(喪中)에 쓰는 베로 만든 쓰개
- **두견화(杜鵑花)** : 진달래꽃
- **두둔(斗頓)** : 편들어서 감싸 줌
- **두문불출(杜門不出)** : 문을 닫고 나가지 않는다는 뜻으로 집에만 틀어박혀 사회의 일이나 관직에 나아가지 않음을 이름
- **두서(頭緖)** : 일의 차례나 갈피
- **두주불사(斗酒不辭)** : 말술도 사양하지 않는다는 뜻으로 주량이 매우 큼을 의미
- **둔전(屯田)** : 고려 · 조선 시대 때 지방에 주둔한 군대의 군량이나 관청의 경비에 쓰도록 지급된 토지
- **득롱망촉(得隴望蜀)** : ① 농(隴)나라를 얻고 나니 촉(蜀)나라를 갖고 싶음 ② 인간의 욕심은 한이 없음
- **등림(鄧林)** : 전설상의 아름답고 무성한 숲
- **등용문(登龍門)** : ① 용문에 오름 ② 어려운 관문을 통과하여 크게 출세하게 됨
- **등초(謄抄)** : 원본에서 옮겨 베낌

ㅁ

- **마려(磨礪)** : 문질러 갊
- **마야부인(摩耶夫人)** : 석가모니의 어머니

• **마이동풍(馬耳東風)** : ① 말의 귀에 동풍 ② 남의 비평이나 의견을 조금도 귀담아 듣지 아니하고 흘려 버림
• **마현(馬峴)** : 강원도 춘성군에 있는 고개
• **막무가내(莫無可奈)** : 도무지 어찌할 수 없음
• **만년유택(萬年幽宅)** : 무덤
• **만리후(萬里侯)** : 왕도(王都)에서 멀리 떨어진 곳에 있는 제후
• **만사형통(萬事亨通)** : 모든 일이 뜻한 바대로 잘 이루어짐
• **만사휴의(萬事休矣)** : 모든 것이 헛수고로 돌아감
• **만세(萬歲)** : ① 경축하거나 환호하여 외치는 말 ② 썩 많은 햇수, 만년(萬年)
• **만세력(萬歲曆)** : 조선 고종 '천세력(千歲曆)'의 속편으로 만든 역서
• **만수무강(萬壽無疆)** : 장수하기를 비는 말
• **만연(蔓衍)** : 전염병이나 나쁜 현상이 널리 퍼짐을 비유
• **만장일치(滿場一致)** : 모든 사람의 의견이 같음
• **만찬회(晩餐會)** : 저녁 식사를 겸하는 연회
• **만행루(萬行淚)** : 한없이 흐르는 눈물
• **만화방창(萬化方暢)** : 따뜻한 봄날에 만물이 나서 자람
• **망망(茫茫)** : 넓고 멀어 아득한 모양
• **망망대해(茫茫大海)** : 한없이 넓고 큰 바다
• **망야(罔夜)** : 밤을 새움
• **망지소조(罔知所措)** : 매우 급하여 어찌할 바를 모름
• **망측(罔測)** : 이치에 맞지 않아 헤아릴수 없음
• **매거(枚擧)** : 낱낱이 들어서 말함
• **매란국죽(梅蘭菊竹)** : 매화 · 난초 · 국화 · 대나무, 즉 사군자(四君子)를 말함
• **매복자(賣卜者)** : 점쟁이
• **매점매석(買占賣惜)** : 물건값이 오를 것을 예상하고 물건을 많이 사두었다가 값이 오른 뒤 아껴서 팖
• **맥궁(貊弓)** : 고구려의 소수맥(小水貊)에서 나던 좋은 활
• **맥수지탄(麥秀之嘆)** : 무성히 자라는 보리를 보고 탄식한다는 뜻으로 고국의 멸망을 한탄함을 이르는 말
• **맥아(麥芽)** : 보리에 물을 부어서 싹이 나게 한 다음에 말린 것으로 엿과 식혜를 만드는 데 씀. 엿기름
• **맥아당(麥芽糖)** : 엿당
• **맹가돈소(孟軻敦素)** : 맹자는 그 모친의 교훈을 받아 자사(子思 : 노나라 유학자) 문하에서 배움
• **맹금류(猛禽類)** : 몸이 굳세고 성질이 사나운 새 종류
• **맹모삼천지교(孟母三遷之教)** : 교육에는 주위 환경이 중요하다는 가르침
• **맹아(萌芽)** : ① 식물에 새로 트는 싹 ② 사물의 시초
• **맹호출림(猛虎出林)** : ① 사나운 호랑이가 숲속에서 나옴 ② 용맹하고 성급한 성격의 사람
• **면긍(綿亘)** : 끊임없이 이어져 뻗침
• **면수첩이(俛首帖耳)** : ① 머리를 수그리고 귀를 드리워 엎드림 ② 온순하게 맹종하는 모양
• **면언(俛焉)** : 부지런히 힘쓰고 있음
• **멸사봉공(滅私奉公)** : 사욕을 버리고 공익을 위하여 힘씀
• **명단(明旦)** : 내일 아침
• **명발(溟渤)** : 큰 바다
• **명우(冥祐)** : 모르는 사이에 입는 신불(神佛)의 도움
• **명재경각(命在頃刻)** : ① 목숨이 경각에 달렸음 ② 거의 죽게 됨
• **명정(銘旌)** : 장례식에 쓰이는, 붉은 천에 흰 글씨로 죽은 사람의 관직이나 성명 등을 적은 조기(弔旗)
• **모극(矛戟)** : 창
• **모맥(牟麥)** : 밀과 보리
• **모사(茅舍)** : 모옥
• **모수자천(毛遂自薦)** : ① 모수가 스스로 천거함 ② 자기가 자기를 추천함
• **모야수야(某也誰也)** : 아무아무
• **모월모일(某月某日)** : 어느 달, 어떤 날
• **모초(茅草)** : 띠
• **모후(母后)** : 임금의 어머니
• **목근(木槿)** : 무궁화
• **목발(沐髮)** : 머리를 감음
• **목장갑(木掌匣)** : 면장갑(綿掌匣/綿掌甲)
• **몰닉(沒溺)** : 헤어날 수 없게 깊이 빠짐
• **묘음(卯飮)** : 해장술을 마심
• **묘주(卯酒)** : 아침에 마시는 술
• **무검희(舞劍戲)** : 칼춤
• **무격(巫覡)** : 무당과 박수
• **무녀(巫女)** : 무당
• **무래(貿來)** : 다른 나라로부터 물품을 사들임
• **무뢰한(無賴漢)** : 성품이 막되어 예의와 염치를 모르며, 일정한 소속이나 직업이 없이 불량한 짓을 하며 돌아다니는 사람
• **무릉도원(武陵桃源)** : 이 세상을 떠난 별천지를 이르는 말
• **무마(撫摩)** : 분쟁이나 사건을 어물어물 덮어 버림
• **무매(貿買)** : 이익을 보고 팔려고 물건을 사들임
• **무미건조(無味乾燥)** : 재미나 취미가 없고 메마름

• **무반(武班)** : 핵무기(核武器)
• **무방(無妨)** : ① 괜찮음 ② 해롭지 않음
• **무병장수(無病長壽)** : 병 없이 오래도록 삶
• **무소외(無所畏)** : 불보살이 대중 가운데서 설법하되 태연하여 두려움이 없음
• **무아지경(無我之境)** : 정신이 한곳에 온통 쏠려 스스로를 잊고 있는 경지
• **무애(無涯)** : 넓고 멀어서 끝이 없음
• **무위도식(無爲徒食)** : 하는 일 없이 놀고먹음
• **무의무탁(無依無托)** : 의지하고 의탁할 곳이 없어서 몹시 가난하고 외로움
• **무자미(無滋味)** : ① 재미가 없음 ② 맛도 자양분도 없음
• **무지몽매(無知蒙昧)** : 아는 것이 없이 어리석음
• **무진장(無盡藏)** : 다함이 없이 굉장히 많음
• **무흠(無欠)** : ① 흠집이 없음 ② 사귄 사이가 허물이 없음
• **묵우(默祐)** : 말 없이 잠잠히 도움
• **문방사우(文房四友)** : 서재에 꼭 있어야 할 네 벗(종이, 붓, 벼루, 먹)
• **문외한(門外漢)** : ① 어떤 일에 직접 관계가 없는 사람 ② 어떤 일에 전문적인 지식이 없는 사람
• **문적(文蹟)** : 나중에 상고(詳考)할 문서와 장부
• **문전성시(門前成市)** : 찾아오는 사람이 많아 집 문 앞이 시장을 이루다시피 함
• **문전옥답(門前沃畓)** : 집 앞 가까이에 있는 좋은 논이란 뜻으로 많은 재산을 비유하기도 함
• **문질빈빈(文質彬彬)** : 외양의 아름다움과 내면의 미가 서로 잘 어울린 모양
• **물실호기(勿失好機)** : 좋은 기회를 놓치지 않음
• **미련(未練)** : 딱 잘라 단념하지 못하는 마음
• **미봉책(彌縫策)** : 눈가림만 하는 일시적인 계책
• **미사여구(美辭麗句)** : 아름다운 말로 듣기 좋게 꾸민 글귀
• **미상(未詳)** : 자세하지 아니함
• **미상불(未嘗不)** : 아닌 게 아니라 과연
• **미조사(美爪師)** : 남의 손톱을 아름답게 다듬어 주는 일을 업으로 삼는 사람
• **미증유(未曾有)** : 지금까지 아직 한 번도 있어 본 적이 없음
• **미진(微塵)** : ① 썩 작은 티끌이나 먼지 ② 썩 작고 아주 변변하지 못한 물건
• **미진보벌(迷津寶筏)** : 길을 헤매는 나루의 훌륭한 배라는 뜻으로 삶에 가르침을 주는 책이라는 말
• **미형(未瑩)** : 똑똑하지 못하고 어리석음
• **미혹(迷惑)** : 마음이 흐려서 무엇에 홀림
• **민민(憫憫)** : 매우 딱함
• **민애왕(閔哀王)** : 신라(新羅) 44대 임금
• **밀랍(蜜蠟)** : 꿀을 짜낸 찌꺼기를 끓여 만든 기름
• **밀봉(蜜蜂)** : 꿀벌
• **밀정(密偵)** : 남 몰래 정탐함

ㅂ

• **박수갈채(拍手喝采)** : 손뼉을 치고 소리를 질러 환영하거나 찬성함
• **박장대소(拍掌大笑)** : 손뼉을 치면서 크게 웃음
• **박재(舶載)** : 선박에 실어 운송함
• **박팽년(朴彭年)** : 조선 시대 세종 때의 집현전 학자
• **박학다식(博學多識)** : 학식이 넓고 아는 것이 많음
• **반계이윤(磻溪伊尹)** : 주문왕(周文王)은 반계(磻溪)에서 강태공(姜太公)을 맞고, 은왕(殷王)은 신야(莘野)에서 이윤(伊尹)을 맞이함
• **반야(般若)** : 만물의 참다운 실상을 깨닫고 불법을 꿰뚫는 지혜
• **반연(反衍)** : 자기 마음대로 함
• **반추동물(反芻動物)** : 새김질동물
• **반판(盤阪)** : 꾸불꾸불한 고개
• **발부(髮膚)** : 머리털과 살
• **발연사(鉢淵寺)** : 금강산에 있던 유점사(楡岾寺)의 말사
• **발태(發兌)** : 출판하여 널리 팖
• **발호(跋扈)** : 제 마음대로 날뛰며 행동하는 것
• **발호장군(跋扈將軍)** : 폭풍을 의미함
• **방가위(方可謂)** : 과연 그렇다고 이를 만하게
• **방거(紡車)** : 물레
• **방년(芳年)** : 여자의 20세 전후의 꽃다운 나이
• **방사(放飼)** : 가축을 놓아 먹임
• **방애(妨礙)** : 막아 거리끼게 함
• **방종(放縱)** : 아무 거리낌 없이 제멋대로 함부로 행동함
• **방지(旁支)** : 본체에서 갈려나간 가닥
• **방훼(芳卉)** : 향기로운 풀

- **배수진(背水陣)** : 물러설 곳이 없어 목숨을 걸고 싸우는 지경
- **배심원(陪審員)** : 일반 국민 가운데 선출되어 재판에 참여하고 사실 인정에 대하여 판단을 내리는 사람
- **배양(培養)** : 인격, 사상, 능력 등을 발전하도록 가르쳐 기름
- **배정(拜呈)** : 공손히 받들어 올림
- **배중사영(杯中蛇影)** : ① 술잔 속의 뱀 그림자 ② 자기 스스로 의혹된 마음이 생겨 고민하는 일
- **배해문(俳諧文)** : 남을 웃기기 위한 글
- **백기(白驥)** : 잉어
- **백년가약(百年佳約)** : 결혼하여 평생을 함께 지낼 것을 다짐하는, 아름다운 언약
- **백망중(百忙中)** : 매우 바쁜 때
- **백미(白眉)** : 여럿 중에서 가장 뛰어난 사람이나 물건
- **백사(帛絲)** : 하얀 윤기가 흐르는 명주실
- **백석(白晳)** : 얼굴빛이 희고 살이 두툼하게 잘생김
- **백숙(伯叔)** : 네 형제 가운데 맏이와 셋째
- **백아절현(伯牙絕絃)** : 자기를 알아주는 절친한 벗, 지기지우(知己之友)의 죽음을 슬퍼함
- **백약무효(百藥無效)** : 온갖 약이 다 효험이 없음
- **백엽상(百葉箱)** : 공기의 온도와 습도, 기압 등을 재는 관측기를 넣어 두는 상자
- **백응(白鷹)** : 흰매
- **백의천사(白衣天使)** : 간호사를 아름답게 일컫는 말
- **백인(白刃)** : 서슬이 번쩍이는 칼
- **백전백승(百戰百勝)** : 싸울 때마다 번번이 이김
- **백절불굴(百折不屈)** : ① 백 번 꺾여도 굴하지 않음 ② 어떤 어려움에도 굽히지 않음
- **백중숙계(伯仲叔季)** : 형제의 차례. 백(伯)은 맏이, 중(仲)은 둘째, 숙(叔)은 셋째, 계(季)는 막내
- **백팔번뇌(百八煩惱)** : 과거, 현재, 미래에 걸친 108가지의 번뇌
- **백포도주(白葡萄酒)** : 청포도를 주성분으로 하여 빚었으며 흰 빛깔임
- **백화(白樺)** : 자작나무
- **백회혈(百會穴)** : 정수리의 숨구멍 자리
- **번문(飜文)** : 번역문의 준말
- **번복(飜覆)** : 이리저리 뒤쳐 고침
- **범국민적(汎國民的)** : 널리 국민 전체에 관계되는
- **범람호(氾濫湖)** : 하천이 넘쳐 흘러서 벌판에 생긴 호수
- **범용(凡庸)** : 평범하고 변변하지 못한 사람
- **범우(梵宇)** : 절
- **범일(氾溢)** : 물이 넘쳐 흐름
- **범칭(汎稱)** : 포괄하여 넓은 범위로 부르는 이름
- **법동(法棟)** : 절
- **벽계수(碧溪水)** : 물 빛이 매우 푸르게 보이는 시냇물
- **변급(卞急)** : 조급
- **변명(辨明)** : 어떤 잘못이나 실수에 대하여 이런저런 구실을 대며 까닭을 말함
- **변법자강(變法自彊)** : 법을 고쳐 스스로 강하게 함. 중국 청(淸)나라 말기에 캉유웨이(康有爲), 량치차오(梁啓超) 등의 혁신파가 내세웠던 개혁 운동의 표어
- **변한(弁韓)** : 삼한(三韓)의 하나
- **별장(別莊)** : 살림을 하는 집 외에 경치 좋은 곳에 따로 지어 놓고 때때로 묵으면서 쉬는 집
- **병불염사(兵不厭詐)** : 전쟁에서는 속임수도 꺼리지 않음
- **병설(竝設)** : 두 가지 이상을 한곳에 함께 설치함
- **병연(炳然)** : 빛이 비쳐 밝은 모양
- **병월(秉鉞)** : 병권을 잡음
- **병인(兵刃)** : 칼, 창처럼 날이 서 있는 병기
- **병자호란(丙子胡亂)** : 조선 인조 14년(1636)에 청나라가 침입한 난리
- **병장기(兵仗器)** : 병사들이 쓰던 온갖 무기
- **병촉(秉燭)** : 촛불을 켬
- **보국안민(輔國安民)** : 나랏일을 돕고 백성을 편안하게 함
- **보궐선거(補闕選擧)** : 의원의 임기 중에 사직, 사망, 자격 상실 등의 이유로 빈자리가 생겼을 때 그 자리를 보충하기 위하여 실시하는 임시 선거
- **보시(布施)** : 자비심으로 남에게 재물이나 불법을 베풂
- **보우(保佑)** : 사람을 잘 보호하고 도와줌
- **보전(甫田)** : 큰 밭
- **보천(寶釧)** : 팔찌
- **보훈(報勳)** : 공훈에 보답함
- **복록(福祿)** : 타고난 복과 나라에서 주는 벼슬아치의 녹봉
- **복복(馥馥)** : 복욱(馥郁)
- **봉도(蓬島)** : 봉래산(蓬萊山)
- **봉록(俸祿)** : 녹봉
- **봉리(鳳梨)** : 파인애플
- **봉분(封墳)** : 흙을 쌓아 올려 무덤을 만듦

• **봉여(鳳輿)** : 임금이 타는 수레
• **봉질(俸秩)** : 관리에게 주는 급료
• **부가(斧柯)** : ① 도끼의 자루 ② 정권(政權)
• **부개(覆蓋)** : 복개(覆蓋)의 원래 말
• **부구(赴救)** : 구원(救援)하러 감
• **부마도위(駙馬都尉)** : 임금의 사위에게 주던 칭호
• **부분(傅粉)** : 분을 바름
• **부설(敷設)** : (다리나 철도를) 설치함
• **부세(賦稅)** : 세금을 매겨서 부과하는 일
• **부수(部首)** : 한자 자전에서 공통되는 글자의 한 부분
• **부연(敷衍)** : 이해하기 쉽도록 설명을 덧붙여 자세히 말함
• **부원(赴援)** : 구원(救援)하러 감
• **부육(傅育)** : 애지중지하게 기름
• **부중지어(釜中之魚)** : 솥 속의 생선이란 말로 생명에 위험이 닥쳤음을 뜻함
• **부합(符合)** : 틀림없이 서로 꼭 들어맞음
• **분망(奔忙)** : 매우 바쁨
• **분발(奮發)** : 마음과 힘을 다하여 떨쳐 일어남
• **분방(芬芳)** : 꽃다운 향내
• **불구대천(不俱戴天)** : 하늘 아래 같이 살 수 없는 원수
• **불수다언(不須多言)** : 여러 말을 할 필요가 없음
• **불수의근(不隨意筋)** : 의지와 관계없이 자율적으로 움직이는 근육
• **불윤(不允)** : 임금이 신하의 청원을 허락하지 아니함
• **불철주야(不撤晝夜)** : ① 밤낮을 가리지 않음 ② 조금도 쉴 사이 없이 일에 힘씀
• **불초(不肖)** : ① 못나고 어리석음 ② 자기를 겸손하여 이르는 말
• **불한당(不汗黨)** : 강도짓을 하는 무리
• **불화(弗貨)** : 달러
• **붕성지통(崩城之痛)** : ① 성이 무너질 만큼 큰 슬픔 ② 남편이 죽은 슬픔
• **붕어(崩御)** : 임금이 세상을 떠나는 것
• **붕우유신(朋友有信)** : 오륜(五倫)의 하나, 벗의 도리는 믿음에 있음
• **붕정만리(鵬程萬里)** : 붕새가 지나는 길처럼 아주 먼 길
• **붕조(鵬鳥)** : 붕새
• **비단(非但)** : 부정하는 말 앞에서 '다만', '오직'의 뜻으로 쓰이는 말
• **비도(匪徒)** : 비적의 무리
• **비망록(備忘錄)** : 잊지 않으려고 적어 두는 책자
• **비몽사몽(非夢似夢)** : 완전히 잠이 들지도 잠에서 깨어나지도 않은 어렴풋한 상태
• **비방(比倣)** : 서로 견주어 본뜸
• **비상(砒霜)** : 비석(砒石)을 승화시켜서 만든 결정체
• **비상천(飛上天)** : 하늘 위로 날아올라감
• **비업(丕業)** : 큰 사업
• **비우(妃偶)** : 배우자
• **비음(鼻音)** : 코로 내는 소리
• **비익조(比翼鳥)** : 암컷과 수컷이 눈과 날개가 하나씩이라서 짝을 짓지 않으면 날지 못한다는 새로서, 남녀 사이 혹은 부부애가 두터움을 이름
• **비일비재(非一非再)** : 같은 현상이나 일이 한두 번이나 한둘이 아니고 많음
• **비적(匪賊)** : 떼지어 다니는 도적
• **비준(批准)** : 조약을 헌법상의 조약 체결권자가 최종적으로 확인 · 동의하는 절차
• **비첩(婢妾)** : 종으로 첩이 된 계집
• **비훈(丕訓)** : 큰 교훈
• **빈울(彬蔚)** : 문채(文彩)가 찬란함
• **빈천지교(貧賤之交)** : 가난하고 천할 때 나를 친구로 대해 준 벗은 내가 부귀하게 된 뒤에도 언제까지나 잊어서는 안 됨
• **빙가(聘家)** : 아내의 본집
• **빙괴(氷塊)** : 얼음의 덩어리
• **빙모(聘母)** : 아내의 친정 어머니
• **빙자옥질(氷姿玉質)** : ① 얼음같이 투명한 모습과 옥과 같이 뛰어난 바탕 ② 용모와 재주가 모두 뛰어남 ③ 매화(梅花)의 다른 이름

ㅅ

• **사갑(沙岬)** : 모래곶
• **사거리(射距離)** : 총구(銃口)에서 탄착점(彈着點)에 이르기까지의 거리
• **사과(謝過)** : 잘못에 대하여 용서를 빎
• **사구(砂丘)** : 모래언덕
• **사군자(四君子)** : 매란국죽(梅蘭菊竹)
• **사동(絲桐)** : 거문고의 별칭

- **사랑(舍廊)** : 안채와 떨어져 있는, 바깥주인이 거처하며 손님을 접대하는 곳
- **사면초가(四面楚歌)** : ① 사방에서 들리는 초나라의 노래 ② 적에게 둘러싸인 상태나 누구의 도움도 받을 수 없는 고립 상태
- **사문난적(斯文亂賊)** : 성리학에서 교리를 어지럽히는 사람
- **사박자(四拍子)** : 악곡의 한 마디가 네 박자(拍子)로 된 것
- **사발(沙鉢)** : 사기로 만든 그릇
- **사보(師輔)** : 스승과 벗
- **사분오열(四分五裂)** : ① 이리저리 갈기갈기 찢어짐 ② 천하가 심히 어지러움
- **사불급설(駟不及舌)** : 네 마리 말이 끄는 빠른 수레도 사람의 혀에는 미치지 못한다는 뜻으로 소문은 빨리 퍼지므로 말조심 해야 함을 비유
- **사사오입(四捨五入)** : 반올림
- **사상누각(沙上樓閣)** : ① 모래 위에 세운 누각 ② 기초가 튼튼하지 못하여 오래 견디지 못할 일이나 물건
- **사세(斯世)** : 이 세상
- **사시(巳時)** : 오전(午前) 9시부터 11시까지
- **사양산업(斜陽産業)** : 사회, 경제, 기술 혁신 등의 형세 변화에 대응하지 못하고 쇠퇴하여 가는 산업
- **사열(査閱)** : 조사하기 위하여 죽 살펴봄
- **사지(寺址)** : 절터
- **사퇴(仕退)** : 벼슬아치가 정한 시각에 사무를 마치고 퇴근함
- **사패지지(賜牌之地)** : 고려와 조선 시대, 임금이 내려준 논밭
- **산양(山羊)** : ① 염소 ② 영양(羚羊)
- **산천초목(山川草木)** : 자연
- **산토(山兎)** : 산토끼
- **삼강오륜(三綱五倫)** : 유교 도덕의 바탕이 되는 세 가지 강령(綱領)과 다섯 가지의 인륜
- **삼고초려(三顧草廬)** : ① 유비가 제갈량을 자기 인재로 쓰기 위해 그 집을 세 번이나 찾아감 ② 인재를 맞아들이기 위하여 참을성 있게 노력함
- **삼단도(三段跳)** : 세단뛰기
- **삼라만상(森羅萬象)** : 우주 안에 있는 온갖 사물과 현상
- **삼성(參星)** : 이십팔수 가운데 스물한 번째 별자리의 별들. 오리온 자리에 있음
- **삼성국문(三省鞫問)** : 의정부, 사헌부, 의금부의 관원들이 합좌하여 패륜을 범한 죄인을 국문하던 일
- **삼성묘(三聖廟)** : 단군, 환인, 환웅을 모신 사당
- **삼순구식(三旬九食)** : ① 삼순, 곧 한 달에 아홉 번 밥을 먹음 ② 집안이 가난하여 먹을 것이 없어 굶주림
- **삼차(三叉)** : 세 갈래로 갈림
- **삼천리강토(三千里疆土)** : 삼천리강산(三千里江山)
- **삼태성(三台星)** : 자미성(紫微星)을 지킨다고 하는 세 별
- **삼파전(三巴戰)** : 셋이 어우러져 서로 싸움
- **삽시(揷匙)** : 제사 지낼 때에 숟가락을 밥그릇에 꽂는 의식
- **상개(塽塏)** : 위치가 높아서 앞을 내다보기에 썩 좋은 곳
- **상근백피(桑根白皮)** : 뽕나무 뿌리의 속껍질
- **상량식(上樑式)** : 상량(집을 지을 때에 기둥에 보를 얹고 그 위에 마룻대를 올려놓음)할 때에 이를 축하하는 의식
- **상박(商舶)** : 상선(商船)
- **상부상조(相扶相助)** : 서로서로 도움
- **상사례(庠謝禮)** : 자녀의 스승에게 주는 예물
- **상서(庠序)** : 학교(향교(鄕校)를 주(周)나라에서는 상(庠), 은(殷)나라에서는 서(序)라고 부른 데서 나온 말)
- **상쇄(相殺)** : 상반되는 것이 서로 영향을 주어 효과가 없어지는 일
- **상승(上升)** : 상승(上昇)
- **상실(桑實)** : 오디
- **상전벽해(桑田碧海)** : 뽕나무밭이 변하여 푸른 바다가 된다는 뜻으로, 세상일의 변천이 심함을 비유
- **상호부조(相互扶助)** : 서로 돕는 일
- **새옹지마(塞翁之馬)** : 인생의 길흉화복은 변화가 많아 예측하기 어려움
- **생신(生辰)** : 생일의 높임말, 탄신(誕辰)
- **생질(甥姪)** : 누이의 아들
- **서각(犀角)** : 무소의 뿔
- **서과(西瓜)** : 수박
- **서광(瑞光)** : 상서로운 빛
- **서궤(書几)** : 책상
- **서기(瑞氣)** : 상서로운 기운
- **서나벌(徐那伐)** : 서라벌, 신라(新羅)의 옛 이름
- **서라벌(徐羅伐)** : ① 신라(新羅)의 옛 이름 ② 경주(慶州)의 옛 이름
- **서랑(壻郎)** : 남의 사위를 높이어 일컫는 말
- **서명(署名)** : 자기의 이름을 써넣음
- **서서(徐徐)** : 천천히
- **서안(舒雁)** : 거위

- **서우기(犀牛旗)** : 의장기(儀仗旗)의 하나
- **서자(逝者)** : 죽은 사람
- **서절구투(鼠竊狗偷)** : 좀도둑
- **석가모니(釋迦牟尼)** : 성은 고타마, 이름은 싯다르타로서, 중부 네팔에서 정반왕(淨飯王)과 마야(摩耶) 부인의 아들로 태어났음. 29세 출가, 35세에 보리수 아래에서 깨달음을 얻어 부처가 되었음. 80세에 입적(入寂)
- **석괴(石塊)** : 돌덩이
- **석년(昔年)** : 옛 날
- **석량(碩量)** : 큰 기량
- **석박(錫箔)** : 은종이
- **석별(惜別)** : 서로 떨어지기를 서운하게 여김
- **석용예(石龍芮)** : 개구리자리. 미나리아재빗과의 두해살이풀
- **석유황(石硫黃)** : ① 유황(硫黃) ② 성냥의 원말
- **석인(昔人)** : 옛 사람
- **석정(石鼎)** : 돌솥
- **석혼식(錫婚式)** : 결혼 10주년
- **석회수(石灰水)** : 수산화칼슘을 물에 녹인 무색투명의 액체. 소독약, 살균제로 쓰임
- **선견대(先遣隊)** : 본부대에 앞서 파견되는 부대
- **선기옥형(璇璣玉衡)** : 혼천의(渾天儀 : 고대 중국에서 천체의 운행과 위치를 관측하던 장치)
- **선명(鮮明)** : 산뜻하고 뚜렷하여 다른 것과 혼동되지 않음
- **선원(仙苑)** : ① 선인(仙人)의 화원(花園) ② 천자(天子)의 궁원(宮苑)
- **선자옥질(仙姿玉質)** : ① 신선의 자태에 옥의 바탕 ② 몸과 마음이 매우 아름다운 사람
- **선장(繕匠)** : 건축에서, 목재를 깎거나 파서 다듬는 사람
- **선정(禪定)** : 참선하여 삼매경에 이름
- **선철(先哲)** : 예전의 현철(賢哲)
- **선학(仙鶴)** : 두루미
- **설괴(雪塊)** : 눈의 덩어리
- **설니홍조(雪泥鴻爪)** : 눈 위에 난 기러기의 발자국이 눈이 녹으면 없어진다는 말로 인생의 자취가 흔적 없이 사라져 무상함을 의미함
- **설미(雪眉)** : 흰 눈썹
- **설상가상(雪上加霜)** : ① 눈 위에 또 서리가 내림 ② 어려운 일이 겹침
- **설중매(雪中梅)** : 눈 속에 핀 매화
- **설총(薛聰)** : 신라 35대 경덕왕 때의 문신
- **섬사(蟾蛇)** : 살무사
- **섬섬옥수(纖纖玉手)** : 가냘프고 고운 여자의 손
- **섬여(蟾蜍)** : 두꺼비
- **섭벌(燮伐)** : 협동하여 정벌함
- **성수(星宿)** : ① 모든 별자리의 별들 ② 이십팔수의 스물다섯째 별자리
- **성화독촉(星火督促)** : (별똥이 떨어지듯이) 몹시 심하고 급하게 재촉함
- **세근(細瑾)** : 사소한 실수나 잘못
- **소구치(小臼齒)** : 앞어금니
- **소굴(巢窟)** : 도적과 같이 해를 끼치는 무리가 활동의 근거지로 삼고 있는 곳
- **소랑(小娘)** : 나이가 어린 낭자
- **소련(蘇聯)** : 유럽 동부와 아시아 북부에 있었던 연방 공화국
- **소반(蔬飯)** : 변변치 못한 음식
- **소반(小盤)** : 자그마한 밥상
- **소복(紹復)** : 선조나 선배의 사업을 이어 다시 흥성하게 함
- **소상분명(昭詳分明)** : 밝고 자세하여 분명함
- **소요(逍遙)** : 슬슬 거닐어 돌아다님
- **소인묵객(騷人墨客)** : 시문(詩文) · 서화(書畫)를 일삼는 사람
- **소지(沼池)** : 늪과 못
- **소탐대실(小貪大失)** : 작은 것을 탐하다가 오히려 큰 것을 잃음
- **속각(粟殼)** : 양귀비 열매의 껍질
- **속수무책(束手無策)** : 손을 묶은 것처럼 어찌할 도리가 없어 꼼짝 못함
- **솔선수범(率先垂範)** : 앞장서서 하여 모범을 보이는 것
- **송구영신(送舊迎新)** : 묵은해를 보내고 새해를 맞음
- **송무백열(松茂栢悅)** : 소나무가 무성하면 잣나무가 기뻐한다는 뜻으로 남이 잘 되는 것을 기뻐한다는 말
- **송백(松柏)** : 소나무와 잣나무
- **송순(松荀)** : 소나무에 돋아난 새 순
- **송양지인(宋襄之仁)** : ① 송나라 양공(襄公)의 어짊 ② 쓸데없이 베푸는 인정
- **송영(誦詠)** : 시가를 외며 읊조림
- **송추(松楸)** : 산소(山所) 둘레에 심는 나무를 통틀어 일컬음. 주로 소나무와 가래나무를 심음
- **쇄국(鎖國)** : 다른 나라와의 통상과 교역을 금지함
- **쇄도(殺到)** : 세차게 몰려듦

• **쇄신(刷新)** : 폐단을 줄이고 좋게 함
• **수간모옥(數間茅屋)** : 두서너 칸밖에 안 되는 띠집. 오두막집
• **수긍(首肯)** : 옳다고 인정함
• **수당(水塘)** : 저수지
• **수라(水剌)** : 임금에게 올리는 밥을 높여 이르던 말
• **수라상(水剌床)** : 임금에게 올리는 진지 상
• **수모자(首謀者)** : 주모자 가운데의 우두머리
• **수반(隨伴)** : 어떤 일과 더불어 생김
• **수벽(睡癖)** : 잠버릇
• **수병(繡屛)** : 수놓아 만든 병풍
• **수복강녕(壽福康寧)** : 오래 살고 복되며 건강하고 편안함
• **수불석권(手不釋卷)** : ① 손에서 책을 놓지 않음 ② 늘 책을 가까이하여 학문을 열심히 함
• **수상(殊常)** : 의심이 가는 상태
• **수수방관(袖手傍觀)** : ① 팔짱을 끼고 보고만 있음 ② 어떤 일을 당하여 옆에서 보고만 있음
• **수시(隨時)** : 때때로
• **수신제가(修身齊家)** : 자기의 몸을 닦고 집안 일을 잘 다스림
• **수애(水涯)** : 물가
• **수양(垂楊)** : 가지가 밑으로 축 늘어지게 자라는 버드나무
• **수요(須要)** : 꼭 소용(所用)되는 바가 있음
• **수전노(守錢奴)** : 돈을 지나치게 아껴 모을 줄만 알고 쓸 줄을 모르는 사람
• **수중승(水中丞)** : 연적(硯滴)
• **수집(蒐輯)** : 여러 가지 재료를 찾아 모아 책을 편집함
• **수필(隨筆)** : 산문 문학의 한 부문
• **수행(遂行)** : 생각하거나 계획한 대로 일을 해냄
• **수후지주(隋侯之珠)** : 수(隋)나라 임금이 뱀을 도와준 공으로 얻었다는 보배로운 구슬
• **숙능(孰能)** : 누가 감히 할 수 있겠는가
• **숙변(熟卞)** : 숙지황(熟地黃)
• **숙지(孰知)** : 누가 ~을 알 것인가
• **순과(盾戈)** : 방패와 창
• **순교(殉敎)** : 자기가 믿는 신앙을 지키기 위하여 목숨을 바치는 일
• **순국열사(殉國烈士)** : 나라를 위해 목숨을 바치며 싸운 열사
• **순량(淳良)** : 순진하고 선량함
• **순만(順娩)** : 순산(順産)
• **순망치한(脣亡齒寒)** : 입술이 없으면 이가 시리다는 뜻으로, 서로 이해관계가 밀접한 사이
• **슬명(膝皿)** : 종지뼈
• **승가(僧伽)** : 승려
• **승두지리(升斗之利)** : ① 한 되와 한 말의 이익 ② 대수롭지 않은 이익
• **승문고(升聞鼓)** : 조선 때, 백성이 원통한 일을 하소연할 때에 치는 큰북
• **승윤(承允)** : 임금의 허가를 받음
• **승전보(勝戰譜)** : 승전의 결과를 적은 기록
• **시기상조(時機尙早)** : 오히려 때가 이름. 아직 때가 되지 않음
• **시말서(始末書)** : 잘못하여 일을 저지른 사람이 사건의 전말을 자세히 적은 문서
• **시비(柴扉)** : 사립문
• **시사(示唆)** : 미리 간접적으로 표현해 줌
• **시옹지정(時雍之政)** : 세상을 화평하게 다스리는 정치
• **시위대(侍衛隊)** : 임금을 호위하던 군대
• **시종일관(始終一貫)** : 처음부터 끝까지 한결같이 함
• **식식(湜湜)** : 물이 맑아 물 밑바닥이 환히 보이는 모양
• **식재(植栽)** : 초목을 심어 가꿈
• **신낭(腎囊)** : 불알
• **신단수(神檀樹)** : 단군 신화에서 환웅이 처음 하늘에서 그 밑에 내려왔다는 신령한 나무
• **신동맥(腎動脈)** : 콩팥에 양분을 공급하는 동맥
• **신례(臣隷)** : 신하
• **신우(神佑)** : 신의 도움
• **신진대사(新陳代謝)** : 묵은 것이 없어지고 새것이 대신 생기거나 들어서는 일
• **실타(失墮)** : 일이 잘못되어 헛일이 됨
• **실평수(實坪數)** : 계단, 주차장, 엘리베이터 등의 공유 면적을 뺀 실제 주거 공간의 평수
• **심문(尋問)** : 찾아 물음
• **심방(尋訪)** : 방문함
• **십시일반(十匙一飯)** : 밥 열 술이 한 그릇이 됨. 여러 사람이 조금씩 힘을 합하면 한 사람을 돕기 쉬움
• **십일지국(十日之菊)** : 절정기인 9월 9일이 지난 9월 10일의 국화를 뜻하며, 이미 때가 늦은 일을 말함

ㅇ

- **아량(雅量)** : 깊고 너그러운 마음씨
- **아부(阿附)** : 남의 비위를 맞추고 알랑거림
- **아비규환(阿鼻叫喚)** : 아비지옥과 규환지옥. 여러 사람이 비참한 지경에 빠져 울부짖는 참상
- **안기부(安企部)** : 국가안전기획부
- **안사(雁使)** : 먼 곳에서 소식을 전하는 편지
- **안왕(雁王)** : 불타(佛陀)의 다른 이름
- **안전답(安全畓)** : 흙이 물을 잘 지니며, 수리(水利)나 관개(灌漑) 시설의 혜택으로 가뭄을 타지 않는 논
- **알가배(閼伽杯)** : 알가수(閼伽水 : 부처나 보살에게 공양하는 물)를 담아서 부처에게 바치는 잔
- **알묘조장(揠苗助長)** : 곡식이 빨리 자라도록 하기 위해 이삭을 뽑다가 모두 죽어 손해를 보게 된다는 말로, 성급하게 이익을 보려다가 도리어 해를 보게 된다는 뜻
- **알현(謁見)** : 지체가 높고 귀한 사람을 찾아가 뵘
- **암행어사(暗行御史)** : 조선 시대 때 임금의 특명을 받아 지방 정치를 비밀리에 살펴서 부정 관리를 징계하던 임시 관리
- **압수(押收)** : 물건 따위를 강제로 빼앗아 감
- **앙급지어(殃及池魚)** : ① 재앙이 연못 속 고기에 미침 ② 까닭 없이 화를 당함
- **앙망(仰望)** : 자기의 요구나 희망이 실현되기를 우러러 바람
- **앙화(殃禍)** : 죄악의 과보(果報)로 받는 재앙
- **애걸복걸(哀乞伏乞)** : 애처롭게 하소연하면서 빌고 또 빎
- **애급(埃及)** : 이집트의 음역(音譯)
- **애기(噫氣)** : ① 내쉬는 입김 ② 트림
- **애년(艾年)** : 50세. 머리털이 세어서 쑥 같으므로 이렇게 말함
- **애매모호(曖昧模糊)** : 말이나 태도가 희미하고 흐려 분명하지 아니함
- **애안(礙眼)** : 눈에 거슬림
- **애재(哀哉)** : '슬프도다'의 뜻
- **애첩(愛妾)** : 사랑하는 첩
- **액자(額子)** : 그림, 글씨, 사진 등을 끼우는 틀
- **야곡(夜哭)** : 밤에 곡함
- **야단(惹端)** : 떠들썩하게 벌어진 일
- **야압(野鴨)** : 물오리
- **야양(野孃)** : 시골 처녀
- **야출(惹出)** : (어떤 사건이나 일 등을) 끌어냄
- **약간(若干)** : 얼마 되지 않음
- **약관(約款)** : 조약 · 계약 등에서 정해진 하나하나의 조항
- **약상(藥箱)** : 약상자
- **양돈(養豚)** : 돼지를 먹여 기름
- **양봉(養蜂)** : 꿀벌을 길러 꿀을 채취하는 일
- **양봉(襄奉)** : 장례(葬禮) 지냄을 높여 이르는 말
- **양상군자(梁上君子)** : ① 대들보 위에 있는 군자 ② 집안에 들어온 도둑
- **양양군(襄陽郡)** : 강원도 중동부에 있는 군
- **양자택일(兩者擇一)** : 둘 중에서 하나를 가림
- **양잠(養蠶)** : 누에를 기름
- **양지(諒知)** : 살펴서 앎
- **어로불변(魚魯不辨)** : 어(魚)자와 노(魯)자를 구별하지 못한다는 말로 몹시 무식함을 이름
- **어응(魚鷹)** : 물수리
- **억만년(億萬年)** : 무궁한 세월
- **억조창생(億兆蒼生)** : 수많은 백성
- **언감생심(焉敢生心)** : 어찌 감히 그런 마음을 먹을 수 있으랴
- **언성(彦聖)** : 뛰어나고 현철(賢哲)함
- **엄동설한(嚴冬雪寒)** : 눈 내리는 깊은 겨울의 심한 추위
- **여등(汝等)** : 너희들
- **여리박빙(如履薄氷)** : 얇은 얼음을 밟듯 몹시 위험함
- **여배(汝輩)** : 너희들
- **여배(余輩)** : 우리네
- **여씨춘추(呂氏春秋)** : 중국 진(秦)나라의 여불위(呂不韋)가 선진(先秦) 시대에 여러 학설과 사실(史實) · 설화를 모아 편찬한 책
- **여염(閭閻)** : 일반 백성의 살림집이 많이 모여 있는 곳
- **여월(余月)** : 음력 4월
- **여탈(予奪)** : 주는 것과 빼앗는 것
- **역지사지(易地思之)** : 상대방의 처지에서 생각해봄
- **연고(緣故)** : ① 까닭 ② 사유(事由)
- **연루자(連累者)** : 남이 저지른 죄에 관계된 사람
- **연륙교(連陸橋)** : 육지와 섬을 이은 다리
- **연신율(延伸率)** : 끊어지지 않고 늘어나는 비율
- **연약(煉藥)** : 고아서 만든 약
- **연와(煉瓦)** : 벽돌
- **연이(然而)** : ① 그러나 ② 그러고나서

- **연장(妍粧)** : 예쁘게 단장함
- **연파(漣波)** : 잔물결
- **연혁(沿革)** : 변천되어 온 내력
- **열락(悅樂)** : 기뻐하고 즐거워함
- **염오(厭惡)** : 싫어서 미워함
- **염증(厭症)** : 싫증
- **엽기적(獵奇的)** : 괴이한 일이나 사물에 흥미를 느끼는 것
- **영가무도(詠歌舞蹈)** : 노래를 부르고 춤을 춤
- **영롱장(玲瓏墻)** : 화문장(花紋墻 : 여러 가지 색채로 글자나 무늬를 넣고 쌓는 담)의 한 가지
- **영만(盈滿)** : 가득 참
- **영발(暎發)** : 번쩍번쩍 광채가 남
- **영선(營繕)** : 건축물을 신축하고 수선함
- **영세불망(永世不忘)** : 영구히 잊지 아니함
- **영예(榮譽)** : 빛나는 명예
- **영요영화(榮耀榮華)** : ① 사치를 다함 ② 호화롭고 화려함
- **영웅호걸(英雄豪傑)** : 영웅과 호걸
- **영원(令媛)** : 남을 높이어 그의 딸을 이르는 말
- **영월즉식(月盈則食)** : 보름달이 되고 나면 줄어들어 밤하늘에 안 보이게 됨. 한 번 흥하면 한 번은 망함
- **영창(營倉)** : 군의 규율을 어긴 군인을 가두는 영 내의 건물
- **예국(濊國)** : 삼국시대 초기의 부족 국가
- **예주(醴酒)** : 단술
- **예치(預置)** : 맡겨 둠
- **예탁(預託)** : 부탁하여 맡겨 두는 것
- **오국(墺國)** : 오스트리아
- **오대주(五大洲)** : 아시아 주, 유럽 주, 아프리카 주, 오세아니아 주, 아메리카 주
- **오등(吾等)** : 우리들
- **오리무중(五里霧中)** : ① 오 리나 되는 짙은 안개 속에 있음 ② 무슨 일에 대하여 방향이나 갈피를 잡을 수 없음
- **오만불손(傲慢不遜)** : 잘난 체하고 방자하여 제멋대로 굴거나 남 앞에 겸손하지 않음
- **오명(汚名)** : 더러워진 명예나 평판
- **오비삼척(吾鼻三尺)** : ① 내 코가 석자 ② 자기 사정이 급하여 남을 돌볼 겨를이 없음
- **오비이락(烏飛梨落)** : 까마귀 날자 배 떨어진다는 속담으로 한 일이 공교롭게도 때가 같아 억울하게 의심을 받게 됨
- **오색영롱(五色玲瓏)** : 여러 가지 빛깔이 한데 섞여 찬란함
- **오애(汚埃)** : 더러운 먼지
- **오열(悟悅)** : 깨달아 희열을 느낌
- **오월동주(吳越同舟)** : 서로 적의를 품은 사람들이 한자리에 있게 된 경우나 서로 협력하여야 하는 상황
- **오유(娛遊)** : 유람을 하며 즐겁게 놂
- **오읍(嗚泣)** : 목이 메어 욺
- **오자대(梧子大)** : 오동나무의 열매만큼 큰 덩이
- **오장(五臟)** : 간장(肝臟), 폐장(肺臟), 심장(心臟), 비장(脾臟), 신장(腎臟)
- **오지(奧地)** : 해안이나 도시에서 멀리 떨어진 대륙 내부의 땅
- **오찬(午餐)** : 잘 차린 점심
- **오호(嗚呼)** : 슬플 때나 탄식할 때 '아', '어허' 등의 뜻으로 내는 소리
- **오희(娛嬉)** : 즐거워하고 기뻐함
- **옥동자(玉童子)** : 옥같이 귀한 아들
- **옥이(玉珥)** : 옥으로 만든 귀고리
- **옥촉서(玉蜀黍)** : 옥수수
- **옹성(甕城)** : 무쇠로 만든 독처럼 튼튼히 쌓은 산성
- **옹용조처(雍容措處)** : 화락하고 조용하게 일을 처리함
- **옹위(擁衛)** : 부축하여 호위함
- **옹치(雍齒)** : 늘 싫어하고 미워하는 사람
- **옹호(擁護)** : 두둔하고 편들어 지킴
- **와신상담(臥薪嘗膽)** : 불편한 섶에 몸을 눕히고 쓸개를 맛본다는 뜻으로, 원수를 갚으려고 온갖 괴로움을 참고 견딤을 비유
- **와장대(臥長臺)** : 돌계단 양쪽에 길게 누인 장댓돌
- **와해(瓦解)** : 기와가 깨짐. 사물이 깨져 산산이 흩어짐
- **왈가왈부(曰可曰否)** : 좋으니 나쁘니 하고 떠들어댐
- **왕림(枉臨)** : 찾아오는 일을 높여 이르는 말
- **왕후장상(王侯將相)** : 제왕, 제후, 장수, 재상을 아울러 이르는 말
- **왜력(歪力)** : 응력(應力)
- **외곽문(外郭門)** : 성이나 왕궁 등의 외곽에 있는 문
- **외면수습(外面收拾)** : 겉치레로 하는 수습
- **외박(外舶)** : 외국의 선박
- **외유내강(外柔內剛)** : 겉으로 보기에는 부드러우나 속은 꿋꿋하고 강함
- **외호(外濠)** : 성(城) 밖으로 돌려 판 호
- **요강(要綱)** : 근본이 되는 중요 사항
- **요기(療飢)** : 시장기를 겨우 면할 정도로 조금 먹음

- **요대(腰帶)** : 허리띠
- **요도성(耀渡星)** : 금성(金星)을 달리 이르는 말
- **요배(遙拜)** : 멀리 바라보고 하는 절
- **요백(曜魄)** : 북두성(北斗星)을 달리 이르는 말
- **요사(夭死)** : 요절
- **요산요수(樂山樂水)** : 산수의 경치를 즐김
- **요새(要塞)** : 군사적으로 중요한 곳에 튼튼하게 만들어 놓은 방어 시설
- **요서(夭逝)** : 요절
- **요순시대(堯舜時代)** : 요임금과 순임금이 덕으로 천하를 다스리던 태평한 시대
- **요알(夭閼)** : 죽임을 당함
- **요원(遼遠)** : 아득히 멂
- **요절복통(腰折腹痛)** : 허리가 끊어질 듯하고 배가 아플 정도로 몹시 웃음
- **요조숙녀(窈窕淑女)** : 말과 행동이 품위가 있으며 얌전하고 정숙한 여자
- **요지(窯址)** : 가마터
- **요지부동(搖之不動)** : 흔들어도 꿈적도 하지 않음
- **욕기지락(浴沂之樂)** : 제자를 데리고 교외(郊外)에 나가서 노는 즐거움
- **욕속부달(欲速不達)** : 일을 빨리 하려고 하면 도리어 이루지 못함
- **용객(傭客)** : 고용된 사람
- **용두사미(龍頭蛇尾)** : ① 머리는 용이고 꼬리는 뱀 ② 시작은 좋았다가 갈수록 나빠짐
- **용렬(庸劣)** : 못생기고 재주가 남만 못하고 어리석음
- **용미봉탕(龍味鳳湯)** : 용 고기로 맛을 낸 요리와 봉새로 끓인 탕으로 맛이 매우 좋은 음식을 비유적으로 한 말
- **용안(龍顔)** : 임금의 얼굴
- **용작(龍勺)** : 제사에 쓰던 국자
- **우극(尤極)** : 더욱
- **우금(于今)** : 지금까지
- **우묘(尤妙)** : 더욱 묘함
- **우문옹(宇文邕)** : 남북조(南北朝) 시기 북주(北周)의 제3대 황제
- **우암(尤庵)** : 송시열(宋時烈)의 호
- **우이(偶爾)** : 우연(偶然)
- **우이독경(牛耳讀經)** : ① 쇠귀에 경 읽기 ② 우둔한 사람은 아무리 가르치고 일러주어도 알아듣지 못함
- **우이송경(牛耳誦經)** : ① 쇠귀에 경 읽기 ② 어리석은 사람은 아무리 가르쳐도 깨닫지 못함
- **우익수(右翼手)** : 야구에서, 외야의 오른쪽을 수비하는 선수
- **우주만물(宇宙萬物)** : 우주 안에 있는 온갖 사물
- **우주홍황(宇宙洪荒)** : 우주는 넓고 커서 끝이 없음
- **우중지(又重之)** : 더욱이
- **우화등선(羽化登仙)** : ① 날개가 돋아 신선이 되어 하늘에 오름 ② 술이 거나하게 취하여 기분이 좋음
- **우황(又況)** : 하물며
- **욱광(旭光)** : 솟아오르는 아침 햇빛
- **욱렬(郁烈)** : 매우 향기로움
- **욱리(郁李)** : 산앵도
- **욱일승천(旭日昇天)** : 떠오르는 아침 해처럼 세력이 성대해짐
- **운니지차(雲泥之差)** : 구름과 진흙의 차이(差異)라는 뜻으로, 서로 간의 차이가 매우 심한 것을 비유
- **운둔(雲屯)** : 사람이 구름처럼 많이 모임
- **운운(芸芸)** : (사물이) 썩 많음
- **운위(云爲)** : ① 말과 행동 ② 세태(世態)와 인정(人情)
- **운위(云謂)** : 입에 올려 말하는 것
- **운초(芸草)** : 궁궁이
- **웅담(熊膽)** : 곰의 쓸개
- **원수(元帥)** : 대장의 위로 가장 높은 계급
- **원순(圓盾)** : 원형의 방패
- **원안고와(袁安高臥)** : 어려운 처지에 있어도 절조를 굳게 지킴
- **원앙등(鴛鴦藤)** : 인동덩굴
- **원정대(遠征隊)** : ① 멀리 치러 가는 군대 ② 먼 곳에 운동 경기나 조사, 답사, 등반 등을 하러 가는 단체
- **원화소복(遠禍召福)** : 화를 멀리하고 복을 불러들임
- **원효(元曉)** : 신라 때의 이름난 승려
- **월녀제희(越女齊姬)** : 월(越)나라와 제(齊)나라에서 미인이 많이 나온 데서 미인을 이름
- **위수병(衛戍兵)** : 국경을 지키던 병정
- **위정척사(衛正斥邪)** : 조선 시대 후기에 주자학(朱子學)을 지키고 천주교(天主敎)를 물리치려던 주장
- **위편삼절(韋編三絕)** : 공자가 주역을 즐겨 읽어 책의 가죽끈이 세 번이나 끊어졌다는 뜻
- **유구(悠久)** : 연대(年代)가 길고 오램

- **유리기명(琉璃器皿)** : 유리그릇
- **유물론(唯物論)** : 만물의 근원을 물질로 보고, 모든 정신 현상도 물질의 작용이나 그 산물이라고 주장하는 이론
- **유병(有柄)** : ① 병부(柄部)가 있음 ② 잎자루가 있음
- **유비무환(有備無患)** : 준비가 있으면 근심이 없음
- **유세(遊說)** : 자기 의견 또는 소속 정당의 주장을 선전하며 돌아다님
- **유신(維新)** : 모두 개혁되어 새롭게 됨
- **유야무야(有耶無耶)** : 있는지 없는지 흐리멍덩한 모양
- **유연(悠然)** : 침착하고 여유가 있음
- **유영장(遊泳場)** : 수영장
- **유월절(踰月節)** : 이스라엘 민족이 이집트에서 탈출한 일을 기념하는 유대교의 축제일
- **유유자적(悠悠自適)** : 속세를 떠나 아무 속박 없이 자유로우며 편안하게 삶
- **유음(俞音)** : 신하의 말에 대하여 내리는 임금의 대답
- **유적(幽寂)** : 깊숙하고 고요함
- **유적(庾積)** : 창고에 곡식을 쌓아 둠
- **유창(流暢)** : 거침없이 미끈함
- **유피(榆皮)** : 느릅나무의 껍질
- **유학생(留學生)** : 외국에 머물면서 공부하는 학생
- **유한(踰限)** : 기한을 넘김
- **유혹(猶或)** : 설령
- **윤여성세(閏餘成歲)** : 일년 24절기 나머지 시각을 모아 윤달로 하여 해를 이루었음
- **윤월(閏月)** : 윤년에 드는 달
- **율곡(栗谷)** : 조선 중기의 대표적인 학자 이이(李珥)의 호
- **융거(戎車)** : 병거(兵車)
- **융사(戎士)** : 병사
- **융흥(隆興)** : 세차게 일어남
- **은감불원(殷鑑不遠)** : 본받을 만한 좋은 전례(前例)는 가까운 곳에 있음
- **은인자중(隱忍自重)** : 밖으로 드러내지 아니하고 참고 감추어 몸가짐을 신중히 함
- **은작(銀勺)** : 은구기
- **을사조약(乙巳條約)** : 일본이 한국의 외교권을 박탈하기 위해 한국 정부를 강압하여 체결한 조약
- **을유해방(乙酉解放)** : 1945년 해방
- **음객(吟客)** : 시인
- **음미(吟味)** : ① 시나 노래를 읊어 그 맛을 봄 ② 사물의 의미를 새겨 궁구함
- **음영(吟詠)** : 시부를 읊조림
- **음풍영월(吟風詠月)** : 아름다운 자연의 경치를 시로 노래하며 즐김
- **읍소(泣訴)** : 눈물로써 간절히 하소연함
- **읍참마속(泣斬馬謖)** : 원칙을 위하여 자기가 아끼는 사람을 버림. 제갈량이 사랑하는 부하 마속이 군령을 어기자, 군의 질서를 세우기 위해 울면서 그의 목을 베었다는 일에서 유래
- **의사흠결(意思欠缺)** : 마음속의 의사와 외적으로 표시된 행위가 일치하지 않는 경우
- **의형의제(宜兄宜弟)** : 형제간에 우애가 좋음
- **의호(宜乎)** : 마땅히
- **이결(已決)** : 이미 결정했거나 결정됨
- **이두(吏讀)** : 우리말을 한자(漢字)를 빌려 표기하던 방법의 하나
- **이란투석(以卵投石)** : ① 달걀로 돌을 침 ② 아주 약한 것으로 강한 것에 대항하려는 어리석음
- **이립(而立)** : 서른 살
- **이만융적(夷蠻戎狄)** : 중국을 중심으로 사방의 이민족인 동이, 남만, 서융, 북적을 아울러 이르는 말
- **이병규(李昞圭)** : 한국의 서양화가
- **이성(怡聲)** : 기쁜 목소리
- **이시(伊時)** : 그때
- **이신(貳臣)** : 두 가지 마음을 가진 신하
- **이심(貳心)** : 배반하는 마음
- **이왕지사(已往之事)** : 이미 지나간 일
- **이전투구(泥田鬪狗)** : 진탕에서 싸우는 개. 명분(名分)이 서지 않는 일로 몰골 사납게 싸움
- **이추(泥鰍)** : 미꾸라지
- **이하조리(以蝦釣鯉)** : 적은 밑천을 들여 큰 이익을 얻음
- **이화(怡和)** : 기뻐하고 화락함
- **이화학당(梨花學堂)** : 1886년에 미국 선교사 스크랜턴이 설립한 우리나라 최초의 여성 신교육 기관
- **익대공신(翊戴功臣)** : 조선시대, 1468년에 남이의 옥사를 평정한 공로로 신숙주, 한명회 등 37명에게 내린 훈호(勳號)
- **익량(翼亮)** : 임금을 도와 천하를 다스림
- **익성(翊成)** : 도와주어 이루게 함
- **인과(因果)** : 원인과 결과
- **인구(印歐)** : 인도(印度)와 유럽

- **인도(印度)** : 인도 반도 대부분을 차지하는 공화국
- **인방(寅方)** : 이십사방위의 하나. 동북(東北)에서 남으로 15도 방위를 중심으로 한 15도 각도 안의 방향
- **인상(印象)** : 어떤 대상에 대하여 마음속에 새겨지는 느낌
- **인색한(吝嗇漢)** : 아주 인색한 사람을 낮추어 이르는 말
- **인우(隣佑)** : 이웃
- **인의예지신(仁義禮智信)** : 유학에서, 사람이 마땅히 지켜야 할 다섯 가지 도리
- **인척(姻戚)** : 혼인으로 맺어진 친척
- **인친(姻親)** : 사돈
- **인형(姻兄)** : 매형(妹兄)
- **일곽(一郭)** : 하나의 담으로 막은 지역
- **일구일학(一邱一壑)** : 때로는 언덕에 오르고 때로는 골짜기에서 낚시질을 한다는 뜻으로 은자(隱者)의 삶을 비유
- **일단정지(一旦停止)** : 우선 멈춤
- **일매(一枚)** : 한 장
- **일모도원(日暮途遠)** : 날은 저물고 갈 길은 멀다는 뜻으로, 몸은 늙고 쇠약한데 아직도 해야 할 일은 많음을 비유
- **일사불란(一絲不亂)** : ① 한 오라기의 실도 흐트러지지 않음 ② 질서나 체계가 잘 잡혀 조금도 흐트러짐이 없음
- **일사천리(一瀉千里)** : ① 강물이 빨리 흘러 천 리를 감 ② 일이 거침없이 빨리 진행됨
- **일소(一掃)** : 모조리 쓸어버림
- **일시(壹是)** : 모두, 일체, 오로지
- **일신우일신(日新又日新)** : 날로 새롭고 또, 날로 새로워짐
- **일어탁수(一魚濁水)** : ① 물고기 한 마리가 큰 물을 흐림 ② 한 사람의 악행으로 인하여 여러 사람이 그 해를 받게 됨
- **일언지좌(一言之佐)** : 한 마디의 도움, 또는 그러한 신하
- **일용임(日傭賃)** : 날품팔이의 삯돈
- **일이관지(一以貫之)** : ① 모든 것을 하나의 원리로 꿰뚫어 이야기함 ② 하나의 뜻으로써 처음부터 끝까지 한결같음
- **일적(一滴)** : 한 방울
- **일제(一齊)** : 여럿이 한꺼번에 함
- **일체(一切)** : 모든 것
- **일촉즉발(一觸卽發)** : 한 번 닿기만 하여도 곧 폭발할 것 같은 아슬아슬한 상태
- **일축(一蹴)** : ① 한 번 참 ② 단번에 거절함
- **일취월장(日就月將)** : ① 날마다 달마다 성장하고 발전함 ② 학업이 날이 가고 달이 갈수록 진보함
- **일편단심(一片丹心)** : ① 한 조각의 붉은 마음 ② 진심에서 우러나오는 변치 아니하는 마음
- **일환(一環)** : 밀접한 관계에 있는 사물 가운데의 한 부분
- **임인(壬人)** : 남에게 아첨함
- **임진왜란(壬辰倭亂)** : 임진년(1592년)에 일본이 우리나라를 침입하여 일으킨 난리
- **임현물이(任賢勿貳)** : 현자(賢者)에게 일을 맡김에 두 마음을 갖지 말라는 뜻으로 한 번 맡긴 이상 끝까지 밀어주라는 말
- **입도선매(立稻先賣)** : 벼를 논에 세워 둔 채로 미리 돈을 받고 팖
- **입신양명(立身揚名)** : 출세하여 이름을 세상에 떨침
- **입적(入寂)** : 승려가 죽음
- **입춘대길(立春大吉)** : 입춘을 맞이하여 길운을 기원하는 글

ㅈ

- **자괴지심(自愧之心)** : 스스로 부끄럽게 여기는 마음
- **자부심(自負心)** : 자신의 가치나 능력을 믿고 당당히 여기는 마음
- **자순(諮詢)** : 윗사람이 아랫사람에게 의견을 물어 의논함
- **자아도취(自我陶醉)** : 자기가 어떤 것에 끌려 취하다시피 함
- **자우(滋雨)** : ① 식물이 자라나기에 알맞도록 내리는 비 ② 오래 가물다가 내리는 비
- **자의(諮議)** : 자문하여 의논함
- **자의적(恣意的)** : 일정한 질서를 무시하고 제멋대로 하는 것
- **자초(自招)** : 스스로 그러한 결과가 오게 함
- **자행(恣行)** : 방자하게 제멋대로 행함
- **자형(姉兄)** : 손위누이의 남편
- **작수불입(勺水不入)** : ① 물 한 모금도 마시지 못함 ② 음식을 전혀 먹지 못하는 상태
- **작야(昨夜)** : 어젯밤
- **작위(爵位)** : 작(爵)의 계급
- **작일(昨日)** : 어제
- **작자(杓子)** : 구기
- **잔인무도(殘忍無道)** : 더할 수 없이 잔인함
- **잠신(簪紳)** : 예전에 관원들이 관에 꽂는 비녀와 갓의 끈
- **잠정(暫定)** : 어떤 일을 잠깐 임시로 정함
- **장각(獐角)** : 노루의 굳은 뿔

- **장권지(長卷紙)** : 두루마리
- **장단상교(長短相較)** : 길고 짧음은 상대적 관계에서 비교할 수 있음
- **장보고(張保皐)** : 신라 흥덕왕(興德王) 때의 장수
- **장삼이사(張三李四)** : ① 장씨의 셋째 아들과 이씨의 넷째 아들 ② 이름이나 신분이 특별하지 아니한 평범한 사람
- **장유유서(長幼有序)** : 오륜의 하나. 어른과 어린이 사이에는 순서와 질서가 있음
- **장중(莊重)** : 장엄하고 무게가 있음
- **장춘등(長春藤)** : 담쟁이덩굴
- **재상(宰相)** : 임금을 돕고 모든 관원을 지휘 감독하는 벼슬 자리에 있던 사람을 두루 이르던 말
- **재신(宰臣)** : 재상(宰相)
- **재액(災厄)** : 재앙과 액운
- **재원(才媛)** : 재주가 있는 젊은 여자
- **재자가인(才子佳人)** : 재주 있는 젊은 남자와 아름다운 여자
- **쟁송(爭訟)** : 서로 다투며 송사를 일으킴
- **저구지교(杵臼之交)** : 귀천(貴賤)을 가리지 않고 사귐
- **저촉(抵觸)** : ① 서로 부딪치거나 모순됨 ② 법률이나 규칙에 위반됨
- **적나라(赤裸裸)** : 몸에 아무것도 걸치지 않은 발가벗은 상태. 숨김 없이 본디 모습 그대로 드러남
- **적반하장(賊反荷杖)** : ① 도둑이 도리어 몽둥이를 듦 ② 잘못한 사람이 도리어 잘한 사람을 나무라는 경우
- **적소성대(積小成大)** : 작은 것도 쌓이면 크게 됨
- **적수(滴水)** : 떨어지는 물방울
- **적출술(摘出術)** : 병균으로 상한 조직이나 장기를 떼어내는 수술
- **전각(殿閣)** : 궁궐
- **전간목(電杆木)** : 전봇대
- **전경련(全經聯)** : 전국경제인연합회(全國經濟人聯合會)
- **전당포(典當鋪)** : 물건을 잡고 돈을 빌려 주어 이익을 취하는 곳
- **전도요원(前途遙遠)** : 가야 할 길이 아득히 멂
- **전복(顚覆)** : 뒤집혀 엎어짐
- **전우치전(田禹治傳)** : 조선 시대 때의 국문 소설
- **전유(痊愈)** : 쾌유
- **전의(前矣)** : 이전(以前)의
- **전전긍긍(戰戰兢兢)** : 매우 두려워하여 벌벌 떨며 조심함
- **전조등(前照燈)** : 자동차, 기관차 등의 앞에 단등
- **전주(田疇)** : 밭두둑
- **전초전(前哨戰)** : 전투가 벌어지기 전의 작은 충돌
- **전형(銓衡)** : 인물의 됨됨이나 재능을 시험하여 뽑음
- **전화위복(轉禍爲福)** : 화가 바뀌어 오히려 복이 됨
- **절차탁마(切磋琢磨)** : 옥돌을 자르고 줄로 쓸고 끌로 쪼고 갈아 빛을 낸다는 의미로 학문이나 인격을 갈고 닦는다는 뜻
- **점술(占術)** : 점치는 술법
- **접순(椄荀)** : 접지(椄枝)
- **정감록(鄭鑑錄)** : 조선 시대 중엽 이후에 민간에 성행하게 된 예언 책
- **정녕(丁寧)** : 조금도 틀림없이 꼭
- **정담(鼎談)** : 세 사람이 솥발처럼 벌려 마주 앉아서 하는 이야기
- **정도전(鄭道傳)** : 고려 말 조선 초의 정치가 · 학자
- **정문일침(頂門一鍼)** : ① 정수리에 침 하나를 꽂음 ② 따끔한 충고나 교훈
- **정박(碇泊)** : 배가 닻을 내리고 머무름
- **정병(政柄)** : 정권(政權)
- **정상참작(情狀參酌)** : 재판관이 범죄의 사정을 헤아려서 형벌을 가볍게 하는 일
- **정안(汀岸)** : 물가
- **정여포로(政如蒲蘆)** : 부들과 갈대가 빨리 자라듯이, 정치의 효력이 빨리 나타남
- **정저지와(井底之蛙)** : 우물 밑의 개구리란 말로 견문(見聞)이 몹시 좁은 것을 비유
- **정표문려(旌表門閭)** : 정문(旌門)을 세워 효자와 열녀를 표창하고 알림
- **정화수(井華水)** : 첫 새벽에 길은 우물물
- **정호면(鄭鎬冕)** : 대한제국 말의 애국 시인
- **제갈량(諸葛亮)** : 삼국 시대 촉한(蜀漢)의 정치가
- **제궤의혈(堤潰蟻穴)** : 방축도 개미 구멍으로 인하여 무너진다는 말로 작은 일일지라도 신중히 해야 함을 뜻함
- **제반(諸般)** : 여러 가지
- **제방(堤防)** : 방죽
- **제자백가(諸子百家)** : 춘추전국시대(春秋戰國時代)의 여러 학파
- **조갈(燥渴)** : 목이 마름
- **조근(朝槿)** : '무궁화'를 달리 이르는 말

- **조삼모사(朝三暮四)** : 아침에 세 개, 저녁에 네 개라는 뜻으로 자기의 이익을 위해 교활한 꾀를 써서 남을 속이고 놀린다는 말
- **조서(早逝)** : 요절(夭折)
- **조용조(租庸調)** : 당(唐)나라의 세 가지 징세법
- **조율이시(棗栗梨柿)** : 제사의 제물을 진설할 때, 왼쪽부터 대추, 밤, 배, 감의 차례로 차리는 격식
- **조족지혈(鳥足之血)** : ① 새발의 피 ② 극히 적은 분량
- **조처(措處)** : 일을 정돈하여 처리함
- **조탁(彫琢)** : 보석 등을 새기거나 쪼는 일
- **종내(終乃)** : 마침내
- **종두득두(種豆得豆)** : 콩을 심어 콩을 얻는다는 뜻으로 원인에 따라 결과가 생김을 의미
- **종자(鍾子)** : '종지'의 원말로 간장이나 고추장 따위를 담아 상에 놓는 작은 그릇
- **종지(宗旨)** : ① 종문(宗門)의 교의(教義)의 취지 ② 주장이 되는 요지나 근본이 되는 중요한 뜻
- **종지부(終止符)** : 마침표
- **종핵(綜核)** : 속속들이 자세하게 밝힘
- **종횡무진(縱橫無盡)** : 마음 내키는 대로 자유자재로 행동
- **좌규(左揆)** : 좌의정(左議政)
- **좌승상(左丞相)** : 좌의정
- **좌우간(左右間)** : 이렇든 저렇든 어떻든 간
- **좌초(坐礁)** : 함선이 암초에 얹힘
- **주경야독(晝耕夜讀)** : 낮에는 농사 짓고 밤에는 공부한다는 뜻으로 바쁜 틈을 타서 어렵게 공부함을 비유
- **주례(酒醴)** : 술과 단술
- **주보(酒甫)** : 술을 몹시 즐기거나 많이 마시는 사람
- **주유천하(周遊天下)** : 천하를 두루 돌아다니며 구경함
- **주장낙토(走獐落兎)** : 노루를 쫓는 데 생각지도 않은 토끼가 걸림. 뜻밖의 이익을 언음
- **주지육림(酒池肉林)** : 술이 못을 이루고 고기가 수풀을 이룸. 매우 호화스럽고 방탕한 생활
- **주초(柱礎)** : 주춧돌
- **주폭도(走幅跳)** : 멀리뛰기
- **준견(駿犬)** : 걸음이 아주 빠른 개
- **준기(駿驥)** : 뛰어나게 좋은 말
- **준봉(峻峯)** : 높고 험한 산봉우리
- **준원(濬源)** : 깊은 근원
- **준정(浚井)** : 우물 안의 흙이나 모래를 깨끗이 쳐내는 일
- **준천(濬川)** : 개천을 파서 쳐냄
- **중구훈천(衆口熏天)** : 많은 사람의 말은 하늘을 감동시킴
- **중순(中旬)** : 11일부터 20일까지의 10일간
- **중절모(中折帽)** : 꼭대기의 가운데를 눌러쓰는 신사용의 모자
- **중차대(重且大)** : 매우 중요하고 또 큰 일임
- **중추가절(仲秋佳節)** : 음력 팔월 보름의 좋은 날, 추석
- **즐풍목우(櫛風沐雨)** : ① 바람에 머리를 빗고, 비에 몸을 씻음 ② 긴 세월을 이리저리 떠돌며 갖은 고생을 다함
- **증조(曾祖)** : 할아버지의 아버지
- **지나교(耆那教)** : 자이나교(Jaina教)의 음역어
- **지란지교(芝蘭之交)** : ① 지초와 난초의 교제 ② 벗 사이의 맑고도 고귀한 사귐
- **지물포(紙物鋪)** : 온갖 종이붙이를 파는 가게
- **지우금일(至于今日)** : 예로부터 오늘에 이르기까지
- **지천명(知天命)** : 50세에 드디어 천명을 알게 된다는 나이
- **지초(芝草)** : 영지(靈芝)
- **지피지기(知彼知己)** : 적의 사정과 나의 사정을 자세히 앎
- **지필연묵(紙筆硯墨)** : 종이와 붓과 벼루와 먹
- **진세(塵世)** : 티끌 많은 세상
- **진의천인강(振衣千仞岡)** : ① 대단히 높은 산 위에서 옷의 먼지를 텀 ② 아주 상쾌한 느낌
- **진정(進呈)** : (물건을) 자진하여 드림
- **진진지의(秦晋之誼)** : 혼인을 한, 두 집 사이의 아주 가까운 정의(情誼)
- **진퇴유곡(進退維谷)** : 앞으로도 뒤로도 나아가거나 물러서지 못하는 상황으로 궁지에 빠진 상태
- **진합태산(塵合泰山)** : 티끌 모아 태산
- **질녀(姪女)** : 조카딸
- **질차(秩次)** : 질서
- **질풍노도(疾風怒濤)** : 몹시 빠르게 부는 바람과 무섭게 소용돌이치는 물결
- **징비록(懲毖錄)** : 조선 선조 때, 영의정을 지낸 유성룡(柳成龍)이 임진왜란에 대하여 쓴 책

ㅊ

- **차례(茶禮)** : 명절날, 조상 생일 등의 낮에 지내는 제사
- **차로(叉路)** : 서로 엇갈려 있는 길

• **차역(此亦)** : 이것도 또한
• **차윤성형(車胤盛螢)** : 차윤이 개똥벌레를 모았다는 뜻으로 가난한 살림에 어렵게 공부함을 이르는 말
• **차종(茶鍾)** : 차를 따라 마시는 종지
• **차호(嗟乎)** : '슬프다'의 뜻
• **찬석(鑽石)** : 금강석(金剛石)
• **찬연(燦然)** : 번쩍거리어 눈부시게 빛나는 모양
• **찰나(刹那)** : 어떤 현상이 이루어지는 바로 그때
• **참회(慙悔)** : 부끄러워하며 뉘우침
• **창랑(滄浪)** : 큰 바다의 푸른 물결
• **창민(蒼旻)** : 푸른 하늘
• **창의문(彰義門)** : 서울 사소문(四小門)의 하나
• **창파(滄波)** : 푸른 물결
• **창해일속(滄海一粟)** : ① 넓은 바다 가운데 한 알의 좁쌀 ② 매우 많거나 넓은 것 가운데 섞여 있는 보잘것없는 것
• **창현(彰顯)** : 널리 알리어서 드러냄
• **창호(蒼昊)** : 넓은 하늘
• **채동지(蔡同知)** : 말과 행동이 허무맹랑한 사람을 놀림조로 이르는 말
• **책력(冊曆)** : 해와 달의 운행이나 월식, 일식, 절기 등을 적어 놓은 책
• **처서(處暑)** : 입추(立秋)와 백로(白露) 사이에 있는 절기(節氣)
• **처연(悽然)** : 쓸쓸하고 구슬픈 모양
• **처첩(妻妾)** : 아내와 첩
• **척각(隻脚)** : 외다리
• **척강(陟降)** : 오르락내리락함, 삼척시(三陟市)
• **척량골(脊梁骨)** : 등골뼈
• **척사(斥邪)** : 사기(邪氣)를 물리침
• **척살(刺殺)** : 칼로 찔러 죽임
• **척수공권(隻手空拳)** : 외손에 맨주먹이란 말로 아무것도 가진 것이 없음을 비유
• **척신(隻身)** : 홀몸
• **척출(斥黜)** : 벼슬을 떼어서 내쫓음
• **척한(尺翰)** : 편지
• **척화비(斥和碑)** : 흥선대원군이 양이(洋夷)를 배척할 것을 새기어 여러 곳에 세운 비
• **천근만근(千斤萬斤)** : 무게가 천 근이나 만 근이 된다는 뜻으로 아주 무거움을 비유
• **천금준마(千金駿馬)** : 값이 비싸고 썩 잘 달리는 말
• **천답(踐踏)** : 짓밟음
• **천력(踐歷)** : 여러 곳을 돌아다님
• **천만다행(千萬多幸)** : 매우 다행(多幸)함
• **천생연분(天生緣分)** : 하늘에서 정해 준 연분
• **천수답(天水畓)** : 오직 빗물에 의(依)해서만 경작할 수 있는 논. 천둥지기
• **천양지차(天壤之差)** : 하늘과 땅 사이와 같이 엄청난 차이
• **천우신조(天佑神助)** : 하늘이 돕고 신이 도움
• **천의무봉(天衣無縫)** : ① 선녀의 옷에는 바느질한 자리가 없음 ② 일부러 꾸민 데 없이 자연스럽고 아름다우면서 완전함
• **천제연폭포(天帝淵瀑布)** : 제주특별자치도 서귀포시 중문동에 있는 폭포
• **철갑(鐵甲)** : 쇠로 만든 갑옷, 장갑차(裝甲車)
• **철삭(鐵索)** : 여러 가닥의 철사를 꼬아서 만든 줄
• **철인(哲人)** : ① 학식이 높고 사리에 밝은 사람 ② 철학가
• **철천지원수(徹天之怨讐)** : 하늘에 사무치도록 한이 맺히게 한 원수
• **첨병(瞻病)** : 절에서 간호하는 일을 맡은 소임
• **첨예(尖銳)** : 날카롭고 뾰족함
• **첨원(僉員)** : 여러분
• **첨위(僉位)** : 여러분
• **첨존(僉尊)** : 첨위(僉位)의 높임말
• **청량(淸亮)** : 소리가 맑고 깨끗함
• **청련(淸漣)** : 맑고 잔잔함
• **청슬(淸瑟)** : 맑은 거문고 소리
• **청심환(淸心丸)** : 심경(心境)의 열을 푸는 환약
• **청출어람(靑出於藍)** : 푸른색이 쪽에서 나왔으나 쪽보다 더 푸름. 제자가 스승보다 나음
• **체부(體膚)** : 몸과 피부
• **체약국(締約國)** : 서로 조약을 맺은 나라
• **체약금(締約金)** : 계약보증금(契約保證金)
• **체좌(逮坐)** : 죄상(罪狀)을 조사함
• **초미지액(焦眉之厄)** : 매우 급하게 닥치는 재앙
• **초석(礎石)** : 주춧돌. 기둥 밑에 기초로 받쳐 놓은 돌
• **초패왕(楚覇王)** : 중국 초나라 항우(項羽)
• **촉대(燭臺)** : 촛대
• **촉혼조(蜀魂鳥)** : 소쩍새
• **촌장(村庄)** : 살림집 밖에 시골에 따로 장만해두는 집
• **촌탁(忖度)** : 다른 사람의 마음을 미루어 헤아림

- **총각(總角)** : 결혼하지 않은 성년 남자
- **총명예지(聰明睿智)** : 듣지 못한 것이 없고(聰), 보지 못한 것이 없으며(明), 통하지 않은 것이 없고(睿), 알지 못하는 것이 없음(智). 성인(聖人)의 네 가지 덕
- **총수(總帥)** : 전군(全軍)을 지휘하는 사람
- **총예(聰睿)** : 총명(聰明)
- **최고조(最高潮)** : 사물이 극도에 달했음
- **추령(酋領)** : 추장
- **추로지향(鄒魯之鄕)** : 공맹(孔孟)의 고향. 예절을 알고 학문이 왕성한 곳
- **추로학(鄒魯學)** : 공맹(孔孟)의 학문
- **추배(趨拜)** : 윗사람 앞에 나아가거나 또는 그의 집으로 찾아감
- **추수(酋帥)** : 추장
- **추확(秋穫)** : 가을걷이
- **축원방(祝願旁)** : 축원문(祝願文)을 모아서 만든 책
- **축희년(祝禧宴)** : 회갑연(回甲宴)을 축하함
- **춘부장(春府丈)** : 남의 아버지에 대한 존칭
- **춘소(春蔬)** : 봄철의 채소
- **춘치자명(春雉自鳴)** : 제 허물을 스스로 드러내어 화를 자초함
- **출사(出仕)** : 벼슬을 하여 관직에 나아감
- **출이반이(出爾反爾)** : 자신에게서 나온 것은 자신에게로 돌아감
- **충심(衷心)** : 속에서 진정으로 우러나는 마음
- **취주악기(吹奏樂器)** : 관악기(管樂器)
- **취집(聚集)** : 모여들거나 모아들임
- **취타(吹打)** : 군중(軍中)에서 나발 · 소라 · 대각 · 호적 등을 불고, 징 · 북 · 바라를 치는 군악
- **치어(稚魚)** : 어린 물고기
- **치졸(稚拙)** : 유치하고 졸렬함
- **치토(雉兔)** : 꿩과 토끼
- **칠전팔기(七顚八起)** : 일곱 번 넘어져도 여덟 번째 일어난다는 뜻으로 실패를 거듭하여도 굴하지 않고 다시 일어섬을 의미
- **침석(枕席)** : 베개와 자리
- **칭예(稱譽)** : 칭찬

ㅋ

- **쾌재(快哉)** : 마음먹은 대로 잘 되어 만족스럽게 여김

ㅌ

- **타루(墮淚)** : 낙루(落淚)
- **타산지석(他山之石)** : 다른 산에서 나는 거칠고 나쁜 돌이라도 숫돌로 쓰면 자기의 옥을 갈 수가 있으므로, 다른 사람의 하찮은 언행이라도 자기의 지덕을 닦는 데 도움이 됨
- **타죄(墮罪)** : 죄에 빠짐
- **탁본(拓本)** : 석비, 기와 등에 새긴 문자를 종이에 그대로 떠냄
- **탁어우(濯魚雨)** : 우기를 품은 구름
- **탁족회(濯足會)** : 여름철에 청간(淸澗) 옥수(玉水)를 찾아다니며 발을 씻고 노는 모임
- **탄언(誕言)** : 과장되게 허풍치는 말
- **탐관오리(貪官汚吏)** : 탐욕이 많고 부정을 일삼는 벼슬아치
- **태괘(兌卦)** : 팔괘의 하나. 못을 상징
- **태국(泰國)** : 타이의 한자식 이름
- **태무심(殆無心)** : 아주 무심함
- **태연(泰然)** : 기색이 아무렇지도 아니하고 그냥 그대로 있는 모양
- **태풍안(颱風眼)** : 태풍의 눈
- **토사구팽(兎死狗烹)** : 사냥하러 가서 토끼를 잡으면, 사냥하던 개는 쓸모가 없게 되어 삶아 먹는다는 말로 필요할 때 요긴하게 써 먹고 쓸모가 없어지면 가혹하게 버린다는 뜻
- **통창(通敞)** : 시원스럽게 넓고 환함
- **특사(特赦)** : 특별사면(特別赦免)

ㅍ

- **파다(播多)** : 소문 등이 널리 퍼져 있음
- **파렴치(破廉恥)** : 염치를 모르고 뻔뻔스러움
- **파렴치한(破廉恥漢)** : 부끄러움을 모르는 사람
- **파문(波紋)** : ① 물결 모양의 무늬. 파상문(波狀紋) ② 어떤 일의 영향

• **파수(把守)** : ① 경계(警戒)하여 지키는 것 ② 또는, 그 사람
• **파착(把捉)** : ① 포착(捕捉) ② (마음을) 단단히 가다듬어서 다잡고 늦추지 않음
• **판교(板橋)** : 널다리
• **팔일무(八佾舞)** : 64명이 여덟 줄로 정렬하여 아악에 맞추어 추는 문무(文舞)나 무무(武舞)로, 규모가 대단히 큼
• **패각(貝殼)** : 조가비(조개의 껍데기)
• **패갑(貝甲)** : 조개의 껍데기
• **패배(敗北)** : 싸움에서 짐
• **편재(遍在)** : 두루 퍼져 있음
• **편주(片舟)** : 작은 배
• **편축(鞭蹴)** : 매질하고 참
• **폐백(幣帛)** : ① 신부가 처음으로 시부모를 뵐 때 큰절을 하고 올리는 물건 ② 혼인 전에 신랑이 신부 집에 보내는 예물
• **폐진애증(肺塵埃症)** : 공기 중의 먼지, 돌가루, 탄분(炭粉), 철분 등이 폐에 쌓여 일어나는 병
• **포구(匍球)** : 타자가 친 공이 땅으로 굴러가는 것
• **포복(怖伏)** : 무서워 엎드림
• **포부(抱負)** : 마음속에 지니고 있는, 미래에 대한 계획이나 희망
• **포척(鮑尺)** : 물속에 들어가서 전복을 따는 사람
• **포학무도(暴虐無道)** : 성질이 횡포하고 잔학하여 도덕성이 없음
• **포호빙하(暴虎馮河)** : ① 범을 맨손으로 두드려 잡고, 큰 강을 배 없이 걸어서 건넘 ② 용기는 있으나 무모하기 이를 데 없는 행위
• **표리부동(表裏不同)** : ① 겉과 속이 같지 않음 ② 마음이 음흉맞아서 겉과 속이 다름
• **표박(漂泊)** : 정처 없이 물 위에 떠도는 것
• **표정선(杓庭扇)** : 쥘부채의 한 가지
• **풍기문란(風紀紊亂)** : 풍속의 질서가 바로 서 있지 않고 어지러움
• **풍악산(楓嶽山)** : 봄에는 금강산(金剛山), 여름에는 봉래산(蓬萊山), 가을에는 풍악산(楓嶽山), 겨울에는 개골산(皆骨山)
• **풍운아(風雲兒)** : 좋은 기운을 타고 세상에 두각을 나타낸 사람
• **풍유(豊裕)** : 풍요(豊饒)
• **풍찬노숙(風餐露宿)** : 떠돌아다니며 고생스러운 생활을 함
• **피골상접(皮骨相接)** : 살가죽과 뼈가 맞붙을 정도로 몹시 마름
• **피랍(被拉)** : 납치를 당(當)하는 것
• **피로연(披露宴)** : 결혼이나 출생 등의 기쁜 일을 널리 알리기 위하여 베푸는 연회
• **피복선(被覆線)** : 절연물로 거죽을 덮어씌운 도선
• **피체(被逮)** : 잡힘
• **필부필부(匹夫匹婦)** : 평범한 남자와 평범한 여자
• **필성(弼成)** : 도와서 이루게 함
• **필연(筆硯)** : 붓과 벼루
• **필조(匹鳥)** : 원앙

ㅎ

• **하등(何等)** : 아무런, 여하간(如何間)
• **하량(下諒)** : 아랫사람의 심정을 살피어 알아줌
• **하례(下隷)** : 하인(下人)
• **하로동선(夏爐冬扇)** : ① 여름철의 화로와 겨울철의 부채 ② 때에 맞지 않아 쓸데없는 사물
• **하현(下弦)** : 음력 매달 스무 이틀, 사흘 무렵에 뜨는 반달
• **한교(韓僑)** : 해외에 거주하는 한국 교포
• **한단지몽(邯鄲之夢)** : 노생이 한단 땅에서 80년간의 영화로운 꿈을 꾸고, 깨어 보니 조밥을 짓는 사이
• **한발(旱魃)** : ① 가뭄 ② 가뭄을 맡은 귀신
• **한수(漢水)** : ① 큰 강 ② 한강(漢江)
• **할려금(割戾金)** : 한번 받았던 금액 가운데서 얼마간 되돌려 주는 돈
• **함흥차사(咸興差使)** : 한번 간 사람이 돌아오지 않거나 소식이 없음. 태조 이성계가 왕위에서 물러나 함흥에 있을 때, 태종이 보낸 사신을 잡아 가두어 돌려보내지 않음
• **합사(合祀)** : 둘 이상의 혼령을 한곳에 모아 제사함
• **항복(降伏/降服)** : 적이나 상대편의 힘에 눌리어 굴복함
• **항비(亢鼻)** : 높은 코
• **항온동물(恒溫動物)** : 바깥의 온도 변화에 관계없이 항상 일정하게 따뜻한 체온을 유지하는 동물. 포유류와 조류가 이에 해당함
• **항진(亢進)** : (기세가) 높아짐
• **해구(海鷗)** : 바닷가에 있는 갈매기

• **해로동혈(偕老同穴)** : 살아서는 같이 늙고 죽어서는 한 무덤에 묻힘. 생사를 같이하자는 부부의 굳은 맹세
• **해만(解娩)** : 해산(解産)
• **해석(解析)** : 사물을 상세히 풀어서 이론적으로 연구함
• **해시(亥時)** : 밤 9～11시까지의 시간
• **해약(奚若)** : 어찌
• **해특(奚特)** : 어찌 특히
• **행랑(行廊)** : 대문 안에 죽 벌여서 지어 주로 하인이 거처하던 방
• **향년(享年)** : 한평생 살아 누린 나이. 죽은 사람의 나이
• **향수병(鄕愁病)** : 고향을 그리워하는 마음
• **향신료(香辛料)** : 음식물에 맵거나 향기로운 맛을 더하는 조미료
• **향장(香獐)** : 사향노루
• **허심탄회(虛心坦懷)** : ① 마음을 비우고 생각을 터놓음 ② 명랑하고 거리낌이나 숨김이 없는 마음
• **허준(許浚)** : 조선 선조 때의 명의
• **험준(險峻)** : 지세가 험하며 높고 가파름
• **험판(嶮阪)** : 험준한 고개
• **혁혁(赫赫)** : (업적 · 공로)가 빛나는 모양
• **현감(縣監)** : 고려 · 조선 때 현의 우두머리 벼슬아치
• **현단(懸湍)** : 폭포수
• **현령(縣令)** : 신라 때 현의 우두머리 벼슬
• **현모양처(賢母良妻)** : 어진 어머니면서 착한 아내
• **현준(賢俊)** : 어질고 훌륭함
• **현혁(顯赫)** : (이름이) 높이 드러나 빛남
• **혈윤(血胤)** : 혈통을 이어받은 자손
• **협곡(峽谷)** : 험하고 좁은 골짜기
• **협탈(脅奪)** : 을러메어 빼앗음
• **형기(馨氣)** : 향기(香氣)
• **형설지공(螢雪之功)** : 가난을 이겨내며 반딧불과 눈빛으로 공부하여 이룬 공
• **형심(炯心)** : 밝은 마음
• **형운(亨運)** : 순조로운 운수
• **형철(瑩澈)** : ① 환하게 내다보이도록 맑음 ② (사고력이) 밝고 투철함
• **형향(馨香)** : 꽃다운 향기
• **혜안(慧眼)** : 사물을 밝게 보는 슬기로운 눈
• **호가(浩歌)** : 큰 소리로 노래를 부름
• **호봉(號俸)** : 직계(職階)나 연공(年功) 등을 기초로 정해지는 어떤 급여 체계 안에서의 등급
• **호사다마(好事多魔)** : 좋은 일에는 방해가 되는 일이 많음
• **호사유피(虎死留皮)** : 범이 죽으면 가죽을 남기는 것과 같이, 사람도 죽은 뒤에 이름을 남겨야 함
• **호설(皓雪)** : 흰 눈
• **호소(湖沼)** : 호수와 늪
• **호수(胡壽)** : 오래도록 삶
• **호연지기(浩然之氣)** : 사람의 마음에 차 있는 너르고 크고 올바른 기운. 하늘과 땅 사이를 가득 채울 만큼 넓고 큰 당당한 기상
• **호월(皓月)** : 썩 맑고 밝은 달
• **호위(護衛)** : 따라다니며 보호하고 지킴
• **호적초본(戶籍抄本)** : 호적 원본에 기재된 것 가운데 지정된 사람의 기록만 뽑아서 베낀 증명 문서
• **호접지몽(胡蝶之夢)** : ① 장자가 나비가 되어 날아다닌 꿈 ② 현실과 꿈의 구별이 안 되는 것 ③ 인생의 덧없음을의 비유
• **호천망극(昊天罔極)** : ① 하늘이 넓고 끝이 없음 ② 부모의 은혜가 매우 크고 끝이 없음
• **호호(皓皓)** : ① 깨끗하고 흼 ② 빛나고 맑음
• **호호막막(浩浩漠漠)** : 끝없이 넓고 멀어 아득함
• **혼비백산(魂飛魄散)** : ① 혼백이 어지러이 흩어짐 ② 몹시 놀라 넋을 잃음
• **혼수(婚需)** : ① 혼인에 쓰이는 물품 ② 혼인에 드는 씀씀이
• **혼수상태(昏睡狀態)** : 아주 정신을 잃어서 거의 죽은이나 다름이 없이 된 상태
• **혼절(昏絕)** : 정신이 아찔하여 까무러침
• **혼정신성(昏定晨省)** : 자식이 아침저녁으로 부모의 안부를 물어서 살핌
• **홀현홀몰(忽顯忽沒)** : 문득 나타났다가 문득 없어짐
• **홍난파(洪蘭坡)** : 우리나라 근대 음악의 선구자
• **홍문관(弘文館)** : 고려 때, 임금의 자문(諮問) 기관의 하나
• **홍안성(鴻雁聲)** : 기러기의 울음소리
• **홍익인간(弘益人間)** : 널리 인간세계를 이롭게 한다는 뜻으로, 단군(檀君)의 건국 이념
• **홍학(鴻學)** : 배운 것이 많고 학식이 넓은 사람
• **홍희(鴻禧)** : 큰 행운
• **화곡(禾穀)** : 벼에 속하는 곡식을 통틀어 일컬음
• **화교(華僑)** : 외국에서 사는 중국 사람

- **화류가(花柳街)** : 노는 여자들이 모여서 사는 거리
- **화목(樺木)** : 벗나무
- **화백(畵伯)** : 화가의 높임말
- **화병(畫屛)** : 그림을 그린 병풍
- **화서(禾黍)** : 벼와 기장
- **화왕지절(火旺之節)** : 오행(五行)에서 화기(火氣)가 왕성한 절기라는 뜻으로 여름을 가리키는 말
- **화충(和沖)** : 진정(眞情)으로 화목함
- **화피전(樺皮廛)** : 채색(彩色)과 물감을 팔던 가게
- **화한(華翰)** : 남을 높이어 그의 '편지'를 이르는 말
- **확도(穫稻)** : 벼를 거두어 들임
- **환인(桓因)** : 하늘의 임금
- **환호작약(歡呼雀躍)** : 기뻐서 소리치며 날뜀
- **활착(活捉)** : 사로잡음
- **황건적(黃巾賊)** : 중국 후한(後漢) 때, 장각(張角)을 우두머리로 하여 일어났던, 머리에 누른 수건을 두른 유적
- **황연대각(晃然大覺)** : 환하게 모두 깨달음
- **황주(荒疇)** : 거친 밭
- **황진이(黃眞伊)** : 조선시대의 기생
- **황태후(皇太后)** : 황제의 생존한 모후
- **황혼(黃昏)** : ① 해가 져서 어둑어둑할 무렵 ② 쇠퇴하여 종말에 이른 때
- **회억(回憶)** : 지나간 일을 돌이켜 생각함
- **회포(懷抱)** : 마음속에 품은 생각이나 정
- **회하(淮河)** : 중국의 양자강(揚子江)으로 들어가는 강
- **효시(嚆矢)** : 전쟁터에서 우는 화살을 쏘아 개전의 신호로 삼음. 모든 일의 시초
- **효신(曉晨)** : 먼동이 트려 할 무렵
- **효종(曉鐘)** : 새벽에 치는 종
- **후박(厚朴)** : 후박나무의 껍질
- **후비(后妃)** : 제왕의 배필
- **후생가외(後生可畏)** : 뒤에 난 사람은 두려워할 만하다는 뜻으로, 부지런히 갈고닦은 후배는 선배를 능가할 수 있음을 말함
- **후안무치(厚顔無恥)** : 얼굴이 두껍고 부끄러움이 없음. 뻔뻔스러워 부끄러워할 줄 모름
- **후언(後彦)** : 후진의 영재(英才)
- **후윤(後胤)** : 후손
- **후회막급(後悔莫及)** : 일이 잘못된 뒤라 아무리 뉘우쳐도 어찌할 수 없음
- **훈향(薰香)** : 훈훈한 향기
- **훈훈(薰薰)** : 날씨나 온도가 견디기에 알맞을 정도로 더움
- **훙서(薨逝)** : 왕족, 귀족 등을 높이어 그의 죽음을 이르는 말
- **훼복(卉服)** : 풀로 만든 옷. 곧 오랑캐의 옷
- **휘음(徽音)** : 아름다운 언행에 대한 소문
- **휘호(揮毫)** : ① 미술품으로서의 글씨를 쓰거나 그림을 그림 ② 또는, 그 작품
- **휘호(徽號)** : 왕비가 죽은 뒤에 시호(諡號)와 함께 내리던 존호(尊號)를 이르던 말
- **휘황찬란(輝煌燦爛)** : ① 광채가 나서 눈부시게 번쩍임 ② 행동이 온당하지 못하고 못된 꾀가 많아서 야단스럽기만 하고 믿을 수 없음
- **흉아리(匈牙利)** : 헝가리의 음역어(音譯語)
- **흠석(欠席)** : 나가야 할 자리에 나가지 않음
- **흠선(欽羨)** : 공경하고 부러워함
- **흠앙(欽仰)** : 공경하여 우러러보고 사모함
- **흥망성쇠(興亡盛衰)** : 흥하고 망하고 성하고 쇠하는 일
- **흥인지문(興仁之門)** : 서울 동대문의 본 이름. 보물 제1호
- **희기(希冀)** : 희망
- **희노애락(喜怒哀樂)** : 기쁨과 노여움, 슬픔과 즐거움. 사람의 여러 가지 감정
- **희사함(喜捨函)** : 예불하는 사람의 보시전(布施錢)을 받기 위하여 부처 앞에 놓아 두는 큰 궤짝
- **희오(喜娛)** : 흥미 있는 일이나 물건을 가지고 즐겁게 노는 일
- **희원(希願)** : 앞일에 대한 바람
- **희유(嬉遊)** : 즐겁게 놂
- **희유곡(嬉遊曲)** : 가볍고 유쾌한 성격의 18세기 음악 양식
- **희행(希幸)** : 희망

색인

소리로 연상하는 공부법
한자암기비책

발 행 일 / 2017년 04월 20일 초판 발행
2021년 06월 20일 1차 개정
저　　자 / 문상진 · 김미경
발 행 인 / 정 용 수
발 행 처 / 예문사
주　　소 / 경기도 파주시 직지길 460(출판도시) 도서출판 예문사
T E L / 031) 955-0550
F A X / 031) 955-0660
등록번호 / 11-76호

정가 : 19,000원

예문사 홈페이지 http : //www.yeamoonsa.com

ISBN 978-89-274-4038-3 13710